JN209601

令和新修

歴代天皇年号事典

米田雄介 編

吉川弘文館

はじめに

本書は以前に刊行した『歴代天皇・年号事典』に、若干の増補を行ったものである。前書は、『国史大辞典』に収録していた歴代天皇の事蹟と年号及び御陵に関する項目を抜き出して一書にまとめたもので、その確かな内容から、広く江湖に受け容れられ、版を重ねてきた。前書は平成十五年（二〇〇三）の刊行で、昭和天皇までの記述であった。しかし今般、平成の天皇が退位し、皇太子徳仁親王が皇位に即き、元号が平成から令和に革まったことから、前書を増補し、一部、改訂する必要が生じた。そこで『令和新修　歴代天皇・年号事典』として、増補改訂版を刊行することにした。

増補改訂版は、平成の天皇（現上皇）は言うまでもなく、新たに皇位を継承した今上天皇についても、叙述可能な範囲で取り上げることにした。このことから、前書に収録の「天皇と元号と陵」の論述部分を改めたが、前書の全体的な構想を尊重し、極く限られた箇所についての増補改訂に止めた。天皇・元号・陵のそれぞれについて新たに生じた問題について述べてみたい。

平成の天皇（現上皇）は皇位にあること三十一年に及んだが、平成二十八年に、高齢により国民統合の象徴としての任務を果たす上で支障が生じることを懸念し、退位をにじませたメッセージを発せられた。

爾来、政府はもとより国民の間でも、退位について様々な懸念に基づく否定論と、誰しも避けることが出来ない高齢を認識すべきだとする肯定論が入り交じり、大袈裟に言えば国論を二分したかの如き様相を呈した。そこで政府は、憲法や皇室典範に天皇の退位の規定がないことから、有識者会議を設定し、その議論を踏まえて、平成の天皇の退位は一代限りという条件で、制度の整備を行った。かくして平成三十一年四月三十日に、退位の礼が挙行された。江戸時代末の光格天皇が皇子の恵仁親王(仁孝天皇)に譲位して以来、実に二百二年振りのことであった。

譲位の制は明治天皇が制定した一世一元制により行われなくなったが、平成三十一年の退位の儀式は、その時代に即したいくつかの新儀礼に基づいて行われている。

元号についても新儀が採用された。すなわち新天皇の即位にあわせて令和と改元された。江戸時代までの代始改元の例によると、先帝崩御後や譲位後に元号案が提出され、難陳などによって審議され、新天皇の裁可を得て公表された。しかし明治時代に一世一元制が採用されて以降、新帝の即位は将に先帝の崩御と間髪を入れずに行うことになり、元号はその間髪の間に制定するという離れ業が行われた。

もしこのような方法では、元号の選定はもとより、様々な混乱が生じ、国民生活にも影響が生ずるおそれがある。そのため、この度は天皇の退位の時期が予め定められたことにより若干の時間の確保が出来、退位される一月前に新元号を選定し、即位までの期間を周知期間とし、新天皇の即位と共に施行するという新形式が採用された。

また元号案の選定に当たって、従来は中国の古典、例えば四書五経や『文選』などから、佳字を撰ぶのを通例としたが、この度は、国書である『万葉集』から佳字を選び、その組み合わせから元号を考案する新儀が採用された。

天皇陵については、前書のとおり昭和天皇の武蔵野陵までであるが、先に平成の天皇の発議か、天皇・皇后陵の規模について、宮内庁内で検討されたと報じられたことがある。最終的な結論が公表されていないから、どこまで議論が詰められたのか確認できないが、検討、準備されることは必要であろう。

この外にも、平成から令和への間に、いくつもの改革が行われている。時代の要請によるものもあれば、時代を先取りし、時には時代をリードしようとする意図のものもある。

その意味もあって、巻末に日本国憲法や新旧皇室典範並びに天皇の退位に関する皇室典範特例法の抜粋を追加した。これらを参考に、何が歴史に沿ったものか否かに注視していく必要があると考えている。本書がその役割の一端を担うことが出来たら幸いである。

令和元年五月二十日

米田雄介

凡例

項目

一　本事典は、天皇（追尊天皇、不即位・追尊太上天皇を含む）・陵・年号の項目を掲載した。巻頭には解説「天皇と元号と陵」、巻末には歴代天皇一覧、皇室系譜、関連法令、西暦・和暦対照表、本文索引を付載し、巻末の歴代天皇一覧の後には別に凡例を記した。

二　見出し

1　天皇（追尊天皇、不即位・追尊太上天皇を含む）の諡号・追号（追尊天皇、不即位・追尊太上天皇は皇子名または親王名）を見出しとし、その下段に生没年（崇峻天皇以降）と在位年（推古天皇以降）を西暦で示した。

2　当該天皇にかかわる陵・年号の項目を小見出しを立てて項目の中に組み込んだ。

配列

一　配列は、天皇の歴代順とし、追尊天皇、不即位・追尊太上天皇はそれらの事実が発生した時期の天皇のところに置いた。

二　重祚した天皇（皇極天皇＝斉明天皇・孝謙天皇＝称徳天皇）は、それぞれ「皇極（斉明）天皇」「孝謙（称徳）天皇」の項目であわせて解説した。

三　南北朝時代の天皇については、践祚の年次をもとに配列した。

四　数代にわたる年号は、便宜、その年号が制定された時の天皇項目に組み込んだ。

五　陵のうち、檜隈大内陵（天武天皇・持統天皇合葬陵）・大原陵（後鳥羽・順徳天皇陵）・月輪陵（四条天皇ほかの陵）・深草北陵（後深草天皇ほかの陵）・大光明寺陵（光明・崇光天皇陵）・後月輪陵（光格・仁孝天皇陵）については、それぞれ「天武天皇」（檜隈大内陵）・「後鳥羽天皇」（大原陵）・「四条天皇」（月輪陵）・「後深草天皇」（深草北陵）・「光明天皇」（大光明寺陵）・「光格天皇」（後月輪陵）の項目に便宜組み込んだ。

記　述

一　文体・用字

1　平易簡潔な文章を心がけ、敬語・敬称は省略した。

2　漢字まじりの「ひらがな」書き口語文とし、かなづかいは、引用文をのぞき、現代かなづかいを用いた。

3　漢字は、新字体を用い、歴史的用語・引用史料などのほかは、なるべく常用漢字により記述した。
4　数字は、漢数字を使用し、西暦などを除き十・百・千・万などの単位語を付けた。

二　年次・年号

1　年次表記は、原則として年号を用い、（　）内に西暦を付け加えた。同年号が再出する場合は、西暦を省略した。
2　改元の年は、原則として新年号を用いた。
3　年号のない時代は、『日本書紀』『続日本紀』により、天皇の治世をもって年次を表した。また、崇峻天皇以前は、西暦の注記を省略した。
4　明治以前の改元の年号は原則として新年号を用い、太陽暦採用（明治五年、一八七二）前は、一月とはせず、正月とした。

三　昭和二十四年（一九四九）以前に没した人の年齢は、かぞえ年齢とし、それ以降については満年齢で記した。

四　記述の最後に、基本的な参考文献となる著書・論文・史料集をあげた。

五　項目の最後に、執筆者名を（　）内に記した。

六　記号

〔　〕　小見出し「陵」をかこむ。

【】　小見出し「年号」をかこむ。
『』　書名・雑誌名・叢書名などをかこむ。
「」　引用文または引用語句、特に強調する語句、および論文名などをかこむ。
（）　注および角書・割書を一行にしてかこむ。
→　当該天皇の陵が他項目の小見出しである場合（檜隈大内陵・大原陵・月輪陵・深草北陵・大光明寺陵・後月輪陵）、その陵名と掲載頁を示す。
―　区間を示す。
〜　数の幅を示す。
・　並列点および少数点を示す。

目　次

II 古代の天皇

Ⅲ　中世の天皇

Ⅳ　近世の天皇

天皇と元号と陵

天皇号の成立　天皇という呼び方がいつごろ成立したのか、現在はまだ学説の段階にあって定説に至っていない。たとえば天皇号の使用開始時期について、推古《すいこ》天皇朝とする古典的な見解と、近年の金石文《きんせきぶん》の見直しや木簡《もっかん》の出土によって天智《てんじ》朝から天武《てんむ》朝とする説に分かれる。いまそのいずれであるとも断定できないが、天皇号の使用以前に大王《だいおう》と呼ばれていたことは一致している。しかし大王は俗的世界の支配者であったが、推古朝以降に国家体制が整備されてゆく中で、中国の道教《どうきょう》などの影響を蒙《こうむ》って天皇号が採用されることになり、天皇は従来とは異なったイデオロギーを伴ったものとして人々の前に現れてきた。

ところが以前から天皇には邪馬台国《やまたいこく》の卑弥呼《ひみこ》のようなシャーマンとしての側面があるとの指摘がなされているが、天皇号の成立とともに、卑弥呼のような神と民衆を繋《つな》ぐ役割を担ったものではなく、民衆の上に君臨し、さらには民衆に超越した存在として位置づけられるようになったのである。角度をかえていえば、少なくとも四世紀後半以降、畿内豪族の連合勢力の盟主《めいしゅ》に位置づけられ、政治的支配者であった大王が、七世紀以降、神祇《じんぎ》・仏教・儒教《じゅきょう》・道教などのイデオロギーに接する中で、自らがそのイデオロギーを体現した超越的な君主として民衆の上に君臨することとなったのである。それを天皇号の使用開始と関連づけて、七世紀前期と見るか、同世紀の後期とするか、さらには八世紀にまでずれ込むとするか、この点についても研究者の間で意見の一致を見てはいない。

七世紀初頭の推古朝に、皇太子聖徳《しょうとく》太子は天皇を頂点とする国家の建設を目指し、冠位《かんい》十二階や十七条憲法《けんぽう》を制定した。その理想は七世紀中頃のいわゆる大化改新《たいかのかいしん》の詔《みことのり》の中で具体化されていく。ただ改新詔の文言はさらに半世紀後の大宝律令《たいほうりつりょう》の条文などによって潤色《じゅんしょく》されていること、また改新詔には目的的条項も少なくないことなどから、改新詔の条項どおりのものが直ちに実現されているわけではない。それどころか改新詔で目指した国家が、何時、どのような形で実現したのか、これもまた研究者の中では議論のあるところである。しかし改新詔以降、天智《てんじ》朝の近江令《おうみりょう》をはじめ、天武《てんむ》・持統《じとう》朝の飛鳥浄御原《あすかきよみがはら》令、そして文武《もんむ》朝の大宝律令などの律令が中国・隋《ずい》や唐《とう》の制に倣《なら》って整備されてゆく中で、天皇はそれらの法をも超越した存在となっていったのである。

このことは大王の政治的地位が権力や経済力によって裏打ちされ、時には外国の冊封《さくほう》体制の中に組み込まれることで維持していたものが、天皇の地位を俗的な権力を超越したものに位置づけることとなり、天皇の地位が他のいかなる政治的勢力と雖も侵すことのできないものと観念されるようになったのである。

そのことでもう一つ注目したいのは、畿内・畿外を問わず豪族たちの始祖《しそ》系譜《けいふ》が天皇系譜に結びつける形で作られていることである。中央集権的な神祇体系が編成される中で、天皇側からの押しつけだけではなく、むしろ豪族たちがそのような系譜を作ることで自らの系譜の権威付けを図《はか》っている側面にも注意したい。

奈良時代に道鏡《どうきょう》の皇位窺覦《きゆ》事件にみられるように、皇位はまだ不安定であるが、平安時代に幼少の天皇を擁立するようになると、却って体制そのものが否定されなくなっている。さらに鎌倉時代以降、武家が俗的な権力を掌握し、天皇権力は形式的なものになり、実際的な権力は天皇からなくなっていたとしても、天皇が貴族や武家を超越した存在であり続けることができたのは、貴族や武家が血縁を辿《たど》って遡《さかのぼ》ると、天皇の祖先に到達することから、つまり貴族や武家は自らの源流である天皇に自らの権力の根拠をおくことから、彼ら自身が天皇権力を制約することはあっても天皇そのものを否定することはなかったのである。また天皇自身、貴族や武家からさまざまな制約を受け、天皇はもとより皇《こう》親《しん》たちも経済的に必ずしも裕福ではなかったが、それだけに自身で政治的・軍事的勢力を持たず政治的・軍事的に中立を保つことができたからであろう。したがって自らが政治力を求め、何らかの勢力に荷担し、軍事編成を行った時、天皇の地位そのものに危機が生じていることは、平安時代末の保《ほ》元《げん》・平治《へいじ》の乱、鎌倉時代初めの承久《じょうきゅう》の乱、さらには南北朝の動乱などが証明している。

皇太子・皇后号の成立　天皇号の成立とあわせて、もうひとつ考えておかなくてはならないのは、皇太子《こうたいし》や皇后《こうごう》の称号の成立である。皇太子は聖徳太子に始まるといわれるが、それより前、皇位継承予定者として大兄《おおえ》制があり、聖徳太子以降にも、たとえば古人大兄皇子《ふるひとのおおえ》や中大兄皇子《なかのおおえ》の例からも分かるように、伝統的な皇位継承制が存続している。このため皇太子制の成立は聖徳太子のときとする説と、中大兄皇子を大兄制の最後とし、皇太子制の成立を天智・天武朝あたりに求める説とがある。

また皇后についても、古くは大后《おおきさき》と呼ばれていたが、天智天皇の配偶者倭姫王《やまとひめおう》を大后と呼ぶ例のあることから、その時より以降に皇后の制が生まれたとする。

これらによると、天皇・皇太子・皇后が同時に成立したのではなく、段階を追って成立したのか、天皇の号が中国からもたらされたとき皇太子・皇后の制もまた同時に成立したのかは決着を見ていない。ただ従来の議論ではこれらの三者をあわせて考える視点が十分に生かされているとは思えない。

なお令和元年(二〇一九)五月一日に皇太子徳仁《なるひと》親王が即位したが、新天皇には皇子が不在のため、皇位継承順位の第一位になった皇弟の文仁《ふみひと》親王が皇太子相当の地位に就いた。しかし皇太子ではなく皇嗣《こうし》と称し、皇嗣の世話をする付属職司を皇嗣職と称している。

天皇の称号と名　天皇号の使用開始時期には諸説があるが、まず天皇のさまざまな称呼をみよう。天皇号の制定に先立って大王と呼ばれていたことは、埼玉県行田《ぎょうだ》市の稲荷山《いなりやま》古墳出土の鉄剣銘に見える「獲加多支鹵大王《わかたける》」は雄略《ゆうりゃく》天皇を指していると見なされており、また熊本県の江田船山《えたふなやま》古墳出土の太刀の銘文にある「獲□□□鹵大王」も雄略天皇を指していると見られることからも明らかである。五世紀代にはすでに東は関東から西は九州に及ぶ広い範囲の支配者としての大王が、それぞれの地域の人を杖刀人《じょうとう》や典曹人《てんそう》などとして上番《じょうばん》させる体制が整っていたことも推測できる。

その後、天皇をスメミマノミコト(皇孫命)・ヒノミコ(日御子)といい、皇祖たる天照大神《あまてらすおおみかみ》の子孫であることを示す表現が見られるのをはじめ、スメラギ・スメラミコトのように統治に由来する語、大和を知《し》ろし食《め》すによるヤマトネコ、神聖の意のアキツミカミ(明御神)・アラヒトガミ(現人神)・ヒジリ（聖）、さらに中国的表現の天子、万乗《ばんじょう》、十善《じゅうぜん》、皇帝、帝王、聖上、至尊《しそん》があり、天皇の御所に由来する御門《みかど》、内《うち》、公家《おおやけ》、公方《くぼう》、宸儀《しんぎ》、禁裏《きんり》など、また天皇の乗り物に由来する乗輿《じょうよ》、車駕《ぎょが》、あるいは上《うえ》、主上《しゅじょう》、今上《きんじょう》、当代《とうだい》、当今《とうぎん》、一人《いちじん》、あるいは「御《ご》」一字で天皇を指すなど、天皇にはさまざまなものが用いられている。この外にも天皇のことを間接的に表現することが行われている。

右の諸例は天皇の別称であるが、天皇個人については、その他の皇親と同じく、降誕後、七日に命名され、またそのときあわせて通称たる宮号が定められる。しかし、かかる命名法は江戸時代中ごろにほぼ定例となり、明治時代以降に制度化されたもので、八世紀以前の命名法は確認することはできない。ただ天皇の名前については、舒明《じょめい》天皇の田村《たむら》のように生母の名に由来するもの、天智《てんじ》天皇の葛《かつら》城《ぎ》や天武《てんむ》天皇の大海人《おおあま》などのように乳母の名に由来するものなどがある。とくに『文徳天皇実録《もんとくてんのうじつろく》』に嵯峨《さが》天皇の諱《いみな》に関連して「皇子の生まれる毎に乳母の姓をもって名となす、故に神野《かみの》を以て天皇の諱となす」とあるように、平安時代初期までは皇子の名は乳母の姓に由来するものも少なくなかった。

名前の中には、昭和天皇の裕仁《ひろひと》や現上皇の明仁《あきひと》のように、乳母《うば》の名とは関係なく漢字二文字で名乗られるようになるのは平安時代初期の仁明《にんみょう》天皇の正良《まさら》以来といわれているが、名前の一部に仁の文字を用いるようになったのは清和《せいわ》天皇の惟仁《これひと》以降である。もとよりすべての天皇の名前に仁字が付いているわけではないが、室町時代以降の天皇は女帝を除きすべて仁字を付している。かかる名は平安時代以降、親王宣下《しんのうせんげ》の制が定着すると、概ね親王宣下に先だち、文章博士《もんじょうはかせ》等が勘申《かんじん》したものを天皇が公卿に勅問し、公卿等が奉答したものを裁可《さいか》され、ついで親王宣下の儀の中で命名書が親王に下される。その名が原則として終身用いられる。

天皇が崩御《ほうぎょ》すると、大喪《たいそう》に先だって追《つい》号もしくは諡《し》号が贈られるまで、大行《たいこう》天皇と称されている。大行とは遠くに行くとの意味で、まだ正式な名が定まっていないときに用いられる称である。ただ天武天皇や文武《もんむ》天皇のことを大行天皇と称されていることがあるが、先帝《せんてい》の意味で用いられている。本来の意味で用いられているのは『日本後紀《にほんこうき》』大同《だいどう》三年（八〇八）三月条に見える大行天皇で、桓武《かんむ》天皇に諡号が贈られるまでの称である。これより以降、諡号・追号が贈られるまでの間、大行天皇と称されており、江戸時代末に仁孝《にんこう》天皇が崩御されたとき、諡号が奉られるまでの間、大行天皇と称する旨の宣示が行われている。

諡号とは、天皇の生前の事績を称える意味をもつもの、一方、生前に縁《ゆかり》のある地名や建物などの名称に因んで贈られた名を追号というが、諡号もまた追号ということもある。

諡号は和風《わふう》諡号と漢風《かんぷう》諡号とに分かれる。大宝二年（七〇二）十二月に持統天皇が崩御されると、翌年十二月に諸王諸臣らは先帝に「大倭根子天之広野日女尊《おおやまとねこあめのひろのひめのみこと》」の諡号を上っている。同様の例は奈良時代に数例確認できる。奈良時代の中頃、天平宝字《てんぴょうほうじ》二年（七五八）八月に、孝謙《こうけん》天皇に宝字称徳孝謙皇帝《ほうじしょうとくこうけんこうてい》の号を上り、ついで聖武《しょうむ》天皇に勝宝感神聖武皇帝《しょうほうかんじんしょうむこうてい》の尊号を贈るとし、漢風の尊号が上られている。もとよりこれは諡号ではないが、のち諡号の制が一般化すると聖武、孝謙（称徳）はそれぞれ諡号と見なされることになった。諡号が一般化するのはこれらの尊号が上られて間もなく、淡海三船《おうみのみふね》が神武天皇以下の歴代天皇に漢風の諡号を上って以降である。しかし奈良時代末から平安時代初期にかけて、なお暫くの間は、桓武天皇のように和風諡号として「日本根子皇統弥照天皇《やまとねこすめろぎいやてる》」、漢風諡号として「桓武天皇」が上られているが、仁明天皇以降、和風の諡号は上られなくなり、漢風の諡号のみとなった。ところがその漢風の諡号も概ね九世紀末の光孝《こうこう》天皇以降、特殊な場合を除いて上られなくなった。特殊な例とは、崇徳《すとく》・安徳《あんとく》・順徳《じゅんとく》天皇などのように、平安時代末から鎌倉時代に非業《ひごう》の死を遂《と》げた天皇を慰めるため、天皇の事績を称《たた》えるとのことから諡号を上られたものである。

かかる例のほかに、天皇に縁のある居所の地名、宮名、寺名、あるいは天皇を葬った山陵に縁のある名が上られ、さらに以前の天皇の追号に後の字を冠したもの、同じく以前の天皇の漢風諡号から一字ずつを取って組み合わせることも行われた。しかし江戸時代末の光格天皇が崩御すると、その子、仁孝《にんこう》天皇は父天皇に漢風諡号を上る制を復活し、仁孝・孝明《こうめい》天皇と三代続いて漢風諡号が行われた。ところが明治《めいじ》天皇が崩御すると、天皇は在位中の年号明治を追号とし、爾後、大正・昭和両天皇も在位中の年号をもって追号としている。

しかし右のほかに、在位中の年号をもってその天皇の称とすることがある。平安時代の初期から、延暦《えんりやく》（桓武）、弘仁《こうにん》（嵯峨）、寛平《かんぴょう》（宇多）、延喜《えんぎ》（醍醐）などの例が知られている。ただこれらは通称で正式なものではない。その意味では御在所名などを追号にされているほかに、通称に用いられている例として西院《さい》天皇（淳和）、亭子院《ていじ》（宇多）、萩原《はぎわら》天皇（花園天皇）などを挙げることができるし、また山陵名でも高野《たかの》（称徳）、柏原《かしわばら》（桓武）、深草《ふかくさ》（仁明）、水尾《みずのお》（清和）、後山階《のちのやましな》（醍醐）などの例が知られている。

明治七年（一八七四）四月、天皇の追号（諡号）の訓みに漢音・呉音が混淆していたため、文部省は「御諡号及年号読法」を刊行したが、なお一部に文部省と宮内省の間に不一致があったため、両省で協議し、昭和十五年七月に、「御歴代天皇御追号読法」とまとめて天皇の裁可を得た。しかし昭和二十一年、従前の歴史的仮名遣いから現代仮名遣いに変更されると、追号の訓みにも変更が加えられた。

太上天皇　譲位した天皇に対する称として太上《だじょう》天皇の号が贈られるが、その初例は持統天皇が文武天皇に皇位を譲られたのが最初である。それより前に史上初めての譲位が皇極《こうぎょく》天皇によって行われたが、皇極天皇には皇祖母尊《すめみおやのみこと》の称が贈られている。その後、持統天皇以下、譲位した天皇は太上天皇と称しているが、平安時代以降は譲位した天皇には新帝から太上天皇の尊号を贈られるのを例としている。平安時代以降、幼少の天皇が即位し、まだ成人することなく譲位する例などが増えると、太上天皇が複数で併存するようになり、鎌倉時代の末には同時に五人の太上天皇が在世したこともある。

太上天皇の歴史的意義を考える中で、注目されるのは、白河《しらかわ》上皇に始まるといわれる院政《いんせい》である。院政の成立事情についいては、近年、さまざまな指摘があり、また時代によって摂関《せっかん》や武家との関わりの中で院政の内容にも違いはあるが、天皇の父である上皇が院政を行うのが例で、院政を行う上皇を「治天《ちてん》の君《きみ》」と呼んでいる。このほか上皇には院・仙院・仙洞とよばれ、これらの名称が神仙の居所に類することから、姑射山《はこやさん》などとも呼ばれている。

最後の太上天皇は江戸時代末に譲位して尊号を贈られた光格《こうかく》天皇である。ところがその光格天皇はもともと閑院宮《かんいんのみや》家の出身で、傍系から皇統を継承したことから、父典仁《すけひと》親王に太上天皇の尊号を上つろうとした。しかし江戸幕府の反対にあい実現を見ず、明治十七年（一八八四）に天皇の裁断によってようやく太上天皇の尊号と慶光《きょうこう》天皇という謚号を贈られ、光格天皇の願は実現するが、まさにこれは異例の措置である。すなわち明治時代に入ってまもなく一世一元《いっせいいちげん》の制が設けられ、天皇は譲位しないこととなり、太上天皇は置かれなくなったからである。

しかし平成三十一年(二〇一九)四月三十日に、二百年振りに天皇が退位したとき、従来は天皇は太上天皇に、皇后は皇太后になるのを通例としていたが、この度は天皇は上皇、皇后は上皇后と称することとなった。その地位は過去の太上天皇と同様と見なすことができる。なお上皇・上皇后の世話をする付属職司を上皇宮職と称している。

暦の導入と史書の編纂　推古天皇十年(六〇二)に百済《くだら》から暦《れき》博士が来日し、暦がわが国に伝えられている。このとき暦と共に中国の讖緯《しんい》説も伝えられている。推古朝以前に、わが国の歴史について、『帝紀《ていき》・旧辞《きゅうじ》』と呼ばれる歴史書が編纂されていたが、『帝紀』は天皇を中心に即位・宮号・后妃・子女、そのほか天皇の事績などを含む皇室の歴史、『旧辞』は神話・伝承などを記録したものといわれているが、それらは現在、同書が現存しないことから書名でしか判断できない。しかし天皇の歴史について、かなり具体的な叙述が行われており、恐らく系譜を中心としたもので、それに関連の事項を組み合わせたものではなかったかと考えられる。ところで讖緯説は十干《かん》十二支《し》の組み合わせで、六十年を一元《げん》、二十一元を一蔀《ぼう》といい、干支《かんし》の組み合わせによって政治的社会的な事件が生ずるという思想である。なかでも辛酉《しんゆう》の年は変革が起こるが、さらに一蔀を経た辛酉年は大変革が起こるといわれており、たまたま暦が伝えられた前年が辛酉に当たることから、その年を起点にして一蔀＝一二六〇年(一説には一三二〇年)遡らせたところにわが国の初代の天皇、神武天皇が橿原《かしはら》に即位したとし、以後の天皇は『帝紀』などに伝えられた系譜を基に、一二六〇年(一三二〇年)の間に「適宜按配」されたのであろう。しかし前記のように『帝紀』は現存していない。またおそらくその時の成果を踏まえ、聖徳太子は新しく『天皇記・国記』を編纂している。ただ残念なことに、『天皇記』も大化改新のクーデターの中で蘇我蝦夷の邸宅とともに焼亡し、現存していない。したがって『帝紀』や『天皇記』に記載の事項の確認は取れないが、その後に編纂《へんさん》された『日本書紀』にその一部は反映されているのであろう。後に『日本書紀』が編纂、撰上されたとき、「本紀《ほんぎ》三十巻」とともに「系図一巻」も作成されていたことが分かる。これらの系図の中に、さきの『帝紀』『天皇記』の記述が反映されているのではないかと思われるが、確認できない。

ところで『日本書紀』に見える推古天皇以前の天皇の中には実在の疑わしい天皇がいるという。たとえば推古天皇以前の天皇の大半を否定する見解、ある程度は『日本書紀』の記述を信用できるとする部分肯定説、しかしその場合でも記載内容の中には後世の補筆が行われているとか、中国の史書の文言を引用しているところなどは史実の借用であるから、その箇所には信用できないとか、さらには「欠史《けっし》八代」といわれる時期の天皇のように、実在しないのに実在したかの如く造作《ぞうさく》された天皇がいるなどと、推古天皇以前の天皇には史書の編纂過程で作為が加えられたとの説がある。このように記紀に関する研究は今なお多くの問題を抱えているが、一方で記紀の研究は飛躍的に進み、多くの知見をもたらしている。

歴代天皇と代数

『古事記』『日本書紀』によると、神日本磐余彦尊《かんやまといわれひこ》(神武天皇)を初代の天皇とし、以下歴代の「スメラミコト」(天皇のヤマト言葉)と呼ばれている人の事績を中心にした記述がなされている。この後も飛鳥時代から白鳳時代、奈良時代を経て、平安・鎌倉時代へと時代が下がって行くと、それぞれの時代に天皇であった方はそれぞれ歴代の代数に数えられるのが原則であるが、たとえば壬申《じんしん》の乱で失脚した大友《おおとも》皇子について、『日本書紀』では皇位に即《つ》いたとは記していないことから、同書の編纂された奈良時代には皇位に即いていたとは見なされていなかったのである。ところが『水鏡《みずかがみ》』などのように、皇位に即いていたとする説が平安時代からあり、また奈良時代の淳仁《じゅんにん》天皇や鎌倉時代の仲恭《ちゅうきょう》天皇のように、政治的な事件に絡まって退位を余儀なくされた天皇の場合は廃帝《はいてい》などと呼ばれて、歴代の代数から除外されていた。しかし明治三年に大友皇子を弘文《こうぶん》天皇と諡号を上って歴代に列するとともに、二人の廃帝にも淳仁・仲恭の諡号を贈り、旧に復して歴代に加えられている。

南北朝時代の天皇については、南北いずれの朝廷を正式のものと認めるかについては、すでに南北両朝に分裂後、南朝側の碩学《せきがく》である北畠親房《きたばたけちかふさ》は南朝正統論を『神皇正統記《じんのうしょうとうき》』の中で主張しているが、その後の南北両朝の合体の実態を見ると、南朝が北朝に吸収された形で収束しているところから、北朝を主流に、南朝を傍流にする考えが行われている。江戸時代に入ると、水戸の『大日本史《だいにほんし》』が南朝正統論を唱え、一方、江戸幕府の影響下に編纂された『本朝通鑑《ほんちょうつがん》』によると、南朝天皇を正統とすれば現朝廷に連なる北朝天皇を従とすることになるとし、現実容認の立場から北朝正統論を打ち出している。明治時代に入ると水戸学の影響を蒙る南朝正統論と現実派の北朝正統論が学界を賑わし、所謂南北朝正閏《せいじゅん》論争が繰り広げられ、この問題は帝国議会にまで持ち込まれ、ついには明治天皇の裁断を仰ぐまでに発展し、明治四十四年に明治天皇は南朝の天皇を正統として歴代に列し、北朝の天皇は歴代外の天皇とし、山陵・祭祀などは従前通りと定められ、長年の論争に決着を見たのである。

南北朝正閏論争が展開しているとき、たとえば『神皇正統記』は南朝の天皇を代数に加え、一方、北朝天皇を正とする『本朝皇胤紹運録《ほんちょうこういんじょううんろく》』などは北朝天皇を代数に数えている。このように神武天皇以降の天皇の代数は、それぞれの天皇観やその時々の時代認識によって一定していなかったが、明治三年に三方を歴代に加え、さらに南北朝正閏論争に決着を見たことから、明治天皇は神武天皇を初代の天皇とし、明治天皇を一二一代とする歴代天皇の代数を定めたのである。

しかし実は歴代天皇について、まだ問題があったのである。

早くから南北朝時代に在位していたと推定されながら、その事実確認ができていなかった長慶《ちょうけい》天皇についてさまざまな史料を検討し、即位していることが確認された大正十五年（一九二六）にようやく歴代に列せられた。この結果、当時、一二二代の天皇と見なされていた大正天皇は一二三代となったのである。

なお歴代天皇とは別に追尊天皇《ついそんてんのう》・不即位太上天皇《ふそくいだじょうてんのう》が各四例を数える。追尊天皇とは、在世中に皇位に即かなかったが、没後に天皇号を贈られたもの、草壁皇子《くさかべのおうじ》の岡宮天皇《おかのみやのてんのう》・舎人親王《とねりしんのう》の崇道尽敬皇帝《すどうじんぎょうこうてい》・施基親王《しきしんのう》の春日宮天皇《かすがのみやのてんのう》・早良親王《さわらしんのう》の崇道天皇《すどうてんのう》の四例である。また不即位太上天皇は、皇位に即かなかったが太上天皇号を贈られたもので、守貞親王《もりさだしんのう》の後高倉院《ごたかくらいん》・伏見宮貞成親王《ふしみのみやさだふさしんのう》の後崇光院《ごすこういん》・誠仁親王《さねひとしんのう》の陽光院《ようこういん》・閑院宮典仁親王《かんいんのみやすけひとしんのう》の慶光天皇《きょうこうてんのう》の四例で、前二例は生前に上られ、後二例は没後の追尊である。

元号と天皇

元号の起源は中国の前漢の時代の武帝《ぶてい》の建元《けんげん》元年(BC一四〇)に遡る。爾後、中国では元号を建てるのを例としたが、それがわが国で用いられたはじめは、孝徳《こうとく》天皇の即位後のことである。時に政府は中大兄皇子や中臣鎌足《なかとみのかまたり》を中心に、蘇我《そが》氏を打倒し、かつて聖徳太子が目指した天皇を中心とした国家体制の樹立のために一大改革を実現しようとした。そこでは天皇による一元的な土地人民支配と、中央集権的な官僚制国家の確立を目的としたが、そのとき初めて大化という中国風の元号の制が採用された。大化の意味について、具体的に説明したものはないが、元号採用とともに実施された改革のあり方をみると、天皇のおおきな徳により人民を感化するの意味ではないかと思われる。もっとも大化に先立ち、すでに法隆寺釈迦銘には法興《ほうこう》という元号が用いられているが、法興に託《たく》された意味は仏法の興隆を願ってのもので、限定された範囲内で用いられた、いわゆる私年号であろう。大化のように国家的な意志を示すものではなかったと思われる。

しかし大化は五年間用いられた後、穴戸《あなと》国(後の長門国)から白雉《はくち》が献上され、これが王者の仁徳の遍《あまね》く行われていることの吉祥《きっしょう》として白雉と改元、この年号も五年間用いられている。しかしその後、年号の制は継続せず、大宝律令の制定施行されるまでの半世紀ばかりの間に、朱雀《すざく》(朱鳥)・白鳳《はくほう》の年号が用いられているが、短期間のものであったと推量される。

大化改新以降、中央集権的国家の建設の中で、地方からさまざまな貢進物が中央に送られているが、それらの貢進物に付された木簡などに、貢進物の内容・数量などとともに干支の記されているものがある。干支は年月日のそれぞれを表すもので、たとえば木簡などに記されている干支は年次を表している。

しかし大宝儀制令《ぎせいりょう》公文《くもん》条によると「凡そ公文《くもん》に年記すべくんば、皆年号を用いよ」とあり、その意味について、大宝令の注釈書には「大宝と記して辛丑《しんちゅう》と記さないこと」とある。辛丑とは干支で年次を表わしたもので、大宝元年以前の年次の表記の仕方が理解できるであろう。

ところが文武天皇の治世の半ばに大宝の年号が制定されて以降、わが国では現在に至るまで年号を使用している。中国ではじまった年号の制は、中国では清朝末まで使用され、朝鮮でも近世末まで中国と同じ年号を使用していたが、爾後使われなくなった。したがって近代以降も年号を用いているのは東アジアにおいては日本だけである。

大宝の元号は文武天皇の治世五年目に定められており、これより以降、現在に至るまで年号が用いられている。したがってわが国の年号史の中で、大化とならび大宝の年号のもつ歴史的意義は大きい。すなわち大化が国家的意志を表したように、大宝もまた律令を施行することで、当時の国家の理想を実現しようとした願を表していると思われる。大宝から四年後に慶雲《けいうん》が現れ、吉祥であることから年号を慶雲と改め、それより以降、祥瑞《しょうずい》が現れるとしばしば改元している。

天皇の即位にともなって新しく年号が建てられるものを代始改元《だいはじめかいげん》といい、新帝の治世の理想とするものをその改元によって表そうとしたものであろう。ところが改元には祥瑞・災異《さいい》などの自然現象や讖緯説によると辛酉や甲子《かっし》の年に変革が起こるという革命《かくめい》・革令《かくれい》などの思想に基づくものもある。

しかし年号の本義はその天皇の治世に寄せる期待を表しており、一例を挙げると、大化や大宝と同じく、聖武天皇の即位とともに定められた天平は天下太平を祈念して名付けられたものである。かかる代始改元は天皇の治世を象徴するものとして行われ、奈良時代には、元正《げんしょう》・聖武《しょうむ》・孝謙《こうけん》・光仁《こうにん》の各天皇の即位に際し改元されている。ところが平安時代初期の平城《へいぜい》天皇が代始改元を行われた後は、天皇が皇位に即いた翌年に年号を改める踰年《ゆねん》改元になる。儒教的な観念によって、前帝の後を承けて皇位に即いた新天皇は前天皇の定めた年号を直ちに改めず、年を越えて改元するのを例とするようになり、明治改元に至るまでこの趣旨は踏襲されている。

祥瑞改元は奈良時代に霊亀・神亀や宝亀が発見されたとか、慶雲・景雲が見えたことから行われたもの、しかしこれらは平安時代以降はほとんど行われず、代わって災異による改元が行われるようになり、火災・風水害・疫病などによる社会不安を改元で払拭《ふっしょく》しようとしていたように思われる。また六十年に一度訪れる辛酉や甲子の年には変革が起こるということから、辛酉革命・甲子革令と称してその年には改元している。たとえば三善清行《みよしきよゆき》が昌泰《しょうたい》四年(九〇一)は辛酉の年に当たることから改元の必要があると進言して延喜と改元して以来、戦国時代から江戸時代の初めの一時期を除き、江戸時代末まで辛酉年には改元するのを例としている。また甲子年についても応和四年(九六四)以降、戦国時代の一時期を除き江戸時代末に至るまで甲子年ごとに改元している。

このようにさまざまな理由で改元が行われていることから、後醍醐《ごだいご》天皇や後花園《ごはなぞの》天皇のときのように在位中八回も改元した例もあるのである。また南北朝時代には、南朝と北朝とは別々の元号を用いていた。たださきに指摘したように、明治天皇が南北朝正閏論争に聖断を下したとき、南朝を主とし、北朝を従としたことから、年号も南朝年号を主とすることになった。

改元の手続きを見ると、まず勅命《ちょくめい》を受けた大臣は文章博士らに年号案を勘申させる。文章博士等は中国の古典に基づいて二文字からなる佳字を撰び、その典拠を付して録上すると、大臣以下参議《さんぎ》等はその案文について審議する。その際、勘申の文字について問題点を指摘し、また勘申者からの反論などが行われる。これらを難陳《なんちん》といい、先例の有無、佳字かどうかなどが審議される。このあと候補を絞り込んで上奏し、裁可を得て詔書を以て交付される。勘申のなかには、何度も年号案として候補に挙げられたものがあるが、その時々の歴史的状況の中でもっとも相応しいものが撰上され、裁可されている。

慶応四年(一八六八)九月八日、明治元年と改元するに際し、今後は一世一元の制とすると定められ、元号は天皇の在位中、ひとたび制定されると、代替わりが行われるまで、元号を変更しないこととなった。明治二十二(一八八九)年制定の皇室典範(旧典範)にも同様のことが規定された。明治天皇が崩御し、大正天皇が皇位に即いたとき、それまでの明治四十五年(一九一二)七月三十日を改めて大正元年七月三十日とし、また大正天皇が大正十五年(一九二六)十二月二十五日に崩御すると、皇太子裕仁《ひろひと》親王が践祚し、一世一元の制に従って元号を昭和元年と改めた。しかし昭和二十二年(一九四七)一月十六日制定公布の皇室典範(新典範)には元号に関する規定がない。もともと元号は天皇大権に属するものと見なされていたが、新憲法の制定過程で主権在民の思想に基づき、直接、天皇は元号制定に関与しないこととなった。しかし元号は天皇の在位に関わるものと見なされており、いずれ改元の時期が到来することを念頭に、政府は昭和五十四年に元号法を制定し、元号制定の手続きも閣議で了承された。昭和六十四年一月七日、昭和天皇が崩御すると、同日に新天皇が即位したが、元号は先帝崩御の翌日から平成の元号を用いることとした。さらに平成時代の天皇が二百年余途絶えていた退位を行ったが、退位に伴っての改元は社会に混乱を生じさせる虞があるとの懸念から、政府は退位の一月前の四月一日に新元号「令和《れいわ》」を公表し、五月一日の新帝の即位とともに新元号を用いることになった。

陵と天皇　大宝喪葬令《そうそうりょう》によると「先皇の陵《みささぎ》は、陵戸《りょうこ》を置きて守らしめよ」とあるように、天皇の崩御《ほうぎょ》後に埋葬されるところが陵である。天皇陵のことをしばしば陵墓といい、陵と墓は同義語のように解されるが厳密にいえば誤りで、大宝令の注釈書に、「陵は墓の一種を謂う、貴賤を以て別名となす」というように、陵と墓とは一応区別されている。その後、奈良時代の中頃の天平宝字四年（七六〇）に太皇太后《たいこうたいごう》藤原宮子《みやこ》と皇太后《こうたいごう》藤原光明子《こうみょうし》の墓を自今以降山陵というと定め、爾来、天皇・皇后の墳塋《ふんえい》はもとより、皇位に即かないが天皇号を贈られたり、太上天皇号を贈られたりした方、太皇太后・皇太后についても山陵といわれている。

ところで『日本書紀』には、天皇が崩御すると、陵名や葬送の場所を記している。また時代が降るが延喜《えんぎ》諸陵寮式《しょりょうりょうしき》にも、陵名・所在地・墳丘の規模、またその陵を守護する陵戸数などが具体的に記されている。これらを合わせると、『日本書紀』に見える歴代天皇の陵はある程度確定できそうであるが、『日本書紀』と延喜諸陵寮式の編纂時期では三世紀近く離れており、平安時代にはすでに、陵の所在地・

名称などで一致しないところがあり、文献からだけでは天皇陵を確認することはできなくなっていた陵もある。たとえば大和地方の同じ郡内や郷内に所在している陵であっても、あるいはそれだからこそ、陵名の混乱が生じ、さらに平安時代の末期以降、所在が確認できない陵もあったらしい。江戸時代の中期に入る元禄《げんろく》年間(一六八八〜一七〇三)に徳川幕府は陵の探索を行い、八十五箇所の陵を確認し、さらにそれから百年を経た文久年間(一八六一〜一八六三)には神武天皇陵を治定、明治時代に入っても、まだ十数陵の所在が確認できず、皇室の先祖の、特に天皇陵が未定であるのは国際的にも恥辱であるとしてさらに調査を進め、最終的には昭和十九年(一九四四)の長慶天皇の陵が治定され、天皇陵の調査はほぼ終了している。

ただ近年のさまざまな調査の中で、天皇陵に疑問を呈する出土品があるなど、改めて検討を要するものもあるという。なかんづく問題になるのは主として古代高塚式古墳で、そのすべての陵が問題になっているわけではない。おそらく推古天皇以降の天皇陵については、『日本書紀』の記述にある程度信憑性があると考えられるから、その所在について疑問の余地はほとんどないと思われる。そこで問題は四〜六世紀ごろの天皇陵の信憑性であるが、せっかちな結論を急ぐことなく、もう少し歴史的事実の確認が待たれる。

天皇の喪葬の形式について古くは明らかでないが、時代が降るに従って具体的になってくる。たとえば七世紀末に崩御した天武天皇の場合は、すでに『日本書紀』に喪葬の次第がかなり具体的に記されており、従来の伝統的な神式に仏式が加わっている様子が窺える。ついで天武天皇の皇后で、後に皇位に即いた持統天皇は天武天皇と同じ陵に合葬されるが、その葬儀は一段と仏式が強まり、天皇として初めて火葬に付されている。これより以降、大葬《たいそう》においても火葬が広く行われるようになり、元《げん》明《めい》天皇の場合は遺言に従い、火葬してそのままに土を覆い、石碑を建てるのみで高塚を築くことが行われていない。また平安時代になると、淳和《じゅんな》天皇のように火葬の後、遺灰を大原西嶺から散布したといわれる特殊な例も現れている。さらに平安時代半ば以降、陵所に仏堂を設けた後一条《ごいちじょう》天皇、平安時代末の白河《しらかわ》天皇は自身の陵所には墳丘を築かず、法華堂《ほっけどう》を建て、木造の塔を造営しているが、この白河方式が例となって、その後、仏堂を建て木造や石造の塔を造営する形式が踏襲されている。

平安時代以降、天皇陵は皇室に縁のある寺院の近傍に設けられ、複数の天皇の陵が同じ寺院の近傍に集中して造営されているところがある。たとえば一条天皇の円融寺北陵《えんゆうじのきたのみささぎ》の所在する京都市右京区竜《りょう》安寺《あんじ》朱山《しゅうやま》には、後朱雀《ごすざく》・後冷泉《ごれいぜい》・後三条・堀河《ほりかわ》の各天皇陵が、また後深草《ごふかくさ》天皇の深草北陵《ふかくさのきたのみささぎ》の所在する京都市伏見区深草坊町には、伏見・後伏見・後光厳《ごこうごん》・後円融《ごえんゆう》・後小松・称光《しょうこう》・後土御門《ごつちみかど》・後柏原《ごかしわばら》・後《ご》奈良《なら》・正親町《おおぎまち》・後陽成《ごようぜい》の各天皇の陵が設けられ、世に深草の十二帝陵と称されている。なおこの十二天皇はそれぞれ火葬に付され、その遺骨は同所の深草法華堂に安置されている。

しかしすべての天皇が火葬に付されていたわけではなく、平安時代の醍醐・村上天皇のように土葬の例もあるが、江戸時代の前期、後光明《ごこうみょう》天皇の大葬が行われたとき、天皇を火葬にするのは不敬であるとの説が出され、表向きは仏式による火葬の体裁を取りながら、実は土葬の制に復活している。すなわち京都市東山区今熊野《いまくまの》泉山町の泉涌寺《せんにゅうじ》を陵所に、石造の九重の塔を建て従前の火葬の態を調えたのである。なお泉涌寺を陵としたのは、すでに鎌倉時代に後堀河《ごほりかわ》・四条《しじょう》両天皇の陵所が設けられていたが、江戸時代の初めの後水尾《ごみずのお》天皇から仁孝天皇に至る天皇が同寺内に葬られている。しかし江戸時代末の孝明《こうめい》天皇の送葬に当たって、山陵奉行戸田忠至《とだただゆき》は故実家谷森善臣《たにもりよしおみ》らに命じて大葬の形式などを調査させ、泉涌寺の裏山に従来とは異なった円墳形式の陵を設けている。

それから間もなく、徳川幕府による大政奉還が行われると、明治新政府は神武創業《じんむそうぎょう》の昔に戻すことを国是《こくぜ》とし、政治・祭祀などの見直しを行っているが、その一つに皇室の葬儀は従前の仏式から神式に改めることとした。ただ永く仏式の葬儀が定着していたことから皇族の葬儀にしばらくの間、混乱があったが、明治も半ばを過ぎる辺りから、皇族の葬儀は次第に神式で行われるようになり、明治天皇の大葬《たいそう》の儀において神式の葬儀が定着した。またこのとき天皇の陵は古代高塚式墳墓の形式を参考に、京都・桃山の地に伏見桃山陵《ふしみももやまりょう》を築造されている。その後、大正十五年(一九二六)、皇室喪儀令《そうぎれい》や皇室陵墓令《りょうぼ》が制定され、葬儀の次第や陵の形式などが法的に整備されて以降、皇室の葬儀はこれらの規定に従うことになった。

しかし昭和二十二年(一九四七)に一連の皇室令が廃止され、それに代わる新たな法的整備が行われていないことから、葬儀の次第や陵の形式などは皇室の先例を参照しつつ、それぞれの時代に適合する方向で定められている。たとえば皇室陵墓令によると、陵の形式は上円下方、あるいは円墳と定められ、大正天皇の陵は同令に基づいて関東の多摩の丘陵地に築造されたが、同令の廃止された後の昭和天皇の陵は大正天皇の先例を参考に、多摩丘陵の武蔵陵墓地に設けられた。

I

『古事記』『日本書紀』の天皇

恵我藻伏岡陵（応神天皇陵）　羽曳野市

神《じん》武《む》天皇

『日本書紀《にほんしょき》』および『古事記《こじき》』によれば、第一代の天皇で、皇室の祖先とされる。その名は、『日本書紀』神代、神皇承運《じんのうしょううん》章本文・同第一の一書によれば、神日本磐余彦尊《かんやまといわれひこのみこと》という。鸕鷀草葺不合尊《うがやふきあえずのみこと》の第四子で、母は玉依姫《たまよりひめ》。甲寅《こういん》の歳《とし》、諸兄とともに日向《ひゅうが》を発して、瀬戸内海《せとないかい》を経て、河内《かわち》の白肩《しらかた》の津《つ》に上陸したが、長髄彦《ながすねひこ》が孔舎衛坂《くさえさか》に防いだために、紀伊《きい》に迂回《うかい》し、この間に諸兄を失った。熊野《くまの》で高倉下《たかくらじ》の迎えを受け、頭八咫烏《やたがらす》と日臣命《ひのおみのみこと》（道臣命）の先導によって、中洲《なかつくに》（大和《やまと》）に入った。菟田《うだ》では弟猾《おとうかし》（猛田県《たけだのあがた》主《ぬし》の祖）が帰順《きじゅん》し、吉野《よしの》では井光《いひか》（吉野首《よしののおびと》の祖）・磐排別《いわおしわけ》（国樔《くず》部の祖）・苞苴担《にえもつ》（養鸕《うかい》部の祖）らが服従した。国見丘《くにみのおか》では八十梟師《やそたける》を斬《き》り、さらにその余衆《よしゅう》を忍坂《おさか》に亡ぼした。磯城《しき》では弟磯城（磯城県主の祖）が帰順した。ついに進んで長髄彦を鳥見《とみ》に撃った。戦の不利の際に、金色《こんじき》の鵄《とび》が磐余彦の弓弭《ゆはず》にとまり、敵はその光に眩《くら》いた。かねて長髄彦に奉ぜられていた饒速日《にぎはやひ》命は、磐余彦が天神の子であることを認めて、長髄彦を誅《ちゅう》して帰順した。これが物部氏《もののべうじ》の祖先《そせん》である。なお層富《そふ》の新城戸畔《にいきとべ》、和珥坂下《わにのさかもと》の居勢祝《こせのはふり》、臍見長柄丘岬《ほそみのながえのおかさき》の猪祝《いのはふり》などの土蜘蛛《つちぐも》も、すべて亡ぼされた。そこで磐余彦は畝傍山《うねびやま》の東南橿原《かしはら》の地に帝《てい》宅《たく》を造り、媛蹈鞴五十鈴媛命《ひめたたらいすずひめのみこと》を正妃に立て、辛酉《しんゆう》の歳《とし》帝位に即《つ》いた。これを始馭天下之天皇《はつくにしらすすめらみこと》と称する。ついで功労《こうろう》のあった臣下に賞《しょう》を与え、また鳥見山《とみのやま》に霊畤《まつりのにわ》を立てて、皇祖《こうそ》の天神を祭った。在位七十六年、寿百二十七歳で崩《ほう》じ、畝傍山東北陵《うねびやまのうしとらのすみのみささぎ》に葬った。

この伝承の中で、『日本書紀』に記された東征《とうせい》や即位《そくい》に際しての誥命《こうめい》が、中国の史書《ししょ》の形式を模倣《もほう》して作られたことは、いうまでもない。即位の年を辛酉《しんゆう》と定めたことが、讖緯説《しんいせつ》の辛酉革命《しんゆうかくめい》の説に基づいて、その一部《ぼう》のはじめを取ったことは、早く三善清行《みよしきよゆき》にこれを示唆《しさ》するものがあり、伴信友《ばんのぶとも》がこれを主張し、那珂通世《なかみちよ》に至って定説となったものである。いまこれらの明らかな修飾を除いて、伝承を分析《ぶんせき》すると、それはほぼ『帝紀《ていき》』と『旧辞《きゅうじ》』とを原史料とすると考えられる。『帝紀』は系譜《けいふ》的記事である。氏族の出自《しゅつじ》、陵墓《りょうぼ》・皇居などの所在に関する記事はこれに含まれる。氏族の出自に関しては、社会的地位を確認させるために作為《さくい》されたものが多いから、必ずしも信用できないが、陵墓は顕著な造営物であるから、これに伴う記憶もしくは伝承は、注意に値する。『日本書紀』天武紀《てんむき》によれば、壬申《じんしん》の乱《らん》にあたって、高市郡《たけちぐん》の大領高市県主許梅《こめ》に神懸《かみがか》りがあったために、神武陵に馬および兵器を奉ったという。すなわちこの時に公式に神武陵とされたものが存在したばかりでなく、それは祭祀の対象でもあったのである(『多武峯略記《とうのみねりゃくき》』によると、この陵墓は、平安時代中期までは、荒廃《こうはい》しながらも、その位置を知られていたらしい)。そしてそれはさらに大化《たいか》前代にさかのぼるべきものであり、『帝紀』が五世紀にはじめて記録として成立したとしても、口承《こうしょう》による伝承は、より以前から存在したと考えることも可能であろう。皇居も陵墓と類似した性質を有する。「ミヤ」という言葉に示されるごとく、古代の皇居は、単に天皇の居住する場所であるにとどまらず、また神殿《しんでん》でもあり祭場《さいじょう》でもあった。そして、それは天皇の治世《ちせい》とともに移動したから、特定の天皇を指す場合に、その名の上に皇居の所在を冠《かん》することは、きわめて一般的な用例であった。それがすでに五世紀に存在することは、熊本県江田船山《えたふなやま》古墳《こふん》出土の刀銘《とうめい》によって確認される。おそらく歴代の皇居の所在も、それ以前から伝承されたのであろう。

周知《しゅうち》のごとく神武天皇およびそれ以後の十数代の天皇の年寿《ねんじゅ》および在位年数は異常に長い。これが作為であることはいうまでもないが、これは神武の即位《そくい》を辛酉の歳に定めたために、実年代との間に数百年の開きを生じ、しかも『帝紀』の伝える歴代の代数を動かすことができないために、不自然な操作を行なったからである。すなわちこれらの作為は、単なる机上《きじょう》の制作ではなく、全く『帝紀』の記載を尊重した結果にほかならない。そして『帝紀』の記載を尊重する限り、神武天皇の史的実在は、これを確認することも困難であるが、これを否認することも、より以上に困難なのである。これに対して、『旧辞』は物語《ものがたり》である。近世の関東地方の各地に、平将門《たいらのまさかど》や源 義家《みなもとのよしいえ》に関する口碑《こうひ》が存在するように、古代の奈良盆地とくにその周辺地域には、磐余彦に関する多くの口碑(地名説話を含む)が存在したらしい。これを集成し、適当に配列して、磐余彦の大倭《やまと》平定の物語が成立したものと考えられる。猛田県主《たけだのあがたぬし》や磯城県主《しきのあがたぬし》などの諸氏族の祖先に関する伝承も、多くは一応この物語の大筋《おおすじ》が成立してから、これに寄生したものが多いようである。ただ物部氏などに関しては、その固有の伝承が動かし難かったために、その祖先である饒速日命を、磐余彦と同格に天神の子とする説話が保存されたのであろう。物語の中に挿入《そうにゅう》された多くの歌謡《かよう》は、資料的には、全く系統を異にするものであって、それらはすべてもと大伴氏に属した久米部《くめべ》に伝えられた久米歌《くめうた》である。その中から地名その他で説話の内容に関係があるらしく考えられるものを取り入れたものである。いま綜合《そうごう》して物語の原型を推測すると、それは磐余彦と長髄彦（登美彦）との二人の首長の争闘、そして磐余彦の勝利というきわめて単純な図式となる。そしてこれはおそらく皇室に古くから保存された伝承であろう。

近年この磐余彦の大倭《やまと》平定説話を以て、崇神《すじん》天皇・応神《おうじん》天皇、もしくは継体《けいたい》天皇などの事蹟《じせき》を、より古代に反映させたものとする説がある。しかしこれらの諸説は、いずれもその論証がすこぶる不充分なばかりでなく、その前提となる崇神・応神・継体の事蹟の史実性についての吟味を欠いているために、信用することができない。これと対蹠的《たいしょてき》に、磐余彦の大倭平定説話の前段階を構成する東征説《とうせいせつ》話《わ》に、北九州の邪馬台国《やまたいこく》が東遷《とうせん》した事実が含まれていると主張する説もある。しかしこれは津田左右《つだそう》吉《きち》が早く指摘したように、皇室の祖先を説明するために、天孫《てんそん》が日向《ひゅうが》に降臨《こうりん》したという説話が設定されたために、これを実在する大和朝廷《やまとちょうてい》に結びつける必要から作為されたものであって、全く史実性を認めることはできない。しかしそれは単なる作為というよりは、むしろイスラエル民族のエジプト脱出の伝承に類似する一種の信仰というべきものであろう。

参考文献　文部省編『神武天皇聖蹟調査報告』、佐藤小吉編『飛鳥誌』、津田左右吉『日本古典の研究』（『津田左右吉全集』一・二）、植村清二『神武天皇』（『日本歴史新書』）　（植村　清二）

〔**畝傍山東北陵**《うねびやまのうしとらのすみのみささぎ》〕奈良県橿原市大久保《かしはらしおおくぼ》にあり、旧字名を「みさんざい」（「みささぎ」の訛《なま》り）という。南面する円丘《えんきゅう》で、方形《ほうけい》の濠《ごう》が巡《めぐ》っており、陵前の鳥居《とりい》は黒木を用いている。『日本書紀《にほんしょき》』によれば、天皇は七十六年三月十一日に崩御《ほうぎょ》、翌年九月十二日当陵に葬るとあり、『古事記《こじき》』には陵は「畝火山之北方、白檮尾上《かしのおのえ》」にありとし、『延喜式《えんぎしき》』諸陵寮《しょりょうりょう》の制は「兆域《ちょういき》東西一町、南北二町、守戸《しゅこ》五烟」で、遠陵《えんりょう》に班《はん》している。天武《てんむ》天皇が壬申《じんしん》の乱《らん》(六七二年)で大和《やまと》に陣《じん》した際、高市郡《たけちぐん》の大領に神教があって、当陵に馬や兵器を供えて祭らせたことがある(『日本書紀』)。『続日本紀《しょくにほんぎ》』文武《もんむ》天皇四年(七〇〇)八月条には「宇尼備《うねび》」などの山陵《さんりょう》の樹木が故なくして枯れたとあるが、当陵かどうかは明らかでない。円融《えんゆう》天皇の時に、神武天皇の神託《しんたく》によって陵側に国源寺《こくげんじ》が創建《そうけん》されたと伝えられている(建久《けんきゅう》八年(一一九七)撰《せん》の『多武峯略記《とうのみねりゃくき》』)。同寺はその後荒廃《こうはい》して明らかでないが、現在当陵域内に遺存する一群の礎石は同寺のものといわれている。中世以後当陵に関して伝えるものはなく、ついに荒廃して所在を失うに至った。近世になり勤王《きんのう》の気運に伴って皇陵《こうりょう》の関心も高まり、元禄《げんろく》九年(一六九六)松下見林《まつしたけんりん》は『前王廟陵記《ぜんのうびょうりょうき》』において、畝傍山《うねびやま》の東北慈明寺村《じみょうじむら》の「神武田《じぶでん》」という所にある小丘を陵所とした。当所の字名《あざな》は「みさんざい」といい、貝原益軒《かいばらえきけん》も同所をあてたが、元禄十一年江戸幕府の皇陵探索《こうりょうたんさく》の時は、現在綏靖《すいぜい》天皇陵になっている四条村《しじょうむら》の塚根山《つかねやま》を陵として竹垣《たけがき》を巡らした。しかしいろいろ異説も出て、竹口尚重が畝傍山の北方にある洞村《ほらむら》の丸山《まるやま》(一名、御殿山《ごてんやま》)を擬してからは、この説に従うものも多かったが、嘉永《かえい》二年(一八四九)奈良奉行《ならぶぎょう》川路聖謨《かわじとしあきら》がその著『神武御陵考《じんむごりょうこう》』において前記の神武田の小丘が真陵であると論じてからは、この方が有力となり、両者の正否は決めかねたので幕末《ばくまつ》の修陵《しゅうりょう》の際、文久《ぶんきゅう》三年(一八六三)二月勅裁《ちょくさい》によって神武田の方を陵とし、大いに修理を施した。

参考文献 谷森善臣『山陵考』(『(新註)皇学叢書』五)、上野竹次郎『山陵』上

(中村　一郎)

綏靖《すいぜい》天皇

『日本書紀《にほんしょき》』『古事記《こじき》』に第二代と伝える天皇。和風諡号《わふうしごう》は神渟名川耳尊《かんぬなかわみみのみこと》。『日本書紀』によれば神武《じんむ》天皇の子で、母は事代主神《ことしろぬしのかみ》の女《むすめ》の皇后媛蹈鞴五十鈴媛命《こうごうひめたたらいすずひめのみこと》。父天皇の死後、兄の神八井耳命《かむやいみみのみこと》とともに異母兄手研耳命《たぎしみみのみこと》を討って、翌年即位《そくい》、都を葛城高丘宮《かずらぎのたかおかのみや》に遷《うつ》し、母皇后の妹の五十鈴依媛命《いすずよりひめのみこと》（一説に磯城県主《しきのあがたぬし》の女《むすめ》の川派媛《かわまたひめ》、または春日県主大日諸《かすがのあがたぬしふとひもろ》の女の糸織媛《いとおりひめ》）を皇后として安寧《あんねい》天皇を生み、在位三十三年、八十四歳（記では四十五歳）で没したという。（関　晃）

〔桃花鳥田丘上陵《つきだのおかのえのみささぎ》〕　奈良県橿原市四条町《かしはらししじょうちょう》にあり、畝傍山《うねびやま》の北北東にあたり、俗称《ぞくしょう》を塚根山（あるいは塚山）という南面する円丘《えんきゅう》である。『日本書紀《にほんしょき》』によれば綏靖《すいぜい》天皇は三十三年五月に崩《ほう》じ、翌年（安寧天皇《あんねいてんのう》元年）十月当陵に葬《ほうむ》り、『古事記《こじき》』には陵は「衝田岡《つきたのおか》」にありと記している。『延喜式《えんぎしき》』諸陵寮《しょりょうりょう》の制《せい》は「桃花鳥田丘上陵」と称し兆域《ちょういき》は方一町、守戸《しゅこ》五烟で遠陵《えんりょう》となっている。中世以来荒廃《こうはい》して所在を失ったが、近世になって元禄《げんろく》十一年（一六九八）幕府の探陵《たんりょう》の際は畝傍山の西北にあたる慈明寺村《じみょうじむら》のスイセン塚《づか》（一名、主膳塚）があてられた。この時現在の陵所は神武《じんむ》天皇陵とされたが、文久《ぶんきゅう》三年（一八六三）に現在の陵に改定され、その跡はしばらくそのままになっていたが、近くに「ツキ田」という地名があることによって、明治《めいじ》十一年（一八七八）二月綏靖天皇陵に定められた。陵内にある文化《ぶんか》五年（一八〇八）・文政《ぶんせい》八年（一八二五）の石燈籠《いしどうろう》は神武天皇陵として献上されたものである。

参考文献 谷森善臣『山陵考』(『(新註)皇学叢書』五)、上野竹次郎『山陵』上

(中村 一郎)

安寧《あんねい》天皇

『日本書紀《にほんしょき》』『古事記《こじき》』に第三代と伝える天皇。和風諡号《わふうしごう》は磯城津彦玉手看尊《しきつひこたまてみのみこと》。『日本書紀』によれば、綏靖《すいぜい》天皇の子で母は事代主神《ことしろぬしのかみ》の女の五十鈴依媛命《いすずよりひめのみこと》(記では師木県主《しきのあがたぬし》の祖の河俣毗売《かわまたびめ》)、綏靖天皇二十五年立太子《りったいし》、同三十三年父天皇の死をうけて即位、片塩浮孔宮《かたしおのうきあなのみや》に都し、事代主神の孫鴨王《かものきみ》の女の渟名底仲媛命《ぬなそこなかつひめのみこと》(記では師木県主《しきのあがたぬし》波延《はえ》の女の阿久斗比売《あくとひめ》)を后《きさき》とし、在位三十八年、五十七歳(記では四十九歳)で没したという。

(川副 武胤)

〔畝傍山西南御陰井上陵《うねびやまのひつじさるのみほどのいのえのみささぎ》〕 奈良県橿原市吉田町《かしはらしよしだ》にある。東西に長い楕円形《だえん》の丘状をなしている。陵下《りょうか》に御陰井《みほとい》と称する井戸があり、『日本書紀《にほんしょき》』によれば懿徳《いとく》天皇元年八月朔《さく》に当陵に葬っている。『延喜式《えんぎしき》』諸陵寮《しょりょうりょう》の制は、遠陵《えんりょう》とし「兆域《ちょういき》東西三町、南北二町、守戸《しゅこ》五烟」とする。後世所伝《しょでん》を失ったが、『大和志《やまとし》』は当所をあげており、元治《げんじ》元年(一八六四)御陵《ごりょう》として修補《しゅうほ》された。

参考文献 谷森善臣『山陵考』(『(新註)皇学叢書』五)

(中村 一郎)

懿《い》徳《とく》天皇

『日本書紀《にほんしょき》』『古事記《こじき》』に第四代と伝える天皇。和風諡号《わふうしごう》は大日本彦耜友尊《おおやまとひこすきとものみこと》。『日本書紀』によれば、安寧《あんねい》天皇の第二子で母は事代主神《ことしろぬしのかみ》の孫鴨王《かものきみ》の女の渟名底仲媛命《ぬなそこなかつひめのみこと》(記では師木県主《しきのあがたぬし》波延《はえ》の女の阿久斗比売《あくとひめ》)、安寧天皇十一年に立太子《りったいし》、同三十八年父天皇の死をうけて翌年即位《そくい》、軽曲峡宮《かるのまがりおのみや》に都し、息石耳命《おきそみみのみこと》の女の天豊津媛命《あまとよつひめのみこと》(記では師木県主の祖《そ》の賦登麻和訶比売命《ふとまわかひめのみこと》)を后《きさき》とし、在位三十四年、七十七歳(記では四十五歳)で没したという。

(川副　武胤)

〔畝傍山南織沙渓上陵《うねびやまのみなみのまさごのたにのえのみささぎ》〕 奈良県橿原市《かしはらし》西池尻《にしいけじり》町にあり、畝傍山南麓《うねびやまなんろく》の谷間にある小円丘《しょうえんきゅう》で、字を丸山という。『古事記《こじき》』によれば、畝傍山の真名子《まなご》谷の上にあるとみえるが、現在付近をマナゴ谷と呼んでいる。『延喜式《えんぎしき》』諸陵寮《しょりょうりょう》の制では遠陵《えんりょう》で「兆域《ちょういき》東西一町、南北一町、守戸《しゅこ》五烟」である。中世所伝を失ったが『大和志《やまとし》』は当所をあげており、元治《げんじ》元年(一八六四)御陵《ごりょう》として修補《しゅうほ》された。

参考文献　谷森善臣『山陵考』(『(新註)皇学叢書』五)

(中村　一郎)

孝《こう》昭《しょう》天皇

『日本書紀《にほんしょき》』『古事記《こじき》』に第五代と伝える天皇。和風諡号《わふうしごう》は観松彦香殖稲尊《みまつひこかえしねのみこと》。『日本書紀』によれば懿《い》徳《とく》天皇の子で、母は安寧《あんねい》天皇皇子息石耳命《いきしみみのみこと》の女の皇后天豊津媛命《あまとよつひめのみこと》。懿徳天皇二十二年立太子《りったいし》、同三十四年父天皇が世を去ると翌年即位《そくい》、都を掖上池心宮《わきのかみいけごころのみや》に遷し、尾張連《おわりのむらじ》の遠祖瀛津世襲《おきつよそ》の妹の世襲足媛《よそたらしひめ》を皇后として孝安《こうあん》天皇をもうけ、在位八十三年、百十三歳(記では九十三歳)で没したという。

(関　晃)

〔掖上博多山上陵《わきのかみのはかたのやまのえのみささぎ》〕　奈良県御所市《ごせし》大字三室《みむろ》字博多山にあり、南南東に向く円丘《えんきゅう》である。『日本書紀《にほんしょき》』孝安《こうあん》天皇三十八年八月条によれば、天皇を崩後三十八年にして「掖上博多山上陵」に葬っているが、『先代旧事本紀《せんだいくじほんぎ》』には崩御《ほうぎょ》の翌年に葬ったとあるので、前者は改葬《かいそう》したものかとの説もある。『延喜式《えんぎしき》』諸陵寮《しょりょうりょう》の制は「在㆓大和国葛上郡㆒、兆域《ちょういき》東西六町、南北六町、守戸《しゅこ》五烟」とし、遠陵《えんりょう》となっている。後世所伝《しょでん》を失ったが、当所の丘上には古くより天皇を祀《まつ》る小祠《しょうし》があり、元禄《げんろく》の江戸幕府の探陵《たんりょう》のさい当所を陵にあてた。その後幕末修陵の時、丘上の小祠を丘下の東側に移し修補《しゅうほ》を加えた。

参考文献　谷森善臣『山陵考』(『(新註)皇学叢書』五)、上野竹次郎『山陵』上

(中村　一郎)

孝《こう》安《あん》天皇

『日本書紀《にほんしょき》』『古事記《こじき》』に第六代と伝える天皇。和風諡号《わふうしごう》は日本足彦国押人尊《やまとたらしひこくにおしひとのみこと》。『日本書紀』によれば、孝昭《こうしょう》天皇の子で、母は尾張連《おわりのむらじ》の遠祖瀛津世襲《おきつよそ》の妹の皇后世襲足媛《よそたらしひめ》。孝昭天皇六十八年立太子《りったいし》、同八十三年父天皇が世を去ると翌年即位《そくい》、葛城《かずらぎ》の室の秋津島宮《あきつしまのみや》に都し、兄の天足彦国押人命《あめたらしひこくにおしひとのみこと》の女の押媛《おしひめ》を皇后として孝霊《こうれい》天皇をもうけ、在位百二年、百三十七歳（記では百二十三歳）で没したという。

（関　晃）

〔玉手丘上陵《たまてのおかのえのみささぎ》〕　奈良県御所《ごせ》市大字玉手《たまて》にあり、字名を宮山《みややま》という。陵形《りょうけい》は円丘《えんきゅう》で南面する。『日本書紀《にほんしょき》』孝霊《こうれい》天皇即位前紀《そくいぜんき》によれば、崩御《ほうぎょ》の年九月十三日当所に奉葬《ほうそう》した。『延喜式《えんぎしき》』諸陵寮《しょりょうりょう》の制は「在二大和国葛上郡一、兆域《ちょういき》東西六町、南北六町、守戸《しゅこ》五烟」とし、遠陵《えんりょう》に班している。後世所伝を失い、室の宮山古墳（室大墓）にあてられていたこともあるが、『大和志《やまとし》』が当所をあげ、幕末の修陵《しゅうりょう》もこれにより、修補を加えた。

参考文献　上野竹次郎『山陵』上

（中村　一郎）

孝《こう》霊《れい》天皇

『日本書紀《にほんしょき》』『古事記《こじき》』に第七代と伝える天皇。和風諡号《わふうしごう》は大日本根子彦太瓊尊《おおやまとねこひこふとにのみこと》。『日本書紀』によれば孝安《こうあん》天皇の子で、母は天足彦国押人命《あめたらしひこくにおしひとのみこと》の女《むすめ》の皇后押媛《こうごうおしひめ》、孝安天皇七十六年立太子《りったいし》、同百二年父天皇が世を去ると、都《みやこ》を黒田廬戸宮《くろだのいほとのみや》に遷《うつ》して翌年即位《そくい》、磯城県主《しきのあがたぬし》(記では十市《とおち》県主)大目の女の細媛命《くわしひめのみこと》を皇后として孝元《こうげん》天皇をもうけ、在位七十六年、百二十八歳(記では百六歳)で没したという。

(関　晃)

孝《こう》元《げん》天皇

〔**片丘馬坂陵**《かたおかのうまさかのみささぎ》〕　奈良県北葛城郡王寺町《きたかつらぎぐんおうじちょう》本町にあり、陵形は方形《ほうけい》で、南西に向く。『日本書紀《にほんしょき》』孝元《こうげん》天皇六年九月条によれば、崩御《ほうぎょ》後六年に当所に葬った。『延喜式《えんぎしき》』諸陵寮《しょりょうりょう》の制は「在二大和国葛下郡一、兆《ちょう》域《いき》東西五町、南北五町、守戸《しゅこ》五烟」とし、遠陵《えんりょう》となっている。後世所伝を失ったが、元禄《げんろく》の江戸幕府の探陵《たんりょう》のさい現陵をあげ、幕末に修補《しゅうほ》を加えた。

参考文献　谷森善臣『山陵考』(『(新註)皇学叢書』五)、上野竹次郎『山陵』上

(中村　一郎)

『日本書紀《にほんしょき》』『古事記《こじき》』に第八代と伝える天皇。和風諡号《わふうしごう》は大日本根子彦国牽尊《おおやまとねこひこくにくるのみこと》。『日本書紀』によれば孝霊《こうれい》天皇の子で、母は磯城県主大目《しきのあがたぬしおおめ》の女の皇后細媛命《くわしひめのみこと》。孝霊天皇三十六年立太子《りったいし》、同七十六年に父天皇が世を去ると翌年即位《そくい》、都を軽境原宮《かるのさかいはらのみや》に遷《うつ》し、穂積臣《ほづみのおみ》の遠祖欝色雄命《うつしこおのみこと》の妹の欝色謎命《うつしこめのみこと》を皇后として開化《かいか》天皇をもうけ、在位五十七年、百十六歳(記では五十七歳)で没したという。　（関　晃）

〔**劒池島上陵**《つるぎのいけのしまのえのみささぎ》〕　奈良県橿原市石川町《かしはらしいしかわ》にあり、字名は「劒池ノ上」といい、俗に中山塚《なかやまづか》と呼ばれる。『日本書紀《にほんしょき》』開化《かいか》天皇五年二月壬子《じんし》条に「劒池嶋上陵」に葬るとあり、『古事記《こじき》』には「御陵在二劒池之中岡上一」とある。『延喜式《えんぎしき》』諸陵寮《しょりょうりょう》の制は「兆域《ちょういき》東西二町、南北一町、守戸《しゅこ》五烟」にして遠陵《えんりょう》に班している。陵は石川池の東南部にあたり、三面は池が廻《めぐ》り、陵は北西に向き、域内に二基の墳丘《ふんきゅう》が東西に並び、その北側にさらに円丘《えんきゅう》一基がある。谷森善臣《たにもりよしおみ》は東西に並ぶ墳丘を前方後円墳《ぜんぽうこうえんふん》と見ている。後世所伝を失ったが、元禄《げんろく》の江戸幕府探陵の際、現陵をあて、幕末に修補を加えた。

参考文献　谷森善臣『山陵考』(『(新註)皇学叢書』五)、上野竹次郎『山陵』上　（中村　一郎）

開《かい》化《か》天皇

『日本書紀《にほんしょき》』『古事記《こじき》』に第九代と伝える天皇。和風諡号《わふうしごう》は稚日本根子彦大日日尊《わかやまとねこひこおおひひのみこと》。『日本書紀』によれば、孝元《こうげん》天皇の第二子で母は穂積臣《ほづみのおみ》の遠祖《えんそ》鬱色雄命《うつしこおのみこと》の妹の鬱色謎命《うつしこめのみこと》。孝元天皇二十二年に立太子《りったいし》、同五十七年に父天皇の死をうけて即位《そくい》、春日率川宮《かすがのいさがわのみや》に都し、物部氏《もののべし》の遠祖《えんそ》大綜麻杵《おおへそき》の女で父天皇の妃《ひ》だった伊香色謎命《いかがしこめのみこと》を皇后《こうごう》とし、在位六十年、百十一歳（『古事記』では六十三歳）で没したという。

（関　晃）

〔春日率川坂上陵《かすがのいざかわのさかのえのみささぎ》〕　奈良市油阪《あぶらさか》町にある。『日本書紀《にほんしょき》』開化《かいか》天皇六十年十月乙卯条に「春日率川坂本陵 一云、坂上陵」に葬るという。『延喜式《えんぎしき》』諸陵寮《しょりょうりょう》に遠陵《えんりょう》とし「兆域《ちょういき》東西五段、南北五段、以㆔在京戸十烟㆒、毎年差充令㆑守」とある。現在南南東に面する周堀のある前方後円墳《ぜんぽうこうえんふん》で、長径一〇五メートル、前方部《ぜんぽうぶ》幅約五八メートル、後円部《こうえんぶ》直径約五〇メートル。近世、墳丘《ふんきゅう》は東隣の念仏寺《ねんぶつじ》の墓地などになり、そのため後円中心部の上は高く残るが、その他はくびれの少ない台地状になっている。幕末に墓地などを移転して御陵《みささぎ》と定めて修補《しゅうほ》をし、慶応《けいおう》元年（一八六五）三月に竣工した。

参考文献　『開化天皇御陵古図』（宮内庁書陵部所蔵）、上野竹次郎『山陵』上

（中村　一郎）

崇《す》神《じん》天皇

『古事記《こじき》』『日本書紀《にほんしょき》』などの皇室系譜《こうしつけいふ》では第十代の天皇。開化《かいか》天皇の皇子《おうじ》。『日本書紀』によれば母は伊香色謎命《いかがしこめのみこと》（『古事記』では伊迦賀色許売命《いかがしこめ》）と伝える。御間城入彦五十瓊殖《みまきいりひこいにえ》天皇（御真木入日子印恵命《みまきいりひこいにえのみこと》）、御真木《みまき》天皇、美万貴《みまき》天皇などともよぶ。『古事記』に「所知初国《はつくにしらしし》」天皇、『日本書紀』に「御肇国天皇《はつくにしらすめらみこと》」

と称していることが注目される。記・紀では師木水垣（磯城瑞籬《しきのみずがき》）宮に宮居《きゅうきょ》したと所伝《しょでん》する。疫病《えきびょう》が流《りゅう》行《こう》したので三輪山《みわやま》の神を祭祀《さいし》し、また墨坂神《すみさかのかみ》・大坂神《おおさかのかみ》に奉幣《ほうべい》し、さらに四道（記は三道）に将軍《しょうぐん》を派遣《はけん》したり、武埴安彦《たけはにやすひこ》（建波邇安王《たけはにやす》）の叛乱《はんらん》を鎮定《ちんてい》したり、あるいは男女《だんじょ》の調《みつぎ》（貢物）を定めたりしたことなどが記・紀にみえる。紀には天照大神《あまてらすおおみかみ》と倭《やまと》（大和）の大国魂神《おおくにたまのかみ》の二神を殿内に祭るのをやめ、天照大神を倭の笠縫邑《かさぬいのむら》に遷《うつ》したことや三輪君《みわのきみ》の始祖《しそ》とする大田田根子《おおたたねこ》に三輪《みわ》の大物主神《おおものぬしのかみ》を祭《まつ》らせ、倭直《やまとのあたえ》の祖とする長尾市《ながおち》に大和《やまと》の大国魂神を祭らせたことなどを記載する。また紀《き》には出雲《いずも》の神宝《しんぽう》をめぐる説話などを伝える。『常陸国風土記《ひたちのくにふどき》』には美万貴天皇の代のこととする伝承《でんしょう》を記し、『古語拾遺《こごしゅうい》』には磯城瑞垣朝（崇神天皇の代）に関する説話などを載す。

「所知初国」天皇（記）・「御肇国天皇」（紀）とする崇神天皇が、事実上の初代の王者であるとみなす説があり、神武《じんむ》天皇を「始馭天下之天皇《はつくにしらす》」（紀）と表現するのは、皇室《こうしつ》の起源《きげん》をさらに古くするための造作《ぞうさく》であるという。この「所知初国」「御肇国」天皇の表現は、記・紀の編纂者らの天皇観《てんのうかん》にもとづく歴史意識の投影《とうえい》であり、これをただちに史実とみなすことはできない。崇神天皇の伝承などにみられる三輪山を中心とする政治勢力を三輪王朝《みわおうちょう》（三輪王権）とよび、河内《かわち》を基盤《きばん》とする新たな政治勢力を河内王朝（河内王権）とする説などもあり、また北方大陸系の騎馬民族《きばみんぞく》が征服王朝《せいふくおうちょう》を樹立したとする騎馬民族征服王朝説では、騎馬民族の後裔《こうえい》である崇神天皇に象徴《しょうちょう》される勢力が北九州に入って第一回の「建国《けんこく》」をなし、北九州から畿内《きない》に進出した応神《おうじん》天皇によって第二回の「建国」がなされたと解釈する。このように崇神天皇とその時期は、さまざまに評価されているが、文献伝承のみならず考古学の研究成果および東アジアの情勢のなかで綜合的に考察する必要がある。『古事記』には戊寅《ぼいん》年十二月、百六十八歳で崩《ほう》じたとし、『日本書紀』には六十八年十二月五日、百二十歳で崩じたとする。

参考文献　江上波夫『騎馬民族国家』（『中公新書』一四七）、上田正昭『大和朝廷』（『講談社学術文庫』）

（上田　正昭）

〔山辺道勾岡上陵《やまのべのみちのまがりのおかのえのみささぎ》〕　奈良県天理市《てんりし》柳本町《やなぎもとちょう》字向山《むこうやま》アンドにある。ニサンザイ古墳《こふん》ともよばれる。主軸《しゅじく》の長さ約二三七メートルの前方後円墳《ぜんぽうこうえんふん》。崇神天皇陵について、『古事記《こじき》』には「御陵在二山辺道勾之岡上一也」、『日本書紀《にほんしょき》』には「葬二于山辺道上陵一」とあり、『延喜式《えんぎしき》』諸陵寮《しょりょうりょう》には「山辺道上陵（磯城瑞籬宮御宇崇神天皇、在二大和国城上郡一兆域《ちょういき》東西二町、南北二町、守戸《しゅこ》一烟）」とし遠陵《えんりょう》とする。崇神天皇陵の南約六〇〇メートルに、西に前方部《ぜんぽうぶ》を向けて存する景行《けいこう》天皇陵と錯雑《さくざつ》されてきた。景行天皇陵は向山《むこうやま》古墳ともいわれている。蒲生君平《がもうくんぺい》は『山陵志《さんりょうし》』でニサンザイ古墳を景行天皇陵、向山古墳を崇神天皇陵となした。谷《たに》森善臣《もりよしおみ》は『山陵考《さんりょうこう》』でこの反対の考察をなし、この説が認められ、現在、宮内庁《くないちょう》で治定《ちてい》されている。筆者は、ニサンザイ古墳と向山古墳を比較し、ニサンザイ古墳の方が型式の上で築造《ちくぞう》年代が古いものとなし、ニサンザイ古墳を崇神天皇陵とすることが適切であるとした。そして崇神天皇陵は古代山陵《さんりょう》の中で最も正しく、かつ古くさかのぼるものとなした。

参考文献　斎藤忠「崇神天皇に関する考古学上よりの一試論」（『古代学』一三ノ一）

（斎藤　忠）

垂《すい》仁《にん》天皇

『古事記《こじき》』『日本書紀《にほんしょき》』に第十一代と伝える天皇。活目入彦五十狭茅《いくめいりひこいさち》天皇(記は伊久米伊理毗古伊佐知命《いくめいりびこいさちのみこと》)・伊久米《いくめ》天皇などという。父は崇神《すじん》天皇、母は大彦命《おおひこのみこと》の娘、皇后御間城《みまき》姫。崇神天皇二十九年誕生、四十八年立太子《りったいし》、六十八年崇神天皇が亡くなると翌年纏向珠城宮《まきむくのたまきのみや》に即位《そくい》したという。先の皇后狭穂姫《さほひめ》との間に誉津別皇子《ほむつわけのおうじ》、後の皇后、丹波道主命の娘、日葉酢媛命《ひばすひめのみこと》との間に景行《けいこう》天皇ら三男二女、その他に十人前後の皇子女があった。記紀《きき》の所伝では誉津別の出生にまつわる狭穂彦《さほひこ》・狭穂姫兄妹の謀叛事件《むほんじけん》が大きな比重《ひじゅう》を占めるほか、埴輪《はにわ》の起源《きげん》・田道間守《たじまもり》の説話が有名。在位九十九年で崩《ほう》じ、菅原伏見陵《すがわらのふしみのみささぎ》に葬られたという。　(黛　弘道)

〔**菅原伏見東陵《すがわらのふしみのひがしのみささぎ》**〕　奈良市尼辻西町《あまがつじにし》にある。『日本書紀《にほんしょき》』は安康《あんこう》天皇陵と同名の「菅原伏見陵《すがわらのふしみのみささぎ》」とし、『古事記《こじき》』は「御陵在二菅原之御立野中一也」とする。『続日本紀《しょくにほんぎ》』霊亀《れいき》元年(七一五)四月庚申《こうしん》条は「櫛《くし》見山陵《みのみささぎ》」とし「充二守陵《しゅりょう》三戸一」と記す。『延喜式《えんぎしき》』諸陵寮《しょりょうりょう》は現陵名で「在二大和国添下郡一、兆域《ちょういき》東西二町、南北二町、陵戸《りょうこ》二烟、守戸《しゅこ》三烟」とし、遠陵《えんりょう》に列《れつ》する。『東大寺要録《とうだいじようろく》』雑事章は「菅原伏見野山陵」とする。江戸時代には蓬萊山《ほうらいさん》と呼ばれた。元禄《げんろく》の諸陵探索《しょりょうたんさく》時には、奈良奉行所《ならぶぎょうしょ》は、蓬萊山を新田部《にいたべ》親《しん》王《のう》墓の一説もあるが、地元では古来垂仁天皇陵と所伝の旨《むね》を記し、分明陵《ぶんめいりょう》として報告している。墳丘《ふんきゅう》は南面する三段段築《さんだんだんちく》の前方後円墳《ぜんぽうこうえんふん》で、長軸《ちょうじく》の長さ二二四メートル、前方部《ぜんぽうぶ》幅一一九メートル、後円部《こうえんぶ》径一二三メートル、高さ前方部一二・五メートル、後円部一八・五メートル、周濠《しゅうごう》がある。平地に築造されたように見えるが、外堤《がいてい》の基《き》盤《ばん》は東側が西側より四メートル余高く、台地先端の残丘《ざんきゅう》を修形し築造《ちくぞう》されたものと考えられる。昭和《しょうわ》四十年(一九六五)墳丘裾が崩壊し、裾廻《すそまわ》りに護岸擁壁《ごがんようへき》が設置された。崩壊は墳丘裾の葺石《ふきいし》と段築《だんちく》の段の上に、濠を浚渫《しゅんせつ》した泥土《でいど》を、中世以後に盛土したことに起因する。陵前右側の濠内にある小円墳《しょうえんぷん》は、『文化山《ぶんかさん》陵図《りょうず》』に「堀中南之方に橘諸兄《たちばなのもろえ》公之塚有之候由、水中にて見へ不申」とあるが、幕末以来、「田道間《たじま》守《もり》の墓《はか》」と称されて製菓業者の信仰を得、陵域外の濠側にその拝所《はいしょ》が設けられている。当陵周辺に散在する兵庫《ひょうご》山ほか五基の小墳は陪冢《ばいちょう》に指定されている。当陵出土品には、宮内庁書陵部《くないちょうしょりょうぶ》所蔵《しょぞう》の盾《たて》・朝《あさ》顔形円筒《がおがたえんとう》などの埴輪片《はにわへん》がある。

参考文献　上野竹次郎『山陵』上、奈良県立橿原考古学研究所附属博物館編『(特別展)大和の埴輪』(『特別展図録』二二)、末永雅雄『古墳の航空大観』

(石田　茂輔)

景《けい》行《こう》天皇

『日本書紀《にほんしょき》』『古事記《こじき》』に第十二代と伝える天皇。大足彦忍代別天皇《おおたらしひこおしろわけのすめらみこと》(記には大帯日子淤斯呂和気天皇《おおたらしひこおしろわけのすめらみこと》)・大足日子天皇などという。父は垂仁《すいにん》天皇、母は丹波道主王《たにわのみちぬしのおおきみ》の女、皇后日葉洲媛命《ひばすひめのみこと》。垂仁天皇三十七年に立太子《りったいし》、同九十九年父天皇の崩後即位《ほうごそくい》し、纒向日代宮《まきむくのひしろのみや》に都したとされる。皇后播磨稲日大郎姫《はりまのいなびのおおいらつめ》との間に日本武尊《やまとたけるのみこと》、同八坂入媛命《やさかのいりびめのみこと》との間に成務《せいむ》天皇・五百城入彦皇子《いおきいりびこのみこ》があったほか、計八十人の皇子女があり、上記三皇子以外はみな諸国に赴かせ、その苗裔《びょうえい》がそれぞれの国の別《わけ》となったという。記紀《きき》の所伝《しょでん》には、皇室による全国支配の確立をこの時期におこうとする意識が強くみられる。治世《ちせい》の間の主要な所伝として、日本武尊の西征《せいせい》・東征《とうせい》がある。紀には記にみられぬ天皇自身の熊襲《くまそ》征討《せいとう》と筑紫巡幸《つくしじゅんこう》・東国行幸《とうごくぎょうこう》のことを記すが、日本武尊の説話に加上した後次的な所伝であろう。在位六十年、百六歳(記では百三十七歳)で近江《おうみ》の志賀高穴穂宮《しがのたかあなほのみや》に没し、翌々年大和《やまと》の山辺道上陵《やまのべのみちのえのみささぎ》に葬られたと伝えられる。

(笹山　晴生)

〔山辺道上陵《やまのべのみちのえのみささぎ》〕　奈良県天理市渋谷《てんりししぶたに》町にある前方後円墳《ぜんぽうこうえんふん》。『日本書紀《にほんしょき》』『延喜式《えんぎしき》』によると崇神天皇陵《すじんてんのうりょう》の陵名と同じ。『延喜式』諸陵寮《しょりょうりょう》には「在二大和国城上郡一、兆域《ちょういき》東西二町、南北二町、陵戸《りょうこ》一烟」とあり遠陵《えんりょう》とする。正治《しょうじ》二年(一二〇〇)『諸陵雑事注文《しょりょうぞうじちゅうもん》』にみえる「大和渋谷」は当陵を指す。江戸時代には所伝《しょでん》が混乱し、幕府は元禄《げんろく》十年(一六九七)の陵改め以来、当所を崇神・景行《けいこう》いずれかの天皇陵《てんのうりょう》とし、安政《あんせい》二年(一八五五)崇神天皇陵に考定《こうてい》、元治《げんじ》元年(一八六四)民地を買収して周濠《しゅうごう》を整え、拝所《はいしょ》を設け、翌慶応《けいおう》元年(一八六五)二月竣工《しゅんこう》直前に景行天皇陵《けいこうてんのうりょう》に改定した。西面する代表的な古式古墳《こしきこふん》で、長さ二九〇メートル、前方部《ぜんぽうぶ》幅一六五メートル、高さ二二・三メートル、後円部《こうえんぶ》径一七〇メートル、高さ二六・一メートル、十箇に区切られた周濠が巡る。墳丘《ふんきゅう》は前方部四段、後円部五段の段築《だんちく》で、最下段は、前方部が浸蝕《しんしょく》で二段目と一体となり、後円部が水没する。前方部両側斜面は、元治の修陵《しゅうりょう》まで阿弥陀堂《あみだどう》と観音堂《かんのんどう》とがあって相当崩れ、墳丘と周濠渡堤《とてい》の斜面には葺石《ふきいし》が遺存し、前方部各段前面と後円部最上・最下段上縁には埴輪円筒列《はにわえんとうれつ》が残る。周濠の原初濠底は、現外堤下に延び、本来は幅広い周濠で、馬蹄形《ばていけい》の可能性がある。陵の北側に点在する天皇山・松明山・上山の高塚三基は、当陵陪塚《ばいちょう》として宮内庁《くないちょう》所管。当陵出土品には、宮内庁所管の各種埴輪片・須恵𤭯《すえのはそう》・古式土師器《はじき》などがある。元治元年渋谷村出土石枕《いしまくら》(関西大学所蔵、重要文化財)を当陵出土とする説がある。

参考文献 帝室林野局「景行天皇山辺道上陵之図」(末永雅雄『古墳の航空大観』所収)、谷森善臣『山陵考』(『(新註)皇学叢書』五)、上野竹次郎『山陵』上、宮内庁書陵部陵墓課編『書陵部紀要所収陵墓関係論文集』、奈良県立橿原考古学研究所編「磯城・磐余地域の前方後円墳」(『奈良県史蹟名勝天然紀念物調査会報告』四二)

(石田　茂輔)

成務《せいむ》天皇

『古事記《こじき》』『日本書紀《にほんしょき》』に第十三代と伝えられる天皇。和風諡号《わふうしごう》は稚足彦尊《わかたらしひこのみこと》。第十二代景行《けいこう》天皇の第四子で、母は皇后《こうごう》八坂入姫命《やさかのいりびめのみこと》。景行天皇の皇子日本武尊《やまとたけるのみこと》の没後、景行天皇五十一年に立太子《りったいし》し、同六十年に天皇が崩《ほう》じた後、翌年正月即位《そくい》したという。后妃・子女について書紀には伝えがないが、『古事記』には穂積臣らの祖、建忍山垂根《たけおしやまたりね》の女弟財郎女《むすめおとたからのいらつめ》を娶《めと》り、和訶奴気《わけぬけ》王を生んだとある。志賀高穴穂宮《しがのたかあなほのみや》にあって治政《ちせい》を行い、武内宿禰《たけしうちのすくね》を大臣《おおおみ》とし、地方支配のために国造《くにのみやつこ》・県主《あがたぬし》(書紀では稲置《いなぎ》)を置き、国々の境界を画定したと伝えられるが、その事蹟《じせき》に関する記述は著しく簡略《かんりやく》かつ抽象的《ちゅうしょうてき》で、日本武尊や神功皇后《じんぐう》の説話を介して景行と応神《おうじん》以降の系譜とを結ぶため、のちに歴代《れきだい》に加えられた疑いが強く、実在性《じつざいせい》に乏《とぼ》しい。四十八年に日本武尊の子足仲彦尊《たらしなかつひこのみこと》(仲哀天皇)を皇太子《こうたいし》とし、六十年、百七歳(記では九十五歳)で崩じ、狭城盾列陵《さきのたたなみのみささぎ》に葬られたといい、記ではその崩年《ほうねん》の干支を乙卯《いつぼう》とする。

(笹山　晴生)

〔狭城盾列池後陵《さきのたたなみのいけじりのみささぎ》〕　奈良市山陵町《みささぎちょう》にある。江戸時代には「石塚山」という。陵号は『日本書紀《にほんしょき》』は神《じん》功皇后《ぐうこうごう》陵と同一の「狭城盾列陵」、『続日本後紀《しょくにほんこうき》』は「楯列南山陵」、『扶桑略記《ふそうりゃくき》』は「池後山陵」、『東《とう》大寺要録《だいじようろく》』は「狭城盾陳池後陵」とする。『延喜式《えんぎしき》』諸陵寮《しょりょうりょう》は現陵号で「在㆓大和国添下郡㆒、兆域《ちょういき》東西一町、南北三町、守戸《しゅこ》五烟」とし遠陵《えんりょう》に列する。当初陵号が神功皇后陵と同一のため、両陵の混乱を生じ、『続日本後紀』承和《じょうわ》十年(八四三)四月己卯《きぼう》条に、神功皇后陵の奇異《きい》により図録を捜検《そうけん》したところ、当陵を世人《せじん》の相伝《そうでん》により神功皇后陵と誤認《ごにん》して久しく祭祀《さいし》を行なっていたことが判明《はんめい》した由《よし》を記す。以後所伝《しょでん》の混乱はなく、元禄《げんろく》の諸陵探索《しょりょうたんさく》時には奈良奉行所《ならぶぎょうしょ》は当所を分明陵《ぶんめいりょう》として報告している。墳丘《ふんきゅう》は丘陵上の縁《ふち》に位置する南面の前方後円墳《ぜんぽうこうえんふん》で、東は市道を隔て狭木之寺間陵《さきのてらまりょう》が列《なら》び、南は高野陵《たかののみささぎ》陵域に接し、西と北は急傾斜で低地となる。長軸《ちょうじく》の長さ二一五メートル、前方部《ぜんぽうぶ》幅一〇九メートル、後円部《こうえんぶ》径一三一メートル、高さ前方部一六メートル、後円部二三メートル、三段の段築《だんちく》で、前方部頂上には埴輪列《はにわれつ》が遺存《いぞん》する。後円部頂上の西半分に高さ二メートルほどの小丘《しょうきゅう》がある特異な形態は、過去三回の発掘の影響である。初回は康平《こうへい》六年(一〇六三)三月の興福寺《こうふくじ》僧静範《そうせいはん》らの盗掘《とうくつ》で、『扶桑略記』『百練抄《ひゃくれんしょう》』によれば、十月犯人静範ら十六名を配流《はいる》し、十二月陵を修復《しゅうふく》し盗掘された宝物《ほうもつ》を返納《へんのう》した。二回目は本多政勝《ほんだまさかつ》が郡山領主《こおりやまりょうしゅ》在任中のうちで、寛永《かんえい》十一年(一六三四)～承応《じょうおう》二年(一六五三)の間に、里人《りじん》が採石中誤って石棺《せきかん》を掘り出し、棺内に鏡《かがみ》・刀剣《とうけん》があったので届け出たもので、政勝《まさかつ》は天皇陵と知り元のごとく埋め戻させたという。しかし文化《ぶんか》の山陵図《さんりょうず》には「御石棺之盍石と相見へ候、長サ一間幅三尺程之石六枚並埋リ有之候」とあり、石《せき》室《しつ》の復旧はしていない。三回目は嘉永《かえい》五年(一八五二)の勾玉類《まがたまるい》の盗掘《とうくつ》で、奈良奉行所《ならぶぎょうしょ》が犯人を捕え礫《はりつけ》にし、盗掘坑を復旧、盗品は御所《ごしょ》へ届け、月輪陵《つきのわのみささぎ》内に埋納《まいのう》されたという。文久《ぶんきゅう》三年(一八六三)陵前《りょうぜん》の濠《ほり》を埋《う》め拝所《はいしょ》を設《もう》け、外堤《そとづつみ》を築《きず》いた。

参考文献　末永雅雄編『古墳の航空大観』、上野竹次郎『山陵』上

(石田　茂輔)

仲《ちゅう》哀《あい》天皇

『古事記《こじき》』『日本書紀《にほんしょき》』に第十四代と伝えられる天皇。和風諡号《わふうしごう》は足仲彦尊《たらしなかつひこのみこと》。景行《けいこう》天皇の皇子日本武《やまとたけるの》尊《みこと》の子で、母は垂仁《すいにん》天皇の女両道入姫皇女《むすめふたじのいりびめおうじょ》。紀によれば、子に皇后気長足姫尊《おきながたらしひめのみこと》(神功皇后《じんぐうこうごう》)の生んだ誉《ほむ》田別《たわけ》皇子(応神《おうじん》天皇)のほか、麛坂《かごさか》・忍熊《おしくま》・誉屋別《ほむやわけ》の諸皇子があった。叔父《おじ》成務《せいむ》天皇に後嗣《こうし》がないため、天皇の死後一年をおいて即位《そくい》、九州南部の熊襲《くまそ》征討《せいとう》のため、穴門豊浦宮《あなとのとよらのみや》から進んで筑紫橿日宮《つくしのかしいのみや》に至ったが、西方の新羅国《しらぎのくに》を征討せよとの神託《しんたく》を信じなかったため、筑紫に没したという。紀はそれを九年

二月のこととし、年齢は記紀とも五十二とする。天皇の没後、皇后は新羅を征《せい》し、帰還後九州で応神《おうじん》天皇を生み、麛坂・忍熊両皇子の反抗を排して大和《やまと》に至り、皇后の没後応神が皇位についた。仲哀天皇の遺骸は、神功摂政二年十一月、河内国《かわちのくに》の長野陵に葬られたという。仲哀天皇は、日本武尊と神功皇后の説話を皇室系譜上に位置づけるため、後次的に歴代《れきだい》に加えられた存在である可能性が強い。

参考文献 井上光貞『日本国家の起源』(『岩波新書』青三八〇)　(笹山　晴生)

〔恵我長野西陵《えがのながののにしのみささぎ》〕 大阪府藤井寺市藤井寺《ふじいでらしふじいでら》四丁目所在。『日本書紀《にほんしょき》』は長野陵《ながののみささぎ》、『扶桑略記《ふそうりゃくき》』は長野山陵、『延喜式《えんぎしき》』は現陵号とする。陵号の「野」のよみは、『陵墓要覧《りょうぼようらん》』など従来のものは「ぬ」。最近は旧字名「岡」により岡古墳《おかこふん》ともいう。『日本書紀』は神功皇后摂政《じんぐうこうごうせっしょう》元年二月仲哀天皇の遺骸《いがい》を穴門豊浦《あなとのとよらの》宮殯斂地《みやひんれんち》より移し、同二年十一月当陵に葬ると記す。『延喜式《えんぎしき》』諸陵寮《しょりょうりょう》は「在二河内国志紀郡一、兆域《ちょういき》東西二町、南北二町、陵戸《りょうこ》一烟、守戸《しゅこ》四烟」とし遠陵《えんりょう》に入れる。中世所在不明となり、元禄《げんろく》の諸陵探索《しょりょうたんさく》で、上原村《うえはらむら》の塚山《つかやま》と沢田村仲《さわだむらなか》ツ山《やま》の二ヵ所の陵所のうち河内国錦部郡長野庄《かわちのくににしごりぐんながののしょう》上原村の塚山に決定された。その後『河内志《かわちし》』『山陵志《さんりょうし》』『中津山陵考《なかつやまりょうこう》』などに異説が発表され、幕末《ばくまつ》の修陵《しゅうりょう》の際現在の陵に改定修補し、慶応《けいおう》元年(一八六五)竣工した。南南西に面する前方後円墳《ぜんぽうこうえんふん》で、周濠《しゅうごう》がある。墳丘長軸《ふんきゅうちょうじく》の長さ二四〇㍍、前方部幅一七四㍍、後円部径一三八㍍、前方部高さ一五・五㍍、後円部高さ一八・八㍍。東側くびれ部には造出しがある。墳丘の等高線《とうこうせん》は乱れが激しい。陵墓の工事に伴う近年の調査で、後世の大量盛土《もりつち》による濠堤《ごうてい》の変形と、濠堤・墳丘部の埴輪《はにわ》列《れつ》遺存が判明した。殯斂地は山口県下関市長《しものせきしちょう》府侍町《ふさむらいまち》一丁目、日頼寺《にちらいじ》の後山にあり、明治《めいじ》三十五年(一九〇二)諸陵寮所管《しょりょうりょう》とした。日頼寺には、極楽《ごくらく》寺《じ》(同寺の旧称)は仲哀天皇聖跡であるから御祈願所《ごきがんしょ》とするとの観応《かんのう》二年(一三五一)の院宣写《いんぜんうつし》を綸旨《りんじ》として所蔵。

参考文献 「仲哀天皇恵我長野西陵之図」(宮内庁書陵部所蔵『陵墓地形図』二五〇)、上野竹次郎『山陵』上、陵墓調査室「昭和五十年度陵墓関係調査概要」(『書陵部紀要』二八)、同「昭和五十八年度陵墓関係調査概要」(同三六)

(石田　茂輔)

応《おう》神《じん》天皇

『日本書紀《にほんしょき》』『古事記《こじき》』に第十五代と伝える天皇。和風諡号《わふうしごう》は誉田別尊《ほむたわけのみこと》。『古事記』仲哀《ちゅうあい》天皇段に大鞆和気命《おおともわけのみこと》ともあり、胎中天皇《ほむだのみかど》ともいう。『日本書紀』応神紀《おうじんき》には、もと去来紗別尊《いざさわけのみこと》といったが、太子《たいし》になってから角鹿《つぬが》の笥飯《けひ》大神と名まえを交換して誉田別尊と称するようになったとの別伝《べつでん》がみえる。『日本書紀』によれば、仲哀天皇の第四子で、母は神功皇后《じんぐうこうごう》。仲哀天皇の死後、皇后《こうごう》が新羅征討《しらぎせいとう》に赴いたときにはその胎内《たいない》にあり、帰路に筑紫《つくし》で生まれ、中央に戻って異腹の兄の麛坂王《かごさかおう》と忍熊王《おしくまおう》を皇后が攻め亡ぼした後、皇后摂政《せっしょう》三年に立太子《りったいし》、同六十九年に皇后が死ぬとその翌年に即位《そくい》、軽島豊明宮《かるしまのとよあきらのみや》におり、品陀真若王《ほむたのまわかわか》の女の仲姫《なかつひめ》を皇后とし、在位四十一年、百十歳(記では百三十歳)で没したという。応神朝《おうじんちょう》は前朝から引き続き武内宿禰《たけしうちのすくね》が勢力を有したと伝えるが、この朝になると、王仁《わに》・阿知使主《あちのおみ》・弓月君《ゆづきのきみ》その他の帰化人《きかじん》の渡来《とらい》、それに伴う大陸の文物・技術の導入、中央における大規模な耕地の開発などの所伝《しょでん》が急に多く現われてくる。またこのころから鉄製農工具《てっせいのうこうぐ》・武具《ぶぐ》が普及して中期古墳時代《こふんじだい》に入ったとみられ、記紀《きき》の記述にもある程度史実性《しじつせい》が加わってくるなど、前朝までとかなり様相を異にする面があるので、天皇が河内《かわち》の勢力と関係が深かったらしいことや、天皇の和風諡号がこれ以後一転して簡素《かんそ》な名称になっていることなどをも考え合せて、応神朝を河内から出た新王朝とみる説も出されている。『宋書』にみえる倭の五王の最初の倭王讃《わおうさん》を応神天皇とする説もあるが、もし讃が次代の仁徳《にんとく》天皇とすれば、応神朝の絶対年代《ぜったいねんだい》は四世紀末から五世紀初頭のころということになる。天皇は後世になって八幡宮《はちまんぐう》の祭神《さいじん》の一とされるようになった。陵《みささぎ》は恵我藻伏岡陵《えがのもふしのおかのみささぎ》といい、仁徳陵と並ぶ最大の前方《ぜんぽう》後円墳《こうえんふん》。（関　晃）

（伝）**応神天皇像**　長野県　鳩ヶ嶺八幡宮所蔵

〔恵我藻伏岡陵《えがのもふしのおかのみささぎ》〕 大阪府羽曳野市《はびきのし》誉田《こんだ》六丁目に所在する。誉田山陵《こんだのみささぎ》ともいわれている。『古事記《こじき》』に「御陵在二川内恵賀之裳伏岡一」とあり、『延喜式《えんぎしき》』諸《しょ》陵寮《りょうりょう》に「恵我藻伏崗陵（軽嶋明宮《かるしまのあきらのみや》御宇応神天皇、在二河内国志紀郡《しきぐん》一、兆域《ちょういき》東西五町、南北五町、陵戸《りょうこ》二烟、守戸《しゅこ》三烟）」とある。応神天皇陵を中心として藤井寺市《ふじいでらし》にまたがり「允恭《いんぎょう》天皇陵」古墳・「仲姫《なかつひめ》皇后陵」古墳・古室山古墳などをふくむ古市《ふるいち》古墳群《こふんぐん》を構成するもので、平たい台地に営まれた壮大な前方後円墳《ぜんぽうこうえんふん》である。前方部《ぜんぽうぶ》は北北西に面しており、主軸《しゅじく》の長さ四一五メートル、後円部《こうえんぶ》の径二六七メートル。その高さ三六メートル。前方部の端の復原幅三三〇メートル。この部分の高さ三五メートル内外で、三段に築成《ちくせい》され、二重の堀《ほり》をもつ。墳丘《ふんきゅう》の土量は一四三万三九六〇立方メートルと算定されており、仁徳天皇陵《にんとくてんのうりょう》の土量を越えており墳丘の上では日本最大の古墳ということができる。葺石《ふきいし》が見られ、墳丘内および内堀《うちぼり》と外堀《そとぼり》との間の土堤《どてい》にも円筒埴輪列《えんとうはにわれつ》が見られる。他に家形埴輪《いえがたはにわ》・蓋《きぬがさ》形の埴輪などの形《けい》象《しょう》埴輪なども発見された。また明治《めいじ》二十二年(一八八九)堀の中から水鳥形の埴輪も発見。同二十五年には、堀の中から魚形土製品が発見された。『日本書紀』雄略《ゆうりゃく》天皇九年条に、河内国飛鳥戸《かわちのくにあすかべ》(安宿)郡の人田辺史伯孫《たなべのふひとおじこ》の馬が誉田陵の土馬《どば》と取り替えられたという伝承が記されている。この陵とすると早くから馬形埴輪《うまがたはにわ》が露呈《ろてい》していたかも知れない。付近に小円墳《しょうえんふん》もあり、ことに丸山古墳《まるやまこふん》からは金銅透彫金《こんどうすかしぼりかな》具《ぐ》などが発見され、著名である。また本陵の南がわに応神天皇を祀る誉田八幡神宮《こんだはちまんじんぐう》が鎮座《ちんざ》している。

参考文献 梅原末治「応神・仁徳・履中三天皇陵の規模と営造」(『書陵部紀要』五)

(斎藤　忠)

仁徳《にんとく》天皇

『古事記《こじき》』『日本書紀《にほんしょき》』に第十六代と伝える天皇。名は大雀《おおさざき》・大鷦鷯。父は応神《おうじん》天皇、母は仲姫《なかつひめ》。父帝の没後、異母弟の皇太子《こうたいし》菟道稚郎子皇子《うじのわきいらつこおうじ》を助けて異母兄の大山守《おおやまもり》皇子を倒した。皇太子と皇位を譲りあうこと三年、皇太子の自殺に伴い即位《そくい》して難波高津宮《なにわのたかつのみや》に都し、葛城磐之媛《かずらきのいわのひめ》を皇后《こうごう》に立てて履中《りちゅう》・反正《はんぜい》・允恭《いんぎょう》天皇ら四男と、妃《きさき》の日向髪長媛《ひむかのかみながのひめ》との間に一男一女をもうけた。炊烟《すいえん》のたちのぼらないのを望見《ぼうけん》して民《たみ》の困窮《こんきゅう》を察し、三年間課役《かえき》を免《めん》じて聖帝《ひじりのみかど》とたたえられたといい、難波の堀江《ほりえ》・感玖大溝《こむくのおおみぞ》の開鑿《かいさく》、茨田堤《まんだのつつみ》・横野堤の築造、茨田屯倉《みやけ》の設置など大阪平野開発の伝承を有している。また聖帝という理想的な天皇像のほかに、吉備黒日売《きびのくろひめ》・八田皇女《やたのおうじょ》との結婚や雌鳥皇女《めとりのおうじょ》への求婚を皇后に邪魔《じゃま》され、皇后のはげしい嫉妬《しっと》に悩まされる人間臭い物語も伝えられている。『日本書紀』は没年齢を記さず在位八十七年で没したとするが、『古事記』では八十三歳でなくなったとする。陵墓の百舌鳥耳原中陵《もずのみみはらのなかのみささぎ》は大阪府堺市大仙町《さかいしだいせんちょう》の大山古墳《だいせんこふん》(墳丘《ふんきゅう》の全長四八六メートルのわが国最大の前方後円墳《ぜんぽうこうえんふん》)に比定《ひてい》されているが、これを疑問視する見解もある。聖帝伝説は虚構にすぎず実際は巨大な古墳を営んだ専制君主であったとする意見や、仁徳天皇を倭《わ》の五王《ごおう》の讃《さん》または珍《ちん》に比定する説、仁徳王朝の開祖とみる説、応神天皇・仁徳天皇同一人格説などがある。

（前之園亮一）

〔**百舌鳥耳原中陵**《もずのみみはらのなかのみささぎ》〕　大阪府堺市大仙町《さかいしだいせんちょう》にある。市の東郊の平闊《へいかつ》な台地上に立地する巨大古墳の一つで、南に履中《りちゅう》天皇陵・御廟山古墳《ごびょうやまこふん》・いたすけ古墳などが存する。前方部《ぜんぽうぶ》は南南西に面する。かつて梅原末《うめはらすえ》治《じ》が、宮内庁《くないちょう》所蔵の縮尺千分の一の実測図にもとづいて土木工学者高橋逸夫《たかはしいつお》の協力によって算出した結果によれば、主軸《しゅじく》の長さ四七五メートル、後円部《こうえんぶ》の径二四五メートル、後円部の高さ約三〇メートル、前方部の幅三〇〇メートル、前方部の高さ約二七メートルという。また土量については、現在の形状で一三六万七〇六二立方メートル、築造《ちくぞう》当時の復原形にあっては一四〇万五八六六立方メートルという。墳丘《ふんきゅう》の表面積は一〇万四一三〇平方メートルで、葺石《ふきいし》は和泉《いずみ》砂岩《さがん》・花崗《かこう》岩の石塊《せきかい》である。全面に掩《おお》われたとみなされる葺石の総量については、その厚さを仮に二五センチとすると二万六〇三三立方メートルを算するという。墳丘は三段に築成《ちくせい》され造出部《ぞうしゅつぶ》が設けられており、三重の堀がめぐらされている。内部の堀の幅は、前面で七〇メートル、くびれ部で一一五メートル(東側)および一二〇メートルに測られている。なお外の堀はもとところどころに堀形《ほりがた》をなしていたのを明治《めいじ》になって復原的に掘開《くっかい》したものという。また墳丘には凹部や谷状をなす箇所もあり、後世の一部変貌のあとが認められる。墳丘や周堤部《しゅうていぶ》には埴輪列《はにわれつ》が存する。大型のもので、梅原末治は、外堤《がいてい》には三めぐりの埴輪列が認められるとなし、実測図の上から円筒列《えんとうれつ》の総長を測り、円筒の大きさに円筒相互の間隔を加えた値を仮に一尺六寸(約四八・五センチ)とすると、これに要した円筒は一万三千七百四十余個になり、墳丘について同様に算出すると、埴輪列が四めぐりあったとした場合は九千七百七十個、三めぐりの場合でも六千七百四十個となり、総数二万個を越えるとなしている。ほかに、人物《じんぶつ》・犬《いぬ》・水鳥《みずとり》・馬《うま》などの形象埴輪《けいしょうはにわ》も発見されている。なお明治《めいじ》五年(一八七二)秋、台風による土砂崩壊のため前方部南東の中段部に長持形石棺《せきかん》と竪穴式石室《たてあなしきせきしつ》とが発見され、眉庇《まびさし》付冑・短甲・鉄製大刀・ガラス容器が出土したが、ボストン博物館所蔵の青蓋作銘細線式獣帯鏡《さいせんしきじゅうたいきょう》・金銅製単鳳環頭大刀《こんどうせいたんほうかんとうのたち》柄頭《つかがしら》も本陵から出土したものとされている。陪塚《ばいちょう》も十余基あり、その中の塚廻《つかまわり》古墳は明治四十五年六月の発掘により刳抜木《くりぬきもく》椀《わん》片や四獣鏡《しじゅうきょう》・五獣鏡・勾玉《まがたま》・管玉《くだたま》などが発見され、ことに勾玉には長さ六・一センチという大きい硬玉質のものがある。

本陵は『延喜式《えんぎしき》』諸陵寮《しょりょうりょう》に「百舌鳥耳原中陵（難波高津宮御宇仁徳天皇、在和泉国大鳥郡、兆域《ちょういき》東西八町、南北八町、陵戸《りょうこ》五烟）」とあり、遠陵《えんりょう》とされるもので、『日本書紀《にほんしょき》』仁徳天皇六十七年十月条には百舌鳥耳原の地名説話に伴って寿陵《じゅりょう》（天皇の生前に築造された陵）であったことを示す記事がある。なお、後世、城砦として一部地域が利用されたことも考えられる。前方部には尾張谷《おわりだに》といわれる箇所があり、山陵築成に徴《ちょう》せられた尾張国《おわりのくに》の人々にちなむ伝承があるが、築成工事にあたって各国々からの徴発のあったことを示すものかも知れない。大仙陵《だいせんりょう》ともいわれている。ちなみに、近年、仁徳天皇陵とすることに学問的な疑問をいだき「大山《だいせん》古墳」という名称も提出されているが、墳丘の形態と重厚な歴史の伝承の上から、仁徳天皇陵とすることが適切と考えてよい。

参考文献　『大阪府史』一、梅原末治「応神・仁徳・履中三天皇陵の規模と営造」（『書陵部紀要』五）

（斎藤　忠）

履《り》中《ちゅう》天皇

第十七代とされる天皇。去来穂別《いざほわけ》天皇、大兄去来穂別《おおえのいざほわけ》天皇（『古事記《こじき》』では大江之伊邪本和気命）などという。父は仁徳《にんとく》天皇、母は葛城襲津彦《かずらきのそつひこ》の女《むすめ》、皇后磐之媛命《こうごういわのひめのみこと》。反正《はんぜい》・允恭《いんぎょう》両天皇の同母兄にあたる。『日本書紀《にほんしょき》』では仁徳天皇三十一年に立太子《りったいし》、同八十七年、父の死後、同母弟住吉仲皇子《すみのえのなかつおうじ》の乱を平定し、翌履中天皇元年磐余稚桜宮《いわれのわかざくらのみや》に即位《そくい》、同二年瑞歯別尊《みずはわけのみこと》(反正天皇)を皇太子《こうたいし》としたと伝える。妃黒媛《くろひめ》との間に市辺押磐皇子《いちのべのおしわのおうじ》・御馬《みま》皇子・青海皇女《あおみのおうじょ》(飯豊《いいとよ》皇女)、妃幡梭皇女《はたひのおうじょ》との間に中磯皇女《なかしのおうじょ》があったという。六年三月十五日没、百舌鳥《もず》耳原陵《のみみはらのみささぎ》に葬られたとされる。その子市辺押磐皇子らはのち雄略《ゆうりゃく》天皇に殺害されるが、皇子の子は顕宗《けんぞう》・仁賢《にんけん》両天皇となり、皇位を継承する。

（笹山　晴生）

〔百舌鳥《もず》耳原南陵《のみみはらのみなみのみささぎ》〕 大阪府堺市石津《さかいしいしづ》ケ丘《おか》にある。『日本書紀《にほんしょき》』履中天皇六年十月壬子(十五日)条は、百舌《もず》耳原陵《のみみはらのみささぎ》とし同天皇を葬るとする。『延喜式《えんぎしき》』諸陵寮《しょりょうりょう》は現陵号で、「在二和泉国大鳥郡一、兆域《ちょういき》東西五町、南北五町、陵戸《りょうこ》五烟」とし遠陵《えんりょう》とする。元禄《げんろく》十年(一六九七)の大坂町奉行所調書《おおさかまちぶぎょうしょちょうしょ》は、和泉国大鳥《いずみのくにおおとり》郡上石津村《ぐんかみいしづむら》所在、曲淵市郎右衛門代官所《だいかんしょ》の年貢地《ねんぐち》とする。元治《げんじ》元年(一八六四)修補《しゅうほ》、正面に拝所《はいしょ》を設け、翌慶応《けいおう》元年(一八六五)三月山陵修補竣工巡検使《さんりょうしゅうほしゅんこうじゅんけんし》の発遣を受けた。墳丘は天皇陵では三番目に巨大な前方後円墳《ぜんぽうこうえんふん》で、南南西に面し、三段築成《さんだんちくせい》、西側くびれ部には造《つく》り出《だ》しがあり、周濠《しゅうごう》がある。主軸《しゅじく》の長さ三六三メートル、前方部《ぜんぽうぶ》幅二三二メートル・高さ二六・三メートル、後円部《こうえんぶ》直径二〇四メートル・高さ二九メートル。末永雅雄《すえながまさお》は、周濠外側に幅約四〇メートルの周庭帯《しゅうていたい》があったと推論する。周辺に散在する経堂・東酒呑塚・西酒呑塚・檜木山の小墳四基は陪冢《ばいちょう》に指定。当陵の遺物には宮内庁書陵部《くないちょうしょりょうぶ》所蔵の墳丘部採集の埴輪《はにわ》片《へん》がある。

参考文献　上野竹次郎『山陵』上、梅原末治「応神・仁徳・履中三天皇陵の規模と造営」(『書陵部紀要』五)、末永雅雄「古墳の周庭帯と陪冢」(同一三)

（石田　茂輔）

反正天皇《はんぜい》

『古事記《こじき》』『日本書紀《にほんしょき》』に第十八代と伝える天皇。名は多遅比瑞歯別《たじひのみずはわけ》。父は仁徳《にんとく》天皇、母は葛城磐之媛《かずらきのいわのひめ》。淡路《あわじ》で誕生し生まれながらにして歯が美しく整っていたという。父帝の没後、皇太子の去来穂別《いざほわけ》皇子（履中《りちゅう》天皇）を殺そうと謀った住吉仲皇子《すみのえのなかつおうじ》（いずれも同母兄）を討った。履中天皇の皇太子に立てられ、履中の没後に即位して河内の丹比柴籬宮《たじひのしばがきのみや》に都し、津野媛《つのひめ》・弟媛《おとひめ》との間に一男三女をもうけたが、子孫で天皇になったものはいない。即位《そくい》後の事績・物語は伝わらず、在位五年（『日本書紀』）にして六十歳（『古事記』）でなくなったと伝える。その百舌鳥耳原北陵《もずのみみはらのきたのみささぎ》は大阪府堺市北三国ヶ丘町《さかいしきたみくにおかちょう》の田出井山古墳《たでいやまこふん》に比定されている。倭《わ》の五王《ごおう》の珍《ちん》を反正天皇にあてる説が有力である。（前之園亮一）

〔**百舌鳥耳原北陵《もずのみみはらのきたのみささぎ》**〕大阪府堺市北三国ヶ丘町《さかいしきたみくにおかちょう》二丁（旧字田出井《たでい》）所在。『日本書紀《にほんしょき》』は陵号を耳原陵《みみはらのみささぎ》とし、允恭《いんぎょう》天皇五年十一月甲申反正《はんぜい》天皇を葬るとする。『延喜式《えんぎしき》』諸陵寮《しょりょうりょう》は現陵号で「兆域《ちょういき》東西三町、南北二町、陵戸《りょうこ》五烟」とし、遠陵《えんりょう》に列す。中世所伝混乱し、元禄《げんろく》の諸陵探索《しょりょうたんさく》時には、堺奉行《さかいぶぎょう》は三ヵ所の伝承地を挙げ、うち二ヵ所は書付《かきつけ》に合わずと報告、現陵に決定され幕末に至り、元治《げんじ》元年（一八六四）拝所《はいしょ》を設けた。墳丘《ふんきゅう》はやや西を向く南面の前方後円墳《ぜんぽうこうえんふん》で、長さ一四八メートル、前方部幅一一二メートル、後円部径七六メートル、高さ前方部一五・三メートル・後円部一四メートル、三段築成《さんだんちくせい》で周濠《しゅうごう》がある。周辺にある方墳《ほうふん》鈴山・天王の二基は陪冢《ばいちょう》に指定。昭和《しょうわ》五十五年（一九八〇）堺市教育委員会による陪冢鈴山に面する当陵東側地区の発掘調査で、周濠二重説と、出土埴輪《はにわ》の縦刷毛目《はけめ》が当陵比定年代より新しいとの説が報道された。しかし同年の当陵整備工事事前調査では、現陵域外側の濠または池の存在徴象は、東側では検出されたが、陵前外側には存在しなかった。また出土埴輪は横刷毛目が大半で、縦刷毛目は一部混在し、二型式の埴輪併用年代の存在が明らかとなった。

参考文献 『反正天皇百舌鳥耳原北陵之図』(宮内庁書陵部所蔵『陵墓地形図』三二四〔L八五〕)、上野竹次郎『山陵』上、陵墓調査室「昭和五十五年度陵墓関係調査概要」(『書陵部紀要』三三)

(石田　茂輔)

允《いん》恭《ぎょう》天皇

『日本書紀《にほんしょき》』では第十九代の天皇。諱《いみな》は雄朝津間稚子宿禰《おあさづまわくごのすくね》。仁徳《にんとく》天皇皇子。母は磐之媛《いわのひめ》。履中《りちゅう》・反正《はんぜい》天皇の同母弟。忍坂大中姫《おしさかのおおなかつひめ》を皇后とし、刑部《おさかべ》を定め、木梨軽皇子《きなしのかるのみこ》、安康《あんこう》・雄略《ゆうりゃく》両天皇を生み、また皇后の妹衣通郎姫《そとおりのいらつめ》を妃《ひ》とし、そのため藤原宮《ふじわらのみや》をたて、藤原部《ふじわらべ》を定めたという。甘檮岡《あまかしのおか》の盟神探湯《くかたち》により、天下八十友緒《あめのしたのやそとものお》の氏姓を定めたこと、新羅《しらぎ》よりの貢献記事などに特色がある。『宋書《そうじょ》』の倭《わ》の五王《ごおう》のうち、済《さい》にあてるのが定説。済は太祖元嘉《たいそげんか》二十年(四四三)宋《そう》に奉献《ほうけん》し、済が没したのち、世子興《せいしこう》(安康《あんこう》)が貢献したとあるから、五世紀前半に在位したことは確実と思われ、また隅田八幡神社人物画像鏡銘《すだはちまんじんじゃじんぶつがぞうきょうめい》の癸未《きび》年を四四三年にあてる説は、「大王《おおきみ》」を允恭《いんぎょう》、「男弟王」を大草香皇子《おおくさか》とするがこれは疑問である。

参考文献 水野祐「隅田八幡神社所蔵鏡銘文の一解釈」(『古代』一三)　(平野　邦雄)

〔恵我長野北陵《えがのながののきたのみささぎ》〕 大阪府藤井寺市国府《ふじいでらしこふ》一丁目にある。周濠《しゅうごう》のある整った前方後円墳《ぜんぽうこうえんふん》で、陪塚《ばいちょう》三基がある。墳丘《ふんきゅう》の長さ約二二七メートル、前方部《ぜんぽう》幅約一五八メートル、後円部《こうえん》径約一三六メートル、高さ約二二メートル、三段の段築《だんちく》で北面する。周濠は今一重であるが、二重濠の痕跡《こんせき》がある。『日本書紀《にほんしょき》』には長野原陵《ながののはらのみささぎ》と記す。『延喜式《えんぎしき》』諸陵寮《しょりょうりょう》では遠陵《えんりょう》として「兆域《ちょういき》東西三町、南北二町、陵戸《りょうこ》一烟《えん》、守戸《しゅこ》四烟」と記し、兆域の長短が現状とは逆であることから、陵墓参考地《りょうぼさんこうち》の津堂城山古墳《つどうしろやまこふん》を当陵に擬する説がある。

参考文献 上野竹次郎『山陵』上、松葉好太郎『陵墓誌』、末永雅雄『日本の古墳』、梅原末治「河内国小山城山古墳調査報告」(『人類学雑誌』三五ノ八—一〇合併号)　(石田　茂輔)

安《あん》康《こう》天皇

『日本書紀《にほんしょき》』では第二十代の天皇。諱《いみな》は穴穂皇子《あなほのおうじ》。允恭《いんぎょう》天皇第二子。母は忍坂大中姫命《おしさかのおおなかつひめのみこと》。兄の木梨軽皇子《きなしのかるのおうじ》を物部大前宿禰《もののべのおおまえのすくね》の家に殺して即位し、宮を大和《やまと》山辺郡《やまべぐん》石上《いそのかみ》(奈良県天理《てんり》市)に移して、石上穴穂宮《いそのかみあなほのみや》と称した。さらに大草香皇子《おおくさかのおうじ》を殺し、その妻を皇后としたため、皇后が大草香皇子との間に生んだ眉輪王《まよわおう》に殺され、三年の後、菅原伏見西陵《すがわらのふしみのにしのみささぎ》に葬られたという。『宋書《そうじょ》』の倭《わ》の五王《ごおう》のうち、済《さい》の世子《せいし》興を あてるのが定説で、宋の太祖元嘉《たいそげんか》二十八年(四五一)、済(允恭《いんぎょう》)死し、興貢献《こうこうけん》し、世祖大明《せいそたいめい》六年(四六二)、興死し、弟武《ぶ》(雄略《ゆうりゃく》)立つという記事をみると、系譜《けいふ》はよく合うが、書紀の在位《ざいい》年数三年と食い違い、また書紀には外交関係記事のないのが特色である。いずれにせよ、五世紀半ばの在位は確実と思われる。

(平野　邦雄)

〔菅原伏見西陵《すがわらのふしみのにしのみささぎ》〕　奈良市宝来《ほうらい》四丁目にあり、垂仁天皇陵《すいにんてんのうりょう》の西北に位置する。墳丘《ふんきゅう》は不整形《ふせいけい》で四周《ししゅう》に小溝と土塁《どるい》を設け、当初の形を失っているが、南方の接続地から埴輪《はにわ》が出土したという。古くは菅原伏《すがわらのふし》見陵《みのみささぎ》・伏見山陵《ふしみのみささぎ》・菅原伏見野中陵《すがわらのふしみのなかのみささぎ》とも記す。霊亀《れいき》元年(七一五)四月守戸《しゅこ》四烟を充《あ》てたが、『延喜式《えんぎしき》』諸陵寮《しょりょうりょう》には遠陵《えんりょう》として、「兆域《ちょういき》東西二町、南北三町、守戸《しゅこ》三烟」と記し、守戸を減じている。後世久しく所在不明であったが、文久《ぶんきゅう》三年(一八六三)十一月現地に考定《こうてい》した。

参考文献　『奈良市史』考古編、上野竹次郎『山陵』上

(石田　茂輔)

雄《ゆう》略《りゃく》天皇

『日本書紀《にほんしょき》』では第二十一代で、大泊瀬幼武《おおはつせわかたける》天皇と表記し、『古事記《こじき》』では大長谷若建命と表記する。允恭《いんぎょう》天皇第五子。母は忍坂大中姫命《おしさかのおおなかつひめのみこと》。兄の安康《あんこう》天皇が眉弱《まよわ》王に暗殺されると、王と王を保護した葛城《かずらきの》円《つぶら》大臣を攻め殺し、また兄の黒彦《くろひこ》・白彦《しろひこ》、従兄弟《いとこ》の市辺押磐《いちのべのおしは》・御馬《みま》の諸皇子ら、皇位継承候補をみな殺して泊瀬朝倉《はつせのあさくら》宮に即位《そくい》したという。記紀はこのほか葛城《かずらき》の一言主《ひとことぬし》神との交渉や数多くの求婚伝説《きゅうこんでんせつ》を

伝えるが、比較的長期の在位中に葛城氏をはじめ大和《やまと》・河内《かわち》の諸豪族《しょごうぞく》を制圧して政略結婚を要求したと思われ、『日本書紀』には吉備氏《きびうじ》も征服して南朝鮮に出兵し中国の南朝へも遣使《けんし》したとある。中国側の諸史料にみえるいわゆる倭《わ》の五王《ごおう》の最後の武王《ぶおう》が雄略にあたることは確かで、『宋書《そうじょ》』の夷蛮伝《いばんでん》が引用する四七八年の上表文《じょうひょうぶん》からは南朝鮮での倭の権益維持が困難だった情況がうかがえる。さらに昭和《しょうわ》五十三年(一九七八)に解読された埼玉県の稲荷山《いなりやま》古墳の鉄剣銘《てつけんめい》では雄略在世中の「辛亥《しんがい》(四七一)年」当時に「獲加多支鹵《わかたける》大王」と記されていたことがわかり、熊本県の船山《ふなやま》古墳の大刀銘《たちめい》も同様に解読されて、一部には異説もあるものの、五世紀後半雄略時代の大和政権《やまとせいけん》の勢力は関東から九州にまで及んでいたと推測されるに至った。なお『万葉集《まんようしゅう》』巻頭の歌が雄略御製《ぎょせい》とされていることなどを指摘して、雄略朝は日本古代の画期として後世に記憶されたとの説もある。

参考文献　岸俊男編『王権をめぐる戦い』(『日本の古代』六)、佐伯有清編『古代を考える　雄略天皇とその時代』

（青木　和夫）

〔丹比高鷲原陵《たじひのたかわしのはらのみささぎ》〕大阪府羽曳野市島泉《はびきのししまいずみ》八丁目にある。陵名は『日本書紀《にほんしょき》』『延喜式《えんぎしき》』にみえる。『延喜式』諸陵寮《しょりょうりょう》には「在二河内国丹比郡一、兆域《ちょういき》東西三町、南北三町、陵戸《りょうこ》四烟」とあり、遠陵《えんりょう》とする。径約七七メートル、二段築成《にだんちくせい》の円墳《えんぷん》で、周囲に濠がめぐっている。

（飯倉　晴武）

清《せい》寧《ねい》天皇

『古事記《こじき》』『日本書紀《にほんしょき》』で第二十二代と伝える天皇。白髪武広国押稚日本根子《しらかのたけひろくにおしわかやまとねこ》天皇（記《き》には白髪大倭根子命《しらがのおおやまとねこのみこと》）・白髪皇子などという。父は雄略《ゆうりゃく》天皇、母は葛城円《かずらきのつぶら》大臣の娘韓媛《からひめ》。雄略《ゆうりゃく》天皇二十二年立太子《りったいし》、二十三年雄略天皇崩後《ほうご》、異母弟星川皇子の反乱を討って磐余甕栗宮《いわれのみかくりのみや》に即位《そくい》。后妃・皇子女が全くいなかったので（記は没後、紀は生前）履中《りちゅう》天皇の孫、押磐皇子《おしはのおうじ》の二子億計《おけ》（仁賢）・弘計《おけ》（顕宗）皇子を播磨《はりま》に見出して皇嗣としたという。陵墓は河内坂門原陵《こうちのさかどのはらのみささぎ》と伝える。

（黛　弘道）

〔**河内坂門原陵《こうちのさかどのはらのみささぎ》**〕　大阪府羽曳野市西浦《はびきのしにしうら》六丁目にある。『日本書紀《にほんしょき》』『延喜式《えんぎしき》』は現陵名を用いるが、『扶桑略記《ふそうりゃくき》』は「坂門原陵」とする。『延喜式《えんぎしき》』諸陵寮《しょりょうりょう》には「在㆓河内国古市郡㆒、兆域《ちょういき》東西二町、南北二町、陵戸《りょうこ》四烟」とあり、遠陵《えんりょう》に入れる。元禄《げんろく》の諸陵探索《しょりょうたんさく》の際の、元禄《げんろく》十一年（一六九八）正月二十一日付け保田美濃守《やすだみののかみ》（宗易《むねやす》）・松平玄蕃頭《まつだいらげんばのかみ》（忠固《ただかた》）の調書《ちょうしょ》は、陵所に大県郡平野村《ひらのむら》字坂門原と古市郡西浦村《ふるいちぐんにしうらむら》字白髪山《しらがやま》の両所を挙げて白髪山を推し、「山之頂に石之唐櫃三尺斗土より上に出有之を、弐拾年程以前見付候故、其上え土を掛け松を植置申候、清寧之陵にて可有之哉と申伝候」と記し、白髪山に陵が決定された。

墳丘は西南西に面する前方後円墳《ぜんぽうこうえんふん》で、長軸《ちょうじく》の長さ一一一メートル、前方部《ぜんぽうぶ》幅一二〇メートル、後円部《こうえんぶ》径四八メートル、高さ前方部一〇・六メートル、後円部九・五メートル。前後に区切られた周濠《しゅうごう》がある。墳丘《ふんきゅう》の等高線はかなり乱れているが、本来は三段段築《さんだんだんちく》であろう。前方部の幅が極端に広く特異な形態をするのは、後世に堀《ほり》の堆積《たいせき》土《ど》を墳丘に何度も盛土《もりつち》したために、変形したからである。昭和《しょうわ》四十四年（一九六九）墳丘の裾廻《すそまわ》りに、掘削《くっさく》をせぬロックフィールド工法により護岸《ごがん》が行われ、現代版葺石《げんだいばんふきいし》といわれている。同五十四年の外堤護岸工事区域の調査により、周濠は当初より狭《せま》くなっていることが判明し、埴輪《はにわ》・弥生式土器《やよいしきどき》・土師器《はじき》・須恵器《すえき》・陶磁器《とうじき》・炻器《せっき》・瓦《かわら》などの破片が出土した。陵背の道をへだてた所にある小前方後円墳の小白髪山は、陪塚《ばいちょう》に指定されている。

参考文献　上野竹次郎『山陵』上、帝室林野局製図『清寧天皇河内坂門原陵之図』、陵墓調査室「昭和五十四年度陵墓関係調査概要」（『書陵部紀要』三二）

（石田　茂輔）

顕宗《けんぞう》天皇

『日本書紀《にほんしょき》』によれば第二十三代天皇、在位三年（四八五〜八七）。『古事記《こじき》』に治世八年、崩年《ほうねん》三十八歳とみえるが、いずれも確かでない。在位の実年代はもう少しおそく、五世紀の末であろう。父は履《り》中《ちゅう》天皇の皇子市辺押磐皇子《おうじいちのべのおしはのみこ》、母は蟻臣《ありのおみ》の娘荑媛《はえひめ》。仁賢《にんけん》天皇の同母弟。子はない。本名は弘計《おけ》。名義《めいぎ》は未詳《みしょう》だが、兄の大ケ（億計《おけ》）に対して小ケの義。雄略《ゆうりゃく》天皇は亡兄安康《あんこう》天皇がかつて皇位をいとこの押磐皇子に譲らんとしたことを恨《うら》み、皇子を狩《かり》に誘って暗殺した。子の億計・弘計の二王は難を避け、播《はり》磨《ま》の縮見屯倉《しじみのみやけ》に奴《ぬ》として潜伏、やがて清寧《せいねい》天皇のとき、大嘗供奉《だいじょうぐぶ》の料を調達するため遣《つか》わされた伊与《いよの》来目部小楯《くめべのおだて》に発見され、皇嗣《こうし》として迎えられ、天皇の没後、まず弟の弘計王が兄の辞退により顕宗天皇として即位《そくい》した。記紀《きき》には、治世中のこととして、置目老媼《おきめのおみな》が父市辺押磐皇子の墓所を教えた話、天皇が雄略天皇の陵《みささぎ》を破壊しようとして、皇太子であった兄の仁賢天皇にいさめられた話などを記す。顕宗の語義は、みずから市辺押磐皇子の子であることを名乗り出たという意味。皇居は近飛鳥八釣宮《ちかつあすかのやつりのみや》。陵は傍丘磐坏丘南陵《かたおかのいわつきおかのみなみのみささぎ》。（黛　弘道）

〔傍丘磐坏丘南陵《かたおかのいわつきのおかのみなみのみささぎ》〕　奈良県香芝市北今市《かしばしきたいまいち》にある。『日本書紀《にほんしょき》』は傍丘磐杯岳陵《かたおかのいわつきのおかのみささぎ》、『延喜式《えんぎしき》』は傍丘磐《かたおかのいわ》杯丘南陵《つきのおかのみなみのみささぎ》とする。『延喜式』諸陵寮《しょりょうりょう》には「兆域《ちょういき》東西二町、南北三町、陵戸《りょうこ》一烟、守戸《しゅこ》三烟」とあり、遠陵《えんりょう》とする。中世以降所在不明となり、元禄《げんろく》以来諸説があったが、幕末修陵《ばくまつしゅうりょう》の際決定に至らず、明治《めいじ》二十二年（一八八九）六月三日ようやく現陵が考定《こうてい》され、陵名の「杯」を「坏」に改めた。形の崩れた前方後円墳《ぜんぽうこうえんふん》で、長軸の長さ六九メートル、高さ約八メートル、南西に面する。江戸時代から陵上に祠《ほこら》があり、祠の改修《かいしゅう》の際、巨石《きょせき》で築いた石室《せきしつ》が破壊され、石棺《せっかん》・刀剣《とうけん》・金器《きんき》などが出土したという。治定《ちてい》にあたり祠を域外に移し、修理を加えた。近傍の小塚三基を陪塚《ばいちょう》としている。（石田　茂輔）

参考文献　『法規分類大全』二編宮廷門、上野竹次郎『山陵』上

仁賢《にんけん》天皇

『日本書紀《にほんしょき》』によれば第二十四代天皇、在位十一年。父は履中《りちゅう》天皇の皇子市辺押磐皇子《いちのべのおしはのおうじ》、母は蟻臣《ありのおみ》(葛城氏《かずらきし》)の女子荑媛《はえひめ》。顕宗《けんぞう》天皇の同母兄、武烈《ぶれつ》天皇の父。実名は億計《おけ》。『古事記《こじき》』には意祁《おけ》王とみえる。他に大脚《おおし》・大為《おおす》・大石尊《おおし》・嶋郎《しまのいらつこ》・島稚子《しまのいらつこ》などの通称が伝わる。父皇子が雄略《ゆうりゃく》天皇に殺されたあと、難を逃れて弟弘計《おけ》(顕宗天皇)とともに播磨《はりま》に潜伏《せんぷく》。見出されて大和《やまと》に戻ると、名乗りをあげるのに功のあった弘計こそ先に即位《そくい》すべしとしてみずからは皇位継承を固辞《こじ》した。顕宗天皇の崩後《ほうご》、石上広高宮《いそのかみのひろたかのみや》で即位。この宮に付属するのが石上部舎人《いそのかみべのとねり》であろう。父皇子の市辺宮《いちのへのみや》も石上にあった。天皇には播磨潜伏時代に川村《かわむら》・縮見高野《しじみたかの》の二宮があったとされる。『日本書紀』によれば、仁賢《にんけん》天皇十一年八月八日に崩じ、十月埴生坂本陵《はにうのさかもとのみささぎ》に葬られたという。

参考文献　山尾幸久「倭王権による近畿周辺の統合」(『日本古代王権形成史論』所収)、篠原幸久「王権史構想における顕宗・仁賢の位置をめぐって」(『続日本紀研究』二五七)

(遠山美都男)

〔埴生坂本陵《はにうのさかもとのみささぎ》〕　大阪府藤井寺《ふじいでら》市青山《あおやま》三丁目(旧大字野中《のなか》字ボケ山)所在。陵号は『日本書紀《にほんしょき》』ほか現在と同一。陵号の「埴生」のよみは『陵墓要覧《りょうぼようらん》』などの宮内庁《くないちょう》のもののふりがなは「はにふ」。『日本書紀』によると仁賢《にんけん》天皇十一年十月癸丑《きちゅう》天皇を葬った。『延喜式《えんぎしき》』諸陵寮《しょりょうりょう》では兆域《ちょういき》は二町四方、守戸《しゅこ》は五烟、遠陵《えんりょう》に入れる。中世に所伝を失い、元禄《げんろく》の諸陵探索《しょりょうたんさく》では所在不明とする。その後、麦飯仙覚峯《ばくはんせんかくほう》が

『仁賢天皇山陵考』《にんけんてんのうさんりょうこう》で現陵を考証、幕末の修陵《しゅうりょう》にあたり現陵を定め、元治《げんじ》元年(一八六四)修補《しゅうほ》した。羽《は》曳野《びきの》丘陵《きゅうりょう》の北東斜面裾に位置し、坂本の陵号に合う。南西に面する三段築成《さんだんちくせい》の前方後円墳《ぜんぽうこうえんふん》で、周濠《しゅうごう》がある。現状は長軸《ちょうじく》の長さ一一〇メートル、前方部《ぜんぽうぶ》幅一〇七メートル、後円部《こうえんぶ》径六五メートル、高さ前方部一二・四メートル、後円部一一・五メートル。陵背外堤《りょうはいがいてい》は下田池に接し、池の縁で当陵外堤施設と思われる埴輪列《はにわれつ》が検出されている。先年の当陵整備工事区域の調査では、原初の外堤は検出されず、後世の変形が考えられる。陵北西にある農神山という不整形塚《ふせいけいづか》は当陵陪塚《ばいちょう》に指定。

参考文献　『仁賢天皇埴生坂本陵之図』(宮内庁書陵部所蔵『陵墓地形図』三〇七〔L七五〕)、上野竹次郎『山陵』上、陵墓調査室「昭和五十九年度陵墓関係調査概要」(『書陵部紀要』三七)

(石田　茂輔)

武《ぶ》烈《れつ》天皇

『日本書紀』《にほんしょき》によれば、生没年は?～五〇六で、四九八～五〇六在位。名は稚鷦鷯《わかさざき》(『古事記』《こじき》は若雀)。仁賢《にんけん》天皇の皇子《おうじ》で、母は雄略《ゆうりゃく》天皇の皇女《おうじょ》の春日大娘皇后《かすがのおおいらつめ》。仁賢のあとをついで即位《そくい》。泊瀬列城《はつせのなみき》(奈良県桜井市初瀬《さくらいしはつせ》の周辺)を都とし、春日娘子《かすがのいらつめ》を皇后にたて、大伴金村《おおとものかなむら》を大連《おおむらじ》とした。即位前に、大伴金村と謀って、大臣《おおおみ》の平群真鳥《へぐりのまとり》を殺害した。継嗣《けいし》がなく、子代《こしろ》として小長谷部《おはつせべ》を定めた。継嗣が絶えたため、その理由として『日本書紀』には暴虐記事《ぼうぎゃくきじ》が多く記されたと考えられる。即位前紀に、「頻造二諸悪一、不レ修ニ一善ニ、「国内居人、咸皆震怖」とある。泊瀬列城宮で没す。大和《やまと》の傍丘磐杯丘陵《かたおかのいわつきのおかのみささぎ》に葬ると伝える。

（吉村　武彦）

〔傍丘磐坏丘北陵《かたおかのいわつきのおかのきたのみささぎ》〕　奈良県香芝市今泉《かしばしいまいずみ》、旧字ダイゴにある。『日本書紀《にほんしょき》』の陵号《りょうごう》は、顕宗《けんぞう》天皇陵と同じ「傍丘磐杯丘陵」。『延喜式《えんぎしき》』諸陵寮《しょりょうりょう》は現陵号で、「在二大和国葛下郡《かずらぎのしもぐん》一、兆域《ちょういき》東西二町、南北三町、守戸《しゅこ》五烟」とあり、遠陵《えんりょう》とする。『扶桑略記《ふそうりゃっき》』も現陵号であるが、「高二丈、方二町」と陵域が縮小する。以後記録を欠くが、元禄《げんろく》の諸陵探索時《しょりょうたんさくじ》に、奈良奉行所《ならぶぎょうしょ》は葛下郡片岡平野村《かたおかひらのむら》北東の字片岡山石ノ北の古墳を武烈天皇の分明陵《ぶんめいりょう》と報告、以後幕末までここが当陵として保護された。『山陵志《さんりょうし》』は、葛下郡築山《つきやま》村の古墳（大和高田市《やまとたかだし》大字築山《つきやま》、磐園陵墓参考地《いわぞのりょうぼさんこうち》）を当陵、この南方の陵家村の古墳（大和高田市大字池田《いけだ》、陵西《おかにし》陵墓参考地二児山）を南陵としたが、安政《あんせい》の陵改《りょうあらた》めではこれを否定した。しかし幕末修陵時《ばくまつしゅうりょうじ》には諸説分かれて修陵できず、ようやく明治《めいじ》二十二年（一八八九）六月三日、傍丘磐坏丘南陵などの考定とともに、葛下郡今泉村字ダイゴ、志都美神社森の北に現陵を考定し、兆域を定めて修陵し、同二十六年三月勅使《ちょくし》が参向し、修陵竣工奉告祭を行なった。北東に面し南西に延びる長さ二五〇メートル、高さ前部約一〇メートル、後部約二〇メートルの山形墳《やまがたふん》で、前面に凹字形空濠《とつじがたからぼり》があり、その前に拝所《はいしょ》がある。

参考文献　『法規分類大全』二編宮廷門、『武烈天皇傍丘磐坏丘北陵之図』（宮内庁書陵部所蔵『陵墓地形図』二六〇〔L五八〕）、上野竹次郎『山陵』上、宮内省編『明治天皇紀』七・八

（石田　茂輔）

継《けい》体《たい》天皇

『日本書紀《にほんしょき》』によれば、生没年は四五〇〜五三一、五〇七〜三一在位。『古事記』は享年を四十三歳とする。諱《いみな》は男大迹《おおど》、袁本杼・乎富等とも書く。応神《おうじん》天皇の五世の孫と伝えられる。父の彦主人《ひこうし》王は近江国《おうみのくに》にいたが、越前《えちぜん》坂井郡の三国にいた振媛《ふるひめ》を妃とし、継体天皇を生んだ。『釈日本紀《しゃくにほんぎ》』所引の『上《じょう》宮記《ぐうき》』逸文《いつぶん》には、凡牟都和希王〜若野毛二俣王《わかぬけふたまたおう》〜大郎子〜乎非王〜汙斯王〜乎富等大公王の系譜を掲げる。彦主人王の死後、振媛は越前に帰って天皇を養った。天皇が五十七歳のとき、武烈《ぶれつ》天皇が死に、継嗣《けいし》がないので、大伴金村《おおとものかなむら》が中心となり、物部麁鹿火《もののべのあらかひ》らとともに天皇を越前から迎え、河内《かわち》の樟葉《くすは》で即位《そくい》した。そののち、樟葉から山背《やましろ》の筒木《つつき》および弟国《おとくに》を経て、即位の年より二十年目に大和《やまと》に入り、磐余玉穂《いわれたまほ》に都を定めた。天皇は武烈天皇の妹、手白香皇女《たしらかのひめみこ》を皇后に立て、欽明《きんめい》天皇を生んだが、そのほかに近江・尾張《おわり》・河内方面の皇族《こうぞく》・豪族《ごうぞく》の女を妃《ひ》とした。そのうち尾張連草香《おわりのむらじくさか》の女目子媛《めのこひめ》は、手白香皇女よりさきに安閑《あんかん》・宣化《せんか》両天皇を生んだ。以上は『日本書紀』の伝えであるが、即位記事は応神五世の孫という伝えをふくめて、継体天皇の即位を正当化するための潤色《じゅんしょく》が多いのではないかとする説がある。その説では、越前・近江地方に勢力のあった豪族が、武烈天皇の死後、朝廷の乱れに乗じて応神天皇の子孫と称し、約二十年の対立・抗争ののち、大和の勢力を圧倒して大和に入り、皇位《こうい》を継承《けいしょう》するとともに、手白髪(香)皇女を皇后として地位を確立したとする。

継体天皇の時代は、新羅《しらぎ》をはじめ朝鮮諸国の国力がたかまり、日本はしばしば軍隊を派遣したが、朝鮮での勢力は次第に衰えた。任那《みまな》の四県を百済《くだら》の請いによって与えたという伝えが『日本書紀』にみえるのも日本の勢力の後退を示すものである。司馬達等《しばたっと》による仏教の伝来(『扶桑略記《ふそうりゃくき》』)や、百済からの五経博士《ごきょうはかせ》の貢上《こうじょう》などもあり、文化の発展もみられたが、国内では継体天皇二十一年から翌年にかけて、筑紫国造磐井《つくしのくにのみやつこいわい》の反乱があり、これは平定したが、政治の動揺がつづいた。天皇の死についても疑問がある。『日本書紀』は『百済本記《くだらほんぎ》』により辛亥年《しんがいねん》(五三一)の死とするが、甲寅年《こういんねん》(五三四)とする説もあった。また『百済本記』には「日本天皇及太子皇子倶崩薨」とある。これらから、辛亥の年に政変がおこり、天皇はまきこまれて死に、甲寅の年に至って平穏《へいおん》に復したのではないかとし、これを辛亥の変と称する説がある。

参考文献　水野祐『増訂日本古代王朝史論序説』、水谷千秋『謎の大王継体天皇』(『文春新書』)、林屋辰三郎「継体・欽明朝内乱の史的分析」(『古代国家の解体』所収)、直木孝次郎「継体朝の動乱と神武伝説」(『日本古代国家の構造』所収)

(直木　孝次郎)

〔**三島藍野陵**《みしまのあいののみささぎ》〕　大阪府茨木市太田《いばらきしおおた》三丁目にある前方後円墳《ぜんぽうこうえんふん》。江戸時代には「池ノ山」といい、「茶臼《ちゃうす》山」ともいう。墳丘《ふんきゅう》は南東に面し、長さ二二六メートル、前方部《ぜんぽうぶ》幅一四七メートル、後円部《こうえんぶ》径一三六メートル、高さ前方部一九・八メートル、後円部一九・二メートル。前方部三段、後円部四段の段築《だんちく》で、造出《つくりだ》しが両側にあり、周濠《しゅうごう》がめぐる。周辺の小塚九基は陪塚《ばいちょう》に指定《してい》。『日本書紀《にほんしょき》』には藍野陵、『古事記《こじき》』には三島之藍陵、正治《しょうじ》二年(一二〇〇)『諸陵雑事注文《しょりょうぞうじちゅうもん》』には「摂津島上郡継体天皇」とあり、『延喜式《えんぎしき》』は現陵号《げんりょうごう》で、「在二摂津国島上郡、兆域《ちょういき》東西三町、南北三町、守戸《しゅこ》五烟」とし遠陵《えんりょう》にする。元禄修陵《げんろくしゅうりょう》には現陵を調べたが、『徳川《とくがわ》実紀《じっき》』は所在不明《しょざいふめい》とし、享保陵改《きょうほうりょうあらた》めで決定した。大正《たいしょう》から昭和《しょうわ》初めごろ、現陵は江戸時代後期旧島下郡にあり、南北朝《なんぼくちょう》時代の条里《じょうり》も同じで、『延喜式』の所在と異なるとし、現陵の東北約一・五キロの旧島上郡今城塚古墳《いましろづかこふん》（大阪府高槻市）を当陵とする説が出され、この説をとる研究者も多い。しかし、現陵は享保陵改めには島上・島下の郡界の山にあり、『中川氏御年譜《なかがわしごねんぷ》』（永禄《えいろく》から天正《てんしょう》の茨木領主家譜）の「摂州図抄」では阿威川が郡界《ぐんかい》で、旧島上郡にあるので、『延喜式』の所在と現陵の所在が異なると断定はできない。

参考文献 『大阪府史』一、上野竹次郎『山陵』上、末永雅雄『古墳の航空大観』

（石田　茂輔）

安閑《あんかん》天皇

『日本書紀《にほんしょき》』によれば、生没年は四六六〜五三五で、五三四〜三五在位。諱《いみな》は勾大兄《まがりのおおえ》、諡《おくりな》を広国押《ひろくにおし》武金日《たけかなひ》天皇という。継体《けいたい》天皇の第一子、母は尾張連草香《おわりのむらじくさか》の女《むすめ》の目子媛《めのこひめ》。同腹の弟に宣化《せんか》天皇がある。継体の次に即位するが、『日本書紀』や『上宮聖徳法王帝説《じょうぐうしょうとくほうおうていせつ》』などによると、継体の死後、即位までのあいだに二年の空位《くうい》があり、また安閑の異母弟《いぼてい》の欽明《きんめい》天皇が継体の死の翌年に即位した形跡のあることなどから、継体の死後皇位継承《こういけいしょう》の紛争がおこり、安閑・宣化両朝と欽明《きんめい》朝とが併立した時期があったとする説がある。安閑は大和《やまと》の勾金橋《まがりのかなはし》（奈良県橿原市曲川町《かしはらしまがりかわ》）に都し、仁賢《にんけん》天皇の女の春日山田皇女《かすがのやまだのおうじょ》を皇后とする。摂津三嶋《せっつみしま》の竹村屯倉《たかふのみやけ》をはじめ、西は九州から東は武蔵《むさし》・上野《こうずけ》に至る各地に多数の屯倉《みやけ》を設置し、また勾舎人部《まがりのとねりべ》・勾靫部《まがりのゆきべ》・犬養部《いぬかいべ》をおいたという。勾金橋宮《まがりのかなはしのみや》で死ぬ。年七十。古市高屋丘《ふるちのたかやのおか》陵《みささぎ》に葬る。

参考文献　林屋辰三郎「継体・欽明朝内乱の史的分析」（『古代国家の解体』所収）

（直木孝次郎）

〔古市高屋丘陵《ふるちのたかやのおかのみささぎ》〕　大阪府羽曳野市古市《はびきのしふるいち》五丁目にあり、皇妹神前皇女《かんざきのおうじょ》を合葬《がっそう》する。周濠《しゅうごう》のある西面する前方後円墳《ぜんぽうこうえんふん》（前方《ぜんぽう》部幅一〇〇メートル、長径一二〇メートル、高さ後円《こうえん》部一三メートル余、前方部一二メートル余）で、古市古墳群《ふるいちこふんぐん》の南端に位し、丘陵《きゅうりょう》によって築造《ちくぞう》したもの。『日本書紀《にほんしょき》』に崩御《ほうぎょ》になった月に当陵に葬り、皇后春日山田皇《かすがのやまだのおう》女《じょ》と皇妹が合葬の旨を記してある。しかし皇后・皇妹の没年は不明で埋葬《まいそう》の先後はわからない。『延喜《えんぎ》式《しき》』諸陵寮《しょりょうりょう》の制は遠陵《えんりょう》とし、「兆域《ちょういき》東西一町、南北一町五段、陵戸《りょうこ》一烟、守戸《しゅこ》二烟」とあるが、皇后陵は別に「古市高屋墓」と記載されている。のちに改葬《かいそう》したものか、あるいは何かの誤りか疑問はあるが、現在は式に従って皇后陵は別に定めている。室町時代《むろまちじだい》に畠山氏《はたけやまし》がこの地に高屋城《たかやじょう》を造り、当陵を本丸《ほんまる》にあてていた。江戸時代の寛政《かんせい》のころ、土砂崩《どしゃくず》れの際に白瑠璃碗（カットグラス）が出土したが、これはイラン産のもので、正倉院宝物《しょうそういんほうもつ》に酷似《こくじ》し、現在重要文化財として東京国立博物館に保存されている。

参考文献　清野謙次『日本考古学・人類学史』

（中村　一郎）

宣化《せんか》天皇

『日本書紀《にほんしょき》』によれば、生没年は四六七～五三九年で、五三六～三九年在位。諱《いみな》は檜隈高田《ひのくまのたかだ》、謚《おくりな》を武小広国押盾《たけおひろくにおしたて》天皇という。継体《けいたい》天皇の皇子《おうじ》、母は尾張連草香《おわりのむらじくさか》の女《むすめ》の目子媛《めのこひめ》、安閑《あんかん》天皇の同母弟。安閑のあとをついで即位。檜隈の廬入野《いおりの》(奈良県高市郡明日香村檜前)に都し、仁賢《にんけん》天皇の女《むすめ》の橘仲《たちばなのなか》皇女を皇后《こうごう》に立て、大伴金村《おおとものかなむら》・物部麁鹿火《もののべのあらかひ》を大連《おおむらじ》、蘇我稲目《そがのいなめ》を大臣《おおおみ》とする。『上宮聖徳法王帝説《じょうぐうしょうとくほうおうていせつ》』などは仏教伝来の年を欽明《きんめい》天皇戊午《ぼご》年とするが、戊午は五三八年で宣化の治世《ちせい》にあたる。これが継体・宣化朝と欽明朝併立説《きんめいちょうへいりつせつ》の根拠の一つである。廬入野宮で没す。年七十三、大和《やまと》の身狭桃花鳥坂上陵《むさのつきさかのえのみささぎ》に葬ると伝える。

（直木孝次郎）

【身狭《むさ》桃花鳥《つき》坂上陵《さかのえのみささぎ》】 奈良県橿原市鳥屋町《かしはらしとりやちょう》にある。皇后橘仲皇女《こうごうたちばなのなかのおうじょ》との合葬陵《がっそうりょう》。江戸時代には「みさんざい山」という。『日本書紀《にほんしょき》』宣化《せんか》天皇四年十一月条に「葬二天皇于大倭国身狭桃花鳥坂上陵一、以二皇后橘皇女及其孺子一合二葬于是陵一」とあるが、『延喜式《えんぎしき》』諸陵寮《しょりょうりょう》では当陵について「在二大和国高市郡一、兆域《ちょういき》東西二町、南北二町、守戸《しゅこ》五烟」とし、遠陵《えんりょう》とするが、合葬については記していない。当陵は中世以後所在不明となり、元禄《げんろく》の諸陵探索《しょりょうたんさく》で同十二年(一六九九)四月、京都所司代《きょうとしょしだい》松平信庸《まつだいらのぶつね》は、現陵を決定し老中《ろうじゅう》へ報告した。

墳丘《ふんきゅう》は丘陵《きゅうりょう》の先端に位置し、丘尾《きゅうび》を切断して築造した前方後円墳《ぜんぽうこうえんふん》で、北北東に面する。現状は長軸《ちょうじく》の長さ一三八メートル、前方部《ぜんぽうぶ》幅七七メートル、後円部《こうえんぶ》径八三メートル、高さ前方部一八・九メートル、後円部一八メートル、両側くびれ部には各造出《つくりだ》しがある。墳丘裾は、前方部正面に河石積石垣、他は練石積擁壁を設ける。擁壁は昭《しょう》和《わ》四十六年(一九七一)、侵蝕部《しんしょくぶ》に葺石《ふきいし》などの遺構を破壊せぬ工法で施工、擁壁基礎外側には葺石遺構が埋没遺存《まいぼついぞん》する。周濠《しゅうごう》は寛永《かんえい》年間(一六二四～四四)に灌漑用水《かんがいようすい》に利用するため、東側外堤を切り取って鳥屋池《とりやいけ》を作り、貯水量を増すため西側外堤の嵩上《かさあ》げを繰り返した。このため濠底が堆積土《たいせきど》で埋まり、墳丘は裾が埋没したため小さくみえ、西側渡土手《わたりどて》は水没して痕跡《こんせき》をとどめるだけとなった。当陵出土品には宮内庁書陵部《くないちょうしょりょうぶ》所蔵《しょぞう》の埴輪《はにわ》・須恵器《すえき》などがある。

参考文献 『(宣化天皇・皇后橘仲姫皇女)身狭桃花鳥坂上陵之図』(宮内庁所蔵『陵墓地形図』)、上野竹次郎『山陵』上、陵墓調査室「昭和五十一年度陵墓関係調査概要」(『書陵部紀要』二九)

(石田　茂輔)

欽《きん》明《めい》天皇

六世紀中葉の天皇。『古事記《こじき》』『日本書紀《にほんしょき》』によれば継体《けいたい》天皇の嫡子《ちゃくし》で母は皇后《こうごう》の手白香皇女《たしらかのおうじょ》。幼名は不明、和風諡号《わふうしごう》は天国排開広庭尊《あめくにおしはるきひろにわ》。異母兄《いぼけい》の宣化《せんか》天皇を継いで五三九年に即位《そくい》し、大和《やまと》の磯城《しき》の磯《し》城嶋金刺宮《きしまのかなさしのみや》におり、宣化天皇の女の石姫《いしひめ》を皇后として敏達《びだつ》天皇らを生み、ほかに蘇我稲目《そがのいなめ》の女の堅塩《きたし》媛《ひめ》を妃として用明《ようめい》・推古《すいこ》(女帝)両天皇ら、堅塩媛の同母妹の小姉君《おあねのきみ》を妃として崇峻《すしゅん》天皇らを生んだという。はじめ大伴金村《おおとものかなむら》と物部尾輿《もののべのおこし》が大連《おおむらじ》、蘇我稲目が大臣《おおおみ》だったが、天皇の治世のはじめに金村が朝鮮対策の失敗を非難されて失脚したとされ、その後百済《くだら》から仏教《ぶっきょう》が公式に伝えられると、崇仏《すうぶつ》の可否をめぐって稲目と尾輿の対立が激化していったが、大陸文化の摂取と中央権力の強化に積極的だった開明派《かいめいは》の蘇我氏が朝廷全体の支持を得て、その権力を強めていったとみられる。しかし朝鮮対策は新羅《しらぎ》・百済・任那《みまな》諸国の三者間の複雑な関係に対する適切な対応を欠いて不振の度を加え、五六二年ころに任那諸国が最後的に新羅に併合《へいごう》されるに至った。なお最近では、五三一年とみられる継体天皇の死後すぐに実は欽明《きんめい》天皇が一方で即位して、安閑《あんかん》・宣化両天皇の朝廷と対立する両朝分立の状態が生じ、それが約八年後に欽明朝によって統一されたのであり、仏教の公伝《こうでん》はその統一前の戊午《ぼご》の年（五三八年）だったとする見方が有力となっている。天皇の晩年の五七〇年ころにはじめて高句麗《こうくり》の国使が来朝したが、天皇はこれを引見《いんけん》するに至らないでその翌年に病死し、檜隈坂合陵《ひのくまのさかあいのみささぎ》に葬られたという。

参考文献　林屋辰三郎「継体・欽明朝内乱の史的分析」（『古代国家の解体』所収）
（関　晃）

〔檜隈坂合陵《ひのくまのさかあいのみささぎ》〕　奈良県高市郡《たかいちぐん》明日香村《あすかむら》大字平田《ひらた》にある。檜隈陵《ひのくまのみささぎ》ともいわれた。『日本書紀《にほんしょき》』推古《すいこ》天皇二十八年（六二〇）十月条に「以二砂礫一葺二檜隈陵上一、則域外積レ土成レ山」とあり、『延喜式《えんぎしき》』諸陵寮《しょりょうりょう》には、遠陵《えんりょう》とし「兆域《ちょういき》東西四町、南北四町、陵戸《りょうこ》五烟」と記し、吉備姫王《きびつひめのおおきみ》の檜隈墓《ひのくまのはか》を「在二大和国高市郡檜隈陵域内一」と記す。中世以降久しく所在不明であったが、幕末にようやく現陵《げんりょう》が考定され、元治《げんじ》元年（一八六四）修復された。

南を除く三方が丘陵の斜面に囲まれた、周濠《しゅうごう》のある三段築成の前方後円墳《ぜんぽうこうえんふん》で、坂合の名にふさわしい環境にある。長軸の長さ約一四〇メートル、前方部《ぜんぽうぶ》幅約一一〇メートル、後円部《こうえんぶ》直径約七五メートル、高さ約一五メートル、後円部が前方部よりやや低い。全山厚く葺石《ふきいし》に覆《おお》われ、「礫石を以て檜隈陵上に葺く」とよく符合《ふごう》する。周濠は、長軸に沿った東西の渡り土手で南北に二分され、北濠は南濠よりも約一メートル高く、空濠になっている。昭和《しょうわ》五十三年(一九七八)の宮内庁《くないちょう》の調査で、南濠の原初の濠底は、現濠底の一・二〜二・五メートル下に埋まっており、現外堤は、濠内堆積土の上に築かれていることが判明した。原初の南濠は、二重濠跡といわれる、元禄《げんろく》年間(一六八八〜一七〇四)に猿石《さるいし》が出土した陵南池田《いけだ》の辺まで広がっていた可能性が強い。さらに墳丘《ふんきゅう》の南側くびれ部で、造り出しと見られる突出部が見付かっているので、墳丘もさらに大きかったことが考えられる。現在周辺にある経塚《きょうづか》、金塚《かねづか》、鬼《おに》の雪隠《せっちん》・俎《まないた》は当陵陪塚《ばいちょう》になり、猿石は陵前と道を距てた檜隈墓に置かれている。堅塩媛《きたしひめ》の檜隈大陵を当陵と同一視する説があるが、大陵の名には、史跡丸山古墳《しせきまるやまこふん》の方がふさわしい。

参考文献　帝室林野局編『欽明天皇檜隈坂合陵之図』、上野竹次郎『山陵』上、宮内庁書陵部陵墓調査室編「昭和五十三年度陵墓関係調査概要」(『書陵部紀要』三一)

(石田　茂輔)

敏《び》達《だつ》天皇

六世紀後半の天皇。『古事記《こじき》』『日本書紀《にほんしょき》』によれば、欽明《きんめい》天皇の第二子で母は石姫皇后《いしひめこうごう》。幼名は不明。渟中倉太珠敷尊《ぬなくらふとたましき》は和風諡号《わふうしごう》か。父天皇を継いで五七二年に即位《そくい》、三年後に大和《やまと》の磐余《いわれ》に訳語田《おさだの》(他田)幸玉宮《さきたまのみや》を営み、初め息長真手王《おきながのまておう》の女《むすめ》の広姫《ひろひめ》を皇后として押坂彦人大兄皇子《おしさかのひこひとのおおえのおうじ》らを生み、皇后の死後異母妹の豊御食炊屋姫尊《とよみけかしきやひめ》(推古《すいこ》天皇)を皇后として、竹田皇子《たけだのおうじ》・尾張皇子《おわりのおうじ》らを生んだという。その治《ち》世《せい》は蘇我《そが》氏権力の上昇期で、大臣蘇我馬子《おおおみそがのうまこ》と大連物部守屋《おおむらじもののべのもりや》の対立が、崇仏可否《すうぶつかひ》の問題などをめぐって深まりつつあったが、政局《せいきょく》はほぼ安定していた。治世の初めに高句麗《こうくり》との正式の国交が開始され、そののち任那諸国《みまなしょこく》の回復にも努力が続けられたが、あまり効果はなかった。後世、天皇を排仏者《はいぶつしゃ》とする見方があったらしく、敏達紀《びだつき》には「天皇仏法《ぶっぽう》を信《しん》ぜずして、文史《ぶんし》を愛す」(原漢文)とある。五八五年八月瘡病の流行で世を去り、母の石姫皇后の磯長陵《しながのみささぎ》に合葬《がっそう》されたという。　(関　晃)

〔**河内磯長中尾陵**《こうちのしながのなかのおのみささぎ》〕大阪府南河内郡太子町《みなみかわちぐんたいしちょう》大字太子《たいし》(旧字奥城)にある。欽明《きんめい》天皇皇后石姫《いしひめ》の磯長原陵《しながはらのみささぎ》と同一墳。『日本書紀《にほんしょき》』崇峻《すしゅん》天皇四年四月甲子条は、「葬二訳語田天皇於磯長陵一、是其妣皇后所レ葬之陵也」と二陵の陵号を磯長陵とするが、『延喜式《えんぎしき》』諸陵寮《しょりょうりょう》は陵号と墓号《ぼごう》に分記《ぶんき》し、現陵号の項は「訳語田宮御宇敏達天皇、在二河内国石川郡一、兆域《ちょういき》東西三町、南北三町、守戸《しゅこ》五烟」、磯長原墓の項は「石姫皇女、在二河内国石川郡敏達天皇陵内一、守戸三烟」とし、遠陵《えんりょう》と遠墓にする。一墳の二陵に別箇に守戸を付しており、合葬《がっそう》ではなく前方部《ぜんぽうぶ》と後円部《こうえんぶ》との別埋葬《べつまいそう》と思われる。丘陵上に位置する三段築成《さんだんちくせい》の前方《ぜんぽう》後円墳《こうえんふん》で、北西に面する。長さ九四メートル、前方部幅七〇メートル、高さ前方部一二メートル・後円部一一・九メートル、くびれ部には双両《そうりょう》に作り出しがあり、空濠《からぼり》がめぐる。陵墓地形図《りょうぼちけいず》には、南西外堤《がいてい》三ヵ所に埴輪《はにわ》七基が表示され、埴輪列のある最後の陵である。当陵は所伝を失わず、元禄《げんろく》の諸陵探索《しょりょうたんさく》時には叡福寺《えいふくじ》領であった。元治《げんじ》元年（一八六四）拝所《はいしょ》を設け、明治《めいじ》三十二年（一八九九）御在所《ございしょ》を修補した。

参考文献 『敏達天皇河内磯長中尾陵・欽明天皇皇后石姫皇女磯長原陵之図』（宮内庁書陵部所蔵『陵墓地形図』三一二〔L七九〕）、上野竹次郎『山陵』上

（石田　茂輔）

用明《ようめい》天皇

六世紀末の天皇。『日本書紀《にほんしょき》』によれば五八五～八七年在位。異母兄敏達《びだつ》天皇の死去をうけて即位《そくい》。橘豊日尊《たちばなのとよひのみこと》、大兄皇子《おおえのおうじ》と称す。父は欽明《きんめい》天皇、母は蘇我稲目《そがのいなめ》の女《むすめ》、堅塩媛《きたしひめ》。異母妹の穴穂部間人皇女《あなほべのはしひとのおうじょ》（母は堅塩媛の妹、小姉君）を妃として、厩戸《うまやと》・来目《くめ》・殖栗《えくり》・茨田《まんた》の諸皇子を得《え》た。また、稲目の女石寸名《むすめいしきな》との間に田目《ため》皇子を、葛城直磐村《かずらきのあたいいわむら》（当麻倉首比呂《たいまのくらのおびとひろ》）の女広子《ひろこ》（飯之子《いいのこ》）との間に当麻《たいま》皇子・酢香手姫皇女《すかてひめのおうじょ》をもうけた。即位に伴い、磐余池《いわれのいけ》のほとりに双槻宮《なみつきのみや》を営んだ。二年四月、磐余の河上での新嘗祭《にいなめさい》（大嘗祭《だいじょうさい》か）の帰途、病にたおれ、双槻宮で没した。没日を『古事記《こじき》』は四月十五日とし、『日本書紀』は四

月九日とする。死に臨み、仏教への帰依《きえ》を願ったという。磐余池上陵《いわれのいけのへのみささぎ》に葬られたが、のちに河内磯長《こうちのしなが》に改葬された。天皇の死はその後継者をめぐる蘇我《そが》氏・物部《もののべ》氏激突の引き金となった。なお、天皇は正式には即位せず「臨朝《りんちょう》」したにすぎず、王位をねらう異母弟穴穂部皇子《あなほべのおうじ》の命をうけた物部守屋《もののべのもりや》に暗殺されたとする説がある。天皇の直系の子孫は皇極《こうぎょく》天皇二年(六四三)に滅んだが、登美真人《とみのまひと》・当麻真人・蜷淵《になぶち》真人がその血統を後世に伝えた。

参考文献　岸雅裕「用明・崇峻期の政治過程」(『日本史研究』一四八)　(遠山美都男)

〔河内磯長原陵《こうちのしながのはらのみささぎ》〕　大阪府南河内郡太子町《みなみかわちぐんたいしちょう》大字春日《かすが》にある。『日本書紀《にほんしょき》』は、用明《ようめい》天皇二年四月天皇が崩じ、七月に磐余池上陵《いわれのいけのへのみささぎ》に葬り、推古《すいこ》天皇元年(五九三)九月河内磯長陵に改葬、とする。『古事記《こじき》』は陵号を科長中陵《しながのなかのみささぎ》とする。『延喜式《えんぎしき》』諸陵寮《しょりょうりょう》は、現陵号で「在㆓河内国石川郡㆒、兆域《ちょういき》東西二町、南北三町、守戸《しゅこ》三烟」とし遠陵《えんりょう》に入れる。当陵は幕末まで所在明白で、元治《げんじ》元年(一八六四)修補をし拝所《はいしょ》を設け、明治《めいじ》三十二年(一八九九)には勅使《ちょくし》を遣し工事の奉告祭《ほうこくさい》を行なって御在所《ございしょ》修理を行なった。南面する方墳《ほうふん》で、東西六四メートル、南北約六〇メートル、高さ一〇メートル、幅約六・五メートルの空湟《からぼり》がめぐり、湟には高さ約二メートルの土手《どて》を設けている。初葬地は所在不明であるが、天皇の皇居の池辺双槻宮《いけのへのなみつきのみや》と、地名「いけのへ」が一致するので、奈良県桜井市阿部《さくらいしあべ》付近と考えられている。

参考文献　宮内庁編『明治天皇紀』九、『用明天皇河内磯長原陵之図』(宮内庁書陵部所蔵『陵墓地形図』三一四〔L八〇〕)、上野竹次郎『山陵』上　(石田　茂輔)

崇《す》峻《しゅん》天皇

?〜五九二

『日本書紀《にほんしょき》』によると五八七〜九二在位。諱《いみな》は泊瀬部《はつせべ》、また長谷部若雀命という。欽明《きんめい》天皇の皇子、母は大臣《おおおみ》蘇我稲目《そがのいなめ》の娘小姉君《おあねのきみ》。同母兄に穴穂部皇子《あなほべのおうじ》、異母兄に敏達《びだつ》・用明《ようめい》天皇、異母姉に推古《すいこ》天皇らがいる。五八七年用明天皇の崩後《ほうご》、蘇我馬子《そがのうまこ》と物部守屋《もののべのもりや》が戦端《せんたん》を開くと、諸皇子とともに馬子に加担《かたん》して従軍《じゅうぐん》し、戦後、炊屋姫尊《かしきやひめのみこと》(推古天皇)や馬子ら群臣《ぐんしん》に推されて即位《そくい》し倉梯《くらはし》に都《みやこ》した。在位中は馬子が大臣として政権をもっぱらにしたので、これに不満を覚えた天皇は次第に馬子を憎《にく》むに至った。五九一年任那《みまな》復興《ふっこう》のため新羅《しらぎ》を撃《う》つべく大軍が筑紫《つくし》に下向《げこう》したが、翌年十一月三日その留守《るす》を狙《ねら》った馬子の手先に暗殺《あんさつ》され、即日倉梯岡陵《くらはしのおかのみささぎ》に埋葬されてしまったという。皇子蜂子《はちこ》は出羽《でわ》羽黒《はぐろ》の開山《かいさん》と伝える。

（黛　弘道）

〔**倉梯岡陵**《くらはしのおかのみささぎ》〕　奈良県桜井市《さくらいし》大字倉橋《くらはし》にある崇峻天皇の霊廟《れいびょう》。『日本書紀《にほんしょき》』崇峻天皇五年十一月乙巳《いっし》(三日)条には「是日葬二天皇于倉梯岡陵一」とあり、『古事記《こじき》』は「御陵在二倉椅崗上一也」とする。『延喜式《えんぎしき》』諸陵寮《しょりょうりょう》は、倉梯岡陵の条に「在二大和国十市郡一、無二陵地并陵戸一」とし、当時すでに陵は所在不明であった。元禄《げんろく》十年(一六九七)の江戸幕府の諸陵探索《しょりょうたんさく》では、奈良奉行所《ならぶぎょうしょ》は当陵を未分明陵《みぶんめいりょう》とし、候補地に岩屋山(赤坂山ともいい、現在国史跡《くにしせき》の天王山古墳《てんのうざんこふん》)と天皇屋舗との両所を挙げて決し難しとし、以後幕末まで探索を行なったが、幕末修陵《しゅうりょう》時にも決定できなかった。谷森善臣《たにもりよしおみ》著『山陵考《さんりょうこう》』は「倉梯岡上陵」

の陵名を設けて、岩屋山と天皇屋舗はいずれも古史《こし》に合わぬとする。明治《めいじ》九年（一八七六）二月七日教《きょう》部省《ぶしょう》は、倉橋村雀塚を記紀《きき》の記載に合致するとし、「倉梯岡上陵」と決定、天皇屋舗の地を陵付属地とした。しかし当所は古史に合わぬとの意見があり、同二十二年七月諸陵寮《しょりょうりょう》は、『延喜式《えんぎしき》』撰修時《せんしゅうじ》に痕跡《こんせき》を失っていた陵地捜索は不能故《ふのうゆえ》、天皇と最も縁故《えんこ》ある地、皇居柴垣宮伝承地《しばがきのみやのでんしょうち》と天皇の位牌《いはい》を安置する観音堂《かんのんどう》所在の天皇屋舗の両所を一廓《いっかく》として、「倉梯岡陵」と改定し、ここに陵を修営《しゅうえい》することを建議《けんぎ》し、七月二十四日上奏裁可《じょうそうさいか》を得た。よって柴垣宮伝承地の小丘《しょうきゅう》を陵主体部として西面する陵を修営し、観音堂背後の宝篋印塔線刻《ほうきょういんとうせんこく》のある自然石《しぜんせき》を陵前に移建し、陵前北側の観音堂は、天皇と聖徳太子併記《しょうとくたいしへいき》の位牌《いはい》のみを安置する位牌堂に改めた。これが現在の陵で、「倉梯岡上陵」の地は、陵付属地雀塚と改称した。現在拝所《はいしょ》にある燈籠《とうろう》には「倉梯岡陵前」と刻まれているが、陵名石標は旧陵のものを移建したものか、改定前の陵名「倉梯岡上陵」となっている。近ごろの論文には、当陵治定《ちてい》の経緯《けいい》を調査することなく、当陵の考古学上の年代が新しいと当然のことを指摘し、当陵の治定は誤りと論じたものがある。

参考文献　『太政類典』二編山陵上、『法規分類大全』二編宮廷門、上野竹次郎『山陵』上
（石田　茂輔）

II 古代の天皇

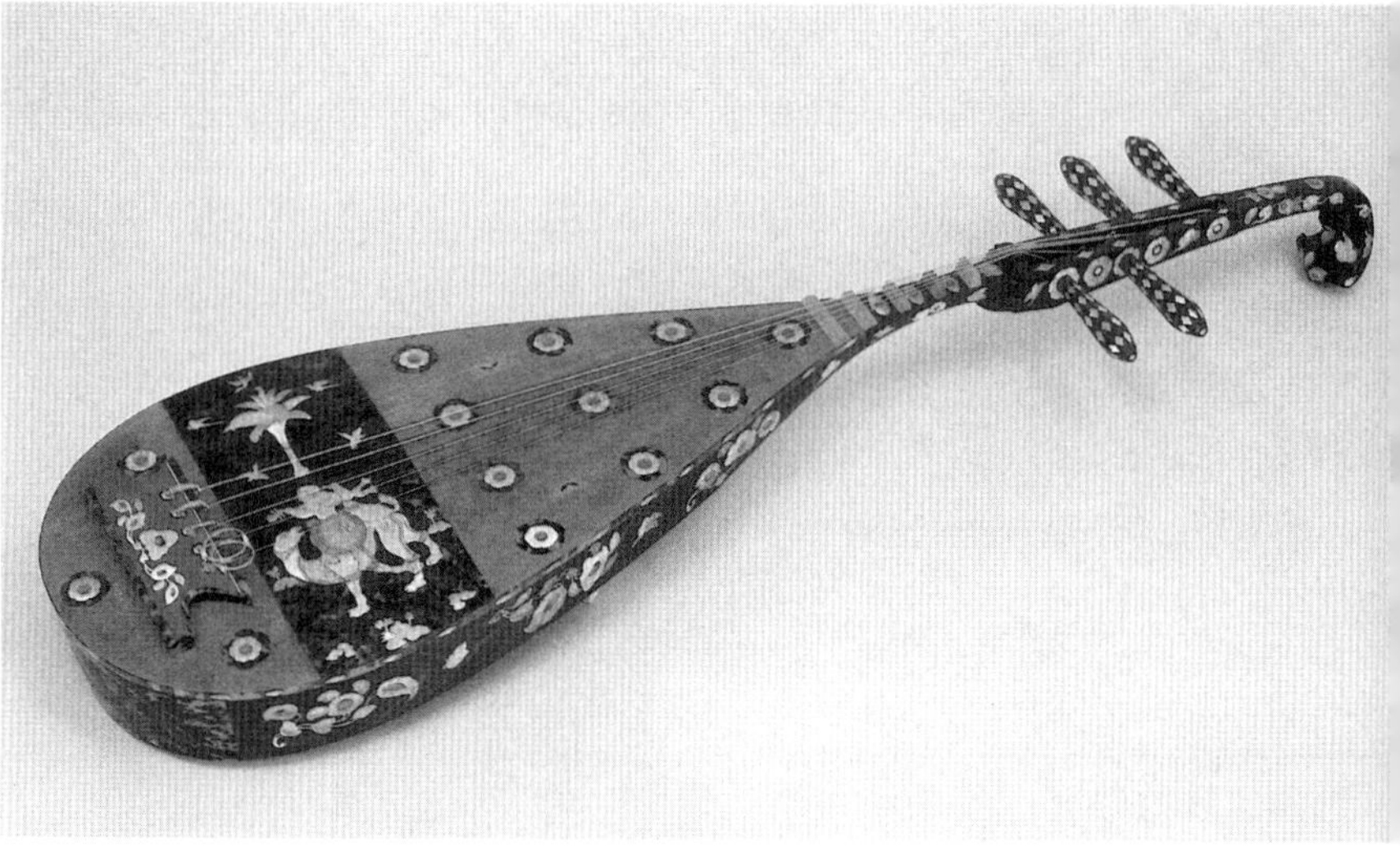

螺鈿紫檀琵琶　正倉院宝物

推古《すいこ》天皇

五五四〜六二八　在位五九二〜六二八

和風諡号《わふうしごう》は豊御食炊屋姫尊《とよみけかしきやひめのみこと》。諱《いみな》は額田部《ぬかたべ》。欽明《きんめい》天皇の皇女《おうじょ》で、母は大臣《おおおみ》蘇我稲目《そがのいなめ》の娘堅塩媛《きたしひめ》。用明《ようめい》天皇の同母妹。崇峻《すしゅん》天皇の異母姉。五五四年生まれる。七一年皇太子《こうたいし》(敏達《びだつ》天皇)妃《ひ》となり、七六年、前皇后広姫《こうごうひろひめ》死没の後をうけて異母兄敏達天皇の皇后に立てられた。時に二十三歳。八五年三十二歳で敏達と死別し、その二年後には兄用明天皇が没し、九二年崇峻天皇暗殺《あんさつ》の後、叔父《おじ》蘇我馬子《そがのうまこ》らに推され、女性としてはじめて皇位に登った。天皇はその諱から知られるように元来額田部《ぬかたべ》の民《たみ》を伝領《でんりょう》したが、立后《りつごう》の翌年に設けられた私部《きさいべ》をも支配するに及んで、その経済力は皇族の中でも擢《ぬき》んでたものとなった。崇峻天皇没時は三十九歳という分別盛《ふんべつざか》りで、加えて叔父馬子とも親密であった。これらの要因が最初の女帝《じょてい》を生んだ背景であろう。

『日本書紀《にほんしょき》』によれば九三年甥《おい》の厩戸皇子《うまやどのおうじ》(聖徳太子《しょうとくたいし》)を皇太子に立てたとあるが、即位《そくい》当初は長男竹《たけ》田皇子《だのおうじ》と厩戸皇子との選択に迷って皇太子を立てず、六〇〇年ごろ竹田が没してはじめて厩戸を太子に立てて万機《ばんき》を委《ゆだ》ねたとも推測される。在位中、冠位十二階《かんいじゅうにかい》の制定、十七条憲法《じゅうしちじょうのけんぽう》の製作、遣隋使《けんずいし》の派遣、『天皇記《てんのうき》』『国記《こっき》』の製作などのことがあったが、その間、官司制の整備・壬生部の設定にみられる皇室経済《こうしつけいざい》の基盤整備など政治・経済両面にわたる改革が推進された。六二二年聖徳太子の没後は蘇我氏への対応に苦慮したが、二八年三月七日皇嗣《こうし》を定めぬまま七十五歳で世を去った(月日は『日本書《にほんしょ》紀《き》』による)。推古朝は法隆寺《ほうりゅうじ》に象徴《しょうちょう》される飛鳥《あすか》文化《ぶんか》の最盛期であった。

(黛　弘道)

〔磯長山田陵《しながのやまだのみささぎ》〕　大阪府南河内《みなみかわち》郡《ぐん》太子《たいし》町《ちょう》大字山田《やまだ》にある。竹田皇子《たけだのおうじ》との合葬陵《がっそうりょう》。『日本書紀《にほんしょき》』は遺詔《いしょう》により推古天皇を竹田皇子の陵に葬るとのみ記し、陵名《りょうめい》を記さず、『古事記《こじき》』は、御陵は大野岡上《おおののおかのうえ》にあり、のちに科長大陵《しながのおおきみささぎ》に遷《うつ》すと記す。『延喜式《えんぎしき》』諸陵寮《しょりょうりょう》には、現陵名で「在㆓河内国石川郡㆒、兆域《ちょういき》東西二町、南北二町、陵戸《りょうこ》一烟、守戸《しゅこ》四烟」と記し遠陵《えんりょう》に入れる。『扶桑略記《ふそうりゃっき》』康平《こうへい》三年(一〇六〇)六月二日条に、「河内国司、言㆘上盗人撥㆓推古天皇山陵㆒之由㆖」とあり、盗掘《とうくつ》を受けた最初の陵である。当陵は江戸時代まで所伝《しょでん》があり、元禄《げんろく》の諸陵探索時《しょりょうたんさくじ》に堺奉行《さかいぶぎょう》は現陵の存在を報告している。墳丘《ふんきゅう》は高さ約一八メートルほどの台地の端《はし》に位置し、南面する三段段築《さんだんだんちく》の方墳《ほうふん》である。東西約六〇メートル、南北約五五メートル、高さ約一一メートル、東北隅が削られている。墳丘東側と前面には、幅八、九メートルの空堀《からぼり》があり、昭和《しょうわ》五十四年(一九七九)の陵前境界線石垣設置工事区域《りょうぜんきょうかいせんいしがきせっちこうじくいき》の調査によると、空堀の堤《つつみ》は後世に水田上に築いたものである。墳丘の内部構造は、『文化山陵図《ぶんかさんりょうず》』に「東之方に洞口石有之、下之方透より御石棺相見え申候」とあり、『河内国陵墓図《かわちのくにりょうぼず》』は「石棺露出の処三尺余、但南方正面なり」と記す。谷森善臣《たにもりよしおみ》『諸陵説《しょりょうせつ》』所引の「田中貞昭の記」には、羨道《えんどう》の前面が崩落《ほうらく》し、羨門《えんもん》が開口《かいこう》した折に内に入った実見談《じっけんだん》として、石室《せきしつ》の広さ方一丈五、六尺、上下四方は盤石《ばんじゃく》で畳《たた》み、精巧《せいこう》に磨《みが》いた石棺《せっかん》二基が左右に列び、右を推古天皇、左を竹田皇子と伝えていた旨《むね》を記す。

参考文献　上野竹次郎『山陵』上、陵墓調査室「昭和五十四年度陵墓関係調査概要」(『書陵部紀要』三二)

(石田　茂輔)

舒《じょ》明《めい》天皇

?〜六四一　在位六二九〜四一

和風諡号《わふうしごう》は息長足日広額《おきながたらしひひろぬか》天皇。父は敏達《びだつ》天皇の皇子押坂彦人大兄皇子《おしさかのひこひとのおおえのおうじ》。母はその異母妹糠手姫皇女《ぬかてひめのおうじょ》、またの名は田村皇女《たむらのおうじょ》で、天皇の諱《いみな》田村《たむら》はこれに因《ちな》む。推古《すいこ》天皇三十六年(六二八)推古天皇の没後、田《た》村皇子《むらのおうじ》を推す大臣蘇我蝦夷《おおおみそがのえみし》は、聖徳太子《しょうとくたいし》の遺児《いじ》で皇位を主張する山背大兄王《やましろのおおえのおう》と対立し、紛争数ヵ月の後翌年正月に田村の即位《そくい》を実現した。天皇は姪《めい》にあたる宝皇女《たからのおうじょ》(のち皇極《こうぎょく》・斉明《さいめい》天皇)を皇后として葛《かず》城《らき》皇子(天智《てんじ》天皇)・間人皇女《はしひとのおうじょ》(孝徳《こうとく》天皇皇后)・大海人皇子《おおあまのおうじ》(天武《てんむ》天皇)を儲《もう》け、蘇我馬子《そがのうまこ》の娘法提郎媛《ほうてのいらつめ》を夫人《ふじん》として古人大兄皇子《ふるひとのおおえのおうじ》を生み、吉備《きび》の蚊屋釆女《かやのうねめ》に蚊屋皇子《かやのおうじ》を生ませた。

舒明《じょめい》天皇二年(六三〇)十月、飛鳥岡本宮《あすかのおかもとのみや》に遷《うつ》る。在位中に第一回遣唐使《けんとうし》の派遣(二年)、唐使《とうし》の来朝(四年)、百済宮《くだらのみや》および百済大寺《くだらおおじ》の造営開始などのことがあったが、大臣蝦夷・入鹿《いるか》父子の全盛期に際会し、さしたる事蹟《じせき》を残すことなくして十三年十月九日崩じた。「百済《くだら》の大殯《おおもがり》」と呼ばれる盛大な殯宮《ひんきゅう》儀礼《ぎれい》を経て、やがて押坂陵《おさかのみささぎ》に葬られた。なお、『本朝皇胤紹運録《ほんちょうこういんじょううんろく》』『一代要記《いちだいようき》』などには崩年四十九とある。

(黛　弘道)

〔**押坂内陵**《おさかのうちのみささぎ》〕　奈良県桜井市《さくらいし》大字忍阪《おっさか》にある上円下方墳《じょうえんかほうふん》。『日本書紀《にほんしょき》』は押坂陵《おさかのみささぎ》とし、『延喜式《えんぎしき》』は現陵号を用いる。皇極《こうぎょく》天皇二年(六四三)九月六日滑谷岡《なめはざまのおか》から舒明《じょめい》天皇を改葬《かいそう》した。『延喜式』諸陵寮《しょりょうりょう》は、「兆域《ちょういき》東西九町、南北六町、陵戸《りょうこ》三烟」とし遠陵《えんりょう》に入れ、陵内に田村皇女《たむらのおうじょ》(糠手姫《ぬかてひめ》皇女)押坂墓、陵域内に大伴皇女《おおとものおうじょ》押坂内墓、陵域内東南に鏡女王《かがみのじょおう》押坂墓があると記す。のち所伝を失い、元禄《げんろく》十年(一六九七)の調査では、奈良奉行所《ならぶぎょうしょ》は舒明天皇の不分明陵として段《だん》ノ塚《つか》と呼ばれていた当陵を報告し、ここに決定された。元治《げんじ》元年(一八六四)九月修陵《しゅうりょう》に着手し、地元で修陵資金を借用して山陵銀札《さんりょうぎんさつ》を発行し、翌慶応《けいおう》元年(一八六五)十一月竣工《しゅんこう》した。

墳丘《ふんきゅう》は丘陵先端の傾斜地にあり、三段築成《さんだんちくせい》の下方部《かほうぶ》両側面は中途から傾斜面に吸収される。下方部幅は下段約一〇五メートル、中段約七八メートル、上段約五四メートル、高さ下段約七メートル、中段・上段各約四メートル、各段斜面にはところどころに一メートル前後の大石《おおいし》が露出《ろしゅつ》し、本来の法面《ほうめん》は巨石積《きょせきづ》み石垣《いしがき》である。上円部《じょうえんぶ》は高さ約一二メートル、間口《まぐち》・奥行《おくゆき》とも約四五メートル、前面中央から左側の墳丘裾には直線状の積み石と角形隅石が露出し、上円部基礎は八角形と推測される。墳丘上部は堆積土《たいせきど》に覆《おお》われているが、磚《せん》状の板石小口積みの法面が一部露出する。伏見桃山陵《ふしみのももやまのみささぎ》以後の近代の陵形は、当陵形をまねたものである。石室《せきしつ》については、「文化山陵図《ぶんかさんりょうず》」の説明書に、「山之半覆塚穴口石と見へ、長壱間程、幅四尺程之石有之、往古石の下、広き口開き候て、雑人入込候故、埋み置候」とあり、文化《ぶんか》年間(一八〇四～一八)に石室の口を塞《ふさ》いだことがわかる。谷森善臣《たにもりよしおみ》著『山陵考《さんりょうこう》』には、石室内に石棺《せきかん》が二つあり、奥は横、手前《てまえ》は縦で、二棺がT字形に安置されていたと、石室開口《かいこう》時に見た里人《りじん》の談話《だんわ》をのせている。

(石田　茂輔)

参考文献　上野竹次郎『山陵』上

皇極《こうぎょく》（斉明《さいめい》）天皇

五九四〜六六一

在位六四二〜四五
在位六五五〜六一

敏達《びだつ》天皇の曾孫《そうそん》、押坂彦人大兄皇子《おしさかのひこひとのおおえのおうじ》の孫。推古《すいこ》天皇二年（五九四）茅渟王《ちぬおう》を父、吉備姫王《きびつひめのおおきみ》を母として生まれる。諱《いみな》は宝皇女《たからのおうじょ》。諡《おくりな》は天豊財重日足姫尊《あめとよたからいかしひたらしひめのみこと》。重祚後、舒明《じょめい》天皇の飛鳥岡本宮《あすかのおかもとのみや》を皇居としたので、後岡本宮天皇ともいう。はじめ用明《ようめい》天皇の孫高向《たかむく》王と婚し、のち舒明天皇の皇后となって、中大兄皇子《なかのおおえのおうじ》（天智《てんじ》天皇）・間人《はしひと》皇女（孝徳《こうとく》天皇皇后）・大海人皇子《おおあまのおうじ》（天武《てんむ》天皇）を生む。舒明天皇の逝去の翌年（六四二）、即位《そくい》して皇極天皇となり、飛鳥板蓋宮《あすかのいたぶきのみや》に居る。大化《たいか》元年（六四五）、中大兄皇子らが蘇我《そが》氏本家を滅ぼして、大化改新《たいかのかいしん》に着手したのを機会に、皇位を弟の軽皇子《かるのおうじ》（孝徳天皇）に譲《ゆず》る。孝徳天皇の死後（六五五）、斉明天皇として再び皇位につき、はじめ飛鳥板蓋宮、のち飛鳥岡本宮《あすかのおかもとのみや》を皇居とする。土木事業を好み、多武峯《とうのみね》の二槻宮《ふたつきのみや》や「狂心《たぶれごころ》の渠《みぞ》」と呼ばれる運河など大工事を行なった。斉明天皇七年（六六一）、百済《くだら》救援《きゅうえん》のため中大兄皇子らと筑紫《つくし》にゆき、七月二十四日朝倉橘広庭宮《あさくらのたちばなのひろにわのみや》（福岡県朝倉郡）で急死した。年六十八（『本朝皇胤紹運録《ほんちょうこういんじょううんろく》』）。奈良県高市郡《たかいちぐん》の越智崗上陵《おちのおかのえのみささぎ》に葬られた。

参考文献 阿蘇瑞枝「皇極（斉明）女帝」（『人物日本の女性史』二所収）

（直木孝次郎）

〔越智崗上陵《おちのおかのえのみささぎ》〕 奈良県高市郡高取町《たかいちぐんたかとりちょう》大字車木《くるまき》にある。『日本書紀《にほんしょき》』は小市岡上陵、『続日本紀《しょくにほんぎ》』は越智山陵、『延喜式《えんぎしき》』は現陵号とする。天智《てんじ》天皇六年（六六七）二月二十七日、斉明《さいめい》（皇極《こうぎょく》）天皇と孝徳《こうとく》天皇皇后間人皇女《はしひとのおうじょ》を当陵に合葬《がっそう》、陵を営むにあたり、斉明天皇の遺詔《いしょう》により石槨《いわき》の役を起さず、永代《えいだい》の先例《せんれい》とした。文武《もんむ》天皇三年(六九九)十月山科陵《やましなのみささぎ》とともに修造し、天平《てんぴょう》十四年(七四二)五月には、墳丘崩壊し鈴鹿王《すずかおう》らに修補《しゅうほ》させ、献物《けんもつ》を奉った。『延喜式』諸陵寮《しょりょうりょう》には遠陵《えんりょう》とし、「兆域《ちょういき》東西五町、南北五町、陵戸《りょうこ》五烟」とするが、中世以降所在不明となった。元禄《げんろく》の探索以来所在転々とし、幕末に至り現陵を考定《こうてい》し、元治《げんじ》元年(一八六四)修補《しゅうほ》を加えた。現陵は平地より約五六メートル高い急峻《きゅうしゅん》な山丘上にあり、東南に面し、前後に長い円丘《えんきゅう》である。高さ約一一メートル、長径五一メートル、下部は前・後・右の三方が台状に張り出し、上部は直径一五メートル、高さ三メートル余の円丘をなしている。斉明天皇四年(六五八)の建王《たけるおう》の尸《しかばね》を天皇の陵へ合葬せよとの詔《みことのり》にもとづいて、建王墓は当陵に定められている。

参考文献 上野竹次郎『山陵』上、谷森善臣『山陵考』(『(新註)皇学叢書』五)

(石田　茂輔)

孝徳《こうとく》天皇

?〜六五四　在位六四五〜五四

大化改新《たいかのかいしん》の時の天皇。和風諡号《わふうしごう》は天万豊日尊《あめよろずとよひのみこと》。皇極《こうぎょく》女帝の同母弟で幼名を軽皇子《かるのおうじ》といい、父は敏達《びだつ》天皇の孫で押坂彦人大兄皇子《おしさかのひこひとのおおえのおうじ》の子の茅渟王《ちぬおう》、母は欽明《きんめい》天皇の孫の吉備姫王《きびつひめのおおきみ》。『上宮聖徳太子伝補闕記《じょうぐうしょうとくたいしでんほけつき》』によると、皇極天皇二年(六四三)の山背大兄王《やましろのおおえのおう》討滅《とうめつ》事件《じけん》の時には蘇我入鹿《そがのいるか》の軍に加わっていたというが、『日本書紀《にほんしょき》』や『大織冠伝《たいしょくかんでん》』(『家伝《かでん》』上)によると、改新前に軽皇子に接近しようとした中臣鎌足《なかとみのかまたり》を皇子が厚遇《こうぐう》したという話がみえている。皇極天皇四年六月に大化改新が発足《ほっそく》すると、皇極女帝の譲位《じょうい》を承けて即位《そくい》し、女帝の長子の中大兄皇子《なかのおおえのおうじ》(天智天皇《てんじてんのう》)を皇太子《こうたいし》とし、年号を立てて大化《たいか》とし、同年末に難波長柄豊碕宮《なにわのながらのとよさきのみや》に遷都《せんと》した。また中大兄皇子の同母妹の間人皇女《はしひとのおうじょ》を皇后としたが、それ以前に阿倍《あべの》小足媛《おたらしひめ》との間に有間皇子《ありまのおうじ》をもうけていた。天皇の治世《ちせい》は中大兄皇子が実権を握って改新政治を推進《すいしん》したとみられるが、皇子は白雉《はくち》四年(六五三)に至って、天皇の意に反して皇祖母尊《すめみおやのみこと》(皇極女帝の譲位後の称)・間人皇后以下公卿百官《くぎょうひゃっかん》を率《ひき》いて大和《やまと》の飛鳥《あすか》に戻ってしまったので、独《ひと》り難波《なにわ》にとり残された天皇はこれを恨《うら》んで退位《たいい》を考え、山碕《やまざき》の地に宮を造営しているうち、翌五年十月十日に難波の宮で病死し、同十二月河内の大阪磯長陵《おおさかのしながのみささぎ》に葬られた。

(関 晃)

〔大阪磯長陵《おおさかのしながのみささぎ》〕 大阪府南河内《みなみかわち》郡《ぐん》太子町《たいしちょう》大字山田《やまだ》にあり、白雉《はくち》五年(六五四)十二月八日孝徳天皇を葬った陵。『日本書紀《にほんしょき》』『延喜式《えんぎしき》』ともに陵号《りょうごう》の「阪」を「坂」とする。『延喜式』諸陵寮《しょりょうりょう》には「在二河内国石川郡一、兆域《ちょういき》東西五町、南北五町、守戸《しゅこ》三烟」とあり遠陵《えんりょう》とする。元禄《げんろく》の山陵探索《さんりょうたんさく》の際、孝徳天皇陵と称するものは古市《ふるいち》にもあったが、現陵に決められた。元治《げんじ》元年(一八六四)修復《しゅうふく》を加え、拝所《はいしょ》などを整備した。墳丘《ふんきゅう》は直径四〇メートル、高さ七メートル、山腹に位置する円墳《えんぷん》で、西南に面する。江戸時代に地元では「北山陵《きたやまのみささぎ》」と呼ばれた。

参考文献 上野竹次郎『山陵』上

(石田 茂輔)

【大《たい》化《か》】 孝徳《こうとく》天皇の時の年号(六四五〜五〇)。皇極《こうぎょく》天皇四年六月十九日建元《けんげん》。勘文《かんもん》はないが、出典は『尚書《しょうしょ》』大誥「肆予大化誘我友邦君」という。六年二月十五日白雉《はくち》と改元。『日本書紀《にほんしょき》』の年号のはじめ。宇治橋碑《うじばしのひ》(重要文化財)に「大化二年丙午之歳」の用例があるが、同碑については偽作《ぎさく》説《せつ》もある。

（山田　英雄）

【白雉《はくち》】　孝徳《こうとく》天皇の時の年号（六五〇〜五四）。大化《たいか》六年二月十五日に改元《かいげん》。同年二月九日、穴戸国司《あなとのこくし》が管内で捕獲された白雉を献上した。これについて有識者に諮問《しもん》したところ、みな吉祥《きっしょう》と答えたため、十五日に改元の儀式《ぎしき》が行われた。まず左大臣《さだいじん》が白雉出現の賀表《がひょう》を進め、詔報《しょうほう》して、白雉が吉祥であることを類例を引いて強調し、白雉と改元して、天下に大赦《たいしゃ》を行なった。これらの次第は『日本書紀《にほんしょき》』に詳しく記されている。その存在を疑う説もあるが、日本で最初の祥瑞《しょうずい》による改元とみなしてよい。ただし一般には流布《るふ》しなかったようで、同五年の孝徳天皇の崩御《ほうぎょ》とともに用いられなくなった。『日本書紀』は翌年を斉明《さいめい》天皇元年としている。なお、後世白雉の異称として白鳳《はくほう》が使用されるようになった。

参考文献　森本角蔵『日本年号大観』、所功『日本の年号』（『カルチャーブックス』一三）、同『年号の歴史』（『雄山閣BOOKS』一二）、坂本太郎「白鳳朱雀年号考」（『日本古代史の基礎的研究』下所収）

（石井　正敏）

天智《てんじ》天皇

六二六〜七一

称制六六一〜六六八
在位六六八〜七一

大化改新《たいかのかいしん》の中心人物。和風諡号《わふうしごう》は天命開別尊《あめみことひらかすわけのみこと》。淡海《おうみ》（近江）大津宮天皇《おおつのみやてんのう》とも。推古《すいこ》天皇三十四年（六二六）の生。父は田村皇子《たむらのおうじ》（舒明《じょめい》天皇）、母は宝皇女《たからのおうじょ》（舒明天皇の皇后、皇極《こうぎょく》・斉明《さいめい》天皇）。同じ母の生んだ妹に間人《はしひと》皇女（孝徳《こうとく》天皇の皇后）、弟に大海人《おおあま》皇子（天武《てんむ》天皇）がいる。名は葛城《かずらき》皇子、開別《ひらかすわけ》皇子。父の即位後、中大兄《なかのおおえ》とよばれるようになったのは、大兄つまり皇位継承候補として、蘇我大臣馬子《そがのおおおみうまこ》の娘の生んだ異母兄に古人大兄《ふるひとのおおえ》がいるためである。その古人大兄を大化改新着手後に兵を送って殺し、娘の倭姫《やまとひめ》を引き取ってのちに皇后としたが、二人の間に子はなかった。配偶者として他に八人を『日本書紀《にほんしょき》』は記載し、大友《おおとも》・建《たける》・川嶋《かわしま》・施基《しき》の四皇子と、太田《おおた》・鸕野《うの》（持統《じとう》天皇）・御名部《みなべ》・阿倍《あへ》（元明《げんめい》天皇）ら十皇女を生んだとするが、『続日本紀《しょくにほんぎ》』は施基を第七皇子とし、『扶桑略記《ふそうりゃっき》』は子女を男六人・女十三人とし、他書にも大友皇子の弟妹についての所伝《しょでん》が残るなど、天智の子女はほかにもいた形跡がある。

没した翌年に起った壬申《じんしん》の乱《らん》のために書物が多く失われたらしく、『日本書紀』も天智紀以前は天武紀以後にくらべて記事が簡略《かんりゃく》である。改新以前の中大兄については、父の殯《もがり》に年十六で誄《しのびごと》を述べたとあるほか、飛鳥寺《あすかでら》の西の槻《つき》の木《き》のある広場で催《もよお》された蹴鞠《けまり》の会で中臣鎌子《なかとみのかまこ》（のちの藤原鎌足《ふじわらのかまたり》）と親しくなり、南淵請安《みなぶちのしょうあん》の所へ一緒に通う間に蘇我大臣家打倒の計画を練ったという話をのせている程度である。藤原鎌足の伝記『大織冠伝《たいしょくかんでん》』にもほぼ同じ話がみえるが、旻法師《みんほうし》の堂へ通うとしている。請安も旻も、推古朝に隋《ずい》へ派遣された第一回の留学僧《りゅうがくそう》であり、隋の滅亡《めつぼう》と唐《とう》の興隆《こうりゅう》とを目撃し、舒明朝に帰国したばかりであった。彼らの説く王朝交代の論理は、折しも高句麗《こうくり》で大臣が国王らを殺して独裁者となり、百済《くだら》では国王が反対派の王族や高官らを追放するなど、唐の圧迫を受けた朝鮮諸国激動の情報とともに、若い中大兄の危機感を鋭く刺激したことであろう。日本でも皇室と蝦夷《えみし》・入鹿《いるか》ら蘇我大臣家とのいずれかが主導権を握って、国家統一を強化しなければならぬ状況だったからである。

ところが舒明の死後の皇位継承候補には、中大兄と古人大兄のほかにも、聖徳太子《しょうとくたいし》の子の山背大兄《やましろのおおえ》がいて、朝廷豪族たちの意見が一致しないために、皇后が即位すると(皇極天皇《こうぎょく》)、その翌皇極天皇二年(六四三)、入鹿は兵を斑鳩宮《いかるがのみや》に派遣して山背大兄一族を滅ぼしてしまった。このような先制攻撃に対し、中大兄は鎌足とともに大臣家打倒の計画を練り、まず蘇我石川麻呂《そがのいしかわのまろ》の娘を中大兄の妻に迎えて彼ら一族の分裂を策し、また暗殺者を雇《やと》って決行当日の手順を組み、さらに打倒後の新政府の人事や政策も立案したらしい。かくて皇極天皇四年夏六月十二日、飛鳥板蓋宮《あすかのいたぶきのみや》の正殿《せいでん》で外交儀礼が行われている最中に、侍立《じりつ》していた入鹿を暗殺した。このときに二十歳の中大兄は、暗殺者たちがひるんでいるのを見かね、率先《そっせん》して剣《たち》をふるい、入鹿に襲いかかったという。翌日、大臣蝦夷は自邸を焼いて自殺。翌々日、皇極《こうぎょく》天皇は弟の孝徳《こうとく》天皇に譲位。中大兄は皇太子として実権を掌握、阿倍内麻呂《あべのうちのまろ》を左大臣《さだいじん》、蘇我石川麻呂を右大臣《うだいじん》、中臣鎌子を内臣《うちつおみ》、旻と高向玄理《たかむこのげんり》とを国博士《くにのはかせ》とする新政権を樹立した。

新政権は飛鳥寺《あすかでら》の槻の木の下に群臣を集めて忠誠を誓わせ、はじめて年号を立てて大化《たいか》元年とし、秋には東国や倭国に使者を派遣《はけん》して当面の軍事的、財政的基盤とし、冬には都を飛鳥《あすか》から難波《なにわ》に移し、大化二年(六四六)正月元日、いわゆる改新《かいしん》の詔《みことのり》を公布《こうふ》した。公地公民《こうちこうみん》の原則、国《くに》・郡《こおり》(評《ひょう》)・里《り》などの地方行政組織、戸籍《こせき》の作製や班田《はんでん》の収授《しゅうじゅ》、租税制度《そぜいせいど》など、四綱目《こうもく》にわたって改革の方針を宣言したこの詔《みことのり》は、唐のような中央集権国家《ちゅうおうしゅうけんこっか》の建設をめざしていたが、改革の実現は、どれ一つを取り上げても容易ではなかった。中大兄自身、屯倉《みやけ》・入部《いりべ》のような私有地・私有民を返上したのをはじめ、中央では冠位十二階《かんいじゅうにかい》を十三階、さらに十九階と細分して、官僚機構《かんりょうきこう》の充実に対応させ、地方では国造《くにのみやつこ》の支配していた国を郡の前身である評に組みかえ、一里を五十戸《こ》で編成するなど、新政権は大化年間を通じて目標の達成に努め、内部に右大臣の石川麻呂のような批判者が出れば、中大兄は容赦《ようしゃ》なく粛清《しゅくせい》した。だがその翌年春、穴戸《あなと》(長門《ながと》)国《のくに》で発見された白い雉《きじ》が献上されると、これを天の下《くだ》した祥瑞《しょうずい》と自《じ》讃《さん》し、年号も白雉《はくち》と改めた。はたしてこのころから改革の勢いも鈍くなる。

やがて中大兄は孝徳天皇とも対立し、白雉四年(六五三)には母や弟妹とともに群臣《ぐんしん》を率いて飛鳥へ引き上げ、残された天皇が翌年冬に病死すると、再び母を立てて斉明《さいめい》天皇とし、みずからは引き続き皇太子として実権をとった。斉明朝の七年間は、飛鳥岡本宮《あすかのおかもとのみや》造営などの大きな土木工事《どぼくこうじ》、阿倍比羅夫《あべのひらぶ》らの遠征による蝦夷地《えぞち》の支配、そして唐に滅ぼされた百済《くだら》を復興しようとする努力に費やされたが、それが可能だったのは、大化年間の改革で朝廷の直接に支配する人民や財貨《ざいか》が増加したためと思われる。また中大兄の子どもたちのなかでは、右大臣石川麻呂の娘が生んだ建《たける》皇子が次の皇太子かと期待されていたのに、斉明天皇四年(六五八)八歳で死ぬと、皇位継承候補として浮上してきた孝徳天皇の遺子有間《ありま》皇子を、土木工事を非難し反乱を企てたとして、処刑してしまった。

かような内政問題を抱えているので、六六〇年(斉明天皇六)唐に滅ぼされた百済の遺臣が日本に救《きゅう》援《えん》を求めてきたことは、中大兄らに対するさまざまな不満をそらせる好機であった。そこでほぼ日本全国から兵を動員し、阿倍比羅夫らを将軍《しょうぐん》として朝鮮半島に送りこむ一方、みずからは母や弟や妻子を率いて北九州の筑前国朝倉《ちくぜんのくにあさくら》に宮を移し、翌年母の斉明が病死した後も、皇位にはつかずに政務をみる、つまり皇太子の称制《しょうせい》という形式で百済復興戦争を継続した。しかし六六三年(称制二)の白村江《はくそんこう》の戦《たたか》いで、日本の水軍が唐の水軍に大敗するに至って復興を諦《あきら》め、百済からの亡命貴族《ぼうめいきぞく》とともに全軍を日本に引き上げさせた。翌年には十九階の冠位《かんい》を二十六階に増して官僚機構の充実に努めるとともに、諸豪族の氏上《うじのかみ》は朝廷が認定することとし、その民部《かきべ》・家部《やかべ》ら私有民も朝廷の監督下に置くなど、再び内政の改革に着手した。国際関係の変化に対しては、大化以来しきりに遣唐使《けんとうし》を派遣して状況を把握《はあく》しようとしていたが、白村江の敗戦後は、亡命貴族に指導させて大宰府《だざいふ》の水城《みずき》や、北九州から瀬戸内《せとない》海《かい》沿岸にかけての朝鮮式山城《ちょうせんしきやまじろ》を築いて唐の侵攻に備え、さらに彼らを近江《おうみ》や東国各地に住まわせて、その新しい技術による開拓や増産をはかった。こうして称制七年春、都を大和の飛鳥から近江の大津《おおつ》に移し、翌春には即位《そくい》して天智天皇となった。

近江遷都には、のちに柿本人麻呂《かきのもとのひとまろ》が「いかさまに思ほしめせか」と歌ったように、不満の声は少なくなかったようだが、やはり唐の侵攻を顧慮《こりょ》しての決断だったらしい。ともかく近江朝《おうみちょう》の四年間は、表面上穏やかに過ぎた。即位の翌年秋の鎌足の病死は天智に打撃であったし、かねてから鎌足に命じて作らせていた律令《りつりょう》も、律はもちろん、いわゆる『近江令《おうみりょう》』も体系的な法典としてはついに完成しなかったのではないかと疑われるけれども、大化以来、官僚機構をはじめ、さまざまな法令や制度がこのころまでに整ってきたことは確かである。

近江朝では亡命貴族を教官とする大学《だいがく》ができたといわれ、『懐風藻《かいふうそう》』でも大友皇子の漢詩《かんし》が最も古く、天智天皇九年(六七〇)に日本最初の全国的な戸籍《こせき》である庚午年籍《こうごねんじゃく》が作製されたのも、地方の役人まで漢字を書けるようになったためと考えられる。『万葉集《まんようしゅう》』では舒明《じょめい》朝から天智朝ころにかけての歌が、作者の明らかになった最初の作品群といわれ、天智の歌は斎藤茂吉《さいとうもきち》が「蒼古峻厳《そうこしゅんげん》」と評しているけれども、弟の大海人皇子と額田女王《ぬかたのおおきみ》の蒲生野《がもうの》での相聞《そうもん》のほうが初心者には印象あざやかであろう。しかしこの額田女王も大海人との間に十市《とおち》皇女を生んでいるのに天智の妻となる。天智天皇十年正月、長子の大友皇子を太政大臣《だじょうだいじん》に任じて政《まつりごと》を委ね、蘇我赤兄《あかえ》を左大臣、中臣金《こがね》を右大臣、蘇我果安《はたやす》・巨勢人《ひと》・紀大人《うし》を御史大夫《ぎょしたいふ》として大友を輔佐《ほさ》する体制を整えてから新たな法令を公布したが、その冬十二月三日、大臣や御史大夫らに後事を託して世を去った。四十六歳。

しかしこの人事に対する不満は翌年、壬申《じんしん》の乱《らん》が起きる直接の原因となる。ともあれ天智天皇は、親友だった藤原鎌足の子孫が奈良時代初期から歴代《れきだい》の大臣や高官として政権を掌握するようになり、奈良時代末期に施基皇子の子の白壁王《しらかべおう》が光仁《こうにん》天皇となって以後は皇統《こうとう》の祖《そ》とされたために、実際には弟の天武、娘の持統の両天皇が壬申の乱後に律令国家《りつりょうこっか》を完成させたにもかかわらず、後世の朝廷からは天智が律令国家の創始者と仰がれることとなった。だが、近親の団結が必要な武家時代、ことに儒《じゅ》教《きょう》が広まり始めた江戸時代には、天智が義兄の古人大兄、義父の石川麻呂、甥《おい》の有間皇子らを容赦《ようしゃ》なく粛清していった事実が注目されて、人格的に非難されるに至った。結局平穏な時代には、激動の時代に生きた人物像が理解しにくかったのである。

（青木　和夫）

〔山科陵《やましなのみささぎ》〕　史書に山階陵・山階山陵などとも記す。京都市山科区御陵上御廟野町《やましなくみささぎかみごびょうの》にあり、舌状《ぜつじょう》に伸びる丘陵《きゅうりょう》南端の緩斜面に立地《りっち》する。典型的な上円下方墳《じょうえんかほうふん》で、南面する。上円部《じょうえんぶ》は、裾《すそ》の径約四二メートル・高さ約七メートル、法面《ほうめん》に段は認めないが、人頭大《じんとうだい》以下の円礫《えんれき》が顕著である。墳頂部《ふんちょうぶ》の八角形に繞《めぐ》る石列や墳丘の等高線《とうこうせん》の走向《そうこう》から、上円部は平面八角形と推測される。下方部《かほうぶ》は、二段築成《にだんちくせい》。上段は、一辺の長さ約四五メートルで、四隅に大型の切石《きりいし》が認められる。下段は、地形に制約されて南辺が高く北辺が低い。南辺は長さ約六二メートル。南辺中央のテラスには、上段に接するようにして、約二メートル×三メートルの「沓石《くついし》」と呼ばれる上面平坦な切石があり、礼拝《らいはい》の施設と考えられる。

天武天皇元年（六七二）近江朝廷《おうみちょうてい》側がこの陵の営造のためと称して美濃《みの》・尾張《おわり》の人夫《にんぷ》を集めたことは、壬申《じんしん》の乱《らん》の直接的な発端となる。その後、工事は中断したのか、文武《もんむ》天皇三年（六九九）、諸臣を遣して陵を修造せしめた。以後、奈良・平安・鎌倉時代を通じて、外交使節の来朝、外敵の来襲、天皇の不予《ふよ》・即位《そくい》・元服《げんぷく》、皇太子の廃位《はいい》、災異《さいい》・祥瑞《しょうずい》の出現などに際して使が陵に派遣されることが多く、近陵《きんりょう》・荷前奉幣《のざきほうへい》の例にも長く預《あず》かった。光仁《こうにん》天皇以降、皇統が天智天皇系に復すること、陵所が平安《へいあん》京《きょう》に近いことなどによる。『延喜式《えんぎしき》』諸陵寮《しょりょうりょう》は現陵号と同じで、「在二山城国宇治郡一、兆域《ちょういき》東西十四町、南北十四町、陵戸《りょうこ》六烟」とあり、近陵《きんりょう》とする。鎌倉時代初期にはすでに陵所は荘園化《しょうえんか》し、預職《あずかりしき》が置かれ、種々の公事《くじ》が課され（『諸陵雑事注文《しょりょうぞうじちゅうもん》』）、南北朝時代以降もなお諸陵寮が所管し、沙汰人《さたにん》が置かれた。

江戸時代に入っても「禁裏御領《きんりごりょう》」として沙汰人の子孫である地元有力者によって守護《しゅご》が続けられた。元禄《げんろく》・享保《きょうほう》・文久《ぶんきゅう》の修補《しゅうほ》を経て明治政府に引き継がれ、現在に至る。なお、この陵の形態は、舒明天皇押坂内陵《おさかのうちのみささぎ》のそれとともに、明治《めいじ》天皇伏見桃山陵《ふしみのももやまのみささぎ》以下の陵形の範とされた。ただし、当時、上円部の平面は、八角形ではなく、円形と考えられていた。

参考文献 上野竹次郎『山陵』上、白石太一郎「畿内における古墳の終末」(『国立歴史民俗博物館研究報告』一)、笠野毅「天智天皇山科陵の墳丘遺構」(『書陵部紀要』三九)

(笠野　毅)

大友皇子《おおとものおうじ》　六四八～七二

天智《てんじ》天皇の長子。伊賀皇子《いがのみこ》ともいう。母は伊賀采女宅子娘《いがのうねめやかこのいらつめ》。大化《たいか》四年(六四八)生まれる。『懐風藻《かいふうそう》』に詩二篇をとどめ、同書の伝には、博学多通《はくがくたつう》、文武《ぶんぶ》の材幹《さいかん》あり、沙宅紹明《さたくしょうみょう》らの亡命百済人《ぼうめいくだらじん》を賓客《ひんかく》としたという。天智天皇十年(六七一)正月に史上初の太政大臣《だじょうだいじん》に任じられ、天皇の崩後《ほうご》、近江朝廷《おうみちょうてい》の中心となったが、翌天武天皇元年(六七二)、いわゆる壬申《じんしん》の乱《らん》で、蜂起《ほうき》した叔父大海人皇子《おじおおあまのおうじ》(天武《てんむ》天皇)の軍と戦い、七月二十二日、瀬田川《せたがわ》の決戦に敗《やぶ》れ、逃亡しようとして果たさず、翌二十三日、山前《やまさき》(滋賀県大津市《おおつし》の長等山《ながらやま》とする説など諸説あるが、京都府乙訓郡大山崎町《おとくにぐんおおやまざきちょう》の地とするのが妥当か)で縊死《いし》、その首級《しゅきゅう》は不破宮《ふわのみや》(岐阜県不破郡《ふわぐん》)の大海人皇子のもとに奉られた。二十五歳。妃《ひ》に天武天皇の皇女十市皇女《とおちのひめみこ》があり、葛野王《かどのおう》を生んだ。

なお『懐風藻』には皇子を皇太子《こうたいし》と記しており、前田家本《まえだけぼん》『西宮記《さいきゅうき》』裏書《うらがき》など、平安時代中期以降のいくつかの史料には、皇子の即位を記すものがある。このため、皇子は天智天皇の崩後即位したが、『日本書紀《にほんしょき》』では編者舎人親王《とねりしんのう》が故意《こい》にその事実を記さなかったのだとする主張が、江戸時代に『大日本史《だいにほんし》』や伴信友《ばんのぶとも》によって唱《とな》えられ、明治《めいじ》三年（一八七〇）七月、明治天皇は皇子に弘文《こうぶん》天皇と追諡《ついし》した。明治以後は、これに対し、皇后倭姫《やまとひめ》の即位説（喜田貞吉《きださだきち》）、同称制説《しょうせいせつ》（黒板勝美《くろいたかつみ》）なども唱えられた。今日では、皇子が即位の式をあげたかどうかは疑問としても、事実上は天智天皇崩後の近江朝廷の主であり、天皇としての大権《たいけん》をもっていたとする見方が有力である。

参考文献　伴信友『長等の山風』（『日本思想大系』五〇）、亀田隆之『壬申の乱』（『日本歴史新書』）、直木孝次郎『壬申の乱』（『塙選書』一三）、横田健一「懐風藻所載大友皇子伝考」（『白鳳天平の世界』所収）

（笹山　晴生）

〔長等山前陵《ながらのやまさきのみささぎ》〕　大津市御陵町《おおつしごりょうちょう》にあり、径二二メートルの円丘《えんきゅう》。園城寺《おんじょうじ》の北約五〇〇メートルにあたる。陵所《りょうしょ》は久しく不明で諸説があったが、長等山《ながらやま》の東麓《とうろく》園城寺地内《ちない》に亀丘《かめおか》という古墳があり、明治《めいじ》九年（一八七六）鏡《かがみ》・剣《つるぎ》・鏃《やじり》などが出土した。同寺は御子与多王が父の家地に建立《こんりゅう》したという縁《えん》もあるので、同十年六月に当所を陵と定めた。

参考文献　伴信友『長等の山風』（『日本思想大系』五〇）、上野竹次郎『山陵』上

（中村　一郎）

天《てん》武《む》天皇

?〜六八六　在位六七三〜八六

父は舒明《じょめい》、母は皇極《こうぎょく》(斉明《さいめい》)天皇で、天智《てんじ》天皇・間人皇女《はしひとのおうじょ》(孝徳《こうとく》天皇皇后《こうごう》)の同母弟。幼名を大海人皇子《おおあまのおうじ》といい、諡号《しごう》を天渟中原瀛真人天皇《あまのぬなはらおきのまひとのすめらみこと》という。『一代要記《いちだいようき》』などに享年六十五とあるのによれば、推古《すいこ》天皇三十年(六二二)の誕生となるが、兄天智天皇より年長となるので疑問である。

〔即位に至る事情〕天智天皇七年(六六八)立太子《りったいし》したとされ、天智朝には重要な政務に参画したと思われるが、のち天皇と反目《はんもく》した。『藤氏家伝《とうしかでん》』上には、天智天皇七年、酒宴《しゅえん》の席で長槍を床に刺し通し、激怒した天皇に殺されようとしたが、中臣鎌足《なかとみのかまたり》の諫《いさ》めで事なきを得たとある。同十年、天智の子大友《おおとも》皇子が太政大臣《だじょうだいじん》となり、同年天智の死の直前、大海人皇子は近江《おうみ》の朝廷を去って吉野《よしの》に引退した。翌天武天皇元年(六七二)、吉野を脱して美濃《みの》に赴き、東国の兵を集めて大友皇子を擁《よう》する近江の朝廷を倒し(壬申《じんしん》の乱《らん》)、翌年二月飛鳥浄御原宮《あすかのきよみはらのみや》で即位し、天武天皇となった。

〔天武朝の政治〕天皇治世の初期には、麻続《おみ》王・屋垣《やかき》王の配流《はいる》などいくつかの事件があったが、天皇の指導力が強力に発揮されるに及び、政界は安定した。新羅《しらぎ》が唐《とう》の勢力を駆逐《くちく》して朝鮮半島の統一を完成したことにより、東アジアの情勢も安定の方向に向かった。天皇は新羅との国交は保持しつつ、中国の唐との交渉は断ち、天皇を中心とする畿内豪族層《きないごうぞくそう》の結集の上に立つ、中央集権体制《ちゅうおうしゅうけんたいせい》の確立に腐《ふ》心《しん》した。天皇は豪族層を国家の官人《かんじん》として組織することに意を用い、天武天皇二年には大舎人《おおとねり》の制を定め、官途《かんと》につく場合まず大舎人として出仕させ、のちその才能に応じ、適当な官職につけることとした。官人の勤務の評価、官位《かんい》の昇進のための考選《こうせん》の法も同七年に定められた。同十四年には、親王《しんのう》・諸王十二階《しょおうじゅうにかい》、諸臣《しょしん》四十八階の新冠位制を施行《しこう》、冠位授与の範囲を親王にまで拡大した。この前年の八《や》色《くさ》の姓《かばね》の制定も、位階の制と結合した新しい朝廷の身分秩序《みぶんちつじょ》を定めたものである。皇族・豪族の経済的基盤についても、同四年、天智朝に諸氏に賜わった部曲《かきべ》を廃止する一方、食封制《じきふせい》に改革を加えて封《ふう》主《しゅ》・封民の間の私有民的な関係を断ち、国家の官人に対する給与としての性格に徹せしめた。

天皇はまた、理念的《りねんてき》な面で天皇を中心とする支配層の結束を強めることに努力した。伊勢神宮《いせじんぐう》の祭《さい》祀《し》を重んじ、奈良盆地の農業神としての広瀬《ひろせ》・竜田祭《たつたのまつり》を国家の手で行い、国造《くにのみやつこ》を諸国の大祓《おおはらえ》に奉仕させるなど、神祇《じんぎ》の祭祀権《さいしけん》を天皇に集中せしめた。天皇は仏教をも尊崇し、大官大寺《だいかんだいじ》の造営や川原寺《かわらでら》での一切経書写事業《いっさいきょうしょしゃじぎょう》などを行なったが、寺院・僧尼にはきびしい統制を加え、鎮護国家《ちんごこっか》のためのものとして仏教を位置づけた。宮廷においては中国風の礼法《れいほう》・衣服、結髪《けっぱつ》法、乗馬法などを採用し、諸国から歌人《うたひと》・歌女《うため》を貢上《こうじょう》させ、五節舞《ごせちのまい》を創始するなど、礼楽《れいがく》備わった威容を誇示しようとした。官人の武《ぶ》装《そう》を整え、乗馬に習熟すべきことを再三命令しているのも、儀式《ぎしき》への参列や行幸《ぎょうこう》への供奉《ぐぶ》に備えてのものであり、同時に官人層《かんじんそう》の意識の結集をはかったものであろう。『日本書紀《にほんしょき》』天武天皇十年三月条にみられる帝紀《ていき》および上古諸事《じょうこしょじ》の記定《きてい》や、『古事記《こじき》』序にみられる帝紀・旧辞《きゅうじ》の削偽定実などの天武朝の修史事業《しゅうしじぎょう》も、諸氏の由来を皇祖神から連なる天皇の系譜、歴代の事蹟の中に位置づけ、全支配層の意識の上での一体化をはかろうとするものであったと推測される。日本の古代国家と天皇制の基礎は、天皇によって固められたといってよい。

〔晩年と死後の情勢〕『日本書紀』によると、天皇には皇后の鸕野讃良皇女《うののさららのおうじょ》(持統天皇《じとう》)との間に生まれた草壁皇子《くさかべのおうじ》のほか、大津《おおつ》・長《なが》・弓削《ゆげ》・舎人《とねり》・新田部《にいたべ》・穂積《ほづみ》・高市《たけち》・忍壁《おさかべ》・磯城《しき》の諸皇子と、大来《おおく》・但《たじ》馬《ま》・紀《き》・田形《たかた》・十市《とおち》・泊瀬部《はっせべ》・託基《たき》の諸皇女とがあった。天皇は皇位継承をめぐる争いの再発を恐れ、同八年、天智《てんじ》の二皇子を含めた六人の皇子と吉野《よしの》で会盟《かいめい》して宥和《ゆうわ》をはかり、同十年、草壁皇子を皇太《こうたい》子《し》とした。しかし才能にすぐれた大津皇子の存在は皇太子をおびやかし、朱鳥《しゅちょう》元年(六八六)九月九日の天皇の死の直後、変によって大津皇子は自殺した。天皇の死にあたっては二年余にわたる殯宮《もがりのみや》の儀《ぎ》が営まれ、持統《じとう》天皇二年(六八八)十一月に至り、檜隈大内陵《ひのくまのおおうちのみささぎ》に埋葬された。『万葉集《まんようしゅう》』には、天智天皇七年蒲生野《がもうの》遊猟《ゆうりょう》のおり額田王《ぬかたのおおきみ》に答えた歌をはじめ、四首の歌を載《の》せる。天皇の死後は皇后の鸕野讃良皇女が称制《しょうせい》し、皇太子草壁皇子の死後は即位して持統天皇となり、天武天皇の事業を継承して『浄御原令』の施行《しこう》や藤原京《ふじわらきょう》への遷都《せんと》を実現し、律令国家《りつりょうこっか》の地方・人民支配の体制を完成させた。天武天皇の諸皇子は、八世紀においても、忍壁・穂積・舎人各皇子が知太政官事となり、『大宝律令《たいほうりつりょう》』の編纂(忍壁皇子)や『日本書紀』の編纂(舎人皇子)に関わるなど、政界に重きをなした。文武《もんむ》・元正《げんしょう》・聖武《しょうむ》・孝謙《こうけん》(称徳《しょうとく》)・淳仁《じゅんにん》の諸天皇は、いずれも天武天皇諸皇子の系譜をひくものであった。

参考文献 川崎庸之『天武天皇』(『岩波新書』青九八)、北山茂夫『天武朝』(『中公新書』五〇六)、石母田正『日本の古代国家』(岩波書店『日本歴史叢書』)

(笹山　晴生)

〔**檜隈大内陵**《ひのくまのおおうちのみささぎ》〕天武《てんむ》天皇・持統《じとう》天皇合葬陵《がっそうりょう》。奈良県高市郡《たかいちぐん》明日香村《あすかむら》大字野口《のぐち》(旧字名王ノ墓)所在。陵《りょう》号《ごう》は『日本書紀《にほんしょき》』大内陵、『続日本紀《しょくにほんき》』大内山陵と大内東西陵、『諸陵雑事注文《しょりょうざつじちゅうもん》』青木御陵、『明月記《めいげつき》』大内山陵。現在の陵号は『延喜式《えんぎしき》』諸陵寮《しょりょうりょう》による。持統天皇元年(六八七)十月二十二日草壁皇太子《くさかべこうたいし》が公卿《くぎょう》以下の人々を率《ひき》いて陵造営に着工、同二年十一月十一日天武天皇遺骸《いがい》を斂葬《れんそう》し、大宝《たいほう》三年(七〇三)十二月二十六日持統天皇遺骨を合葬した。『延喜式』諸陵寮は天武天皇陵の項に「兆域《ちょういき》東西五町、南北四町、陵戸《りょうこ》五烟」、持統天皇陵の項に「陵戸更不㆓重充㆒」とし、遠陵《えんりょう》とする。

『明月記』嘉禎《かてい》元年(一二三五)四月二十二日条に、三月の当陵盗掘《とうくつ》の記事を載《の》せる。この盗掘現場実《じっ》見記《けんき》『阿不幾乃山陵記《あおきのさんりょうき》』には、当時の陵形《りょうけい》、石室《せきしつ》内・埋葬品《まいそうひん》の状況などが詳記されている。のち陵の所伝が混乱し、元禄《げんろく》の諸陵探索《しょりょうたんさく》時に奈良奉行所《ならぶぎょうしょ》は、当王墓《おうのはか》を不分明陵《ふぶんめいりょう》とし、武烈《ぶれつ》天皇陵と伝えるが天武天皇陵の誤伝かと報告し、王墓が天武天皇陵に決定され、享保《きょうほう》・文化《ぶんか》と経過した。安政《あんせい》の陵改《りょうあらた》めで、当所を文武《もんむ》天皇陵に、見瀬丸山《みせまるやま》(史跡丸山古墳後円部《しせきまるやまこふんこうえんぶ》の畝傍陵墓参考地《うねびりょうぼさんこうち》)を天武天皇陵に改定した。幕末の修陵《しゅうりょう》では、この改定により当所を文武天皇陵として、元治《げんじ》元年(一八六四)露出していた羨門《えんもん》正面に、拝所《はいしょ》を設け神明門《しんめいもん》を建てたが、文久山陵図《ぶんきゅうさんりょうず》付属の『考証書《こうしょうしょ》』には、近年の説が文武天皇陵とする王墓は、旧説のように檜隈大内陵とするのが妥当とし、修陵はしたが意見の対立があったことが知られる。

以後論議が続いたが、『阿不幾乃山陵記』発見により、明治《めいじ》十四年(一八八一)二月一日当所を檜隈大内陵に再改定し、同二十六年修補を行い、元禄諸陵探索時以来そのままになっていた御在所《ございしょ》の陥落《かんらく》と羨門《えんもん》の露出を埋めた。現状は『阿不幾乃山陵記』に記す「陵形八角《りょうけいはっかく》」の名残《なごり》をとどめる不整円丘《ふせいえんきゅう》で、高さ約九メートル、径南北約四五メートル、東西約三六メートル、台地上東南端に位置し、南南東に面する。全域樹木が覆っているが、陵域西側には、石壇《いしだん》の法面《のりめん》の石積《いしづみ》や敷石《しきいし》などの凝灰岩切石《ぎょうかいがんきりいし》の遺構の一部が、所々に露出散見される。

参考文献 太政官記録局編『太政類典』五編四類山陵、『天武天皇・持統天皇檜隈大内陵之図』(宮内庁書陵部所蔵『陵墓地形図』二六九(M九七ノ一))、上野竹次郎『山陵』上

(石田　茂輔)

【朱鳥《しゅちょう》】 天武《てんむ》天皇の時の年号(六八六)。天武天皇十五年七月二十日に改元《かいげん》。『日本書紀《にほんしょき》』には朱鳥に「阿訶美苔利《あかみとり》」と訓注《くんちゅう》が付され、これにちなんで、宮《みや》を飛鳥浄御原宮《あすかのきよみはらのみや》というとある。『扶桑《ふそう》略記《りゃっき》』には大倭国《やまとのくに》が赤雉《あかきじ》を進めたことによるという。『日本書紀』は翌年を持統《じとう》天皇元年としている。

(山田　英雄)

持統《じ》《とう》天皇

六四五～七〇二

称制六八六～八九
在位六九〇～九七

白鳳時代《はくほうじだい》の女帝《じょてい》。もとの名は鸕野讃良皇女《うののさららのおうじょ》。諡《おくりな》は高天原広野姫《たかまのはらひろのひめ》、大倭根子天之広野日女《おおやまとねこあめのひろのひめ》ともいう。天智《てんじ》天皇の第二女、母は蘇我倉山田石川麻呂《そがのくらのやまだのいしかわまろ》の娘の遠智娘《おちのいらつめ》。大化《たいか》元年(六四五)誕生。斉明《さいめい》天皇三年(六五七)十三歳で叔父《おじ》の大海人皇子《おおあまのおうじ》(天武《てんむ》天皇)と結婚《けっこん》。斉明天皇七年、斉明が中大兄皇子《なかのおおえのおうじ》(天智)と計《はか》り、百済救援《くだらきゅうえん》のため九州に赴《おもむ》くとき、持統は大海人とともに随行《ずいこう》する。この年斉明は筑紫《つくし》の朝倉宮《あさくらのみや》で没し、その翌年の天智天皇元年(六六二)持統は娜《な》ノ大津《おおつ》で草壁皇子《くさかべのおうじ》を生む。百済救援軍は同二年に百済の白《はく》

村江《そんこう》で大敗《たいはい》し、その前後に持統は夫・子とともに大和《やまと》へ帰る。同六年、天智の近江遷都《おうみせんと》に従って近江《おうみ》大津宮《おおつのみや》に移る。大海人は天智の政治を助け、次期の天皇と目《もく》されたが、天智の晩年《ばんねん》、天智が子の大友《おおとも》皇子《おうじ》(弘文《こうぶん》天皇)に皇位《こうい》を譲《ゆず》る意のあることを察し、同十年吉野山《よしののやま》に隠れ、持統は草壁を連れてこれに従う。この年天智が没し、その翌年(六七二)大海人は持統らを従えて挙兵《きょへい》し、弘文を敗死させて皇位につく(天武天皇)。これが壬申《じんしん》の乱《らん》で、天武は都《みやこ》を飛鳥《あすか》にかえし、天武天皇二年(六七三)浄御原宮《きよみはらのみや》で即《そく》位式《いしき》を挙げ、持統を皇后《こうごう》とする。天武は律令制度《りつりょうせいど》をとりいれて中央集権《ちゅうおうしゅうけん》の体制を推進《すいしん》するが、持統は天武を助けて功績が大きかったと『日本書紀《にほんしょき》』に伝えられている。

朱鳥《しゅちょう》元年(六八六)の天武の死後は、皇太子の草壁とともに政治をとる。草壁が持統天皇三年(六八九)四月に病死したあと、同年六月に飛鳥浄御原令《あすかのきよみはらりょう》を施行《しこう》、翌四年正月に即位《そくい》して正式に天皇となり、官《かん》制《せい》の整備《せいび》、百官《ひゃっかん》の遷任《せんにん》、庚寅年籍《こういんねんじゃく》の作成など律令制度の完成に力を尽くす。同八年には中国の様式にならって造営《ぞうえい》した藤原宮《ふじわらのみや》に遷都し、薬師寺《やくしじ》の造営にも努めた。同十年、太政大臣高市皇子《だじょうだいじんたけちのおうじ》の死を機に、草壁の子の軽皇子《かるのおうじ》(文武《もんむ》天皇)を皇太子とし、同十一年八月皇位を軽に譲《ゆず》り、太上天皇《だじょうてんのう》となって文武とともに政治を行う。大宝《たいほう》元年(七〇一)八月『大宝律令《たいほうりつりょう》』が成り、翌年にかけて施行されるのを見とどけ、翌二年十二月二十二日没する。五十八歳。『万葉集《まんようしゅう》』に歌六首がある。遺体は火葬され、天武の檜《ひの》隈大内陵《くまのおおうちのみささぎ》に合葬《がっそう》された。

↓檜隈大内陵《ひのくまのおおうちのみささぎ》〈94頁〉

参考文献　直木孝次郎『持統天皇』(『人物叢書』四一)、北山茂夫「持統天皇論」(『日本古代政治史の研究』所収)

(直木孝次郎)

文《もん》武《む》天皇

六八三～七〇七　在位六九七～七〇七

諱《いみな》は軽《かる》(珂瑠)。諡《おくりな》は天之真宗豊祖父《あまのまむねとよおおじ》天皇。天武《てんむ》天皇の孫、草壁皇子《くさかべのおうじ》の子。母は阿閇皇女《あべのおうじょ》(天智《てんじ》天皇の娘、のちの元明《げんめい》天皇)。天武天皇十二年(六八三)生まれる。持統《じとう》天皇三年(六八九)、七歳のとき父を失う。持統天皇十年七月に太政大臣高市皇子《だじょうだいじんたけちのおうじ》が没したのち、翌年二月以前に皇太子《こうたいし》となり、同年八月、持統天皇の譲位《じょうい》により十五歳で即位《そくい》。藤原宮《ふじわらのみや》で政治をとる。藤原宮子《ふじわらのみやこ》(不比等《ふひと》の娘)を夫人《ふじん》、紀竃門娘《きのかまどのいらつめ》・石《いし》川刀子娘《かわのとねのいらつめ》を嬪《ひん》とした。宮子は首親王《おびとしんのう》(聖武《しょうむ》天皇)を生む。文武の即位後、持統は太上天皇《だじょうてんのう》となり大宝《たいほう》二年(七〇二)に没するまで文武の政治を助けた。文武朝には、刑部《おさかべ》親王・藤原不比等らにより『大宝律《たいほうりつ》令《りょう》』が大宝元年に完成し、その翌年にかけて施行《しこう》され、大宝二年に三十三年ぶりに遣唐使《けんとうし》を派遣し、唐《とう》との国交が修復され、慶雲《けいうん》二年(七〇五)に中納言《ちゅうなごん》を置き、慶雲三年に官人《かんじん》の考選《こうせん》年限を短縮するなど、大宝令制の改革が行われた。また薩南諸島《さつなんしょとう》に使者を派遣し、薩摩《さつま》・多褹《たね》を征討するなど、領土の拡大が計られた。『懐風藻《かいふうそう》』に詩三篇、『万葉集《まんようしゅう》』に文武の作かとする短歌一首がある。慶雲四年六月十五日、藤原宮で没、二十五歳。檜隈安古岡上陵《ひのくまのあこのおかのえのみささぎ》に葬られた。　(直木孝次郎)

〔檜隈安古岡上陵《ひのくまのあこのおかのえのみささぎ》〕奈良県高市郡《たかいちぐん》明日香村《あすかむら》大字栗原《くりはら》字塚穴《つかあな》にあり、丘陵上端に位置し、特別史跡高松《たかまつ》塚古墳《づかこふん》の通路入口向かい側に位置する。陵号は、『続日本紀《しょくにほんぎ》』に檜隈安古山陵と安古山陵、『延喜式《えんぎしき》』に檜前安古岡上陵とあり、現陵号は『延喜式』陵号の「前」の字を「隈」に改めたもの。『続日本紀』

には、慶雲《けいうん》四年(七〇七)十月三日造山陵司《ぞうさんりょうし》を任じ、十一月十二日文武天皇遺骸を飛鳥岡《あすかのおか》で火葬、同二十日当陵に奉葬《ほうそう》とあり、『延喜式』諸陵寮《しょりょうりょう》は、当陵を「兆域《ちょういき》東西三町、南北三町、陵戸《りょうこ》五烟」とし、頒《はん》幣《べい》の別を遠陵《えんりょう》とする。

中世所在不明となり、元禄《げんろく》の諸陵探索時《しょりょうたんさくじ》には、奈良奉行所《ならぶぎょうしょ》は高松塚古墳を当陵の未分明陵《みぶんめいりょう》と報告し、高松塚古墳が当陵に決定され、享保《きょうほう》・文化《ぶんか》の陵改《りょうあらた》めもこれを踏襲した。しかし民間には、当陵を史跡中尾山《なかおやま》古墳(明日香村平田《ひらた》字中尾山《なかおやま》)とする説(『大和志《やまとし》』『大和名所図会《やまとめいしょずえ》』)、野口村皇(王)ノ墓(現在の檜隈大内陵)とする説(『打墨縄《うつすみなわ》』)などの異説があり、安政《あんせい》の陵改《りょうあらた》めでは、元禄《げんろく》以来檜隈大内陵として来た野口村皇ノ墓を当陵に改定し、檜隈大内陵を五条野村丸山《ごじょうのむらまるやま》(奈良県橿原市《かしはらし》五条野町《ごじょうのまち》、国史跡丸山古墳後円部《まるやまこふんこうえんぶ》の現畝傍《うねび》陵墓参考地)に改定した。幕末の修陵《しゅうりょう》は、この改定により皇ノ墓を当陵として修営したが、これには異論があって、陵所の検討は継続された。明治《めいじ》十四年(一八八一)二月一日上奏裁可《じょうそうさいか》を経て、御園村に伝存の古水帳に「アンコウ」と記す栗原村字塚穴に当陵を再改定し、同十八年同所の民有地を買収して兆域を定め、拝所《はいしょ》・外構柵《がいこうさく》の設置、旧陵よりの燈籠《とうろう》移建などの修営工事を行い、翌十九年竣《しゅん》工《こう》。同二十六年には陵主体部に円丘《えんきゅう》を築いた。これが現在の陵である。

『山陵《さんりょう》』などの諸書は、文久山陵図や明治十三年山陵図に、当陵と記載されている現檜隈大内陵を現在の当陵と誤認し、現陵を元治《げんじ》元年(一八六四)考定修補と記載する。現状は南南東に面する拝所の奥に、径約一五メートル、高さ約三・五メートルの円丘があり、円丘背面に接して高さ約九・三メートルの急勾配の不整丘がそびえ立つ。円丘は破壊された切石造《きりいしづく》り石室《せきしつ》を覆《おお》い築いたもの。不整丘は当初の墳丘残部と思われる。

近年の中尾山古墳の発掘調査で、同古墳の当陵説が再浮上したが、同古墳の墳丘貼石の様相は、檜隈大内陵の切石貼石とは異なり、天智《てんじ》天皇陵の貼石の様相に似る。

参考文献 太政官記録局編『太政類典』五編四類山陵、『文武天皇檜隈安古岡上陵之図』(宮内庁書陵部所蔵『陵墓地形図』二七三〔M九九〕)、『奈良県高市郡志料』、佐藤小吉編『飛鳥誌』、宮内省編『明治天皇紀』五・六、谷森善臣『山陵考』(『(新註)皇学叢書』五)

(石田　茂輔)

【大《たい》宝《ほう》】 文武《もんむ》天皇の時の年号(七〇一～〇四)。文武天皇五年三月二十一日改元《かいげん》。対馬島《つしまのしま》が金《きん》を貢進《こうしん》したことによる。『続日本紀《しょくにほんぎ》』には「建元《けんげん》」とあり、木簡《もっかん》など同時代の紀年《きねん》はこれより以前を干支年《かんしねん》で記し、大宝以後は年号は絶えることはなかった。四年五月十日慶雲《けいうん》と改元。

(山田　英雄)

【慶《けい》雲《うん》】 文武《もんむ》・元明《げんめい》両天皇の時の年号(七〇四～〇八)。大宝《たいほう》四年五月十日に改元《かいげん》。備前《びぜん》国が神馬《しんめ》を献じ、西楼上に慶雲《けいうん》があらわれたことによる。五年正月十一日和銅《わどう》と改元。

(山田　英雄)

元《げん》明《めい》天皇

六六一～七二一　在位七〇七～一五

天智《てんじ》天皇の第四皇女。諱《いみな》は阿陪《あべ》(阿閇)。母は蘇我倉山田石川麻呂《そがのくらのやまだのいしかわのまろ》の女の姪娘《めいのいらつめ》。斉明《さいめい》天皇七年(六六一)

生まれる。草壁皇子《くさかべのおうじ》の妃《ひ》となり、文武《もんむ》・元正《げんしょう》両天皇と吉備内親王《きびないしんのう》を生む。慶雲《けいうん》四年(七〇七)六月文武天皇崩御《ほうぎょ》し、七月十七日遺詔《いしょう》によって即位《そくい》。これは不改常典《かわるまじきつねののり》による嫡子相承《ちゃくしそうしょう》実現のための中継《なかつ》ぎと解される。和風諡号《わふうしごう》は日本根子天津御代豊国成姫天皇《やまとねこあまつみしろとよくになりひめ》。翌五年正月武蔵《むさし》国献上《けんじょう》の和銅《わどう》(自然銅)によって和銅と改元、また和同開珎を鋳造《ちゅうぞう》、五月に施行した。

和銅二年(七〇九)蝦夷征討《えみしせいとう》の軍を興し、翌三年三月には都を平城京《へいじょうきょう》に遷した。同五年正月太安麻呂《おおのやすまろ》に命じて『古事記《こじき》』を撰上《せんじょう》させ、翌六年五月に風土記《ふどき》撰進《せんしん》の命を発した。同七年六月文武天皇の嫡子首《おびと》皇子(聖武《しょうむ》天皇)を皇太子《こうたいし》に立てたが、翌霊亀《れいき》元年(七一五)九月二日皇太子がまだ幼少のため氷高内親王《ひだかないしんのう》(元正《げんしょう》天皇)に譲位《じょうい》した。養老《ようろう》五年(七二一)十二月七日崩御《ほうぎょ》。六十一歳。大倭国添上郡椎山陵《やまとのくにそうのかみぐんならやまのみささぎ》(奈保山《なほやまの》東陵《ひがしのみささぎ》)に葬る。遺詔により喪儀《そうぎ》を行わなかった。

参考文献　上田正昭『日本の女帝』(『講談社現代新書』三三七)、喜田貞吉「中天皇考」(『喜田貞吉著作集』三所収)、井上光貞「古代の女帝」(『日本古代国家の研究』所収)、岸俊男「元明太上天皇の崩御」(『日本古代政治史研究』所収)、佐藤宗諄「元明天皇論」(『古代文化』三〇ノ一)

(林　陸朗)

〔奈保山東陵《なほやまのひがしのみささぎ》〕　奈良市奈良阪町《ならさかちょう》にあり、字を養老《ようろう》ヶ峯《みね》という。市北郊の丘陵《きゅうりょう》を陵所とする。『続日本紀《しょくにほんぎ》』によると、天皇は崩御《ほうぎょ》に先立って薄葬《はくそう》の詔《みことのり》を下し、葬所《そうしょ》については、大和国添上郡蔵宝山雍良岑《やまとのくにそうのかみぐんさほやまよらのみね》に火葬《かそう》し、他に改めることなく棘《いばら》を刈り場を開いて喪所とし、その地には常葉の樹を植え、「刻字之碑」を立てるべきことを遺命《いめい》。養老《ようろう》五年(七二一)十二月十三日、遺詔《いしょう》に従い、喪儀を用いず椎(奈良)山陵に葬った。同書には直《なほ》(奈保)山陵の称もみえるが、いずれも遺詔にいう蔵宝山雍良岑の地を指すものであろう。雍良岑は現字名の養老ヶ峯と相通ずる。『延喜式《えんぎしき》』諸陵寮《しょりょうりょう》の制は、「兆域《ちょういき》東西三町、南北五町、守戸《しゅこ》五烟」とし、遠陵《えんりょう》に班している。のち陵所は所伝を失い、近世には宇和奈辺古墳《うわなべこふん》が陵所に擬《ぎ》せられていたが、幕末の修陵《しゅうりょう》の際に現所に治定《ちてい》された。遺詔にいう「刻字之碑」は、何時のころからか陵下の土中に埋没《まいぼつ》していたが、奈良坂の春日社《かすがしゃ》の境内《けいだい》に移され、その形状より函石《はこいし》と称し、碑文《ひぶん》は磨滅《まめつ》して陵碑であることは忘れられていた。藤貞幹《とうていかん》は明和《めいわ》六年(一七六九)にこれを実検《じっけん》して元明天皇陵碑であると断じ、『東大寺要録《とうだいじようろく》』に載《の》せられた碑文を参酌《さんしゃく》して、碑銘を「大倭国添上郡平城之宮馭宇八洲太上天皇之陵是其所也養老五年歳次辛酉冬十二月癸酉朔十三日乙酉葬」と考定《こうてい》した(『奈保山御陵碑考証』)。碑石《ひせき》は幕末修陵の際に陵上に移され、明治三十二年(一八九九)さらに模造《もぞう》の碑を作ってその傍らに立てた。

参考文献 谷森善臣『山陵考』(『(新註)皇学叢書』五)、上野竹次郎『山陵』上、福山敏男「元明天皇陵碑」(『史迹と美術』四一ノ七)　(戸原　純一)

【和銅《わどう》】 元明《げんめい》天皇の時の年号(七〇八～一五)。慶雲《けいうん》五年正月十一日改元《かいげん》。武蔵国秩父郡《むさしのくにちちぶぐん》から銅《どう》が献上《けんじょう》されたことによる。八年九月二日、霊亀《れいき》と改元された。

参考文献 森本角蔵『日本年号大観』、所功『日本の年号』(『カルチャーブックス』一三)、同『年号の歴史』(『雄山閣ブックス』二二)　(石井　正敏)

元《げん》正《しょう》天皇

六八〇〜七四八　在位七一五〜二四

草壁皇子《くさかべのおうじ》の女《むすめ》。諱《いみな》は氷高《ひだか》(日高)。母は元明《げんめい》天皇。天武《てんむ》天皇九年(六八〇)に生まれる。霊亀《れいき》元年(七一五)正月一品《いっぽん》を授けられたが、同年九月二日皇太子首皇子《こうたいしおびと》が若年のため元明天皇の譲《ゆず》りをうけて即位《そくい》した。中継《なかつ》ぎの意と解される。和風諡号《わふうしごう》は日本根子高瑞浄足姫天皇《やまとねこたかみづきよたらしひめのみこと》。同三年十一月美濃《みの》国多度山《たどやま》の美泉《びせん》の効験《こうけん》によって養老《ようろう》と改元した。養老二年(七一八)藤原不比等《ふじわらのふひと》らによって『養老律令《ようろうりつりょう》』が撰修《せんしゅう》され、翌三年六月皇太子首皇子がはじめて朝政を聴《き》き、四年三月征隼人軍《せいはやとぐん》を興し、五月には舎人親王《とねりしんのう》らが『日本書紀《にほんしょき》』を撰進した。同年八月藤原不比等が没し、翌五年正月長屋王《ながやおう》を右大臣《うだいじん》に任じたが、十月には藤原房前《ふじわらのふささき》を内臣《うちつおみ》として帝業《ていぎょう》を輔佐《ほさ》させた。同六年閏《うるう》四月良田百万町歩《りょうでんひゃくまんちょうぶ》の開墾《かいこん》を計り、翌七年四月に三世一身《さんぜいっしん》の法《ほう》を発したが、神亀《じんき》元年(七二四)二月四日皇太子首皇子(聖武《しょうむ》天皇)に譲位《じょうい》した。天平《てんぴょう》二十年(七四八)四月二十一日崩御《ほうぎょ》。六十九歳。佐保山陵《さほやまのみささぎ》に火葬し、天平勝宝《てんぴょうしょうほう》二年(七五〇)十月奈保山陵《なほやまのみささぎ》(奈保山西陵)に改葬《かいそう》した。

参考文献　上田正昭『日本の女帝』(『講談社現代新書』三三七)、喜田貞吉「中天皇考」(『喜田貞吉著作集』三所収)、井上光貞「古代の女帝」(『日本古代国家の研究』所収)、岸俊男「元明太上天皇の崩御」(『日本古代政治史研究』所収)

(林　陸朗)

〔奈保山西陵《なほやまのにしのみささぎ》〕　奈良市奈良阪町《ならさかちょう》にあり、市北郊の丘陵《きゅうりょう》を陵所《りょうしょ》とする。東方約三〇〇メートル《メートル》にある元明《げんめい》天皇の奈保山東陵《なほやまのひがしのみささぎ》と東西相並んでいる。『続日本紀《しょくにほんぎ》』によると、天平《てんぴょう》二十年（七四八）四月丁卯《ていぼう》（二十八日）佐《さ》保山陵《ほやまのみささぎ》に火葬。ついで天平勝宝《てんぴょうしょうほう》二年（七五〇）奈保山陵《なほやまのみささぎ》に改葬《かいそう》した。『延喜式《えんぎしき》』諸陵寮《しょりょうりょう》の制は「兆域《ちょういき》東西三町、南北五町、守戸《しゅこ》四烟」とし遠陵《えんりょう》に班する。陵所はのち所伝を失い、小奈辺古墳《こなべこふん》が陵所に擬《ぎ》せられていたが、幕末修陵《ばくまつしゅうりょう》の際に現陵に治定《ちてい》された。

参考文献 上野竹次郎『山陵』上

（戸原　純一）

【霊亀《れいき》】 元正天皇《げんしょう》の時の年号《ねんごう》（七一五～一七）。和銅《わどう》八年九月二日改元《かいげん》。祥瑞《しょうずい》による。左京職《さきょうしき》から瑞亀《ずいき》が献上されたことにより、即位《そくい》の当日に改元された。『爾雅《じが》』巻一〇、釈魚に「一曰神亀、二曰霊亀（下略）」とみえる。三年十一月十七日、養老《ようろう》と改元された。

参考文献 森本角蔵『日本年号大観』、所功『日本の年号』（『カルチャーブックス』一三）、同『年号の歴史』（『雄山閣ブックス』二二）

（石井　正敏）

【養老《ようろう》】 元正天皇《げんしょう》の時の年号（七一七～二四）。霊亀《れいき》三年十一月十七日改元《かいげん》。祥瑞《しょうずい》による。天皇が美濃《みの》国不破行宮《くにふわのあんぐう》滞在中に用いた当耆郡多度山《たぎぐんたどやま》の美泉《びせん》が大瑞《だいずい》にかなうとされた。養老の語は、『礼《らい》記《き》』王制篇《おうせいへん》などにみえる。八年二月四日、神亀《じんき》と改元された。

参考文献 森本角蔵『日本年号大観』、所功『日本の年号』（『カルチャーブックス』一三）、同『年号の歴史』（『雄山閣ブックス』二二）

（石井　正敏）

聖《しょう》武《む》天皇

七〇一〜五六　在位七二四〜四九

大宝《たいほう》元年（七〇一）文武《もんむ》天皇の子として藤原宮《ふじわらのみや》に生まれた。幼名首《おびと》。母は夫人藤原宮子《ふじわらのみやこ》、不比等《ふひと》の女《むすめ》である。慶雲《けいうん》四年（七〇七）父天皇の死に会い、祖母元明《そぼげんめい》、伯母元正《おばげんしょう》の二女帝が相《あい》ついで即位《そくい》したが、その間に平城京《へいじょうきょう》の造営《ぞうえい》が進み、和銅《わどう》七年（七一四）六月、首皇子は皇太子《こうたいし》として元服《げんぷく》を加えられた。霊《れい》亀《き》二年（七一六）藤原不比等の女安宿媛《あすかべひめ》（光明子《こうみょうし》）と成婚《せいこん》。しかし、養老《ようろう》三年（七一九）十月、皇太子は「未《いま》だ政道《せいどう》に閑《なら》はず」（原漢文《げんかんぶん》、『続日本紀《しょくにほんぎ》』）として「宗室《そうしつ》の年長《ねんちょう》」たる舎人《とねり》・新田部《にいたべ》両親王の輔翼《ほよく》に期待《きたい》する詔《みことのり》が発《はっ》せられ、同五年正月には佐為王《さいおう》以下、当時第一級の文人宿儒《ぶんじんしゅくじゅ》ら十六人に詔《しょう》して、「退朝《たいちょう》の後《のち》、東宮《とうぐう》に侍《はべ》ら」（同）せしめている。皇太子は神亀《じんき》元年（七二四）二月四日に元正天皇の譲《ゆず》りをうけて即位、爾《じ》後《ご》二十五年の治世《ちせい》がつづくが、同四年、光明子の所生で、その年のうちに皇太子に立てられた基王が夙《はや》くも翌五年に死去し、一方では県犬養広刀自《あがたのいぬかいのひろとじ》所生《しょせい》の安積皇子《あさかのおうじ》の出生と重なって、宮中の空気は微妙《びみょう》に動かざるをえなかった。天平《てんぴょう》元年（七二九）二月の長屋王《ながやおう》の変《へん》、同八月の光明子の立后《りっごう》という風に事《じ》態《たい》は進んでゆくが、天皇については同三年九月八日の日付をもつ『聖武天皇宸翰雑集《しょうむてんのうしんかんざっしゅう》』書写、また六年までに門部王《かどべおう》らに命じて一切経書写《いっさいきょうしょしゃ》の功《こう》を竟《お》えていることを見逃しえないであろう。

天皇の「帰依一乗《きえいちじょう》」の志《こころざし》はこうして固められ、翌七年帰朝《きちょう》した玄昉《げんぼう》に対する帰依も深められてゆく。たまたまそこに、同九年、光明子の異母兄《いぼけい》四人を含む要路《ようろ》の大官《たいかん》が相《あい》ついで疫《えき》に斃《たお》れる異常な事態がおこり、宮中の緊張は再び昂《たか》まってくる。光明子の異父兄橘諸兄《たちばなのもろえ》がその収束《しゅうそく》にあたり、十年正月、まず阿倍内親王(光明子所生)の立太子《りったいし》を実現させるが、ついに十二年九月、藤原広嗣《ふじわらのひろつぐ》の乱《らん》を避けることができず、十月の末には天皇自身平城京を放棄《ほうき》した。それ以後、恭仁宮《くにのみや》・紫香楽宮《しがらきのみや》・難波宮《なにわのみや》と転々せざるをえず、その間には諸国国分寺《しょこくこくぶんじ》の建立《こんりゅう》、盧舎那大仏《るしゃなだいぶつ》の造顕《ぞうけん》などの詔が発せられているが、十七年五月、五年ぶりに平城京に還幸《かんこう》するに至った。

天皇はこのころから次第に健康を害するようになったらしく、以後しばしば不予《ふよ》の事実が伝えられ、十九年三月にはそのために新薬師寺《しんやくしじ》も建立されている。一方、東大寺大仏《とうだいじだいぶつ》の鋳造《ちゅうぞう》はこの年九月から開始されたといい、二十一年二月、陸奥国《むつのくに》から黄金貢献《おうごんこうけん》のことがあった。四月、天皇は東大寺に行幸《ぎょうこう》して、みずから「三宝《さんぼう》の奴《やっこ》」と称し、また元号《げんごう》を天平感宝《てんぴょうかんぽう》と改めている。ついで閏五月二十日のいわゆる勅施入願文《ちょくせほうがんもん》には「花厳経《けごんきょう》為本」の語とともに、太上天皇沙弥勝満《だじょうてんのうしゃみしょうまん》の名告《なの》りがみえて、問題を投じている。天皇はそれから三日の後、薬師寺《やくしじ》(新薬師寺?)宮に遷《うつ》り、七月二日、位を皇太子に譲った。孝《こう》謙《けん》天皇の治世《ちせい》が開始され、元号はまた天平勝宝《てんぴょうしょうほう》と改められた。

聖武天皇出家《しゅっけ》の時期についてはなお微妙な問題が残るが、出家そのことは事実であり、新薬師寺がある時期の行在所《あんざいしょ》であったことは認められていいであろう。天皇はその後もなお病《やまい》がちで、天平勝宝四年(七五二)四月の大仏開眼会《だいぶつかいげんえ》にも果たして臨幸《りんこう》があったか否《いな》かは定かでない。六年四月、東大寺に幸し、唐僧鑑真《とうそうがんじん》について菩薩戒《ぼさつかい》を受けたことは事実と認められるが、八歳三月、難波堀江《なにわのほりえ》に幸したのを最後に、四月からはまた不予《ふよ》の事実が伝えられ、五月二日、五十六歳にして世を去った。遺詔《ゆいしょう》して道祖王《ふなどおう》を皇太子に立てたが、これがまた宮中に新たな波瀾《はらん》を生むことになる。十九日、佐保山陵《さほやまのみささぎ》に葬《そう》送。出家《しゅっけ》帰仏《きぶつ》の故《ゆえ》に諡《おくりな》を奉らずといわれたが、のち天平宝字《てんぴょうほうじ》二年（七五八）八月に至り、勝宝感神聖武《しょうほうかんしんしょうむ》皇帝《こうてい》と策《さく》し、天璽国押開豊桜彦尊《あめしるしくにおしはらきとよさくらひこのみこと》と諡されることになった。聖武天皇の後宮には、光明皇后《こうごう》と広刀自《ひろとじ》のほかに、矢代女王・藤原夫人二人（武智麻呂《むちまろ》・房前《ふささき》の女）・橘古那可智《たちばなのこなかち》（佐為の女）らが数えられるが、このうち皇子女の出生をみたのは、皇后と広刀自のみである。

参考文献　東大寺編『聖武天皇御伝』、『南都仏教』二（聖武天皇特輯号）　（川崎　庸之）

〔佐保山南陵《さほやまのみなみのみささぎ》〕　奈良市法蓮町《ほうれんちょう》にあり、奈良市街北辺の佐保丘陵《さほきゅうりょう》に位置する。東は光明皇后《こうみょうこうごう》の佐保山東陵に接し、南は佐保川《さほがわ》がめぐっている。『続日本紀《しょくにほんぎ》』によると、天平勝宝《てんぴょうしょうほう》八歳（七五六）五月壬申《じんしん》（十九日）佐保山陵に葬送《そうそう》、その儀は仏に奉ずるがごとくであったという。同書には後佐保山陵とも記されているが、すでにこの地に文武《もんむ》天皇夫人宮子《ふじんみやこ》の山陵《さんりょう》が営建されていたためで、『延喜式《えんぎしき》』諸陵寮《しょりょうりょう》はその位置によって佐保山南陵として掲げ、その制は「兆域《ちょういき》東四段、西七町、南北七町、守戸《しゅこ》五烟」で遠陵《えんりょう》としている。『東大寺要録《とうだいじようろく》』によると同寺は当陵を本願山陵と称し、山陵守を置いて祭祀《さいし》にあたり、朝《ちょう》廷《てい》においても山陵や東大寺に異変があると、奉告《ほうこく》のために山陵使を派遣している。何時《いつ》のころからか陵下《りょうか》に眉間寺《みけんじ》が創建《そうけん》されて山陵に奉仕していたといわれ、永禄《えいろく》年間（一五五八〜七〇）に松永久秀《まつながひさひで》が当陵の東辺に多聞山城《たもんやまじょう》を築《きず》いた折にはその郭内《かくない》に入ったが、陵所の所伝を失うことなく、元禄《げんろく》十二年（一六九九）の江戸幕府による諸陵探索《しょりょうたんさく》の際は眉間寺後山の地を陵所にあて、幕末《ばくまつ》の修陵《しゅうりょう》の際に同寺を他に移して修治《しゅうち》を加えた。

参考文献　上野竹次郎『山陵』上　（戸原　純一）

【神亀《じんき》】聖武《しょうむ》天皇の時の年号（七二四～二九）。養老《ようろう》八年二月四日即位《そくい》とともに改元《かいげん》。養老七年九月七日左京人紀朝臣《きのあそん》家稗が白亀を献じ、豊年《ほうねん》であったことによる。六年八月五日に天平《てんぴょう》と改元。　（山田　英雄）

【天平《てんぴょう》】聖武《しょうむ》天皇の時の年号（七二九～四九）。神亀《じんき》六年八月五日改元《かいげん》。同年六月二十日、左京職《さきょうしき》が、長さ五寸三分、広さ四寸五分、背に「天王貴平知百年」の文がある亀を献じた瑞祥《ずいしょう》による。二十一年四月十四日天平感宝《てんぴょうかんぽう》と改元。　（山田　英雄）

【天平感宝《てんぴょうかんぽう》】聖武《しょうむ》天皇の時の年号（七四九）。天平《てんぴょう》二十一年四月十四日改元《かいげん》。天平二十一年二月二十二日、陸奥国《むつのくに》より初めて黄金《こがね》を献じたことによる。元年七月二日天平勝宝《てんぴょうしょうほう》と改元。　（山田　英雄）

孝謙《こうけん》（称徳《しょうとく》）天皇　七一八～七〇

在位七四九～五八
在位七六四～七〇

養老《ようろう》二年（七一八）聖武《しょうむ》天皇の第一皇女として誕生。母は光明皇后《こうみょうこうごう》。諱《いみな》を阿倍《あべ》といい、天平宝字《てんぴょうほうじ》二年（七五八）上台宝字称徳孝謙皇帝《じょうだいほうじしょうとくこうけんこうてい》の尊号《そんごう》を上《たてまつ》られ、また高野《たかの》姫尊・高野天皇とも称された。天平《てんぴょう》十年（七三八）女性としてはじめての皇太子《こうたいし》となり、天平勝宝《てんぴょうしょうほう》元年（七四九）七月聖武天皇の譲《ゆず》りを受けて即位《そくい》した。在位中の政治は母光明皇太后《こうたいごう》と寵臣藤原仲麻呂《ちょうしんふじわらのなかまろ》(恵美押勝《えみのおしかつ》)の施策《しさく》によるところが多かったとみられる。聖武太上天皇《だじょうてんのう》の崩後《ほうご》、遺詔《いしょう》による皇太子道祖王《ふなどおう》を廃して、仲麻呂と親しい大炊王《おおいおう》(淳仁《じゅんにん》天皇)を立て、天平宝字二年八月に位を譲った。同四年光明皇太后が崩《ほう》じ、翌年天皇とともに近江保良宮《おうみのほらのみや》に幸したが、そのころから両者の不和《ふわ》が顕在化《けんざいか》した。すなわち、保良宮で上皇が看病僧道鏡《かんびょうそうどうきょう》を寵愛《ちょうあい》したのが起因《きいん》であった。

平城宮に還御《かんぎょ》すると、天皇は中宮院《ちゅうぐういん》に、上皇は法華寺《ほっけじ》に別居《べっきょ》し、六年六月上皇は百官《ひゃっかん》を集めて、国家の大事《だいじ》と賞罰《しょうばつ》のことを行うと宣言した。淳仁《じゅんにん》天皇と結んだ藤原仲麻呂は次第に窮地《きゅうち》におちいり、八年九月兵乱《へいらん》(恵美押勝の乱)を起した。上皇はこれを討滅《とうめつ》し、道鏡を大臣禅師《だいじんぜんじ》に任じ、淳仁天皇を廃して淡路《あわじ》に流し、みずから重祚《ちょうそ》した。称徳天皇という。以後、天皇は道鏡を信任して重く用い、天平神《てんぴょうじん》護《ご》元年(七六五)には太政大臣禅師《だじょうだいじんぜんじ》、翌二年には法王《ほうおう》とした。道鏡は法王宮職《ほうおうぐうしき》をおき、政治を専断《せんだん》したが、やがて宇佐八幡神《うさはちまんしん》の託宣《たくせん》と称して皇位につこうとした。しかし和気清麻呂《わけのきよまろ》による託宣の否認によってその企ては失敗し、天皇も宝亀《ほうき》元年(七七〇)八月四日崩御《ほうぎょ》した。時に年五十三。大和添下郡高野《たかのの》陵《みささぎ》に葬られた。天皇は在位中父聖武天皇発願《ほつがん》の東大寺大仏《とうだいじだいぶつ》の開眼供養会《かいげんくようえ》を行い、また恵美押勝の乱平定を祈願《きがん》して西大寺《さいだいじ》を造営し、乱後には三重小塔百万基《さんじゅうのしょうとうひゃくまんき》(百万塔《ひゃくまんとう》)を造るなど仏教興隆《ぶっきょうこうりゅう》に尽くしたが、他方、仏教は政治と癒着《ゆちゃく》し、道鏡の専制《せんせい》を許すことともなった。

参考文献　北山茂夫『日本古代政治史の研究』、同『女帝と道鏡』(『中公新書』一九二)、上田正昭『日本の女帝』(『講談社現代新書』三三七)、中川収『奈良朝政治史の研究』

(林　陸朗)

〔高野陵《たかののみささぎ》〕　奈良市山陵町《みささぎ》にあり、成務天皇陵《せいむてんのうりょう》の南に隣接する。形のくずれた前方後円墳《ぜんぽうこうえんふん》で西面し、周囲に幅の狭い堀が階段状にめぐる。『続日本紀《しょくにほんぎ》』によると宝亀《ほうき》元年（七七〇）八月四日天皇が崩御《ほうぎょ》すると、即日作山陵司《さくさんりょうし》等の諸司を任じ、畿内《きない》・近国《きんごく》の役夫《やくぶ》六千三百人を徴《ちょう》して営陵《えいりょう》に供し、同月十七日大和国添下《そうのしも》郡佐貴郷《さきごう》の高野山陵に葬った。『延喜式《えんぎしき》』諸陵寮《しょりょうりょう》の制は陵号を高野陵として遠陵《えんりょう》に班し、「兆域《ちょういき》東西五町、南北三町、守戸《しゅこ》五烟」とする。陵所は後世所伝を失い現神功皇后陵《じんぐうこうごうりょう》に擬《ぎ》されたこともあったが、文久《ぶんきゅう》修陵の際に現陵に治定《ちてい》された。

参考文献　谷森善臣『山陵考』（『（新註）皇学叢書』五）、上野竹次郎『山陵』上

（戸原　純一）

【天平勝宝《てんぴょうしょうほう》】　孝謙《こうけん》天皇の時の年号（七四九～五七）。天平感宝《てんぴょうしょうほう》元年七月二日改元《かいげん》。即位《そくい》による。七年正月四日勅《ちょく》により天平勝宝七年を天平勝宝七歳とした。九歳八月十八日天平宝字《てんぴょうほうじ》と改元。

（山田　英雄）

【天平宝字《てんぴょうほうじ》】　孝謙《こうけん》・淳仁《じゅんにん》両天皇の時の年号（七五七～六五）。天平勝宝《てんぴょうしょうほう》九歳八月十八日改元《かいげん》。同年三月二十日孝謙天皇の寝殿《しんでん》の承塵《しょうじん》の裏に「天下大平《てんかたいへい》」の四字が生じ、八月十三日駿河国《するがのくに》益頭郡《ましずぐん》の人金刺《かなさし》舎人麻自《まじ》が、その蚕《かいこ》が「五月八日開下帝釈標知天皇命百年息」の字を作ったのを献じたことによる。九年正月七日天平神護《てんぴょうじんご》と改元。

（山田　英雄）

【天平神護《てんぴょうじんご》】　称徳《しょうとく》天皇の時の年号（七六五～六七）。天平宝字《てんぴょうほうじ》九年正月七日改元《かいげん》。藤原仲麻呂《ふじわらのなかまろ》（恵美押勝《えみのおしかつ》）の乱《らん》を神霊《しんれい》の護《まも》りによって平定したことによる。三年八月十六日神護景雲《じんごけいうん》と改元。

（山田　英雄）

【神護景雲《じんごけいうん》】称徳《しょうとく》天皇の時の年号(七六七～七〇)。天平神護《てんぴょうじんご》三年八月十六日に改元《かいげん》。この年、六月十六日平城宮《へいじょうきゅう》の東南角に七色《なないろ》の雲が、同月十七日伊勢《いせ》の度会宮《わたらいぐう》の上に五色《ごしき》の瑞雲《ずいうん》があらわれ、陰陽寮《おんみょうりょう》にも七月十五日西北角に異雲《いうん》、同月二十三日東南角に五色の雲があらわれたことによる。四年十月一日に宝亀《ほうき》と改元。

(山田　英雄)

淳仁《じゅんにん》天皇

七三三～六五　在位七五八～六四

諱《いみな》は大炊《おおい》。天武《てんむ》天皇の孫、舎人親王《とねりしんのう》の第七子。母は当麻山背《たいまのやましろ》。天平《てんぴょう》五年(七三三)生まれる。藤原仲麻呂《ふじわらのなかまろ》の男真従《まより》の未亡人粟田諸姉《あわたのもろね》を娶《めと》って仲麻呂の田村第《たむらのてい》に住んだが、天平勝宝《てんぴょうしょうほう》八歳(七五六)聖武上皇《しょうむじょうこう》が崩《ほう》ずると、翌天平宝字《てんぴょうほうじ》元年(七五七)廃太子道祖王《はいたいしふなどおう》にかわって迎えられて立太子《りったいし》した。同二年八月一日孝謙《こうけん》天皇の譲《ゆず》りを受けて即位《そくい》。その治世《ちせい》は仲麻呂の専権《せんけん》の時期で、仲麻呂に恵美押勝《えみのおしかつ》の名を与え、大師《だいし》(太政大臣《だじょうだいじん》)に任《にん》じて種々の特権《とっけん》を許したほか、同五年十月には仲麻呂勢力下の近江《おうみ》の保良宮《ほらのみや》を副《ふく》都《と》としてここに遷《うつ》った。そのころから道鏡《どうきょう》を信任した孝謙上皇と対立し、翌年平城《へいじょう》に還御《かんぎょ》すると国家の大事と賞罰《しょうばつ》の権限《けんげん》を上皇に奪われた。窮地《きゅうち》に立った仲麻呂は反乱《はんらん》を企《くわだ》てて上皇方に鎮圧《ちんあつ》され、同八年十月九日天皇は廃《はい》されて淡路《あわじ》に幽閉《ゆうへい》された。淡路公《あわじこう》・淡路廃帝《あわじのはいてい》と称される。翌天平神護《てんぴょうじんご》元年(七六五)十月配所《はいしょ》を逃亡して捕えられ、同月二十三日没した。三十三歳。のち宝亀《ほうき》九年(七七八)その墓は山陵《さんりょう》と追尊《ついそん》された。

参考文献　岸俊男『藤原仲麻呂』(『人物叢書』一五三)　(林　陸朗)

〔淡路陵《あわじのみささぎ》〕　兵庫県三原郡南淡町賀集字岡ノ前《みはらぐんなんだんちょうかしゅうおかまえ》にあり、周囲約九〇〇メートル、高さ二十数メートルの南北に細長い小丘《しょうきゅう》で、水濠《みずぼり》に囲繞《いじょう》されている。かつては天王森と称され頂部《ちょうぶ》には牛頭天王社《ごずてんのうしゃ》があったという。『続日本紀《しょくにほんぎ》』によると、淳仁《じゅんにん》天皇は淡路公《あわじこう》としてこの地にあること一年余にして俄《にわか》に没したが、光仁《こうにん》天皇は宝亀《ほうき》三年(七七二)墓を改葬《かいそう》し、仏事《ぶつじ》を修《しゅう》して慰霊《いれい》につとめ、さらに同九年には墓を山陵《さんりょう》に列《れっ》し、近傍《きんぼう》の百姓一戸《ひゃくしょういっこ》を宛《あ》て、母大夫人当麻山背《だいふじんたいまのやましろ》の墓とともに管守《かんしゅ》せしめた。『延喜式《えんぎしき》』諸陵寮《しょりょうりょう》の制は「在淡路国三原郡、兆域《ちょういき》東西六町、南北六町、守戸《しゅこ》一烟」で遠陵《えんりょう》とする。陵所《りょうしょ》はのち所伝を失うに至り、元禄《げんろく》十二年(一六九九)の江戸幕府による諸陵探索《しょりょうたんさく》の折には、三原郡十一箇所村《じゅういっかしょむら》(三原町《みはらちょう》)の丘《おか》の松《まつ》の地を陵所に擬《ぎ》したが、同郡中島村《なかじまむら》(同)や津名郡下川井村《つなぐんしもがわい》(一宮町《いちのみやちょう》)高島《たかしま》などにも陵所の伝承《でんしょう》があった。仲野安雄《なかのやすお》は享保《きょうほう》十五年(一七三〇)に『淡路常磐草《あわじときわぐさ》』を著わし、丘の松は殯葬《ひんそう》の地で天王森が陵所であることを考証した。それ以来この説が世に行われ、津久井清影《つくいきよかげ》や小杉榲邨《こすぎすぎむら》らもこれに従い、明治《めいじ》七年(一八七四)に至り天王森が陵所に治定《ちてい》された。丘の松は陵墓参考地《りょうぼさんこうち》に指定されている。

参考文献　上野竹次郎『山陵』上、原義一『淳仁天皇淡路高島陵考』、同『淳仁天皇淡路陵旧説批判』　(戸原　純一)

草《くさ》壁《かべ》皇《のおう》子《じ》

六六二〜八九

天武《てんむ》天皇の第一皇子。日並知皇子尊《ひなみしのみこのみこと》とも称する。天智《てんじ》天皇元年(六六二)筑紫《つくし》の娜《な》の大津《おおつ》で誕生。母は皇后鸕野皇女《うののおうじょ》(持統《じとう》天皇)。天武《てんむ》天皇元年(六七二)の壬申《じんしん》の乱《らん》には、父母とともに吉野《よしの》を脱して東国に赴いた。天武朝では、高市皇子《たけちのおうじ》より年少ながら、皇后の所生の故に重きを占め、天武天皇八年には吉野宮で、天武・天智諸皇子の首として誓盟《せいめい》を行い、十年二月には皇太子《こうたいし》となって万機《ばんき》を摂し、十四年には諸皇子中最高の浄広壱《じょうこういち》の位を授けられた。朱鳥《しゅちょう》元年(六八六)天武天皇の病にあたって、皇后とともに天下の事を委《ゆだ》ねられたが、同年の天皇の死の直後、大津皇子《おおつのおうじ》の皇太子に対する謀反事件《むほんじけん》があり、変後は皇后が称制《しょうせい》を行い、草壁皇子はほどなく持統天皇称制三年(六八九)四月乙未(十三日)、皇太子のまま没した。二十八歳。『万葉集《まんようしゅう》』二には、柿本人麻呂《かきのもとのひとまろ》が皇子の殯宮《もがりのみや》の時によんだ挽歌《ばんか》、および皇子の舎人《とねり》がその死を悲しんで作った歌二十三首を載せる。皇子と妃阿閉皇女《あべのおうじょ》(元明《げんめい》天皇、天智天皇の皇女)との間には、軽皇子《かるのおうじ》(文武《もんむ》天皇)・氷高《ひだか》内親王(元正《げんしょう》天皇)・吉備《きび》内親王があり、持統天皇はその十一年、文武天皇に皇位をゆずった。文武天皇・元明天皇に続く奈良時代の元正《げんしょう》・聖武《しょうむ》・孝謙《こうけん》(称徳《しょうとく》)の各天皇は、いずれも草壁皇子の裔《えい》である。慶雲《けいうん》四年(七〇七)、その薨日《こうじつ》を国忌《こき》に入れ、天平宝字《てんぴょうほうじ》二年(七五八)には、岡宮御宇天皇《おかのみやにあめのしたしろしめししすめらみこと》の尊号が奉られた。『万葉集』二には、皇子の石川女郎《いしかわのいらつめ》に贈った歌一首がある。

(笹山　晴生)

参考文献　直木孝次郎『持統天皇』(『人物叢書』四一)

〔**真弓丘陵**《まゆみのおかのみささぎ》〕　奈良県高市郡高取《たかいちぐんたかとり》町大字森にあり、丘陵の南面に築かれた径約一六メートル、高さ約四メートルの円《えん》墳《ふん》である。『日本書紀《にほんしょき》』には葬送《そうそう》のことを伝えていないが、『万葉集《まんようしゅう》』二にのせられた柿本人麻呂《かきのもとのひとまろ》や舎《と》人《ねり》らの挽歌《ばんか》によって、真弓丘に葬られたことが知られ、『延喜式《えんぎしき》』諸陵寮《しょりょうりょう》には「在二大和国高市郡一、兆《ちょう》域《いき》東西二町、南北二町、陵戸《りょうこ》六烟」とある。陵所はのち所伝を失ったが、幕末に当所を陵と定めた。

参考文献　谷森善臣『山陵考』（『(新註)皇学叢書』五）、上野竹次郎『山陵』上

（戸原　純一）

舎人親王《とねりしんのう》　六七六～七三五

天武《てんむ》天皇の第三皇子。母は妃で天智《てんじ》天皇の女新田部皇女《むすめにいたべのおうじょ》。天武天皇五年（六七六）生まれる。淳仁《じゅんにん》天皇（大炊王《おおいおう》、母は当麻山背《たいまのやましろ》）・御《み》（三）原《はら》王・三島《みしま》王・船《ふね》王・池田《いけだ》王・守部《もりべ》王・室《むろ》女王・飛鳥田《あすかた》女王らの父。持統《じとう》天皇九年（六九五）浄広弐《じょうこうに》の位を授けられ、養老《ようろう》二年（七一八）二品《にほん》から一品《いっぽん》に昇叙、元正《げんしょう》朝から聖武《しょうむ》朝にかけ、新田部親王とともに宗室《そうしつ》の年長として政界に重きをなした。勅命《ちょくめい》により『日本書紀《にほんしょき》』の編纂を主宰し、養老四年五月完成奏上《そうじょう》、同年八月右大臣藤原不比等《うだいじんふじわらのふひと》の死にあたっては、直後に知太政官《ちだじょうかん》事《じ》に任じられ、政界の動揺を防ぐ役を担った。天平《てんぴょう》七年（七三五）十一月十四日、おりからの疫病《えきびょう》流行のなかで没、太政大臣《だじょうだいじん》を贈られた。『公卿補任《くぎょうぶにん》』に年六十とあり、『万葉集《まんようしゅう》』には三首をのせる。天平《てんぴょう》宝字《ほうじ》三年（七五九）、淳仁天皇の父たる故をもって崇道尽敬皇帝《すどうじんきょうこうてい》と追号《ついごう》された。親王の遺子やその子の

中には、淳仁天皇をはじめ、皇嗣《こうし》をめぐる奈良時代後半の政界の混乱にまき込まれ、不幸な運命をたどった者が多い。

参考文献 川崎庸之「天武天皇の諸皇子・諸皇女」(『万葉集大成』九所収)、柳宏吉「舎人親王家の隆替」(『熊本史学』六)

(笹山 晴生)

光仁《こうにん》天皇

七〇九～八一 在位七七〇～七八一

和銅《わどう》二年(七〇九)十月十三日、天智《てんじ》天皇の皇子施基親王《しきしんのう》の第六子として誕生。母は贈太政大臣《ぞうだじょうだいじん》紀諸《きのもろ》人《ひと》の女橡姫《むすめとちひめ》。諱《いみな》は白壁《しらかべ》。天平《てんぴょう》九年(七三七)九月無位《むい》より従四位下《じゅしいのげ》、同十八年四月従四位上、天平宝字《てんぴょうほうじ》元年(七五七)五月正四位下、同二年八月正四位上、同三年六月従三位《さんみ》となる。同四年六月七日、光明《こうみょう》皇后《こうごう》の葬儀に際し山作司《さんさくし》に任じ、同六年十二月、中納言《ちゅうなごん》となる。同八年九月、正三位。天平神護《てんぴょうじんご》元年(七六五)正月、勲二等《くんにとう》を授かった。同年十月十三日、称徳《しょうとく》天皇が紀伊国《きいのくに》へ行幸《ぎょうこう》した時に御前次第司《ごぜんしだいし》長官に任じた。同二年正月、大納言《だいなごん》となり、神護景雲《じんごけいうん》二年(七六八)十月二十四日、大宰綿《だざいのわた》一万屯を賜わった。同四年八月四日、称徳天皇の崩御《ほうぎょ》にあたり左大臣《さだいじん》藤原永手《ふじわらのながて》らによって皇太子に立てられ、同年十月一日、即位《そくい》し、宝亀《ほうき》と改元《かいげん》した。時に六十二歳。

『続日本紀《しょくにほんぎ》』光仁天皇即位前紀《そくいぜんき》は「自二勝宝《しょうほう》一以来、皇極《あまつひつぎ》無レ弐《つぎて》、人疑二彼此《かれこれ》一、罪廃者多、天皇深顧二横

禍時㆒、或縦レ酒《さけをほしきままにして》 晦レ迹《あとをかくす》、以レ故免レ害者 数《あまたたび》矣」と伝え、皇太子に立てられるまでの天皇の身辺は危難《きなん》にとりまかれていた。即位後の十一月六日、妃の井上内親王《いのうえないしんのう》を皇后とし、宝亀二年(七七一)正月二十三日、他戸《おさべ》親王を皇太子としたが、同三年三月二日、皇后は巫蠱《ふこ》に坐《ざ》せられて廃《はい》され、皇太子もまた同年五月二十七日に廃された。同四年正月二日、他戸親王にかわって山部《やまべ》親王(桓武《かんむ》天皇)が皇太子となった。天応《てんおう》元年(七八一)四月三日、病気により山部親王に譲位《じょうい》、同年十二月二十三日、崩御。七十三歳。天宗高紹《あめむねたかつぎ》天皇と諡《おくりな》され、広岡山陵《ひろおかやまのみささぎ》に葬られた。天皇は道鏡《どうきょう》を退けたあとの藤原氏の政界進出に支えられて寺院《じいん》・僧尼《そうに》への統制《とうせい》、官制《かんせい》の修正、地方行政の改革、蝦夷《えみし》問題への対策など政治体制を安固にすることを期する政治を行なった。

参考文献 北山茂夫「藤原種継事件の前後」(『日本古代政治史の研究』所収)

(佐伯 有清)

〔田原東陵《たわらのひがしのみささぎ》〕 奈良市日笠《ひがさ》町にあり、旧添上郡《そうのかみぐん》田原《たわら》村の地で字《あざ》をヲヲノツカという。径約五〇メートル、高さ約八メートルの円墳《えんぷん》。『続日本紀《しょくにほんぎ》』によると天皇崩御《ほうぎょ》の翌延暦《えんりゃく》元年(七八二)正月七日広岡山陵《ひろおかやまのみささぎ》に葬ったが、同五年十月二十八日地を相して田原陵に改葬《かいそう》した。当陵の西南に天皇の父施基皇子《しきのおうじ》の田原西陵があるが、これを前田原山陵《さきのたわらやまのみささぎ》というのに対《たい》して後田原山陵《のちのたわらやまのみささぎ》ともいう。『延喜式《えんぎしき》』諸陵寮《しょりょうりょう》の制《せい》は陵号を田原東陵とし、兆域《ちょういき》東西八町南北九町、守戸《しゅこ》五烟を配《はい》し、近陵《きんりょう》に班している。陵所は後世所伝を失ったが、元禄《げんろく》十二年(一六九九)江戸幕府によって行われた諸陵探索《しょりょうたんさく》の折に陵所に当てられ、以来陵所についての異説《いせつ》がない。文久《ぶんきゅう》修陵の際この地の領主津藩主藤堂高猷《つはんしゅとうどうたかゆき》は山陵奉行《さんりょうぶぎょう》に願い、藩費《はんぴ》を以て当陵の修営を分担した。初葬の地広岡は田原の北一〇キロにあるが、その遺跡《いせき》は明らかでない。

参考文献 上野竹次郎『山陵』上

（戸原 純一）

【宝亀《ほうき》】 光仁《こうにん》天皇の時の年号(七七〇～八一)。神護景雲《じんごけいうん》四年十月一日改元《かいげん》。即位《そくい》ならびに祥瑞《しょうずい》による。本年八月に肥後国《ひごのくに》より白亀が相ついで献上《けんじょう》され、大瑞《だいずい》にかなうものとされた。『爾雅《じが》』一〇、釈魚に「四曰、宝亀」とみえる。十二年正月一日、天応《てんおう》と改元。

参考文献 森本角蔵『日本年号大観』

（石井 正敏）

【天応《てんおう》】 光仁《こうにん》・桓武《かんむ》両天皇の時の年号(七八一～八二)。宝亀《ほうき》十二年正月一日改元《かいげん》。伊勢斎宮《いせのさいぐう》に美雲《びうん》があらわれたことによる。二年八月十九日延暦《えんりゃく》と改元。

（山田 英雄）

施基皇子《しきのおうじ》 ?～七一六

天智《てんじ》天皇の皇子。母は越道君伊羅都売《こしのみちのきみいらつめ》。光仁《こうにん》天皇(白壁《しらかべ》王)・湯原《ゆはら》王・榎井《えのい》王・春日《かすが》王・衣縫《きぬぬい》女王などの父。芝基・志紀・志貴とも書き、光仁天皇の即位後、宝亀《ほうき》元年(七七〇)春日宮天皇《かすがのみやのすめらみこと》と追尊《ついそん》、また山陵の地により田原天皇《たわらのすめらみこと》とも称された。天武《てんむ》天皇八年(六七九)、天武天皇が吉野《よしの》で行なった諸皇子の会盟《かいめい》に参加、持統《じとう》天皇三年(六八九)には撰善言司《せんぜんげんし》に任じられた。霊亀《れいき》元年(七一五)二品《にほん》に叙せられ、『続日本紀《しょくにほんぎ》』によれば翌二年八月甲寅(十一日)没した。『万葉集』には霊亀元年九月に薨じたとあるが、『類聚三代格《るいじゅさんだいきゃく》』宝亀三年五月八日勅には、「丙辰年(七一六)八月九日崩」とあり、『続日本紀』宝亀二年五月条にも八月九日の忌斎《きさい》のことがみえるから、やはり二年八月の没であろう。その子湯原王とともに和歌に秀で、『万葉集《まんようしゅう》』に六首の歌があり、また同巻二には皇子が没した時の『笠金村歌集《かさのかなむらかしゅう》』所載の挽歌《ばんか》がある。

参考文献 金子武雄「天智天皇の諸皇子・諸皇女」(『万葉集大成』九所収)

(笹山 晴生)

〔田原西陵《たわらのにしのみささぎ》〕 奈良市矢田原町《やだわら》にあり、光仁《こうにん》天皇田原東陵と約二キロを隔て東西相並んでいる。形状は、長径約五〇メートル、短径約三〇メートルの円墳《えんぷん》。光仁天皇は即位《そくい》ののち、父親王を追尊して春日宮天皇《かすがのみやてんのう》と称し、ついで墓を山陵と改めた。光仁天皇の後田原山陵《のちのたわらやまのみささぎ》に対して前田原山陵《さきのたわらやまのみささぎ》ともいう。『延喜式《えんぎしき》』諸陵寮《しょりょうりょう》に「在二大和国添上郡一、兆域《ちょういき》東西九町、南北九町、守戸《しゅこ》五烟」とあり、遠陵《えんりょう》とする。中世所伝を失ったが『大和志《やまとし》』『山陵志《さんりょうし》』など当所を示し、幕末修陵の際に当地の領主津藩主藤堂高猷《つはんしゅとうどうたかゆき》によって修補された。

参考文献 谷森善臣『山陵考』(『(新註)皇学叢書』五)、上野竹次郎『山陵』上

(戸原 純一)

桓《かん》武《む》天皇

七三七~八〇六 在位七八一~八〇六

天平《てんぴょう》九年(七三七)天智《てんじ》天皇の孫の白壁王《しらかべおう》(光仁《こうにん》天皇)の長子《ちょうし》として誕生。母は高野新笠《たかののにいかさ》。諱《いみな》は山部《やまべ》。乳《め》母《のと》の山部子虫《やまべのこむし》の姓氏によったと考えられる。天平宝字《てんぴょうほうじ》八年(七六四)十月、従五位下《じゅごいのげ》を授けられ、天平《てんぴょう》神護《じんご》二年(七六六)十一月、従五位上《じゅごいのじょう》となり、宝亀《ほうき》元年(七七〇)八月、大学頭《だいがくのかみ》として従四位下《じゅしいのげ》を授けられ、

侍従《じじゅう》に任ぜられた。同年八月四日、父の白壁王が皇太子《こうたいし》になり、十月に即位《そくい》したので、十一月六日、親王《しんのう》となり、四品《しほん》を授けられた。同二年三月、中務卿《なかつかさきょう》となり、同四年正月二日、皇太子となった。時に三十七歳。前年五月、皇太子他戸《おさべ》親王が廃されたあとを受けたことによる。

天応《てんおう》元年(七八一)、父の光仁天皇が病にたおれ、四月三日、四十五歳で践祚《せんそ》。翌二年閏《うるう》正月、氷上《ひがみの》川継《かわつぐ》の謀反事件が起り政局が不安であったのに加えて、この年、凶作に見舞われ、疫病《えきびょう》が流行して世《せ》情《じょう》は不穏《ふおん》となり、同年八月、延暦《えんりゃく》と改元《かいげん》した。延暦三年(七八四)、長岡《ながおか》に遷都《せんと》したが、翌年、天皇の寵臣藤原種継《ちょうしんふじわらのたねつぐ》が射殺され、皇太子早良《さわら》親王が廃《はい》される事件にまで発展する。早良親王にかわって皇太子に十二歳の安殿《あて》親王(平城《へいぜい》天皇)がなった。以後、天皇は淡路《あわじ》に移送される途中で死んだ早良親王の怨霊《おんりょう》を恐れ、同十二年、平安遷都《へいあんせんと》を決定し、翌年十月、新京に移った。平安遷都を決定した年の八月、佐伯成人が謀殺《ぼうさつ》された事件が起り、成人を殺した山辺春日らの追捕《ついぶ》にあたって、「帝大怒募㆓求天下㆒」させたといい、またこの事件は『類聚国史《るいじゅうこくし》』によれば、「春日等承㆓皇太子密旨㆒」たことによるともいわれる。皇太子側の勢力との暗闘がひきつづいて存在していたことをうかがわせる。延暦十

桓武天皇画像　大津市　延暦寺所蔵

六年以降、廃太子《はいたいし》早良親王の霊への鎮謝がしきりに行われ、同十九年七月、早良親王へ崇道《すどう》天皇の名を贈った。同二十三年八月、大暴風雨《だいぼうふうう》によって中院西楼が倒壊《とうかい》した時、牛が打死した。天皇は生年が丑であったため、牛の死を恐れ「朕不レ利歟」と歎じた。天皇は牛が殺されたり死んだりするのを特に恐れ、延暦十年・二十年に殺牛祭神の民間信仰《みんかんしんこう》を禁止したのもそれにもとづく。

同二十四年十二月、参議《さんぎ》の藤原緒嗣《ふじわらのおつぐ》と菅野真道《すがののまみち》とに天下徳政《てんかとくせい》のことについて相論《そうろん》させたが、その際緒嗣は「方今天下所レ苦、軍事与二造作一也、停二此両事一百姓安レ之」と論じ、真道はこれに異議《いぎ》をさしはさんだ。天皇は緒嗣の意見を採用して、軍事と造作《ぞうさく》とを停廃した。軍事は蝦夷征討《えみしせいとう》をさすが、天皇の治世《ちせい》の間に三回の蝦夷征討と、一回の征討準備が行われた。延暦二十三年には四回目の蝦夷征討の準備が行われ、坂上田村麻呂《さかのうえのたむらまろ》が再度征夷大将軍《せいいたいしょうぐん》に起用されたが、天皇は緒嗣の意見によって征討を中止させた。造作は平安新京の建設であるが、同二十四年の段階に至ってもなお「営造未レ已、黎民或レ弊」といった状態であった。緒嗣の意見を入れた天皇はただちに造宮職《ぞうぐうしょく》を廃止させた。桓武朝の二大事業であった軍事と造作とを停廃した前年の暮から天皇は病に罹《かか》り、大同《だいどう》元年(八〇六)三月十七日崩《ほう》御《ぎょ》。七十歳。同年四月山城《やましろ》国紀伊《きい》郡柏原山陵《かしわばらのみささぎ》に葬られたが、十月柏原陵に改葬《かいそう》された。陵墓《りょうぼ》の名により柏原天皇ともよばれる。

参考文献　村尾次郎『桓武天皇』(『人物叢書』一一二)、佐伯有清「新撰姓氏録編纂の時代的背景」(『新撰姓氏録の研究』研究篇所収)

(佐伯　有清)

〔柏原陵《かしわばらのみささぎ》〕京都市伏見《ふしみ》区《く》桃山町永井《ももやまちょうながい》久太郎《きゅうたろう》にあり、陵形は扁平《へんぺい》な円丘《えんきゅう》で周囲は方形に区画されている。

『日本後紀《にほんこうき》』によると、陵所ははじめ山城国葛野郡宇多野《やましろのくにかどののぐんうたの》の地に定められたが、災異《さいい》が相ついだのでその地をさけ、大同《だいどう》元年(八〇六)四月七日同国紀伊郡《きいぐん》の柏原山陵に葬ったが、『類聚国史《るいじゅうこくし》』によると、さらにこの年十月十一日に柏原陵に改葬《かいそう》した。『延喜式《えんぎしき》』諸陵寮《しょりょうりょう》の制は「兆域《ちょういき》東八町、西三町、南五町、北六町、加二丑寅角二岑一谷一、守戸《しゅこ》五烟」とあって、広大な陵域を占め、永世不除の近陵《きんりょう》として歴朝《れきちょう》の厚く崇敬《すうけい》するところであった。『仁部記《にんぶき》』によると、文永《ぶんえい》十一年(一二七四)陵が賊に発《あば》かれた際に、使を遣わしてその状況を検分《けんぶん》せしめたが、そのときの報告書に「抑件山陵登十許丈、壇廻八十余丈」とあって、その規模を窺うことができる。しかし、のち所伝を失い、豊臣秀吉《とよとみひでよし》の伏見城《ふしみじょう》築造の際にその郭内《かくない》に入ったため陵址はさらに不明となった。元禄《げんろく》年間(一六八八～一七〇四)以降、山陵の研究家は陵所の探索につとめ、深草《ふかくさ》・伏見《ふしみ》の間に陵所を求めて種々なる説が行われたが、幕末の修陵《しゅうりょう》の際にもついに定説を得るに至らなかった。明治《めいじ》十三年(一八八〇)に谷森善臣《たにもりよしおみ》の考証にもとづいて現陵を陵所と定め、修治《しゅうち》を加えた。

参考文献 戸田通元『柏原山陵考略』、津久井清影『柏原聖蹟考』、谷森善臣『柏原山陵考』、上野竹次郎『山陵』上

(戸原　純一)

【延暦《えんりゃく》】 桓武《かんむ》・平城《へいぜい》両天皇の時の年号(七八二～八〇六)。天応《てんおう》二年八月十九日改元《かいげん》。即位《そくい》による。勘《かん》申者《じんしゃ》、出典は不明。『群書治要《ぐんしょちよう》』二六に「民詠二徳政一、則延期過歴」とみえる。二十五年五月十八日大同《だいどう》と改元。

(皆川　完一)

早良親王《さわらしんのう》

七五〇～八五

光仁《こうにん》天皇の皇子、桓武《かんむ》天皇の同母弟。皇太弟。母は高野新笠《たかののにいかさ》。崇道《すどう》天皇と追尊。天平勝宝《てんぴょうしょうほう》二年（七五〇）生まれる。天応《てんおう》元年（七八一）四月、桓武天皇の即位《そくい》とともに皇太子《こうたいし》となる。延暦《えんりゃく》四年（七八五）九月、藤原種継《ふじわらのたねつぐ》射殺事件に際し、大伴家持《おおとものやかもち》・同継人《つぐひと》・佐伯高成《さえきのたかしげ》らが早良親王を君主としようとする計画のあったことを理由に、親王は同二十八日乙訓寺《おとくにでら》に幽閉された。その後、淡路《あわじ》に移配されるまでの十余日、親王は飲食を断ち、移送の途中、高瀬橋《たかせばし》頭において死去した。三十六歳。親王の屍《しかばね》は淡路に送られ葬られた。同年十月、中納言藤原小黒麻呂《おぐろまろ》らを天智《てんじ》天皇の山科山陵《やましなやまのみささぎ》、治部卿壱志濃王《じぶきょういちしのおう》らを光仁《こうにん》天皇の田《た》原山陵《わらやまのみささぎ》、中務大輔当麻王《なかつかさのだいふたいまおう》らを聖武《しょうむ》天皇の佐保山陵《さほやまのみささぎ》に遣わして、皇太子早良親王を廃する状を報告し、翌月、桓武天皇の皇子安殿《あて》親王（平城《へいぜい》天皇）を皇太子《こうたいし》に立てた。延暦九年閏《うるう》三月、桓武天皇の皇后藤原乙牟漏《おとむろ》の死に伴う大赦令《たいしゃれい》によって、早良は親王号を復されたらしく、あわせて淡路の親王墓に守冢《しゅちょう》一烟が宛てられ、随近の郡司《ぐんじ》に専当せしめた。同十一年六月、皇太子安殿親王の病は早良親王の祟《たた》りによるとの卜占《ぼくせん》があってから親王の霊への鎮謝が相ついで行われ、同十九年七月、親王に崇道天皇の尊号が追贈された。その後も崇道天皇の怨霊鎮祀《おんりょうちんし》が繰り返しなされ、同二十四年四月には改葬《かいそう》崇道天皇《すどうてんのう》司《し》の任命があった。『三代実録《さんだいじつろく》』天安《てんあん》二年（八五八）十二月九日条に「崇道天皇八嶋山陵在二大和国添上郡一」とみえる。貞観《じょうがん》五年（八六三）五月の神泉苑《しんせんえん》における御霊会《ごりょうえ》に際し、崇道天皇は御霊の一つとして祀られている。

参考文献　北山茂夫『日本古代政治史の研究』、佐伯有清『新撰姓氏録の研究』研究篇　（佐伯　有清）

〔八嶋陵《やしまのみささぎ》〕　奈良市八島《やしま》町にあり、南面する円丘《えんきゅう》にして、正面に木戸門《きどもん》を設け、四周に土塀《どべい》をめぐらす。親王は淡路《あわじ》配流《はいる》の途中に没したので淡路に葬った。その後、都には諸種の災害が続き、これを親王の祟《たたり》として鎮謝《ちんしゃ》慰霊《いれい》の事を行い、また崇道《すどう》天皇と追尊《ついそん》し、墓を山陵とし、大和の八嶋陵に改葬した。『延喜式《えんぎしき》』諸陵寮《しょりょうりょう》に「兆域《ちょういき》東西五町、南北四町、守戸《しゅこ》二烟」とし、近陵《きんりょう》に列している。後世陵上に神祠を建て崇道天皇社と称した。幕末修陵の時、この地の領主津藩藤堂氏《つはんとうどうし》が修補したが、明治《めいじ》十九年（一八八六）陵上の祠を移転し、あとに円丘を設けた。

参考文献　上野竹次郎『山陵』上　（中村　一郎）

平城《へいぜい》天皇

七七四～八二四　在位八〇六～〇九

宝亀《ほうき》五年（七七四）八月十五日桓武《かんむ》天皇第一皇子として誕生。母は藤原良継《ふじわらのよしつぐ》の女乙牟漏《おとむろ》。諱《いみな》は安殿《あて》。延暦《えんりゃく》四年（七八五）立太子《りったいし》、大同《だいどう》元年（八〇六）五月十八日桓武《かんむ》天皇死去のあとを受けて即位《そくい》、同二年藤原《ふじわら》南家《なんけ》出身吉子《きっし》を母とする皇弟伊予親王《いよしんのう》が謀叛《むほん》の疑で捕えられ、毒をあおいで自害《じがい》する事件が起る。天皇は尚侍藤原薬子《ないしのかみふじわらのくすこ》を寵愛《ちょうあい》し、その兄仲成《なかなり》これを利用し、式家《しきけ》の繁栄《はんえい》を計る。同四年四月病気のため位を弟嵯峨《さが》天皇に譲《ゆず》り上皇《じょうこう》となる。薬子・仲成ら上皇の重祚《ちょうそ》を企《くわだ》て、上皇同年十一月旧都平城京《へいじょうきょう》に宮殿新造、十二月に遷《うつ》って政務を握ろうとして天皇と対立、弘仁《こうにん》元年(八一〇)九月挙兵したが成功せず薙《てい》髪《はつ》。天長《てんちょう》元年(八二四)七月七日崩御《ほうぎょ》。五十一歳。一に奈良《なら》の帝《みかど》ともいう。平城天皇は造都《ぞうと》と征夷《せいい》のために、財政的に弛緩《しかん》した桓武天皇の政治を受けつぎ、病身と藤原氏内部の紛争《ふんそう》、他氏との抗争《こうそう》にわずらわされながらも、前代からの政治を引き締めるために、財政緊縮《ざいせいきんしゅく》と民力の休養をめざし、官司《かんし》の削減と冗官《じょうかん》の整理を行い、官人《かんじん》の適切な配置と下級官人の優遇をはかった。また、地方官《ちほうかん》の監督《かんとく》を厳《げん》にし、政策の徹底をはかろうとした前代の政策を受けつぎ、畿内《きない》および七道《しちどう》に観察使《かんさつし》を置いた。守勢的な政治ではあったが、小さくまとまって、確実な枠《わく》の内での政治を行うため、令《りょう》にそのよりどころを求めた令制強調的な政策をとったとみられる。

参考文献 大塚徳郎『平安初期政治史研究』、門脇禎二『日本古代政治史論』、目崎徳衛「平安朝の政治史的考察」(『平安文化史論』所収)、門脇禎二「大同期政治の基調」(『日本歴史』一八〇)、大塚徳郎「平安初期の政治史上の平城朝」(『史潮』六九)、同「観察使について」(『日本歴史』一七五)

(大塚　徳郎)

〔**楊梅陵**《やまもものみささぎ》〕 奈良市佐紀町《さきちょう》にあり、平城宮大極殿跡《へいじょうきゅうだいごくでんあと》の真北に位置している。形状はほぼ円丘状《えんきゅうじょう》をなし、南面している。天長《てんちょう》元年(八二四)七月十二日楊梅陵に葬り、十月十一日陵戸《りょうこ》五烟を配して山陵《さんりょう》の管守《かんしゅ》にあたらせたことが『類聚国史《るいじゅうこくし》』にみえ、同年末には近陵《きんりょう》に列した。『延喜式《えんぎしき》』諸陵寮《しょりょうりょう》の制《せい》は「兆域《ちょういき》東西二町、南北四町、守戸《しゅこ》五烟」で遠陵《えんりょう》としている。中世以降所伝《しょでん》を失ったが、北浦定政《きたうらさだまさ》の『打墨縄《うつすみなわ》』は現陵を示し、幕末修陵《ばくまつしゅうりょう》の際に陵として修治《しゅうち》を加えられた。なお、近年平城宮跡の発掘調査《はっくつちょうさ》によって、当陵は前方後円墳《ぜんぽうこうえんふん》(市庭古墳)の後円部《こうえんぶ》を利用して営建されたもので、前方部《ぜんぽうぶ》は平城宮造営の際に削平《さくへい》されていたことが明らかになった。

参考文献 上野竹次郎『山陵』上 (戸原 純一)

【大同《だいどう》】平城《へいぜい》・嵯峨《さが》両天皇の時の年号(八〇六〜一〇)。延暦《えんりゃく》二十五年五月十八日即位改元《そくいかいげん》。代始《だいはじめ》による。『日本後紀《にほんこうき》』は踰年《ゆねん》改元でないとして非難している。五年九月十九日弘仁《こうにん》と改元。

(山田 英雄)

嵯峨《さが》天皇

七八六〜八四二 在位八〇九〜二三

平安時代初期の天皇。諱《いみな》は賀美能《かみの》(神野《かみの》)。桓武《かんむ》天皇と皇后藤原乙牟漏《ふじわらのおとむろ》との間に、延暦《えんりゃく》五年(七八六)九月七日生まれ、三品中務卿《なかつかさきょう》を経て、大同《だいどう》元年(八〇六)五月十九日同母兄平城《へいぜい》天皇の皇太弟《こうたいてい》となり、同四年四月一日受禅《じゅぜん》した。しかし病気のため譲位《じょうい》した平城上皇が太政官人《だじょうかんじん》半ばを率いて平城旧京《へいじょうきゅうきょう》に遷《かえ》り、寵妃藤原薬子《ふじわらのくすこ》とその兄仲成《なかなり》に擁《よう》せられて朝政《ちょうせい》に干渉したので、天皇は巨勢野足《こせのたり》・藤原冬嗣《ふじわらのふゆつぐ》を蔵人頭《くろうどのとう》に補するなどによって対抗した。弘仁《こうにん》元年(八一〇)九月、上皇の平城遷都《へいじょうせんと》の命を機として坂上田村麻呂《さかのうえのたむらまろ》以下の兵を派遣して上皇方を制圧した。上皇は入道《にゅうどう》し、薬子は自殺し、仲成は射殺され、皇太子高丘《たかおか》親王《しんのう》は廃され、阿保親王《あぼしんのう》・藤原真夏《ふじわらのまなつ》らは左遷《させん》された。

嵯峨天皇画像　御物　宮内庁所蔵

この「薬子《くすこ》の変《へん》」後、弘仁《こうにん》・天長《てんちょう》・承和《じょうわ》の約三十年間、嵯峨天皇(上皇)の権威と指導のもとに太平《たいへい》が続き、空海《くうかい》・小野岑守《おののみねもり》・同篁《たかむら》・良岑安世《よしみねのやすよ》らの人材が輩出《はいしゅつ》し、宮廷《きゅうてい》儀礼《ぎれい》と詩文《しぶん》などの文化が栄えた。これを弘仁文化という。律令政治《りつりょうせいじ》の整備のために編纂された『弘仁格《こうにんきゃく》』『弘仁式《こうにんしき》』、年中行事の次第《しだい》を定めた『内裏式《だいりしき》』、詩文《しぶん》の粋《すい》を集めた『凌雲集《りょううんしゅう》』『文華秀麗集《ぶんかしゅうれいしゅう》』『経国集《けいこくしゅう》』などはその精華《せいか》である。平城朝に停廃《ていはい》された諸行事《しょぎょうじ》が復活し、さらに内宴《ないえん》・朝覲行幸《ちょうきんぎょうこう》などの新《しん》儀《ぎ》の出現したことや、弘仁九年礼法《れいほう》・服色や、宮殿《きゅうでん》・諸門《しょもん》の名を唐風《からふう》に改めたことなども、嵯峨天皇の意向によるものであろう。後宮《こうきゅう》も繁栄し、『本朝皇胤《ほんちょうこういん》紹運録《じょううんろく》』には五十名の皇子女がみえる。弘仁五年その一部は源朝臣《みなもとのあそん》の姓《せい》をもって臣籍《しんせき》に降《くだ》り、信《まこと》・常《ときわ》・融《とおる》らの嵯峨源氏《さがげんじ》は一時大いに廟堂《びょうどう》に活躍した。弘仁十四年四月十六日皇太弟大伴親王《こうたいていおおともしんのう》(淳和《じゅんな》天皇)に譲《じょう》位《い》後は皇太后《こうたいごう》橘《たちばなの》嘉智子《かちこ》とともに冷然院《れいぜいいん》に住み、さらに天長《てんちょう》十年(八三三)淳和天皇が皇太子正良《まさら》親王(仁明《にんみょう》天皇)に譲位すると、洛西《らくせい》の嵯峨院《さがいん》に隠棲し、腹心の藤原三守《ふじわらのみもり》・安倍安仁《あべのやすひと》らを院司《いんし》として、風流《ふうりゅう》韻事《いんじ》を事とした。詩文《しぶん》にすぐれ、作品は『凌雲集《りょううんしゅう》』以下にみえる。また書にもすぐれ、「光定戒牒《こうじょうかいちょう》」などの遺品《いひん》があり、空海《くうかい》・橘逸勢《たちばなのはやなり》とともに三筆《さんぴつ》と称せられる。承和《じょうわ》九年(八四二)七月十五日崩《ほう》じた。五十七歳。遺詔《いしょう》して、「思下欲無位無号詣二山水一而逍遥、無事無為翫二琴書一以澹泊上」と心境《しんきょう》を述べ、「死何用重二国家之費一」と薄葬《はくそう》を命じたところに、その風格《ふうかく》がうかがわれる。しかし、その大きな権威が失われたことは、ただちに皇位継承《こういけいしょう》をめぐる「承和《じょうわ》の変《へん》」の勃発《ぼっぱつ》をみ、前期摂関制《せっかんせい》と呼ばれる北家藤《ほっけふじ》原氏《わらし》の擡頭《たいとう》を招くこととなった。

参考文献　林陸朗『上代政治社会の研究』、渡辺直彦『日本古代官位制度の基礎的研究』、川口久雄『平安朝日本漢文学史の研究』、目崎徳衛「政治史上の嵯峨上皇」(『日本歴史』二四八)　（目崎　徳衛）

〔**嵯峨山上陵**《さがのやまのえのみささぎ》〕京都市右京区北嵯峨朝原山町《うきょうくきたさがあさはらやまちょう》にある。大覚寺《だいかくじ》の西北七〇〇メートル、嵯峨野《さがの》の北辺をめぐる御廟山の山頂に位置し、形状は円丘《えんきゅう》、もとは数個の巨石が置かれていたという。『続日本後紀《しょくにほんこうき》』承和《じょうわ》九年(八四二)七月丁未《ていび》(十五日)条によると、天皇は崩御《ほうぎょ》に際し薄葬《はくそう》のことを詳細に遺命《いめい》し、葬所《そうしょ》については、山北幽僻不毛《さんほくゆうへきふもう》の地《ち》を択《えら》び、壙穴《こうけつ》は棺《ひつぎ》を容《い》れれば足《た》り、封《ふう》を築《きず》かず草《くさ》を生《は》えしめ、永《なが》く祭祀《さいし》を断《た》つべき旨を示した。崩御の翌十六日遺詔に従って山北幽僻の地に陵所を定め、即日葬儀《そうぎ》をおえた。『延喜《えんぎ》式《しき》』諸陵寮《しょりょうりょう》に当陵の記載がないのは、薄葬の趣旨が遵奉《じゅんぽう》されたためであろう。しかし即位《そくい》や改元《かいげん》の折には山陵使《さんりょうし》が立てられていたことが記録類にみえる。中世以降所伝を失い、嵯峨《さが》の二尊院《にそんいん》あるいは清《せい》涼寺《りょうじ》の境内《けいだい》にある石塔《せきとう》が陵所に擬されていたが、『山城志《やましろし》』『山陵志《さんりょうし》』は当所を陵所として示し、慶応《けいおう》元年(一八六五)修補《しゅうほ》を加え巡検使《じゅんけんし》が派遣された。

参考文献　谷森善臣『山陵考』(『(新註)皇学叢書』五)、上野竹次郎『山陵』上　（戸原　純一）

【弘《こう》 仁《にん》】嵯峨《さが》・淳和《じゅんな》両天皇の時の年号(八一〇～二四)。大同《だいどう》五年九月十九日に改元《かいげん》。代始《だいはじめ》による。十五年正月五日天長《てんちょう》と改元。

(山田　英雄)

淳和《じゅんな》天皇

七八六～八四〇　在位八二三～三三

延暦《えんりゃく》五年(七八六)桓武《かんむ》天皇の第三皇子として生まれた。母は藤原百川《ふじわらのももかわ》の女旅子《むすめたびこ》。諱《いみな》は大伴。弘仁《こうにん》元年(八一〇)九月の薬子《くすこ》の変《へん》のため、同月十三日に皇太子高丘親王《こうたいしたかおかしんのう》が廃《はい》されたので同日中務卿《なかつかさきょう》から皇太弟《こうたいてい》となり、同十四年四月十六日嵯峨《さが》天皇の譲位《じょうい》により践祚《せんそ》。清原夏野《きよはらのなつの》らを登用《とうよう》し、良吏《りょうり》を登用し地方官《ちほうかん》に大幅な権限を与え勘解由使《かげゆし》を再設するなどの政治改革《せいじかいかく》を行い、さらに検非違使《けびいし》を整備し、一方親王任国《しんのうにんごく》や勅旨田《ちょくしでん》を置いて皇室財政《こうしつざいせい》の強化をはかり、『日本後紀《にほんこうき》』の編纂を継続させ、『令義解《りょうのぎげ》』をも撰述《せんじゅつ》させた。天長《てんちょう》十年(八三三)二月二十八日皇太子正良《まさら》親王(仁明《にんみょう》天皇)への譲位《じょうい》後は淳和院《じゅんないん》に住み、承和《じょうわ》七年(八四〇)五月八日死去。五十五歳。同十三日遺骨は遺詔《いしょう》に従い京都大原野《おおはらの》の西山嶺《にしやまのみね》に散骨《さんこつ》された。

参考文献　井上満郎『平安時代軍事制度の研究』、石母田正『古代末期政治史序説』、坂本太郎『六国史』(吉川弘文館『日本歴史叢書』二七)、押部佳周『日本律令成立の研究』、辻善之助『日本仏教史』一、笠井純一「天長・承和期における地方行政監察について」(井上薫教授退官記念会編『日本古代の国家と宗教』下所収)、福井俊彦「淳和朝官人」(早稲田大学高等学院『研究年誌』一一)

(福井　俊彦)

〔大原野西嶺上陵《おおはらののにしのみねのえのみささぎ》〕 京都市西京区《にしきょうく》大原野《おおはらの》南春日町《みなみかすがちょう》にあり、同町の西方にそびえる大原山《おおはらやま》(小塩山《おしおやま》ともいう)の山頂に位置する。形状は東西五〇メートル、南北四〇メートルの東面する長円丘《ちょうえんきゅう》。この地は古くから経塚《きょうづか》または清塚《きよづか》といわれ、小礫《しょうれき》を積み重ねた塚が数基東西に並んでいたといわれる。『続日本後紀《しょくにほんこうき》』によると、天皇は崩御《ほうぎょ》に際して、山陵《さんりょう》を営《いとな》まず骨を砕《くだ》いて山中に散ずべきことを遺命《いめい》した。よって承和《じょうわ》七年(八四〇)五月十三日乙訓郡《おとくにぐん》物集村《もずむら》に火葬し、薄葬《はくそう》の遺詔《いしょう》に従って大原野の西山《にしやま》の嶺《みね》の上《うえ》に散骨《さんこつ》し、国忌《こき》・荷《の》前《ざき》を停《とど》めた。この故に『延喜式《えんぎしき》』諸陵寮《しょりょうりょう》は当陵を載せていない。元禄《げんろく》十二年(一六九九)の江戸幕府による諸陵探索《しょりょうたんさく》の折には、物集村の御廟塚《ごびょうづか》と称する火葬の地を陵所に擬したが、幕末《ばくまつ》の修陵《しゅうりょう》に際し、散骨の故地《こち》について山陵を起し、陵号《りょうごう》を大原野西嶺上陵と称した。なお御廟塚は、このとき改めて火葬塚に治定《ちてい》され、現在京都府向日市《むこうし》物集女《もずめ》町出口に属している。

参考文献 上野竹次郎『山陵』上

(戸原 純一)

【天長《てんちょう》】 淳和《じゅんな》・仁明《にんみょう》両天皇の時の年号(八二四〜三四)。弘仁《こうにん》十五年正月五日改元《かいげん》。代始《だいはじめ》による。文章《もんじょう》博士《はかせ》都腹赤《みやこのはらか》・右近衛権少将《うこのえのごんのしょうしょう》南淵弘貞《みなぶちのひろさだ》・弾正大弼《だんじょうだいひつ》菅原清公《すがわらのきよとも》の撰申《せんしん》による。十一年正月三日承《じょう》和《わ》と改元。

(山田 英雄)

仁《にん》明《みょう》天皇

八一〇〜五〇　在位八三三〜五〇

弘仁《こうにん》元年(八一〇)、嵯峨《さが》天皇の第一皇子として誕生。母は橘清友《たちばなのきよとも》の女《むすめ》嘉智子《かちこ》。諱《いみな》は正良《まさら》。弘仁《こうにん》十四年四月、叔父《おじ》にあたる淳和《じゅんな》天皇の皇太子《こうたいし》に立った。時に十四歳。天長《てんちょう》十年(八三三)二月二十八日、淳和天皇の譲位《じょうい》を受けて践祚《せんそ》。時に二十四歳。皇太子にははじめ淳和上皇の皇子恒貞親王《つねさだしんのう》が立ったが、嵯峨・淳和両上皇崩御《ほうぎょ》後の承和《じょうわ》九年(八四二)七月、伴健岑《とものこわみね》らの謀反《むほん》が発覚(承和の変)、恒貞親王は皇太子を廃され、同年八月、天皇の第一皇子道康《みちやす》親王(のち文徳《もんとく》天皇)が皇太子に立てられた。嘉祥《かしょう》三年(八五〇)三月十九日、病により出家、同月二十一日、清涼殿《せいりょうでん》に崩御。四十一歳。陵地深草《ふかくさ》の名により深草《ふかくさ》帝《てい》(天皇)とも称される。

(厚谷　和雄)

〔深草陵《ふかくさのみささぎ》〕　京都市伏見区《ふしみく》深草東伊達町《ふかくさひがしだてちょう》にある。形状は方丘《ほうきゅう》で南面し、堀《ほり》がめぐっている。嘉祥《かしょう》三年(八五〇)三月二十五日葬送、陵域には樹木を一丈おきに列栽《れっさい》し、陀羅尼《だらに》を納めた卒都婆《そとば》を設け、天皇ゆかりの清涼殿《せいりょうでん》を陵側に移して嘉祥寺《かじょうじ》としたことが『文徳天皇実録《もんとくてんのうじつろく》』にみえる。『日本三代実録《にほんさんだいじつろく》』によるとさらに貞観寺《じょうがんじ》が造営されたが、貞観《じょうがん》三年(八六一)に兆域《ちょういき》を定め、同八年には「改二定深草山陵四至一、東至二大墓一、南至二純子内親王冢北垣一、西至二貞観寺東垣一、北至レ谷」と改められた。『延喜式《えんぎしき》』諸陵寮《しょりょうりょう》の制は「兆域《ちょういき》東西一町五段、南七段、北二町、守戸《しゅこ》五烟」で近陵《きんりょう》に列している。中世以降所在を失い、現深草北陵《ふかくさのきたのみささぎ》が陵所に擬されたこともあったが、幕末に嘉祥寺や貞観寺の廃址《はいし》に近く位置している東車塚と称する塚を陵所と考定《こうてい》し、修治《しゅうち》が加えられた。

参考文献　上野竹次郎『山陵』上　（戸原　純一）

【承和《じょうわ》】仁明《にんみょう》天皇の時の年号（八三四〜四八）。天長《てんちょう》十一年正月三日に改元《かいげん》。代始《だいはじめ》による。十五年六月十三日嘉祥《かしょう》と改元。　（山田　英雄）

【嘉祥《かしょう》】仁明《にんみょう》・文徳《もんとく》両天皇の時の年号（八四八〜五一）。「かじょう」とも読む。承和《じょうわ》十五年六月十三日改元《かいげん》。祥瑞《しょうずい》による。勘申者《かんじんしゃ》不明《ふめい》。出典不明。『漢書《かんじょ》』匡衡伝《きょうこうでん》に「百姓安陰陽和、神霊応而嘉祥見」、『文選《もんぜん》』東京賦《とうけいふ》に「総集㆓瑞命㆒、備致㆓嘉祥㆒」とみえる。四年四月二十八日仁寿《にんじゅ》と改元。　（土田　直鎮）

文徳《もんとく》天皇　八二七〜五八　在位八五〇〜五八

仁明《にんみょう》天皇の第一皇子。母は、藤原冬嗣《ふじわらのふゆつぐ》の女《むすめ》順子《じゅんし》。諱《いみな》は道康《みちやす》。天長《てんちょう》四年（八二七）八月生。承和《じょうわ》九年（八四二）二月、元服《げんぷく》。七月の承和の変で皇太子《こうたいし》を廃された淳和《じゅんな》天皇皇子恒貞親王《つねさだしんのう》にかわり、八月立太子《りったいし》。嘉祥《かしょう》三年（八五〇）三月二十一日、仁明天皇の死去により践祚《せんそ》、四月十七日即位《そくい》。十一月、第一皇子惟《これ》喬《たか》らを越えて、右大臣《うだいじん》藤原良房《よしふさ》女明子《あきらけいこ》の所生で生後九ヵ月の第四皇子惟仁《これひと》（清和《せいわ》天皇）が皇太子に立ち、外戚として政治を主導した良房は、天安元年（八五七）二月、人臣初の太政大臣《だじょうだいじん》に進んだ。ただし、天皇には惟喬立太子の希望があったという。同二年八月二十三日、突然発病し、四日目の同二十七日没。三十二歳。陵墓の地から田邑帝《たむらのみかど》と称す。

参考文献　坂本太郎「藤原良房と基経」（『坂本太郎著作集』一一所収）、目崎徳衛「惟喬・惟仁親王の東宮争い」（『日本歴史』二一二）　（山口　英男）

〔田邑陵《たむらのみささぎ》〕　京都市右京区《うきょうく》太秦三尾《うずまささんび》町にあり、形状は円丘《えんきゅう》で南面する。『日本三代実録《にほんさんだいじつろく》』によると、天《てん》安《あん》二年（八五八）八月二十七日崩御《ほうぎょ》当日直ちに山作司《さんさくし》などの送葬《そうそう》の諸司《しょし》を定め、九月二日山城国葛野《やましろのくにかどの》郡《ぐん》田邑郷《たむらごう》真原岡に山陵《さんりょう》の地を点定《てんてい》、同月六日真原山陵に葬ったが、同年十二月に十陵四墓の制が定められると、近陵《きんりょう》の列に加えられ（延長《えんちょう》八年（九三〇）遠陵《えんりょう》に移る）、さらに陵名を田邑山陵《たむらのやまのみささぎ》と改め、管守《かんしゅ》のために陵戸《りょうこ》四烟が配されている。『延喜式《えんぎしき》』諸陵寮《しょりょうりょう》は田邑陵として掲げ、「兆域《ちょういき》東西四町、南北四町、守《しゅ》戸《こ》五烟」とある。後世所伝を失い、江戸時代には洛西《らくせい》の天皇の杜《もり》古墳（史跡《しせき》、京都市西京区《にしきょうく》御陵塚《ごりょうつか》ノ越《こし》町）が陵所に擬されていたが、谷森善臣《たにもりよしおみ》は『山陵考《さんりょうこう》』において当所を考定、幕末に行われた修陵《しゅうりょう》の折に陵所として修治《しゅうち》を加え、慶応《けいおう》元年（一八六五）竣工に際し巡検使《じゅんけんし》が発遣された。

参考文献　上野竹次郎『山陵』上　（戸原　純一）

【仁寿《にんじゅ》】　文徳《もんとく》天皇の時の年号（八五一〜五四）。嘉祥《かしょう》四年四月二十八日改元《かいげん》。代始《だいはじめ》および祥瑞《しょうずい》（白亀《はくき》・甘露《かんろ》など）による。出典は、『文徳天皇実録《もんとくてんのうじつろく》』に「孫氏瑞応図云、甘露降於草木、食之令人寿、其改嘉祥四年、為仁寿元年」とあり、『孫氏瑞応図』の文は、『芸文類聚《げいもんるいじゅう》』九五、祥瑞部《しょうずいぶ》上、甘露にみえる。四年十一月三十日、斉衡《さいこう》と改元。

参考文献　森本角蔵『日本年号大観』　（石井　正敏）

【斉《さい》衡《こう》】文徳《もんとく》天皇の時の年号（八五四～五七）。仁寿《にんじゅ》四年十一月三十日に改元《かいげん》。石見国《いわみのくに》が醴泉《れいせん》の瑞《ずい》を奉《たてまつ》ったことによる。改元《かいげん》の詔《みことのり》に「欲使曠代禎符及万邦以共慶、随時徳政逐五帝而斉衡」とある。四年二月二十一日天安《てんあん》と改元。　（山田　英雄）

【天《てん》安《あん》】文徳《もんとく》・清和《せいわ》両天皇の時の年号（八五七～五九）。斉衡《さいこう》四年二月二十一日改元《かいげん》。同三年常陸国《ひたちのくに》が木連理、美作国《みまさか》が白鹿を献じたことによる。勘申者《かんじんしゃ》、出典不明。三年四月十五日貞観《じょうかん》と改元。　（山田　英雄）

清《せい》和《わ》天皇

八五〇～八〇　在位八五八～七六

文徳《もんとく》天皇の第四皇子。母は藤原良房《ふじわらのよしふさ》の女明子《むすめあきらけいこ》。諱《いみな》は惟仁《これひと》。嘉祥《かしょう》三年（八五〇）三月二十五日、良房の一条第で生まれ、同年十一月二十五日第一皇子で紀名虎《きのなとら》の女静子《しずこ》の生んだ惟喬親王《これたかしんのう》を越えて皇太子《こうたいし》となり、天安《てんあん》二年（八五八）八月二十七日に文徳天皇死去のあとを受けて九歳で践祚《せんそ》。政治は外祖父《がいそふ》で太政大臣《じょうだいじん》の良房に委《ゆだ》ね、貞観《じょうがん》六年（八六四）の元服《げんぷく》後も変わらず、同八年応天門《おうてんもん》の変《へん》が起ると、改めて勅《ちょく》命《めい》により天下《てんか》の政治を摂行《せっこう》させ人臣摂政《じんしんせっしょう》の例を開き、『続日本後紀《しょくにほんこうき》』を編纂し、『貞観交替式《じょうがんこうたいしき》』『貞観格《じょうがんきゃく》』『貞観式《じょうがんしき》』を施行《しこう》した。同十四年の良房の死後はその養子基経《もとつね》の輔佐《ほさ》によりみずから政治をみた。天皇は学問を好み、鷹狩《たかがり》などは好まなかったといわれる。同十八年十一月二十九日、皇太子貞明親王《さだあきら》(陽成《ようぜい》天皇)に譲位《じょうい》し、元慶《がんぎょう》三年(八七九)五月八日夜落飾入道《らくしょくにゅうどう》。法諱《ほうき》は素真。翌年十二月四日粟田院《あわたいん》で死去。三十一歳。京都の水尾《みずのお》に葬ったので水尾帝《みずのおてい》とも称する。

参考文献 佐伯有清『伴善男』(『人物叢書』一五六)、櫛田良洪『真言密教成立過程の研究』、目崎徳衛「惟喬・惟仁親王の東宮争い」(『日本歴史』二一二)、水原一「惟喬・惟仁位争い説話について」上(『駒沢大学文学部研究紀要』三三)

(福井　俊彦)

〔水尾山陵《みずのおやまのみささぎ》〕 京都市右京区嵯峨水尾清和《うきょうくさがみずおせいわ》の水尾山《みずのおやま》の山腹にあり、愛宕山《あたごやま》の西南二キロの山間狭隘《きょうあい》の地で、陵形《りょうけい》は地を方形《ほうけい》に画するのみである。『日本三代実録《にほんさんだいじつろく》』によると元慶《がんぎょう》四年(八八〇)十二月七日洛東《らくとう》の上《かみ》粟田山《あわたやま》に火葬し、かねて終焉《しゅうえん》の地と定めおかれたこの地に葬り、水尾山陵と称されたが、薄葬《はくそう》の遺詔《いしょう》に従って山陵《さんりょう》を起さず、『延喜式《えんぎしき》』諸陵寮《しょりょうりょう》は当陵を載せていない。陵下の水尾の里には天皇に関する遺跡《いせき》もあり、古来その所伝《しょでん》を失わず、幕末修陵《ばくまつしゅうりょう》の際に修治《しゅうち》を加えた。火葬塚《かそうづか》は左京区黒谷町《さきょうくくろだにちょう》の金戒光明寺《こんかいこうみょうじ》の裏山にある経塚と称する塚で、大正《たいしょう》十五年(一九二六)に治定《ちてい》された。

参考文献 上野竹次郎『山陵』上

(戸原　純一)

【貞観《じょうがん》】 清和《せいわ》・陽成《ようぜい》両天皇の時の年号(八五九～七七)。天安《てんあん》三年四月十五日改元《かいげん》。代始《だいはじめ》による。十九年四月十六日元慶《がんぎょう》と改元。

(山田　英雄)

陽《よう》成《ぜい》天皇

八六八―九四九　在位八七六―八八四

貞観《じょうがん》十年（八六八）十二月十六日、清和《せいわ》天皇の第一皇子として染殿院《そめどののいん》に誕生。母は藤原長良《ふじわらのながら》の女《むすめ》の女御《にょうご》高子《たかいこ》。諱《いみな》は貞明《さだあきら》。同十一年二月一日、清和天皇の皇太子《こうたいし》となり、同十八年十一月二十九日、清和天皇の譲位《じょうい》を受けわずか九歳で染殿院に践祚《せんそ》、母の兄の藤原基経《もとつね》が摂政《せっしょう》となった。元慶《がんぎょう》六年（八八二）正月、十五歳で元服《げんぷく》したが、同八年二月四日、二条院《にじょういん》（陽成院《ようぜいいん》）に遷御《せんぎょ》した後に遜位《そんい》、ただちに太上天皇《だじょうてんのう》の尊号《そんごう》がたてまつられ、翌五日基経により仁明《にんみょう》天皇の皇子時康親王《ときやすしんのう》が擁立《ようりつ》され践祚、光孝《こうこう》天皇となった。天暦《てんりゃく》三年（九四九）九月二十日、病により出家、同月二十九日、冷然院《れいぜいいん》に崩御《ほうぎょ》。八十二歳。遺骸は円覚寺《えんかくじ》に移され、十月三日、山城神楽岡《やましろかぐらがおか》に葬られた。その遜位については、病弱説《びょうじゃくせつ》（『日本三代実録《にほんさんだいじつろく》』）と天皇の乱行《らんぎょう》を憂《うれ》えた基経により廃位されたとする暴君説《ぼうくんせつ》（『愚管抄《ぐかんしょう》』）とがあるが、後者の説が今日一般的である。

参考文献　『大日本史料』一ノ九、天暦三年九月二十九日条、角田文衛「陽成天皇の退位」（『王朝の映像』所収）

（厚谷　和雄）

〔神楽岡東陵《かぐらがおかのひがしのみささぎ》〕京都市左京区《さきょうく》浄土寺《じょうどじ》真如町《しんにょちょう》にある。形状は円丘《えんきゅう》で南面し、周囲は八角形の空堀《からぼり》がめぐっている。天暦《てんりゃく》三年（九四九）九月二十九日崩御《ほうぎょ》、その夜、柩《ひつぎ》を円覚寺《えんかくじ》に移し、十月三日に神楽岡の東地に葬ったことが『日本紀略《にほんきりゃく》』にみえるが、中世以降久しく所在を失うに至った。安政《あんせい》二年（一八五五)京都《きょうと》町奉行《まちぶぎょう》浅野《あさの》長祚《ながよし》は『歴代廟陵考補遺《れきだいびょうりょうこうほい》』において、吉田山すなわち神楽岡の東にあたる真如堂《しんにょどう》の門前《もんぜん》の小丘を陵所に擬したが、これが現在の陵で、幕末に行われた修陵《しゅうりょう》の折に修治《しゅうち》を加え、慶応《けいおう》元年(一八六五)竣工に際して朝廷から巡検使《じゅんけんし》が発遣された。

参考文献 上野竹次郎『山陵』上

(戸原　純一)

【元慶《がんぎょう》】 陽成《ようぜい》・光孝《こうこう》両天皇の時の年号(八七七～八八五)。貞観《じょうがん》十九年四月十六日改元《かいげん》。即位《そくい》による。勘《かん》申者《じんしゃ》不明。出典不明。『周易《しゅうえき》』象上伝《しょうじょうでん》に「元吉在ㇾ上、大有ㇾ慶也」、『文選《もんぜん》』弁亡論《べんぼうろん》に「是以其安也、則黎元与ㇾ之同ㇾ慶」とみえる。九年二月二十一日仁和《にんな》と改元。

(土田　直鎮)

光《こう》孝《こう》天皇

八三〇～八七　在位八八四～八七

天長《てんちょう》七年(八三〇)仁明《にんみょう》天皇第三皇子として誕生。諱《いみな》は時康《ときやす》。母は贈《ぞう》太政大臣《だじょうだいじん》藤原総継《ふじわらのふさつぐ》の女《むすめ》贈皇太后沢子《たくし》。承和《じょうわ》十三年(八四六)四品《しほん》、嘉祥《かしょう》元年(八四八)常陸太守《ひたちのたいしゅ》。翌々年中務卿《なかつかさきょう》、仁寿《にんじゅ》元年(八五一)三品、貞観《じょうがん》六年(八六四)上野太守《こうずけのたいしゅ》、同八年大宰帥《だざいのそち》、同十二年二品、同十八年式部卿《しきぶきょう》、元慶《がんぎょう》六年(八八二)一品。太政大臣藤原基経《ふじわらのもとつね》の廃立《はいりつ》により、陽成天皇《ようぜいてんのう》のあとをうけ同八年二月四日五十五歳で践祚《せんそ》。天皇は基経を徳《とく》として、万機《ばんき》の政《まつりごと》をまず基経に諮稟《しりん》してのち奏上《そうじょう》させたが、これがいわゆる関白《かんぱく》の実質的なはじめで、基経の勢威はさらに強化された。仁和《にんな》三年(八八七)八月天皇病気重態《びょうきじゅうたい》となるや、基経は天皇の意を察して同月二十五日天皇の第七皇子源定省《みなもとのさだみ》(のちの宇多《うだ》天皇)を親王に復し、翌二十六日皇太子とした。天皇は同日五十八歳で崩御《ほうぎょ》。京都市宇多野の後田邑陵《のちのたむらのみささぎ》(小松山陵《こまつやまのみささぎ》)に葬る。よって小松帝《こまつのみかど》ともいう。

(藤木　邦彦)

〔後田邑陵《のちのたむらのみささぎ》〕　京都市右京区宇多野馬場町《うきょうくうたのばば》(仁和寺《にんなじ》の西南約一〇〇メートル)にあり、径約二〇メートルの円丘《えんきゅう》で南面し、周囲を土塁《どるい》が方形にめぐっている。『日本紀略《にほんきりゃく》』によると仁和《にんな》三年(八八七)九月二日小松山陵《こまつやまのみささぎ》に葬り、同月八日四至《しいし》を定《さだ》め、陵域内の八寺を破却せしめた。文徳《もんとく》天皇の田邑陵《たむらのみささぎ》に対して陵号を後田邑陵という。『延喜式《えんぎしき》』諸陵寮《しょりょうりょう》は近陵《きんりょう》に班し、「在二山城国葛野郡田邑郷立屋里小松原一、陵戸《りょうこ》四烟、四至、西限芸原岑、南限大道、東限清水寺東、北限大岑」と記している。『江家次第《ごうけしだい》』は陵所について「在二仁和寺西、大教院艮《うしとら》一」とし、『中右記《ちゅうゆうき》』嘉承《かしょう》元年(一一〇六)二月二十八日条では仁和寺北《きた》(喜多)院《いん》の僧房《そうぼう》再興の際に、その西築垣《ついがき》が陵域を犯《おか》したことを記しているので、陵所は北院の西側に接していたことが知られる。しかし、のち陵所は所伝を失い、拠るべき地名や寺院が亡びたため近世陵所について諸説が行われ、文久《ぶんきゅう》修陵の際も決定をみるに至らなかった。明治《めいじ》二十二年(一八八九)に天王塚《てんのうづか》の称のある現所を陵に治定《ちてい》した。

参考文献　『大日本史料』一ノ一、仁和三年九月二日条、『法規分類大全』二編宮廷門、谷森善臣『山陵考』(『(新註)皇学叢書』五)、津久井清影『聖蹟図志』、上野竹次郎『山陵』上

(戸原　純一)

【仁和《にんな》】　光孝《こうこう》・宇多《うだ》両天皇の時の年号(八八五〜八八九)。元慶《がんぎょう》九年二月二十一日改元《かいげん》。代始《だいはじめ》による。出典は不詳。五年四月二十七日、寛平《かんぴょう》と改元。

参考文献　森本角蔵『日本年号大観』

（石井　正敏）

宇《う》多《だ》天皇　八六七〜九三一　在位八八七〜九七

貞観《じょうがん》九年(八六七)五月五日、光孝《こうこう》天皇の第七皇子として誕生。母は桓武《かんむ》天皇皇子仲野《なかの》親王の女班子《はんし》女王。諱《いみな》は定省《さだみ》。元慶《がんぎょう》年間(八七七〜八五)侍従《じじゅう》となり王侍従《おうじじゅう》と称された。同八年四月十三日、他の皇子女とともに臣籍に降《くだ》り、源朝臣《みなもとのあそん》姓を賜《たま》わったが、光孝天皇崩御《ほうぎょ》の直前、天皇の意を察した藤原基経《ふじわらのもとつね》の推挙で、仁和《にんな》三年(八八七)八月二十五日親王、二十六日立太子《りったいし》、同日天皇の崩御により践祚《せんそ》、十一月十七日即位《そくい》。時に二十一歳。基経の功に報いるため同二十一日、万機巨細《ばんききょさい》皆基経に関白《あずかりもう》させる詔《みことのり》を降《くだ》したが、基経の辞表《じひょう》に対する重ねての優詔《ゆうしょう》からいわゆる阿衡《あこう》の紛議《ふんぎ》が起り、藤原氏の専横に対する不快の念を強めた。寛平《かんぴょう》三年(八九一)正月基経死んで後、嗣子時平《ししときひら》の若年に乗じて親政《しんせい》にあたり、綱《こう》紀《き》を粛正《しゅくせい》し、民政《みんせい》に努め、文運《ぶんうん》を興して、その治世《ちせい》は後世寛平《かんぴょう》の治《ち》と称せられた。遣唐使《けんとうし》の派遣も計画されたが中止され、ここに日唐間《にっとうかん》の公的交通は終った。能吏《のうり》の藤原保則《ふじわらのやすのり》や鴻儒《こうじゅ》の菅原道真《すがわらのみちざね》らを重用したが、特に道真に対する信任は厚く、敦仁《あつぎみ》親王(醍醐《だいご》天皇)の立太子も自己の退位も、ただ道真のみに内意を示してその意見を聞いた。同九年七月三日、三十一歳で皇太子《こうたいし》敦仁親王に譲位《じょうい》、太上天皇《だじょうてんのう》の尊号《そんごう》を受け、その後は朱雀院《すざくいん》・仁和寺御室《にんなじおむろ》・亭子院《ていじいん》・六条院《ろくじょういん》・宇多院《うだいん》などに住した。

天皇は幼時より仏教を篤信《とくしん》し、昌泰《しょうたい》二年(八九九)十月十四日、仁和寺《にんなじ》で出家、法名《ほうみょう》を空理《くうり》(のち灌頂《かんじょう》を受けて金剛覚《こうごうかく》と改める)と号し、太上天皇の尊号を辞して法皇《ほうおう》と称した。すなわち法皇の初例である。天皇は和歌にも堪能で、御製《ぎょせい》は『古今和歌集《こきんわかしゅう》』にもあり、御集《ぎょしゅう》もあった。またしばしば歌会を催《もよお》し、歌合《うたあわせ》を盛行させた。譲位《じょうい》に際しては醍醐天皇に訓戒《くんかい》(いわゆる『寛平御遺誡《かんぴょうのごゆいかい》』)を与え、特に道真を重用すべきことを求めたが、延喜《えんぎ》元年(九〇一)正月、時平の讒言《ざんげん》で道真は失脚した。しかし、醍醐朝を通じてその発言力は大きかった。承平《じょうへい》元年(九三一)七月十九日、仁和寺御室で六十五歳をもって崩御、大内山陵《おおうちやまのみささぎ》に葬られた。宇多院と諡《おくりな》され、また亭子院帝《ていじいんてい》・寛平法皇《かんぴょうほうおう》とも称された。後宮には藤原温子《ふじわらのおんし》(基経女)・同胤子《いんし》(高藤《たかふじ》女、醍醐天皇母)らがあり、皇子女は二十人。うち醍醐天皇以外の敦実《あつざね》親王ら各親王の後は源姓《みなもとせい》を賜《たま》わり、中にも敦実親王の系統は栄え、宇多源氏《うだげんじ》と称された。天皇の日記に『宇多《うだ》天皇宸記《てんのうしんき》』十巻があったが、今は伝わらず、逸文《いつぶん》が存するのみである。

宇多天皇画像　京都市　仁和寺所蔵

参考文献　『大日本史料』一ノ六、承平元年七月十九日条、目崎徳衛「宇多上皇の院と国政」(古代学協会編『延喜天暦時代の研究』所収)、所功「〝寛平の治〟の再検討」(『皇学館大学紀要』五)　(藤木　邦彦)

〔大内山陵《おおうちやまのみささぎ》〕 京都市右京区《うきょうく》鳴滝《なるたき》宇多野谷《うたのたに》にあり、仁和寺《にんなじ》の北一キロにあたる。陵形は方形にして封土なく、周囲に空堀をめぐらしている。天皇崩御の承平《じょうへい》元年(九三一)七月十九日の夜、遺骸を仁和寺より大内山の魂殿に遷し、九月六日未明同所に火葬、拾骨のことなくそのまま土を覆って陵所とした。当陵は遺詔によって荷前《のざき》に列せず、その所伝は早く失われたが、『歴代廟陵考補遺《れきだいびょうりょうこうほい》』(安政二年(一八五五)浅野長祚著)は現陵の地を示し、文久修陵の際に修治を加えた。

参考文献 『大日本史料』一ノ六、承平元年七月十九日～二十八日条・同九月六日条、上野竹次郎『山陵』上　(戸原　純一)

【寛平《かんぴょう》】 宇多《うだ》・醍醐《だいご》両天皇の時の年号(八八九～九八)。「かんぺい」とも読む。仁和《にんな》五年四月二十七日改元《かいげん》。即位《そくい》による。勘申者《かんじんしゃ》不明。出典不明。『後漢書《ごかんじょ》』郭躬伝《かくきゅうでん》に「躬家世掌レ法、務在二寛平一」、『漢書《かんじょ》』王尊伝《おうそんでん》に「寛大之政行、和平之気通」とみえる。十年四月二十六日昌泰《しょうたい》と改元。

参考文献 『大日本史料』一ノ一、寛平元年四月二十七日条　(土田　直鎮)

醍醐《だいご》天皇

八八五～九三〇　在位八九七～九三〇

仁和《にんな》元年(八八五)正月十八日、宇多《うだ》天皇の第一皇子として誕生。母は内大臣《ないだいじん》藤原高藤《ふじわらのたかふじ》の娘《むすめ》贈皇太后《ぞうこうたいごう》胤子《いんし》。諱《いみな》は維城、のち敦仁《あつぎみ》。寛平《かんぴょう》元年(八八九)親王宣下《しんのうせんげ》、同五年立太子《りったいし》、同九年七月三日、十三歳で元服《げんぷく》、同日宇多天皇の譲位《じょうい》で践祚《せんそ》、同十三日即位《そくい》。上皇《じょうこう》は譲位に際して天皇に訓誡《くんかい》(『寛平御遺誡《かんぴょうのごゆいかい》』)を与え、藤原時平《ふじわらのときひら》と菅原道真《すがわらのみちざね》を併用し、特に道真を重用すべきことを諭《さと》した。天皇は上皇の意を承けて親政《しんせい》を続けるが、延喜《えんぎ》元年(九〇一)右大臣《うだいじん》道真は讒言《ざんげん》によって大宰権帥《だざいのごんのそち》に左遷《させん》され、左大臣《さだいじん》時平独《ひと》り天皇を補佐して政権を握った。時平は延喜九年三十九歳で没するが、すでに父基経《もとつね》の遺志によって後《こう》宮《きゅう》に納れた妹穏子《おんし》は、皇太子保明親王《やすあきらしんのう》を生んで女御《にょうご》となっており、のち延長《えんちょう》元年(九二三)には中宮《ちゅうぐう》に進み、時平の弟忠平《ただひら》も翌二年左大臣に進んで、穏子と協力して兄時平の政権を継承した。しかし、上皇は天皇の朝を通じてなお健在で、国政上にもしばしば指示を与え、天皇も君徳《くんとく》すぐれて終始親政《しんせい》に精励《せいきん》した。延喜二年には、時平に班田《はんでん》の励行、新規勅旨田開発《しんきちょくしでんかいはつ》の禁止、院宮王臣家《いんぐうおうしんけ》による山野占有の停止など、一連の改革を行わせて律令制《りつりょうせい》の維持を図り、同十四年には官人《かんじん》に国政上の意見を提出させ(三善清行《みよしきよゆき》『意見封事十二箇条《いけんふうじじゅうにかじょう》』)、また随時ひろく政績《せいせき》への批判をきいた。

なお、この一代における国家的事業として『三代実録《さんだいじつろく》』『延喜格式《えんぎきゃくしき》』の編纂、『古今和歌集《こきんわかしゅう》』の勅撰《ちょくせん》などがある。中にも後者は、朝廷《ちょうてい》・後宮《こうきゅう》を通じて風雅《ふうが》の士女が輩出《はいしゅつ》した新文化隆昌の様相を象徴している。その皇子村上《むらかみ》天皇も当代《とうだい》を理想として親政を行い、同様の政治的文化的治世を現出させたから、当代と併せて「延喜《えんぎ》・天暦《てんりゃく》の治《ち》」と称され、ともに聖代視《せいだいし》された。しかし、社会の現実は、律令制の解体が急速に進みつつあり、これに対応する政治も、藤原摂関体制下に変質を進めるから、この聖代観も、律令国家最後の光輝《こうき》を放つ時代として敬仰《けいぎょう》されたことによるかといわれる。天皇は延長八年病《びょう》床《しょう》に臥《ふ》し、九月二十二日大漸《たいぜん》に及んで皇太子寛明《ゆたあきら》親王（朱雀《すざく》天皇）に譲位《じょうい》、二十九日落飾《らくしょく》して金剛宝《こんごうほう》と称し、同日四十六歳で崩御《ほうぎょ》。陵《みささぎ》は後山科陵《のちのやましなのみささぎ》。遺詔《いしょう》により諡《おくりな》せず、醍醐天皇・小野帝《おののみかど》などと称する。後宮《こうきゅう》には中宮穏子《ちゅうぐうおんし》（保明親王および朱雀・村上両天皇母）、女御《にょうご》藤原能子、更衣《こうい》同淑姫（兼明《かねあきら》親王母）、同源《みなもとの》周子《しゅうし》（源高明《たかあきら》母）らがある。天皇の日記に『醍醐天皇宸記《だいごてんのうしんき》』がある。

参考文献　『大日本史料』一ノ六、延長八年九月二十二日・二十九日条、古代学協会編『延喜天暦時代の研究』、山口博『王朝歌壇の研究』宇多醍醐朱雀朝篇、角田文衛『紫式部とその時代』、竜粛「延喜の治」（『平安時代』所収）、黒板伸夫「藤原忠平政権に対する一考察」（『摂関時代史論集』所収）、森田悌「藤原忠平政権の動向」（『解体期律令政治社会史の研究』所収）、藤木邦彦「「延喜天暦の治」再論」（『歴史と文化』九）、同「藤原穏子とその時代」（同七）、所功「延喜の治の再検討」（『皇学館大学紀要』六）、同「平安後期に於ける延喜時代観」（『古代学』一四ノ二）、上横手雅敬「延喜天暦期の天皇と貴族」（『歴史学研究』二二八）

（藤木　邦彦）

〔後山科陵《のちのやましなのみささぎ》〕　京都市伏見区醍醐古道町《ふしみくだいごふるみち》にある醍醐天皇の陵。陵号《りょうごう》は『類聚符宣抄《るいじゅふせんしょう》』『扶桑略記《ふそうりゃくき》』は「後山科山陵」、『日本紀略《にほんきりゃく》』は「山科陵」、『醍醐雑事記《だいごぞうじき》』は「山階新陵」とする。現陵号は『延喜式《えんぎしき》』諸《しょ》陵寮《りょうりょう》の清和《せいわ》天皇太皇太后順子の陵号と同一であるが、同陵の現陵号は『三代実録《さんだいじつろく》』の同陵陵号「後山階陵」である。当陵は延長《えんちょう》八年（九三〇）十月十一日天皇の遺骸《いがい》と副葬品《ふくそうひん》を埋葬《まいそう》、翌十二日陵上に卒塔《そと》婆《ば》三基を建て、翌承平《じょうへい》元年（九三一）十一月に源添が勅《ちょく》を奉じ行なった陵湟掘削《りょうこうくっさく》が終了、同四年七月十三日宣旨《せんじ》を醍醐寺《だいごじ》に下し、当陵に陵戸《りょうこ》五烟、徭丁《ようてい》二十五人を置き、しばらく諸陵寮の管理を停め、醍醐寺に陵を守らせた。以来醍醐寺は毎年天皇の聖忌《せいき》九月二十九日には、陵前で法会《ほうえ》を行い、江戸時代まで続けられた。現在、陵は径四五メートルの平坦な円形樹林地で、周囲に幅約五メートル、深さ約一・二メートルの空堀《からぼり》、その外側に幅三・五メートルほどの低い小土手《しょうどて》がめぐり、南面に拝所《はいしょ》がある。埋葬施設《まいそうしせつ》は『醍醐雑事記』『西《さい》宮記《きゅうき》』によると、兆域《ちょういき》東西八町、南北十町を画《かく》し、方三丈、深さ九尺の穴を掘り、これに方一丈、高さ四尺三寸の校倉《あぜくら》を納め、この中に棺《ひつぎ》と硯《すずり》・書・筥《はこ》・琴《きん》・箏《そう》・和琴《わごん》・笛《ふえ》などを安置して蓋《ふた》をし、埋土している。

参考文献 『大日本史料』一ノ六、『醍醐天皇後山科陵之図』(宮内庁所蔵『陵墓地形図』)、上野竹次郎『山陵』上

(石田　茂輔)

【昌《しょう》泰《たい》】

醍醐《だいご》天皇の時の年号(八九八〜九〇一)。寛平《かんぴょう》十年四月二十六日改元《かいげん》。四月十六日、八月十六日の異説がある。代始《だいはじめ》による。勘申者《かんじんしゃ》不明。四年七月十五日延喜《えんぎ》と改元。

参考文献 『大日本史料』一ノ二、昌泰元年四月二十六日条

(山田　英雄)

【延《えん》喜《ぎ》】

醍醐《だいご》天皇の時の年号(九〇一〜九二三)。昌泰《しょうたい》四年七月十五日改元《かいげん》。辛酉革命《しんゆうかくめい》、老人星《ろうじんせい》、逆臣《ぎゃくしん》による。勘申者《かんじんしゃ》は不明。出典は『尚書旋璣鈐《しょうしょせんきけん》』の「禹開㆓竜門㆒、導㆓積石㆒、玄圭出、刻曰、延喜玉受㆑徳、天賜㆑佩」という。二十三年閏《うるう》四月十一日延長《えんちょう》と改元。

参考文献 『大日本史料』一ノ二、延喜元年七月十五日条

(皆川　完一)

【延《えん》長《ちょう》】　醍醐《だいご》・朱雀《すざく》両天皇の時の年号（九二三〜三一）。延喜《えんぎ》二十三年閏《うるう》四月十一日改元《かいげん》。旱魃《かんぱつ》・疾疫《しつえき》（咳病《がいびょう》）による。醍醐天皇の勅勘《ちょくかん》。出典は『文選《もんぜん》』東都賦《とうとふ》、白雉詩《はくちし》「彰ニ皇徳一兮侔ニ周成一、永延長兮膺ニ天慶一」。九年四月二十六日承平《じょうへい》と改元。

参考文献　『大日本史料』一ノ五、延長元年閏四月十一日条

（皆川　完一）

朱《す》雀《ざく》天皇

九二三〜五二　在位九三〇〜四六

延長《えんちょう》元年（九二三）七月二十四日、醍醐《だいご》天皇第十一皇子として誕生。母は藤原基経《ふじわらのもとつね》の女《むすめ》皇后《こうごう》穏子《おんし》。諱《いみな》は寛明《ゆたあきら》。延長三年に三歳で皇太子《こうたいし》となり、同八年九月二十二日八歳で受禅《じゅぜん》。在位中藤原忠平《ふじわらのただひら》が摂政《せっしょう》・関白《かんぱく》として執政《しっせい》する。穏子の偏愛《へんあい》の中で育ち、病弱であった。女御《にょうご》熙子《きし》女王《じょおう》の腹《はら》に昌子《しょうし》内親王《ないしんのう》が生《う》まれたが、皇子《おうじ》の出生《しゅっせい》をみず、皇太子《こうたいし》には同母弟成明親王《なりあきしんのう》（村上《むらかみ》天皇）を立てた。在世中天災《てんさい》や疫疾《えきしつ》がしばしばおこり、承平《じょうへい》・天慶《てんぎょう》の乱《らん》が出来《しゅったい》し、治安《ちあん》が乱れた。天慶《てんぎょう》九年（九四六）四月二十日に譲位《じょうい》し、天《てん》暦《りゃく》六年（九五二）三月十四日に出家。法名仏陀寿。同年八月十五日三十歳で死去。醍醐陵《だいごのみささぎ》に葬る。

参考文献　『大日本史料』一ノ九、天暦六年八月十五日条、藤木邦彦「藤原穏子とその時代」（『東京大学教養学部人文科学科紀要』三三）

（森田　悌）

〔醍醐陵《だいごのみささぎ》〕　京都市伏見区《ふしみく》醍醐御陵東裏町《だいごごりょうひがしうらちょう》にあり、南面する小円丘《しょうえんきゅう》である。天皇は天暦《てんりゃく》六年（九五二）八

月十五日崩《ほう》じ、同二十日山城国《やましろのくに》来定寺北野にて火葬、翌二十一日父醍醐天皇陵近く(南南東約五〇〇メートル)に納めた。中世は衰微《すいび》し民家《みんか》の竹林《ちくりん》の中に存したが、醍醐天皇陵を上ノ御陵、当陵は下ノ御陵と称されて、その所伝《しょでん》を失うことはなかった。元禄《げんろく》十一年(一六九八)の江戸幕府の山陵探索《さんりょうたんさく》の際当所を陵として竹垣《たけがき》を施《ほどこ》し、元治《げんじ》元年(一八六四)に大いに修補を加えた。

参考文献 『大日本史料』一ノ九、天暦六年八月二十日条、上野竹次郎『山陵』下

(中村　一郎)

【承平《じょうへい》】朱雀《すざく》天皇の時の年号(九三一～三八)。延長《えんちょう》九年四月二十六日改元《かいげん》。代始《だいはじめ》による。撰定者《せんていしゃ》は大《おお》江維時《えのこれとき》・同朝綱《あさつな》。八年五月二十二日天慶《てんぎょう》と改元。

参考文献 『大日本史料』一ノ六、承平元年四月二十六日条

(山田　英雄)

【天慶《てんぎょう》】朱雀《すざく》天皇の時の年号(九三八～四七)。承平《じょうへい》八年五月二十二日改元《かいげん》。厄運《やくうん》・地震《じしん》・兵革《へいかく》の慎《つつしみ》による。左少弁兼文章博士大江朝綱《さしょうべんけんもんじょうはかせおおえのあさつな》・文章博士《もんじょうはかせ》大江維時《これとき》の勘申《かんじん》による。出典は『漢書《かんじょ》』の「唯天子、建中和之極、兼総条貫、金声而玉振之、順成天慶、垂万世之基」。十年四月二十二日天暦《てんりゃく》と改元。

参考文献 『大日本史料』一ノ七、天慶元年五月二十二日条

(山田　英雄)

村《むら》上《かみ》天皇

九二六〜六七　在位九四六〜六七

醍醐《だいご》天皇第十四皇子。母は藤原基経《ふじわらのもとつね》の女穏子《むすめおんし》。諱《いみな》は成明《なりあき》。延長《えんちょう》四年（九二六）六月二日生まれ。十五歳で元服《げんぷく》し、三品で上野太守《こうずけたいしゅ》・大宰帥《だざいのそち》に任ず。天慶《てんぎょう》七年（九四四）四月、立太子《りったいし》。同九年四月、朱雀《すざく》天皇の譲位《じょうい》を受けて践祚《せんそ》。前代からの関白藤原忠平《かんぱくふじわらのただひら》が天暦《てんりゃく》三年（九四九）に没したのちは、左右大臣の同実頼《さねより》・師輔《もろすけ》兄弟の輔弼《ほひつ》をうけ、菅原文時《すがわらのふみとき》らの意見を徴《ちょう》するなどして政務をとった。国司功過《こくしこうか》と租税《そぜい》確保《ほ》の手続きなど、多くの公事《くじ》が整えられ、倹約《けんやく》と諸芸文筆《しょげいぶんぴつ》が奨励《しょうれい》された治世《ちせい》は、のち醍醐《だいご》天皇の治世とともに延喜《えんぎ》・天暦《てんりゃく》の聖代《せいだい》と称された。同四年、師輔の女安子《むすめあんし》所生の第二皇子憲平《のりひら》（冷泉《れいぜい》天皇）が立太子。天徳《てんとく》二年（九五八）安子を皇后《こうごう》とした。後宮《こうきゅう》には女御《にょうご》・更衣《こうい》十人をいれ、冷泉・円融《えんゆう》天皇など男女十九人を儲《もう》けた。歌集に『村上天皇御集《むらかみてんのうぎょしゅう》』があり、『村上天皇宸記《むらかみてんのうしんき》』および天皇撰と伝える『清涼記《せいりょうき》』などの逸文《いつぶん》が残る。漢詩《かんし》にもすぐれ、琴《きん》・笙《しょう》・琵琶《びわ》を学んだ。康保《こうほ》四年（九六七）五月二十五日没。四十二歳。

参考文献　『大日本史料』一ノ一一、康保四年五月二十五日条

（山口　英男）

〔村上陵《むらかみのみささぎ》〕　京都市右京区鳴滝宇多野谷《うきょうくなるたきうたのたに》にある。『日本紀略《にほんきりゃく》』康保《こうほ》四年（九六七）六月四日条に山城国葛《やましろのくにかど》野郡田邑郷《のぐんたむらのごう》北中尾に葬るとあり、同書および『大鏡裏書《おおかがみうらがき》』『扶桑略記《ふそうりゃくき》』に「村上陵」と陵名《りょうめい》がある。陵戸《りょうこ》五烟が充《あ》てられた。中世以降所在不明となり、元禄《げんろく》以来諸説がたてられたが、明治《めいじ》二十二年（一八八

九)現陵《げんりょう》が考定《こうてい》された。

参考文献 『大日本史料』一ノ一二、康保四年六月四日条 （飯倉 晴武）

【天暦《てんりゃく》】村上《むらかみ》天皇の時の年号(九四七〜五七)。天慶《てんぎょう》十年四月二十二日改元《かいげん》。代始《だいはじめ》による。厄運《やくうん》地震説《じしんせつ》もある。年号の選定は勅定《ちょくてい》、左中弁《さちゅうべん》大江朝綱《おおえのあさつな》、大江維時《これとき》説がある。出典は『論語《ろんご》』の「天之暦数在爾躬」。十一年十月二十七日天徳《てんとく》と改元。

参考文献 『大日本史料』一ノ八、天暦元年四月二十二日条 （山田 英雄）

【天徳《てんとく》】村上《むらかみ》天皇の時の年号(九五七〜六一)。天暦《てんりゃく》十一年十月二十七日改元《かいげん》。水旱災《すいかんさい》による。秦具瞻《はだのともみ》の勘申《かんじん》。菅原文時《すがわらのふみとき》説もある。出典は『周易《しゅうえき》』の「飛竜在天、乃位乎天徳」。五年二月十六日応和《おうわ》と改元。

参考文献 『大日本史料』一ノ一〇、天徳元年十月二十七日条 （山田 英雄）

【応和《おうわ》】村上《むらかみ》天皇の時の年号(九六一〜六四)。天徳《てんとく》五年二月十六日改元《かいげん》。辛酉革命《しんゆうかくめい》、内裏《だいり》焼亡による。文章博士《もんじょうはかせ》菅原文時《すがわらのふみとき》の勘申《かんじん》。出典は不明。『晋書《しんじょ》』律歴志《りつれきし》に「鳥獣万物、莫㆑不㆓応和㆒」とみえる。四年七月十日康保《こうほ》と改元。

参考文献 『大日本史料』一ノ一〇、応和元年二月十六日条 （皆川 完一）

【康保《こうほ》】村上《むらかみ》・冷泉《れいぜい》両天皇の時の年号(九六四〜六八)。応和《おうわ》四年七月十日改元《かいげん》。旱魃《かんばつ》と甲子《かっし》の年にあたるによる。勘申《かんじん》者は大江維時《おおえのこれとき》。五年八月十三日(十五日説もある)安和《あんな》と改元。

参考文献 『大日本史料』一ノ一一、康保元年七月十日条 （山田 英雄）

冷泉《れいぜい》天皇

九五〇～一〇一一　在位九六七～六九

村上《むらかみ》天皇の第二皇子。母は藤原師輔《ふじわらのもろすけ》の女安子《むすめあんし》。諱《いみな》は憲平《のりひら》。天暦《てんりゃく》四年(九五〇)五月二十四日生まれる。同元方《もとかた》の女祐姫所生の同年の兄広平《ひろひら》を越え、同七月に立太子《りったいし》。康保《こうほ》四年(九六七)五月二十五日、村上天皇の死去により践祚《せんそ》。六月、藤原実頼《さねより》を関白《かんぱく》とし、十月十一日、内裏紫宸殿《だいりししんでん》で即位《そくい》。幼少のころより異常な行動が多く、その狂気《きょうき》は元方の祟《たた》りといわれ、治世は外戚《がいせき》の師輔流藤原氏の勢力伸張に利用された。同九月、源高明《みなもとのたかあきら》女を室《しつ》とする同母弟為平《どうぼていためひら》を避けて、その弟守平(円融《えんゆう》天皇)が立太子。翌安和《あんな》元年(九六八)、藤原伊尹《ふじわらのこれまさ》の女懐子《むすめかいし》に第一皇子師貞《もろさだ》(花山《かざん》天皇)が生まれる。同二年三月、安和《あんな》の変《へん》で高明が失脚。八月十三日に円融天皇に譲位し、師貞が東宮《とうぐう》となった。この後、藤原兼家《かねいえ》の女超子《ちょうし》が第二皇子居貞《おきさだ》(三条《さんじょう》天皇)を生む。四十余年を冷泉院《れいぜいいん》で過ごし、寛弘《かんこう》八年(一〇一一)十月二十四日没。六十二歳。

参考文献　『大日本史料』二ノ七、寛弘八年十月二十四日条、土田直鎮『王朝の貴族』(中央公論社『日本の歴史』五)

(山口　英男)

〔**桜本陵**《さくらもとのみささぎ》〕　京都市左京区《さきょうく》鹿《しし》ヶ谷《だに》法然院町《ほうねんいんちょう》にある。『日本紀略《にほんきりゃく》』寛弘《かんこう》八年(一〇一一)十一月十六日条に天皇を桜本寺《さくらもとでら》前野で火葬し、その山傍《さんぼう》に御骨を埋葬したとある。『御堂関白記《みどうかんぱくき》』同月十三日条にも御葬所ならびに御陵所《ごりょうしょ》は桜本寺北方の平地にありと記している。陵号《りょうごう》は『小右記《しょうゆうき》』長和《ちょうわ》四年(一〇一五)閏《うるう》六月一日条に「故冷泉院御陵号桜下」とみえる。中世以降、所在不明となり、元禄《げんろく》以降諸説がたてられたが、桜本寺の故址《こし》から、明治《めいじ》二十二年(一八八九)現在地に考定された。

参考文献　『大日本史料』二ノ七、寛弘八年十一月十六日条

（飯倉　晴武）

【安和《あんな》】冷泉《れいぜい》・円融《えんゆう》両天皇の時の年号(九六八~七〇)。康保《こうほ》五年八月十三日改元《かいげん》。代始《だいはじめ》による。文章《もんじょう》博士《はかせ》藤原後生《ふじわらのちおう》の勘申《かんじん》。出典は不明。『漢書《かんじょ》』杜延年伝《とえんねんでん》に「延年為レ人安和、備二于諸事一」、同礼楽志《れいがくし》に「四時舞者、孝文所レ作、以明二示天下之安和一也」とみえる。三年三月二十五日天禄《てんろく》と改元。

参考文献　『大日本史料』一ノ一二、安和元年八月十三日条

（皆川　完一）

円融《えんゆう》天皇

九五九~九一　在位九六九~八四

諱《いみな》は守平《もりひら》。天徳《てんとく》三年(九五九)三月二日村上《むらかみ》天皇の第五皇子として生まる。母は藤原師輔《ふじわらのもろすけ》の女安子《あんし》。康保《こうほ》四年(九六七)九月一日、同母兄冷泉《れいぜい》天皇の皇太弟《こうたいてい》となり、安和《あんな》二年(九六九)八月十三日受禅《じゅぜん》、同九月二十三日即位《そくい》。永観《えいかん》二年(九八四)八月二十七日、皇太子師貞《こうたいしもろさだ》親王に譲位《じょうい》。寛和《かんな》元年(九八五)病気により出家、法名《ほうみょう》を金剛法《こんごうほう》と称し、正暦《しょうりゃく》二年(九九一)二月十二日円融寺《えんゆうじ》に崩《ほう》じた。その在位は安和の変を機として藤原氏の権力が確立した直後にあたる。天皇は譲位後、御願寺《ごがんじ》円融寺の経営や多彩な御幸《ごこう》・御遊《ぎょゆう》を行い、また院司《いんし》を駆使して花山《かざん》・一条朝《いちじょうちょう》の政治に口入するなど、その権威は藤原兼家《ふじわらのかねいえ》をも憚《はばか》らしめたが、三十三歳の壮年をもって崩じたため、藤原道隆《ふじわらのみちたか》・道長《みちなが》による摂関全盛《せっかんぜんせい》の出現をみた。

参考文献　『大日本史料』二ノ一、正暦二年二月十二日条、目崎徳衛「円融上皇と宇多源氏」(坂本太郎博士古稀記念会編『続日本古代史論集』下所収)、菊池京子「円融寺の成立過程」(『史窓』二五)

（目崎　徳衛）

〔後村上陵《のちのむらかみのみささぎ》〕　京都市右京区《うきょうく》宇多野《うたの》福王子《ふくおうじ》町にある。仁和寺《にんなじ》西方約六〇〇《メートル》にあたる。正暦《しょうりゃく》二年(九九一)二月十九日円融寺《えんゆうじ》の北原にて火葬《かそう》、御骨《おこつ》を父村上天皇陵の傍《かたわら》に納める。後世所在を失い、明治《めいじ》二十二年(一八八九)六月現陵《げんりょう》に定めた。火葬塚《かそうづか》は右京区竜安寺《りゅうあんじ》朱山《しゅうやま》にある。

参考文献　『大日本史料』二ノ一、正暦二年二月十九日条、上野竹次郎『山陵』下

（中村　一郎）

【天禄《てんろく》】　円融《えんゆう》天皇の時の年号(九七〇～七三)。安和《あんな》三年三月二十五日改元《かいげん》。代始《だいはじめ》による。勘申者《かんじんしゃ》は文《もん》章博士《じょうはかせ》藤原後生《ふじわらののちおう》か。出典は不明。四年十二月二十日天延《てんえん》と改元。

参考文献　『大日本史料』一ノ一三、天禄元年三月二十五日条

（山田　英雄）

【天延《てんえん》】　円融《えんゆう》天皇の時の年号(九七三～七六)。天禄《てんろく》四年十二月二十日改元《かいげん》。天変《てんぺん》・地震《じしん》による。勘申《かんじん》者《しゃ》・出典不明。四年七月十三日貞元《じょうげん》と改元。

参考文献　『大日本史料』一ノ一四、天延元年十二月二十日条

（山田　英雄）

【貞元《じょうげん》】　円融《えんゆう》天皇の時の年号(九七六～七八)。天延《てんえん》四年七月十三日改元《かいげん》。火災《かさい》・地震《じしん》による。三年十一月二十九日天元《てんげん》と改元。

参考文献　『大日本史料』一ノ一六、貞元元年七月十三日条

（山田　英雄）

【天元《てんげん》】円融《えんゆう》天皇の時の年号(九七八〜八三)。貞元三年十一月二十九日改元《かいげん》。一説に四月十三日・十五日・十九日、五月七日とある。明年陽五《ようご》の御慎《おつつしみ》、天変《てんぺん》による。勘申者《かんじんしゃ》・出典不明。六年四月十五日永観《えいかん》と改元。

参考文献 『大日本史料』一ノ一七、天元元年十一月二十九日条 (山田 英雄)

【永観《えいかん》】円融《えんゆう》・花山《かざん》両天皇の時の年号(九八三〜八五)。天元《てんげん》六年四月十五日改元《かいげん》。旱魃《かんばつ》・内裏《だいり》焼亡などによる。菅原資忠《すがわらのすけただ》の勘申《かんじん》。出典は不明。『尚書《しょうしょ》』洛誥《らくこう》に「正伻下殷乃承レ叙万年、其永観二朕子一懐レ徳」、『毛詩《もうし》』周頌《しゅうしょう》、有瞽《ゆうこ》に「我客戻止、永観二厥成一」とみえる。三年四月二十七日寛和と改元。

参考文献 『大日本史料』一ノ二〇、永観元年四月十五日条 (皆川 完一)

花山《かざん》天皇 九六八〜一〇〇八 在位九八四〜八六

諱《いみな》は師貞《もろさだ》。出家《しゅっけ》ののち入覚と号した。冷泉《れいぜい》天皇の第一皇子、母は太政大臣《だじょうだいじん》(一条摂政)藤原伊尹《ふじわらのこれまさ》の女の女御懐子《にょうごかいし》。安和《あんな》元年(九六八)十月二十六日誕生、同二年八月十三日立太子《りったいし》、永観《えいかん》二年(九八四)八月二十七日叔父《おじ》円融《えんゆう》天皇の禅《ゆず》りをうけて、十七歳で践祚《せんそ》。同十月十日即位《そくい》。関白《かんぱく》は前朝につづいて藤原頼忠《ふじわらのよりただ》であったが、政治の実権を握ったのは天皇の叔父《おじ》(伊尹の男)権中納言《ごんちゅうなごん》藤原義懐《ふじわらのよしちか》で、左中弁《さちゅうべん》藤原惟成《ふじわらのこれしげ》

(天皇の乳母《めのと》の子)とともに気鋭《きえい》な政治を行なった。中でも永観二年十一月二十八日、格《きゃく》(いわゆる延喜《えんぎ》の荘園整理令《しょうえんせいりれい》)後の荘園を停止したことは、同日破銭《はせん》を嫌《きら》うことを停止したこととともに、律令制解体《りつりょうせいかいたい》の傾向を抑止《よくし》しようとした意欲を示すものである。

しかし、寵愛《ちょうあい》する女御《にょうご》藤原忯子(為光《ためみつ》の女)の死に心をいためた天皇は、寛和《かんな》二年(九八六)六月二十三日早暁《そうぎょう》、蔵人《くろうど》藤原道兼《ふじわらのみちかね》に導かれて内裏《だいり》を脱出し、東山《ひがしやま》の花山寺《かざんじ》に入って出家《しゅっけ》した。これは外孫の皇太《こうたい》子《し》懐仁《かねひと》親王(一条《いちじょう》天皇)を即位させようとする右大臣藤原兼家《うだいじんふじわらのかねいえ》(道兼はその男)の陰謀《いんぼう》に乗《じょう》ぜられたもので、花山朝はわずか一年十ヵ月の短期間に終った。花山法皇《ほうおう》は同年七月播磨国《はりまのくに》の書写山《しょしゃざん》に赴《おもむ》いて性空《しょうくう》に結《けち》縁《えん》し、ついで叡山《えいざん》に登《のぼ》って廻心戒《かいしんかい》を受け、さらに熊野《くまの》に入るなど、仏道修行《ぶつどうしゅぎょう》に励んだ。しかし帰京して後には、東院《とういん》(花山院)の「九の御方」(伊尹の女)のもとに住み、また乳母《めのと》の女中務《なかつかさ》とその女を母子ともに寵愛《ちょうあい》するなど、色好《いろごの》みの名をほしいままにした。藤原為光《ふじわらのためみつ》の女に通《かよ》ったことから、藤原伊周《ふじわらのこれちか》に誤解されて矢を射かけられた事件は、伊周と藤原道長《ふじわらのみちなが》の政権争いに重大な影響を及ぼした。

花山法皇はまた「風流者《ふりゅうざ》」(『大鏡《おおかがみ》』)としてもきこえ、和歌をはじめとして、絵画・建築・工芸・造園《ぞうえん》などに非凡《ひぼん》の才能を示した。中でも、藤原公任《ふじわらのきんとう》の撰《せん》した『拾遺抄《しゅういしょう》』を増補して『拾遺和歌集《しゅういわかしゅう》』を編纂したのはその業績とみられ、集中に勅撰和歌集《ちょくせんわかしゅう》としてはじめて連歌《れんが》を収録したのは特色である。晩年には政権を掌握《しょうあく》した藤原道長に敬重《けいちょう》され、寛弘《かんこう》五年(一〇〇八)二月八日、四十一歳で崩《ほう》じた。家集《かしゅう》に『花山院御集《かざんいんぎょしゅう》』があったが、いま伝わらない。しかしその作品は約百二十首存《そん》している。

参考文献　『大日本史料』二ノ六、寛弘五年二月八日条、今井源衛『花山院の生涯』

(目崎　徳衛)

〔紙屋上陵《かみやのほとりのみささぎ》〕 京都市北区《きたく》衣笠《きぬがさ》北高橋《きたたかはし》町にあり、南面する円丘《えんきゅう》である。寛弘《かんこう》五年（一〇〇八）二月十七日夜亥刻、「紙屋川《かみやがわ》（異本「川」なし）上、法音寺《ほうおんじ》北」（『日本紀略《にほんきりゃく》』）、「大和寺《やまとじ》東辺《とうへん》」（『御堂関白記《みどうかんぱくき》』）に葬り、その儀《ぎ》は遺詔《いしょう》により凡人《ぼんじん》に同じであった。後世所在を失ったが、幕末《ばくまつ》に法音寺跡の北にあたる菩提塚《ぼだいづか》をもって陵所《りょうしょ》として修理を加え、慶応《けいおう》元年（一八六五）五月に竣工《しゅんこう》した。陵号は法音寺北陵とも称したが、明治《めいじ》二十八年（一八九五）前記『日本紀略』の異本に基づいて現陵号に統一した。紙屋川上陵と称すべきだとの説もある。

参考文献 『大日本史料』二ノ六、寛弘五年二月十七日条、上野竹次郎『山陵』下 （中村 一郎）

【寛和《かんな》】 花山《かざん》・一条《いちじょう》両天皇の時の年号（九八五～八七）。永観《えいかん》三年四月二十七日改元《かいげん》。即位《そくい》による。勘《かん》申者《じんしゃ》不明。『漢書《かんじょ》』成帝紀《せいていき》に「崇二寛大一、長二和睦一」、『書経《しょきょう》』君陳篇《くんちんへん》に「寛而有レ制、従容以和」とみえる。三年四月五日永延《えいえん》と改元。 （土田 直鎮）

一《いち》条《じょう》天皇

九八〇～一〇一一 在位九八六―一〇一一

天元《てんげん》三年（九八〇）六月一日、円融《えんゆう》天皇の第一皇子として誕生。母は藤原兼家《ふじわらのかねいえ》の女の女御詮子《にょうごせんし》（のちの東三条院《ひがしさんじょういん》）。諱《いみな》は懐仁《やすひと》。永観《えいかん》二年（九八四）八月、従兄《いとこ》にあたる花山《かざん》天皇の東宮《とうぐう》に立った。時に五歳。寛《かん》和《な》二年（九八六）六月二十三日、花山天皇の出家の事件によって七歳で践祚《せんそ》、外祖父《がいそふ》の右大臣兼家《うだいじんかねいえ》が摂《せっ》政《しょう》となった。正暦《しょうりゃく》元年(九九〇)正月五日、十一歳で元服《げんぷく》し、その後兼家の子の道隆《みちたか》・道兼《みちかね》が摂政・関《かん》白《ぱく》を勤めたが、長徳《ちょうとく》元年(九九五)からは、兼家の第四子の道長《みちなが》が内覧《ないらん》の右大臣、ついで左大臣《さだいじん》として権を振るい、藤原氏の全盛期に入った。寛弘《かんこう》八年(一〇一一)六月十三日、病により従兄にあたる東宮居貞《おきさだ》親王(三条《さんじょう》天皇)に譲位《じょうい》、同月二十二日、一条院《いちじょういん》に崩御《ほうぎょ》、三十二歳。

天皇ははじめ道隆の女定子《ていし》を皇后とし、長保《ちょうほ》元年(九九九)敦康《あつやす》親王が生まれたが、翌年、道長の女彰子《しょうし》が中宮《ちゅうぐう》に立ち、寛弘五年に敦成《あつひら》親王(後一条《ごいちじょう》天皇)、同六年に敦良《あつよし》親王(後朱雀《ごすざく》天皇)が生まれて道長一家の権勢は確立した。他の藤原義子ら三人の女御《にょうご》には子がない。天皇は公正温雅《こうせいおんが》で才学に富み、特に笛に巧みで、廷臣《ていしん》の信頼を集めた。道長の全盛期であったが、これと特に衝突《しょうとつ》することもなく、この時期に朝野《ちょうや》の各界に人材が輩出《はいしゅつ》したことは、『続本朝往生伝《ぞくほんちょうおうじょうでん》』に詳しく、女流の活躍も目ざましかった。『花園天皇宸記《はなぞのてんのうしんき》』正和《しょうわ》二年(一三一三)二月三日条に『一条院御記《いちじょういんぎょき》』七巻があったことがみえるが、その内容はほとんど伝わっていない。

参考文献 『大日本史料』二ノ六、寛弘八年六月二十二日条

(土田 直鎮)

〔円融寺北陵《えんゆうじのきたのみささぎ》〕 京都市右京区竜安寺朱山《うきょうくりゅうあんじしゅうやま》(竜安寺東北約二〇〇㍍)にあり、円丘《えんきゅう》状をなし堀河天皇陵《ほりかわてんのうりょう》と同域である。寛弘《かんこう》八年(一〇一一)七月八日夜火葬《かそう》、遺骨を金輪寺《きんりんじ》に奉安《ほうあん》すべきところ日次《ひなみ》が悪いため円《えん》城寺《じょうじ》(愛宕郡《おたぎぐん》)に安置《あんち》した。しかし、かつて父円融《えんゆう》天皇陵の傍《かたわら》に土葬するよう遺命のあったことがわかったが、その方角が塞《ふさ》がっていたので、九年後の寛仁《かんにん》四年(一〇二〇)六月十六日夜円融寺《えんゆうじ》の北、円融天皇陵の近くに埋納《まいのう》した。のち、陵所《りょうしょ》は不明となったが、幕末に現陵に決定した。火葬塚《かそうづか》は御陵《ごりょう》の東

北、北区衣笠鏡石町《きぬがさかがみいし》にあり、三条《さんじょう》天皇火葬塚も同所にある。

参考文献 『大日本史料』二ノ七、寛弘八年七月八日・九日条、同二ノ一五、寛仁四年六月十六日条

（中村　一郎）

【永延《えいえん》】一条《いちじょう》天皇の時の年号（九八七～八九）。寛和《かんな》三年四月五日改元《かいげん》。即位《そくい》による。勘申《かんじん》者不明。出典不明。『後漢書《ごかんじょ》』馬融伝《ばゆうでん》に「豊二千億之子孫一、歴二万載一而永延」、『隋書《ずいしょ》』音楽志《おんがくし》に「周庭有レ列、湯孫永延」とみえる。三年八月八日永祚《えいそ》と改元。

参考文献 『大日本史料』二ノ一、永延元年四月五日条

（皆川　完一）

【永祚《えいそ》】一条《いちじょう》天皇の時の年号（九八九～九〇）。永延《えいえん》三年八月八日改元《かいげん》。天変《てんぺん》・地震《じしん》による。故中納言《こちゅうなごん》大江維時《おおえのこれとき》の先年の勘文《かんもん》によるという。出典は不明。『晋書《しんじょ》』楽志《がくし》に「保二茲永祚一、与レ天比レ崇」、『旧唐書《くとうじょ》』王方慶伝《おうほうけいでん》に「当レ思下荅二極施之洪慈一保中無疆之永祚上」とみえる。二年十一月七日正暦《しょうりゃく》と改元。

参考文献 『大日本史料』二ノ一、永祚元年八月八日条

（皆川　完一）

【正暦《しょうりゃく》】一条《いちじょう》天皇の時の年号（九九〇～九五）。永祚《えいそ》二年十一月七日改元《かいげん》。大風天変《たいふうてんぺん》による。勘申者《かんじんしゃ》不明。出典不明。六年二月二十二日長徳《ちょうとく》と改元。

参考文献 『大日本史料』二ノ一、正暦元年十一月七日条

（山田　英雄）

【長徳《ちょうとく》】一条《いちじょう》天皇の時の年号（九九五～九九）。正暦《しょうりゃく》六年二月二十二日改元《かいげん》。疾疫《しつえき》、天変《てんぺん》による。中納《ちゅうな》言《ごん》大江維時《おおえのこれとき》の村上《むらかみ》天皇の時の勘申《かんじん》による。出典は「揚雄文」の「唐虞長徳、而四海永懐」。

五年正月十三日長保《ちょうほ》と改元。

参考文献 『大日本史料』二ノ二、長徳元年二月二十二日条　（山田　英雄）

【長保《ちょうほ》】一条《いちじょう》天皇の時の年号(九九九〜一〇〇四)。長徳《ちょうとく》五年正月十三日改元《かいげん》。天変《てんぺん》、炎旱災《えんかんさい》による。文章博士《もんじょうはかせ》大江匡衡《おおえのまさひら》の勘申《かんじん》による。出典は『周易《しゅうえき》』および『国語《こくご》』「本固而功成、施偏而民阜、乃可長保民矣」。六年七月二十日寛弘《かんこう》と改元。

参考文献 『大日本史料』二ノ三、長保元年正月十三日条　（山田　英雄）

【寛弘《かんこう》】一条《いちじょう》・三条《さんじょう》両天皇の時の年号《ねんごう》(一〇〇四〜一二)。長保《ちょうほ》六年七月二十日改元《かいげん》。天変地震《てんぺんじしん》による。式部権大輔《しきぶのごんのだいふ》大江匡衡《おおえのまさひら》の勘申《かんじん》。出典不明。『漢書《かんじょ》』元帝紀《げんていき》に「寛弘尽レ下、出二於恭倹一」、『後《ご》漢書《かんじょ》』第五倫伝《だいごりんでん》に「体二晏晏之姿一、以二寛弘一臨レ下」とみえる。九年十二月二十五日長和《ちょうわ》と改元。

参考文献 『大日本史料』二ノ五、寛弘元年七月二十日条　（土田　直鎮）

三《さん》条《じょう》天皇

九七六〜一〇一七　在位一〇一一〜一六

貞元《じょうげん》元年(九七六)正月三日、冷泉《れいぜい》天皇の第二皇子として誕生。母は藤原兼家《ふじわらのかねいえ》の女超子《むすめちょうし》。諱《いみな》は居貞《おきさだ》。天元《てんげん》元年(九七八)十一月二十日、親王宣下《しんのうせんげ》。寛和《かんな》二年(九八六)七月十六日、十一歳で兼家の南院第《なんいんてい》において元服《げんぷく》。同日、立太子《りったいし》。寛弘《かんこう》八年(一〇一一)六月十三日、三十六歳で一条《いちじょう》天皇より受禅《じゅぜん》、同年十月十六日、即位《そくい》。長和《ちょうわ》五年(一〇一六)正月二十九日、敦成《あつひら》親王(後一条《ごいちじょう》天皇)に譲位《じょうい》。天皇の在位中は藤原《ふじわらの》道長《みちなが》の全盛期で、しばしば軋轢《あつれき》があったが、天皇の眼病《がんびょう》による皇位継承問題《こういけいしょうもんだい》がおこると、道長は外孫《がいそん》の敦成親王の擁立《ようりつ》を図り、天皇は、皇子敦明《あつあきら》親王を皇太子《こうたいし》に立てることで、みずからも譲位した。長和五年二月十三日、太上《だじょう》天皇の尊号《そんごう》を奉られ、寛仁《かんにん》元年(一〇一七)四月二十九日出家《しゅっけ》、法名を金剛浄《こんごうじょう》と称した。同年五月九日、三条院《さんじょういん》で崩御《ほうぎょ》、四十二歳。藤原済時《ふじわらのなりとき》の女娍子《むすめせいし》所生《しょせい》の子に、小一条院《こいちじょういん》敦明親王・敦儀《あつよし》親王・敦平《あつひら》親王・師明《もろあきら》親王・当子内親王《とうしないしんのう》・禔子《しし》内親王、道長の女妍子《けんし》所生の子に禎子《ていし》内親王がある。また、『後拾遺和歌集《ごしゅういわかしゅう》』『詞花和歌集《しかわかしゅう》』『新古今和歌集《しんこきんわかしゅう》』『新千載和歌集《しんせんざいわかしゅう》』『新拾遺和歌集《しんしゅういわかしゅう》』などに歌什《かじゅう》が残されている。

参考文献 『大日本史料』二ノ一一、寛仁元年五月九日条 （加藤　友康）

〔北山陵《きたやまのみささぎ》〕 京都市北区衣笠西尊上院町《きたくきぬがさにしそんじょういんちょう》にあり、南南西に面する円丘《えんきゅう》。寛仁《かんにん》元年(一〇一七)五月十二日蔵骨の地を検見《けんち》し、同夜入棺《ほうかん》、ついで船岡山《ふなおかやま》の西石陰《いわかげ》にて火葬、遺骨を北山《きたやま》の小寺中に納めた。陵所《りょうしょ》はその後所伝《しょでん》を失い、江戸幕府の探陵《たんりょう》の際も不明で、明治《めいじ》二十二年(一八八九)六月に尊上院《そんじょういん》(三条院《さんじょういん》の訛称《かしょう》かとの説あり)と称する所にある当所を陵として修理を加えた。火葬塚《かそうづか》は京都市北区衣笠鏡石町《きぬがさかがみいしちょう》にあり、一条《いちじょう》天皇火葬塚と同域である。

参考文献 『大日本史料』二ノ一一、寛仁元年五月十二日条、上野竹次郎『山陵』下 （中村　一郎）

【長和《ちょうわ》】 三条《さんじょう》・後一条《ごいちじょう》両天皇の時の年号(一〇一二〜一七)。寛弘《かんこう》九年十二月二十五日改元《かいげん》。代始《だいはじめ》による。文章博士《もんじょうはかせ》菅原宣義《すがわらののりよし》・大江通直《おおえのみちなお》の勘申《かんじん》による。出典は『礼記《らいき》』の「君臣正、父子親、長

幼和而後礼義立」。六年四月二十三日寛仁《かんにん》と改元。

参考文献　『大日本史料』二ノ七、長和元年十二月二十五日条

（山田　英雄）

後《ご》一条《いちじょう》天皇

一〇〇八〜三六　在位一〇一六〜三六

寛弘《かんこう》五年（一〇〇八）九月十一日一条《いちじょう》天皇の第二皇子として誕生。母は藤原道長《ふじわらのみちなが》の女彰子《しょうし》。諱《いみな》は敦成《あつひら》。同年十月十六日親王宣下《しんのうせんげ》。同八年六月十三日三条《さんじょう》天皇の皇太子《こうたいし》となる。時に四歳。長和《ちょうわ》五年（一〇一六）正月二十九日九歳で受禅《じゅぜん》、同年二月七日即位《そくい》。寛仁《かんにん》二年（一〇一八）正月三日十一歳で一条殿《いちじょうどの》において元服《げんぷく》。天皇は当初、三条天皇の皇子敦明《あつあきら》親王を皇太子に立てたが、寛仁元年八月九日敦明親王の辞意《じい》により、天皇の同母弟敦良親王《どうぼていあつながしんのう》（後朱雀《ごすざく》天皇）を皇太子とした。天皇は道長を摂政《せっしょう》とし（長和五年正月二十九日）、さらにその男頼通《よりみち》を摂政（寛仁元年三月十六日）、ついで関白《かんぱく》とした（同三年十二月二十二日）。また寛仁二年十月十六日には道長の女威子《いし》を中宮《ちゅうぐう》に立て、ここに道長の女三人は同時に后位につくこととなった。威子所生《しょせい》の子に章子内親王《しょうしないしんのう》・馨子内親王がいる。長元《ちょうげん》九年（一〇三六）四月十七日清涼殿《せいりょうでん》で崩御《ほうぎょ》。二十九歳。遺詔《いしょう》により喪《も》を秘して敦良親王への譲位《じょうい》の儀を行なったとされる。同年五月十九日浄土寺《じょうどじ》西原において火葬。菩提樹院陵《ぼだいじゅいんのみささぎ》が陵に治定《ちてい》されている。

（加藤　友康）

〔菩提樹院陵《ぼだいじゅいんのみささぎ》〕　京都市左京区吉田神楽岡町《さきょうくよしだかぐらおかちょう》にあり、陵形《りょうけい》は東南に向く円丘《えんきゅう》で、天皇の第一皇女で後冷《ごれい》

泉《ぜい》天皇皇后の章子内親王《しょうしないしんのう》(二条院《にじょういん》)の陵と同域である。長元《ちょうげん》九年(一〇三六)五月十九日夜、神楽岡東辺の山作所の中央に設けた貴所屋にて火葬、翌朝酒を以て火を消し、御骨を茶垸壺に納め、呪砂を入れて壺の上に梵本の真言書《しんごんしょ》一巻を結び付け、白革を以て壺を縫い、近くの浄土寺《じょうどじ》に安置した。火葬所の跡には土を覆《おお》い、その上に石卒塔婆《いしそとば》を建て、「陀羅尼《だらに》」を蔵《おさ》め、四周《ししゅう》に木柵を作り、周湟を掘って植樹した。翌長暦《ちょうりゃく》元年(一〇三七)六月天皇の母上東門院《じょうとうもんいん》(藤原彰子《ふじわらのしょうし》)が火葬所に菩提樹院《ぼだいじゅいん》を建てて供養《くよう》し、長久《ちょうきゅう》元年(一〇四〇)十一月十日に御骨を浄土寺より同院に遷《うつ》した。後世所伝《しょでん》を失ったが、幕末には当所を陵と定めた。しかし間もなく火葬塚に改められ、明治《めいじ》二十二年(一八八九)に至り再び当所を陵と定めた。この時墳丘の西に接する小墳を二条院の墓と定めたが、同三十九年これを陵に改め、陵号は天皇陵と同じ菩提樹院陵と称した。

参考文献 上野竹次郎『山陵』下 (中村 一郎)

【寛《かん》 仁《にん》】 後一条《ごいちじょう》天皇の時の年号(一〇一七～二一)。長和《ちょうわ》六年四月二十三日改元《かいげん》。即位《そくい》による。式部大輔《しきぶのだいふ》藤原広業《ふじわらのひろなり》の勘申《かんじん》。その勘文《かんもん》に「会稽記云、寛仁祐云々」とみえる。五年二月二日治安《ちあん》と改元。

参考文献 『大日本史料』二ノ一一、寛仁元年四月二十三日条 (土田 直鎮)

【治《ち》 安《あん》】 後一条《ごいちじょう》天皇の時の年号(一〇二一～二四)。寛仁《かんにん》五年二月二日改元《かいげん》。辛酉革命《しんゆうかくめい》による。参議藤原広業《さんぎふじわらのひろなり》・文章博士《もんじょうはかせ》三善《みよし》(善滋《よししげ》カ)為政《ためまさ》の勘申《かんじん》による。出典は『漢書《かんじょ》』賈誼伝「陛下何不壱令臣得孰数之於前、因陳治安之策、試詳択焉」。四年七月十三日万寿《まんじゅ》と改元。

参考文献 『大日本史料』二ノ一六、治安元年二月二日条 (山田 英雄)

【万寿《まんじゅ》】 後一条《ごいちじょう》天皇の時の年号(一〇二四～二八)。治安《ちあん》四年七月十三日改元《かいげん》。甲子革令《かっしかくれい》による。出典は、文章博士《もんじょうはかせ》善滋為政《よししげのためまさ》の勘文《かんもん》に「毛詩曰、楽只君子、邦家之光、楽只君子、万寿無疆」とみえる。五年七月二十五日、長元《ちょうげん》と改元された。

参考文献 『大日本史料』二ノ二〇、万寿元年七月十三日条、森本角蔵『日本年号大観』、所功『年号の歴史』(『雄山閣ブックス』二二) (石井 正敏)

【長元《ちょうげん》】 後一条《ごいちじょう》天皇の時の年号(一〇二八～三七)。万寿《まんじゅ》五年七月二十五日改元《かいげん》。疫癘《えきれい》、炎旱《えんかん》による。文章博士《もんじょうはかせ》善滋為政《よししげのためまさ》の勘申《かんじん》による。出典は『太公六韜《たいこうりくとう》』の「天之為天、元為天長矣、地久矣、長久在其元、万物在其間、各得自利、謂之泰平、故有七十六壬癸其所繫天下而有」。十年四月二十一日長暦《ちょうりゃく》と改元。 (山田 英雄)

後朱雀《ごすざく》天皇

一〇〇九～四五 在位一〇三六～四五

寛弘《かんこう》六年(一〇〇九)十一月二十五日、一条《いちじょう》天皇の第三皇子として誕生。母は藤原道長《ふじわらのみちなが》の女彰子《むすめしょうし》。諱《いみな》は敦良《あつなが》。同七年正月十六日、親王宣下《しんのうせんげ》。寛仁《かんにん》元年(一〇一七)八月九日、敦明《あつあきら》親王の皇太子《こうたいし》辞意により、後一条《ごいちじょう》天皇の皇太子となる。同三年八月二十八日、十一歳で元服《げんぷく》。長元《ちょうげん》九年(一〇三六)四月十七日、二十八歳で受禅《じゅぜん》し、同年七月十日に即位《そくい》。寛徳《かんとく》二年（一〇四五）正月十六日、位を後冷泉《ごれいぜい》天皇に譲り、同月十八日落飾《らくしょく》、法名《ほうみょう》を精進行《しょうじんぎょう》と称した。同日、東三条第《ひがしさんじょうてい》で崩御《ほうぎょ》。三十七歳。同年二月二十一日、香《こう》隆寺《りゅうじ》で火葬。陵は円乗寺陵《えんじょうじのみささぎ》。道長の女嬉子《きし》所生の子に後冷泉《ごれいぜい》天皇、三条《さんじょう》天皇皇女禎子内親王《ていしないしんのう》所生の子に後三条《ごさんじょう》天皇・良子《りょうし》内親王・娟子《けんし》内親王、敦康《あつやす》親王の女嫄子女王《むすめげんしじょおう》（藤原頼通養女《よりみちようじょ》）所生の子に祐子《ゆうし》内親王・禖子《ばいし》内親王、藤原頼宗《よりむね》の女延子《えんし》所生の子に正子《せいし》内親王がある。また、『後朱雀天皇宸記《ごすざくてんのうしんき》』を著わし、『後拾遺和歌集《ごしゅういわかしゅう》』『新古今和歌集《しんこきんわかしゅう》』『続古今和歌集《ぞくこきんわかしゅう》』『新千載和歌集《しんせんざいわかしゅう》』に歌什《かじゅう》が残されている。

（加藤　友康）

〔円乗寺陵《えんじょうじのみささぎ》〕　京都市右京区竜安寺朱山《うきょうくりゅうあんじしゅやま》、竜安寺内にある。南面する円丘《えんきゅう》で、後冷泉《ごれいぜい》・後三条《ごさんじょう》天皇陵と東西に並び、三陵同域《さんりょうどういき》である。寛徳《かんとく》二年（一〇四五）二月二十一日に香隆寺《こうりゅうじ》の乾原《かんげん》にて火葬、遺骨を仁《にん》和寺《なじ》内の円教寺《えんきょうじ》に安置した。崩後《ほうご》十年天喜《てんき》三年（一〇五五）に後冷泉天皇が天皇の素志《そし》をついで、円教寺内に新堂を建立《こんりゅう》して円乗寺《えんじょうじ》と称した。陵名はこれによっている。しかし、陵の所在を明記したものはなく、『中右記《ちゅうゆうき》』嘉承《かしょう》二年（一一〇七）七月十二日条に後三条天皇陵の近くにある旨が記されているが、その後は伝えるところがない。幕末修陵《ばくまつしゅうりょう》の際、現陵所に考定《こうてい》して修補《しゅうほ》を施した。火葬塚《づか》は京都市北区《きたく》平野宮敷町《ひらのみやじきちょう》にある。

参考文献　谷森善臣『山陵考』（『（新註）皇学叢書』五）、上野竹次郎『山陵』下

（中村　一郎）

【長暦《ちょうりゃく》】　後朱雀《ごすざく》天皇の時の年号（一〇三七～四〇）。長元《ちょうげん》十年四月二十一日改元《かいげん》。代始《だいはじめ》による。大学頭《だいがくのかみ》藤原義忠《ふじわらのよしただ》の勘申《かんじん》による。出典は「春秋文」。四年十一月十日長久《ちょうきゅう》と改元。

（山田　英雄）

【長《ちょう》久《きゅう》】後《ご》朱《す》雀《ざく》天皇の時の年号（一〇四〇～四四）。長暦《ちょうりゃく》四年十一月十日改元《かいげん》。災変《さいへん》による。式部権大《しきぶのごんのだい》輔《ふ》大江挙周《おおえのたかちか》の勘申《かんじん》による。出典は『老子《ろうし》』の「天長地久、天地所以能長且久者、以其不自生、故能長」。五年十一月二十四日寛徳《かんとく》と改元。

（山田　英雄）

【寛《かん》徳《とく》】後朱雀《ごすざく》・後冷泉《ごれいぜい》両天皇の時の年号（一〇四四～四六）。長久《ちょうきゅう》五年十一月二十四日改元《かいげん》。炎旱疾《さいかんしつ》疫《えき》による。文章博士《もんじょうはかせ》平定親《たいらのさだちか》・式部権大輔《しきぶのごんのだいふ》大江挙周の勘申《かんじん》。その勘文《かんもん》に「後漢書曰、上下歓欣、人懐二寛徳一」（杜林《とりん》伝《でん》）とみえる。三年四月十四日永承《えいしょう》と改元。

（土田　直鎮）

後冷泉《ごれいぜい》天皇

一〇二五～六八　在位一〇四五～六八

万寿《まんじゅ》二年（一〇二五）八月三日、東宮敦良親王《とうぐうあつながしんのう》（後朱雀《ごすざく》天皇）の第一王子として誕生。母は藤原道長《ふじわらのみちなが》の女《むすめ》嬉子《きし》。諱《いみな》は親仁《ちかひと》。長元《ちょうげん》九年（一〇三六）十二月二十二日、親王宣下《しんのうせんげ》。長暦《ちょうれき》元年（一〇三七）七月二日、十三歳で元服《げんぷく》。同年八月十七日、後朱雀天皇の皇太子《こうたいし》となる。寛徳《かんとく》二年（一〇四五）正月十六日、二十一歳で受禅《じゅぜん》し、同年四月八日に即位《そくい》。治暦《ちりゃく》四年（一〇六八）四月十九日、高陽院《かやのいん》において崩御《ほうぎょ》、四十四歳。御記《ぎょき》として、『後冷泉院御記《ごれいぜいいんぎょき》』十九巻があったことが、『殿暦《でんりゃく》』天永《てんえい》三年（一一一二）五月二十二日条・『中右記《ちゅうゆうき》』同月二十五日条などにみえるが、今に伝わらない。また、『後拾遺和歌集《ごしゅういわかしゅう》』『金葉和歌集《きんようわかしゅう》』『詞《し》花和歌集《かわかしゅう》』『新古今和歌集《しんこきんわかしゅう》』『玉葉和歌集《ぎょくようわかしゅう》』などに歌什《かじゅう》が残されている。

参考文献　角田文衛「後冷泉朝の問題」(『古代学』二七ノ一)　　(加藤　友康)

〔円教寺陵《えんきょうじのみささぎ》〕　京都市右京区竜安寺朱山《うきょうくりゅうあんじしゅうやま》、竜安寺内にある。南面する円丘《えんきゅう》で、後朱雀《ごすざく》・後三条《ごさんじょう》天皇陵と東西に並び三陵同域である。治暦《ちりゃく》四年(一〇六八)五月五日船岡《ふなおか》の西野《にしの》に火葬、遺骨を仁和寺《にんなじ》内にある円教寺《えんきょうじ》に安置した(仁和寺山《にんなじやま》に置くと記すものもある)。陵所《りょうしょ》を明記したものはなく、『中右記《ちゅうゆうき》』嘉承《かしょう》二年(一一〇七)七月十二日条に後三条天皇陵の付近にあったように記されているが、中世にはその所伝を失った。幕末修陵《ばくまつしゅうりょう》の際、現所を陵と定めて修補《しゅうほ》を加えた。火葬塚《かそうづか》は京都市北区紫野下御輿町《きたくむらさきのしもみこしちょう》にある。

参考文献　谷森善臣『山陵考』(『(新註)皇学叢書』五)、上野竹次郎『山陵』下　　(中村　一郎)

【永承《えいしょう》】　後冷泉《ごれいぜい》天皇の時の年号(一〇四六〜五三)。寛徳《かんとく》三年四月十四日改元《かいげん》。即位《そくい》による。文章博士《もんじょうはかせ》平定親《たいらのさだちか》の勘申《かんじん》。出典は『晋書《しんじょ》』礼志《らいし》「永承三天祚二」。八年正月十一日天喜《てんき》と改元。　　(皆川　完一)

【天喜《てんき》】　後冷泉《ごれいぜい》天皇の時の年号(一〇五三〜五八)。永承《えいしょう》八年正月十一日改元《かいげん》。天変怪異《てんぺんかいい》による。右中《うちゅう》弁平定親《べんたいらのさだちか》の勘申《かんじん》による。出典は『抱朴子《ほうぼくし》』の「人主有道則喜祥並臻、此則天喜也」。六年八月二十九日康平《こうへい》と改元。　　(山田　英雄)

【康平《こうへい》】　後冷泉《ごれいぜい》天皇の時の年号(一〇五八〜六五)。天喜《てんき》六年八月二十九日改元《かいげん》。大極殿火災《だいごくでんかさい》のため。出典は文章博士《もんじょうはかせ》藤原実範《ふじわらのさねのり》の勘文《かんもん》に「後漢書曰、文帝寛恵柔克、遭代康平」とみえる。八年八月二日治暦《ちりゃく》と改元。　　(山田　英雄)

【治《ち》　暦《りゃく》】後冷泉《ごれいぜい》天皇の時の年号(一〇六五～六九)。康平《こうへい》八年八月二日改元《かいげん》。炎旱《えんかん》・三合厄《さんごうやく》による。式《しき》部大輔《ぶのだいふ》藤原実綱《ふじわらのさねつな》の勘文《かんもん》による。出典は『尚書正義《しょうしょせいぎ》』の「湯武革レ命、順二于天一而応二於人一、君子以治レ暦明レ時、然則改レ正治暦自二武王一始矣」および『周易《しゅうえき》』の「君子治レ暦明レ時」。同五年四月十三日延久《えんきゅう》と改元。

(山田　英雄)

後《ご》三条《さんじょう》天皇

一〇三四～七三　在位一〇六八～七二

諱《いみな》は尊仁《たかひと》。長元《ちょうげん》七年(一〇三四)七月十八日、東宮敦良親王《とうぐうあつながしんのう》(後朱雀《ごすざく》天皇)の第二王子として誕生。母は三条《さんじょう》天皇の皇女禎子内親王《ていしないしんのう》(陽明門院《ようめいもんいん》)。同九年父親王の践祚《せんそ》後間もなく親王宣下《せんげ》をうけ、寛徳《かんとく》二年(一〇四五)正月、兄後冷泉《ごれいぜい》天皇の践祚と同時に皇太弟《こうたいてい》となる。永承《えいしょう》元年(一〇四六)十二月元服《げんぷく》、ついで藤原能信《ふじわらのよしのぶ》の養女茂子を納れて妃《ひ》とした。のちの白河《しらかわ》天皇の生母である。爾来《じらい》東宮に潜居《せんきょ》すること二十四年、生母が藤原氏の出でないため、時の関白《かんぱく》藤原頼通《よりみち》に忌憚《きたん》され、東宮の地位すら脅《おびや》かされたという。治暦《ちりゃく》四年(一〇六八)四月十九日、兄天皇の崩御《ほうぎょ》のあと直ちに践祚し、関白には藤原教通《のりみち》を補《ほ》したが、外戚《がいせき》の威権《いけん》から解放された天皇は、積極的に親政《しんせい》を推進し、多くの治績《ちせき》を挙げた。そのうちでも特に有名なものは、荘園整理事業《しょうえんせいりじぎょう》と公定枡《こうています》(延久宣旨枡《えんきゅうせんじます》)の制定で、ことに荘園整理事業のため太政官《だじょうかん》に設置された記録荘園券契所《きろくしょうえんけんけいじょ》(略して記録所《きろくしょ》)は、後世その性格を変えながらも再三復活され、あたかも天皇親政を象徴《しようちよう》する機関のように見なされるに至った。また一方では皇室経済の強化を図り、各地に勅旨《ちよくし》田《でん》を設定し、後三条院勅旨田の名で後世まで伝えられた。無実化した令制官田《りようせいかんでん》＝供御稲田《くごいなだ》を改編して、山城《やましろ》・河内《かわち》・摂津《せつつ》などに御稲田《みいねだ》を設け、御稲供御人《みいねくごにん》を定めたのも、この治世《ちせい》に始まるといわれる（『百《ひやく》官和秘抄《かんわひしよう》』）。しかし在位わずか四年半で、延久《えんきゆう》四年（一〇七二）十二月八日位を皇太子貞仁《さだひと》親王（白河《しらかわ》天皇）に譲り、同時に女御《にようご》源基子《みなもとのきし》の所生《しよせい》の皇子実仁《さねひと》親王を皇太弟に立てた。この譲位を天皇が院政を始めるためとする説が古くからあるが、確証はなく、病気のためとする説が有力であり、また実仁親王を東宮に立てるのも目的の一つと考えられている。翌五年四月、病のため落飾《らくしよく》、法名《ほうみよう》を金剛行《こんごうぎよう》と称したが、五月七日大炊御門殿《おおいみかどどの》において崩御した。年四十。

（橋本　義彦）

参考文献　橋本義彦「貴族政権の政治構造」（『（岩波講座）日本歴史』四所収）

〔円宗寺陵《えんしゆうじのみささぎ》〕　京都市右京区竜安寺朱山《うきようくりゆうあんじしゆうやま》、竜安寺《りようあんじ》内にある（宮内庁《くないちよう》編『陵墓要覧《りようぼようらん》』は「えんそうじのみささぎ」とよんでいる）。後朱雀《ごすざく》・後冷泉天皇陵《ごれいぜいてんのうのみささぎ》と東西に並び、南面する円丘で三陵同域である。延久《えんきゆう》五年（一〇七三）五月十七日神楽岡《かぐらがおか》の南の原に火葬、御骨《おこつ》を禅林寺《ぜんりんじ》内の旧房に安置した。しかし、のちに当陵を指して「円宗寺《えんしゆうじ》」（後三条天皇御願寺《ごがんじ》）と記しており、また当陵に派遣された権中納言藤原宗忠《ごんちゆうなごんふじわらのむねただ》の日記に「従二円宗寺北大門大路一北行一許町、下レ従レ車、向二其所一、（中略）（此山陵在二円融院四至一、彼寺別当沙汰也）」（『中右記《ちゆうゆうき》』嘉承《かしよう》二年（一一〇七）七月十二日条）とあることは、陵は禅林寺《ぜんりんじ》から円融寺《えんゆうじ》の四至内《しいしない》に移されたものと思われる。円融寺は仁和寺《にんなじ》の寺地内に建立《こんりゆう》されたものであるが、中世には衰退し、現在の竜安寺がその跡地であるといわれる。延慶《えんきよう》元年（一三〇八）四月三十日に後宇多《ごうだ》法皇が仁和寺・円宗寺に御幸《ごこう》の際「後三条院法華堂《ごさんじょういんほっけどう》」に行っているが（『公秀公記《きんひでこうき》』）、この法華堂の詳細は不明である。陵所はその後伝えるものはないが、幕末修陵《しゅうりょう》の時、現陵を前記『中右記』の記事に合うものとして修《しゅう》補《ほ》を加えた。

参考文献 谷森善臣『山陵考』（『（新註）皇学叢書』五）、上野竹次郎『山陵』下

（中村 一郎）

【延《えん》久《きゅう》】 後三条《ごさんじょう》・白河《しらかわ》両天皇の時の年号（一〇六九〜七四）。治暦《ちりゃく》五年四月十三日改元《かいげん》。即位《そくい》による。式部大輔藤原実綱《しきぶのだいふふじわらのさねつな》の勘申《かんじん》。出典は『尚書《しょうしょ》』君奭《くんせき》注「我以レ道惟安、寧王之徳欲レ延久一也」。六年八月二十三日承保《じょうほ》と改元。

（皆川 完一）

白《しら》河《かわ》天皇

一〇五三〜一一二九 在位一〇七二〜八六

諱《いみな》は貞仁《さだひと》。天喜《てんき》元年（一〇五三）六月十九日、皇太子尊仁親王《こうたいしたかひとしんのう》（後三条天皇《ごさんじょう》）の第一王子として誕生。母は権中納言藤原公成《ごんちゅうなごんふじわらのきんなり》の女《むすめ》、贈皇太后茂子《ぞうこうたいごう》である。茂子の養父で、関白藤原頼通《かんぱくふじわらのよりみち》の異母弟である春宮大夫能信《とうぐうのだいぶよしのぶ》の庇護《ひご》のもとに成長し、治暦《ちりゃく》四年（一〇六八）父後三条天皇の即位《そくい》後ようやく親王《しんのう》となり、翌延《えん》久《きゅう》元年（一〇六九）立太子《りったいし》。延久四年十二月八日、父帝の禅《ゆずり》を受けて践祚《せんそ》し、同日源《みなもとの》基子《きし》を母とする異母弟実仁親王《さねひとしんのう》を皇太子《こうたいし》に立てた。父帝の意向によるものである。しかし応徳《おうとく》二年（一〇八五）皇太子が病没すると、翌年十一月二十六日、皇子善仁《たるひと》親王を皇太子に立て、即日譲位《じょうい》した。ただ新帝堀河《ほりかわ》天皇

はまだ八歳の幼少であったため、おのずから上皇《じょうこう》の庇護後見を必要とし、さらに嘉承《かしょう》二年（一一〇七）、鳥羽《とば》天皇が五歳の幼弱で践祚するに及び、上皇の執政《しっせい》はいよいよ本格化した。ついで元永《げんえい》二年（一一一九）鳥羽天皇の第一皇子顕仁《あきひと》親王が生まれると、上皇はやがてこの曾孫《そうそん》の皇子を皇位につけた。崇徳《すとく》天皇である。一方、保安《ほあん》元年（一一二〇）関白藤原忠実《ただざね》が上皇の怒に触れて失脚《しっきゃく》すると、摂関《せっかん》の勢威《せいい》はいちだんと低落した。

こうして上皇は院中《いんちゅう》にあって政治の実権をにぎり、後世から院政《いんせい》と名づけられる政治形態を創始することになった。多年上皇の側近に仕えた藤原宗忠《むねただ》は、その日記『中右記《ちゅうゆうき》』に上皇の治政《ちせい》を評して大《たい》要《よう》次のように述べている。「法皇《ほうおう》は天下《てんか》の政《まつりごと》をとること五十七年、意《い》にまかせ、法《ほう》にかかわらず除目《じもく》叙位《じょい》を行なった。その威権《いけん》は四海《しかい》に満《み》ち、天下これに帰服《きふく》した。理非《りひ》は果断《かだん》、賞罰《しょうばつ》は分明《ぶんみょう》、愛悪《あいお》は掲《けち》焉《えん》、貧富《ひんぷ》の差別《さべつ》も顕著《けんちょ》で、男女《だんじょ》の殊寵《しゅちょう》が多《おお》かったので、天下の品秩《ほんちつ》が破《やぶ》れ、上下《じょうげ》衆人《しゅうじん》も心力《しんりょく》に堪《た》えなかった」と。一面、上皇は仏教《ぶっきょう》に帰依《きえ》し、在位中白河《しらかわ》の地に法勝寺《ほっしょうじ》を建てたのをはじめ、尊勝寺《そんしょうじ》・最《さい》勝寺《しょうじ》・円勝寺《えんしょうじ》をつぎつぎに建立《こんりゅう》し、また永長《えいちょう》元年（一〇九六）最愛の皇女郁芳門院《いくほうもんいん》の死をいたんで落飾《らくしょく》した（ただし受戒《じゅかい》せず、法号《ほうごう》も定めなかったとする記録と、ひそかに受戒し、融観《ゆうかん》と号したとする記録が並存）。ことに晩年はしきりに殺生禁断《せっしょうきんだん》の令《れい》を下《くだ》し、次第に浄土信仰《じょうどしんこう》に傾斜していったが、大治《だいじ》四年（一一二九）七月六日、にわかに病《やまい》に倒れ、翌七日、平癒祈願《へいゆきがん》の仏事《ぶつじ》もとどめ、西方浄土《さいほうじょうど》を念《ねん》じつつ、七十七年の生涯《しょうがい》を閉じた。追号《ついごう》は、深い愛着をもつ白河の地に因んで、生前に白河院《しらかわいん》と定められていた。

（橋本　義彦）

参考文献　橋本義彦「白河法皇」（『平安の宮廷と貴族』所収）

〔成菩提院陵《じょうぼだいいんのみささぎ》〕 京都市伏見区竹田浄菩提院町《ふしみくたけだじょうぼだいいんちょう》にある白河天皇陵。白河天皇は天仁《てんにん》元年(一一〇八)鳥羽《とば》に三重塔《さんじゅうのとう》の寿陵建立《じゅりょうこんりゅう》を計画し、天永《てんえい》二年(一一一一)八月落成《らくせい》、ここに納骨《のうこつ》するよう遺詔《いしょう》して崩《ほう》じた。遺骸《いがい》は大治《だいじ》四年(一一二九)七月十五日に、衣笠山《きぬがさやま》の東麓(京都市北区《きたく》衣笠西《きぬがさにし》馬場《ば ば》町、火葬塚《かそうづか》)で火葬されたが、遺骨は、遺詔の納骨塔《のうこつとう》が凶方《きょうほう》にあたるため、吉方《きっぽう》になるまで香隆寺《こうりゅうじ》に仮安置した。天承《てんしょう》元年(一一三一)鳥羽に成菩提院《じょうぼだいいん》を建立し、その落慶供養《らっけいくよう》の翌日七月九日に遺骨を香隆寺から三重塔に移し埋納《まいのう》した。納骨状態は『長秋記《ちょうしゅうき》』によると、塔下に約一・二メートル四方の石筒《せきとう》を設けて、これに骨壺《こつつぼ》を納め、その上に、銅板経《どうばんきょう》を納めた銅筥と、金胎両界《きんたいりょうかい》の阿弥陀仏像《あみだぶつぞう》を納めた銅小塔《どうしょうとう》とを安置して石蓋《いしぶた》をし土で埋めている。

この塔は建長《けんちょう》元年(一二四九)に焼失し、以後所伝《しょでん》が失われた。元禄《げんろく》十年(一六九七)の諸陵探索《しょりょうたんさく》以後は、この三重塔に現鳥羽《とば》天皇陵をあて、申伝《もうしつた》えなしとし、現陵は近衛《このえ》天皇陵としてきた。元治《げんじ》元年(一八六四)塔の壇《だん》と称された現陵に改定し、修補《しゅうほ》を行なった。現状はこの修補で整形《せいけい》したもので、幅三・五メートルの堀《ほり》に囲まれた、一六メートル四方の石垣積《いしがきづ》み方形区画《ほうけいくかく》に、高さ一・五メートルの方丘《ほうきゅう》が載《の》り、東面に拝所《はいしょ》がある。昭和《しょうわ》五十五年(一九八〇)～五十九年度に、宮内庁書陵部《くないちょうしょりょうぶ》や京都市埋蔵文化財研究所《まいぞうぶんかざいけんきゅうしょ》が行なった陵外周部の発掘調査で、現在の堀の外側一二～一三メートルのところに、幅八・五メートル、長さ東西・南北各七〇メートルの堀が、当初は存在したことが判明し、堀内から三重塔の調度品《ちょうどひん》かと思われる螺鈿金平塵《らでんきんひらちり》の燈台座残欠《とうだいざざんけつ》が出土している。

参考文献 上野竹次郎『山陵』下、谷森善臣『山陵考』(『(新註)皇学叢書』五)、京都市埋蔵文化財調査研究

所編『鳥羽離宮跡発掘調査概報』、福尾正彦「成菩提院陵駐車場整備工事区域の調査」(『書陵部紀要』三三)

(石田 茂輔)

【承保《じようほ》】白河《しらかわ》天皇の時の年号(一〇七四～七七)。延久《えんきゆう》六年八月二十三日改元《かいげん》。代始《だいはじめ》による。出典は文《もん》章博士《じようはかせ》藤原正家《ふじわらのまさいえ》の勘文《かんもん》に『尚書《しようしよ》』とみえる。同四年十一月十七日、承暦《じようりやく》と改元。

(山田 英雄)

【承暦《じようりやく》】白河《しらかわ》天皇の時の年号(一〇七七～八一)。承保《じようほ》四年十一月十七日に改元《かいげん》。旱魃《かんばつ》、疱瘡《ほうそう》による。出典は文章博士《もんじようはかせ》藤原正家《ふじわらのまさいえ》・式部大輔《しきぶのだいふ》藤原実綱《ふじわらのさねつな》の勘文《かんもん》に「維城典訓曰、聖人者以懿徳永承暦」とみえる。五年二月十日永保《えいほう》と改元。

(山田 英雄)

【永保《えいほう》】白河《しらかわ》天皇の時の年号(一〇八一～八四)。承暦《じようりやく》五年二月十日改元《かいげん》。辛酉革命《しんゆうかくめい》による。文章博士《もんじようはかせ》藤原行家《ふじわらのゆきいえ》の勘申《かんじん》。出典は『尚書《しようしよ》』仲虺《ちゆうき》之誥「欽㆓崇天道㆒、永保㆓天命㆒」、同梓材《しざい》「惟王子子孫孫、永保㆓民人㆒」。四年二月七日応徳《おうとく》と改元。

(皆川 完一)

【応徳《おうとく》】白河《しらかわ》・堀河《ほりかわ》両天皇の時の年号(一〇八四～八七)。永保《えいほう》四年二月七日改元《かいげん》。甲子革令《かつしかくれい》による。文章博士《もんじようはかせ》藤原有綱《ふじわらのありつな》の勘申《かんじん》。出典は『白虎通《びやつこつう》』封禅《ほうぜん》「天下泰平、符瑞所㆓以来至㆒者、以為王者承㆑天順㆑理、調㆓和陰陽㆒、和㆓万物序㆒、休気充塞、故符瑞並臻、皆応㆑徳而至」か。四年四月七日寛治《かんじ》と改元。

(皆川 完一)

堀《ほり》河《かわ》天皇

一〇七九～一一〇七　在位一〇八六～一一〇七

白河《しらかわ》天皇の第二皇子。母は関白藤原師実《かんぱくふじわらのもろざね》の養女、皇后賢子《こうごうけんし》（実父は右大臣源顕房《うだいじんみなもとのあきふさ》）。承暦《じょうりゃく》三年（一〇七九）七月九日誕生。同年十一月親王宣下《しんのうせんげ》あり、善仁《たるひと》と命名。応徳《おうとく》三年（一〇八六）十一月二十六日立太子《りったいし》、即日父帝の禅《ゆずり》を受けて践祚《せんそ》した。同年十二月十九日大極殿《だいごくでん》に即位の礼《れい》を挙げ、在位二十二年に及んだが、嘉承《かしょう》二年（一一〇七）七月十九日、二十九歳をもって貴賤男女哀悼《きせんなんにょあいとう》のうちに堀河殿《ほりかわどの》に崩《ほう》じた。同月二十四日、堀河院《ほりかわいん》と追号《ついごう》、火葬して香隆寺《こうりゅうじ》に納骨《のうこつ》したが、永久元年（一一一三）三月、仁和寺《にんなじ》中に改葬《かいそう》した。天皇は温厚仁慈《おんこうじんじ》、「末代ノ賢王」（『続古事談《ぞくこじだん》』）とたたえられ、和歌管絃《わかかんげん》の道に長《ちょう》じ、特に笙《しょう》・笛《ふえ》を能《よ》くして、それにまつわる逸話《いつわ》を多く遺している。なお、天皇の践祚《せんそ》後も白河上皇が院中《いんちゅう》に政《まつりごと》を聴《き》いたので、それをもって院政《いんせい》の開始とするのが普通であり、また村上源氏《むらかみげんじ》が外戚《がいせき》の縁により朝廷に強固な勢威を築いたのも、その治世《ちせい》の特色の一つである。

（橋本　義彦）

参考文献　『大日本史料』三ノ九、嘉承二年七月十九日条

〔後円教寺陵《のちのえんきょうじのみささぎ》〕　京都市右京区竜安寺朱山《うきょうくりゅうあんじしゅうやま》の竜安寺《りょうあんじ》内北東部にあり、一条《いちじょう》天皇陵の西に並ぶ。堀河《ほりかわ》天皇遺骸《いがい》は、嘉承《かしょう》二年（一一〇七）七月二十四日香隆寺《こうりゅうじ》南西の野で火葬、翌朝拾骨《しゅうこつ》。遺骨《いこつ》は円融院《えんゆういん》内に埋納《まいのう》の予定であったが、同所が三年間凶方《きょうほう》にあたるため、仮に香隆寺僧房《そうぼう》に安置し、火葬所には塚を築き、上に石卒都婆《いしそとば》を建てた。永久《えいきゅう》元年（一一一三）三月二十二日遺骨を香隆寺より仁和寺《にんなじ》円融院内に移して

埋葬し、塚を築いて三重石塔《さんじゅうのせきとう》を建て、塔中《とうちゅう》に『法華経《ほけきょう》』、陀羅尼《だらに》などを納めた。当所は、『本朝世紀《ほんちょうせいき》』久安《きゅうあん》五年(一一四九)十二月二十五日条に、「後円教寺《ごえんきょうじ》」と号すとある。のち所伝を失い、元禄《げんろく》の諸陵探索報告書《さくほうこくしょ》は「陵場所相知《ばしょあいし》れず」とする。こののち陵・火葬塚の所在について種々の説が出、幕末の修《しゅう》陵《りょう》にあたり、一条天皇陵とともに現陵を考定《こうてい》、火葬塚は衣笠村等持院《きぬがさむらとうじいん》の四角塚《しかくづか》(京都市北区等持院東町《きたくとうじいんひがしまち》)に考定した。元治《げんじ》元年(一八六四)当陵と一条天皇陵に各拝所《はいしょ》を設けたが、大正《たいしょう》元年(一九一二)二陵を中央にして土塁《どるい》をめぐらし、南面の二陵共用の一拝所に改造した。墳丘《ふんきゅう》は径約二〇メートル、高さ四メートル余の円《えん》墳《ふん》で、一条天皇陵墳丘西側に接し、樹木が覆《おお》う。三重石塔はない。

参考文献 『大日本史料』二ノ一五、寛仁四年六月十六日条、同三ノ九、嘉承二年七月二十四日条、同三ノ一四、永久元年三月二十二日条、上野竹次郎編『山陵』下　（石田　茂輔）

【寛《かん》 治《じ》】 堀河《ほりかわ》天皇の時の年号(一〇八七~九四)。応徳《おうとく》四年四月七日改元《かいげん》。即位《そくい》による。左大弁大江匡房《さだいべんおおえのまさふさ》の勘申《かんじん》。その勘文《かんもん》に「礼記曰、湯以レ寛治レ民、而除二其虐一」とみえる。八年十二月十五日嘉保《かほう》と改元。

参考文献 『大日本史料』三ノ一、寛治元年四月七日条　（土田　直鎮）

【嘉《か》 保《ほう》】 堀河《ほりかわ》天皇の時の年号(一〇九四~九六)。寛治《かんじ》八年十二月十五日改元《かいげん》。疫病《えきびょう》による。権中納言《ごんちゅうなごん》大江匡房《おおえのまさふさ》の勘申《かんじん》。その勘文《かんもん》に「史記曰、嘉二保太平一」(始皇本紀《しこうほんぎ》)とみえる。三年十二月十七日永長《えいちょう》と改元。

参考文献 『大日本史料』三ノ三、嘉保元年十二月十五日条　（土田　直鎮）

【永《えい》長《ちょう》】 堀河《ほりかわ》天皇の時の年号(一〇九六〜九七)。嘉保《かほう》三年十二月十七日改元《かいげん》。天変《てんぺん》・地震《じしん》による。権《ごん》中納言《ちゅうなごん》大江匡房《おおえのまさふさ》の勘申《かんじん》。出典は『後漢書《ごかんじょ》』光武帝紀《こうぶていき》「享レ国永長、為ニ後世法一」。二年十一月二十一日承徳《じょうとく》と改元。

参考文献 『大日本史料』三ノ四、永長元年十二月十七日条　(皆川 完一)

【承《じょう》徳《とく》】 堀河《ほりかわ》天皇の時の年号(一〇九七〜九九)。永長《えいちょう》二年十一月二十一日改元《かいげん》。天変《てんぺん》・地震《じしん》・洪水《こうずい》・大風《おおかぜ》などによる。出典は永長元年十二月十七日文章博士《もんじょうはかせ》藤原敦基《ふじわらのあつもと》が永長改元の時に勘申《かんじん》した勘文《かんもん》に「周易曰、幹文用誉承以徳也」とみえる。三年八月二十八日康和《こうわ》と改元。

参考文献 『大日本史料』三ノ四、承徳元年十一月二十一日条　(山田 英雄)

【康《こう》和《わ》】 堀河《ほりかわ》天皇の時の年号(一〇九九〜一一〇四)。承徳《じょうとく》三年八月二十八日に改元《かいげん》。春地震《じしん》、夏疾疫《しつえき》による。出典は式部大輔《しきぶのだいふ》藤原正家《ふじわらのまさいえ》の勘文《かんもん》に「崔寔政論曰、四海康和、天下周楽」とみえる。六年二月十日長治《ちょうじ》と改元。

参考文献 『大日本史料』三ノ五、康和元年八月二十八日条　(山田 英雄)

【長《ちょう》治《じ》】 堀河《ほりかわ》天皇の時の年号(一一〇四〜〇六)。康和《こうわ》六年二月十日改元《かいげん》。天変《てんぺん》による。文章博士《もんじょうはかせ》菅原《すがわらの》在良《ありよし》・藤原俊信《ふじわらとしのぶ》の勘申《かんじん》による。出典は『漢書《かんじょ》』の「建久安之勢、成長治之業」。三年四月九日嘉承《かしょう》と改元。

参考文献 『大日本史料』三ノ七、長治元年二月十日条、同三ノ一八補遺、同条　(山田 英雄)

【嘉《か》承《しょう》】 堀河《ほりかわ》・鳥羽《とば》両天皇の時の年号(一一〇六〜〇八)。長治《ちょうじ》三年四月九日改元《かいげん》。天変《てんぺん》による。文章《もんじょう》博士《はかせ》菅原在良《すがわらのありよし》の勘申《かんじん》。その勘文《かんもん》に「漢書曰、礼楽志曰、嘉承㆓天和㆒、伊楽㆓厥福㆒」とみえる。三年八月三日天仁《てんにん》と改元。

参考文献 『大日本史料』三ノ八、嘉承元年四月九日条

(土田 直鎮)

鳥《と》羽《ば》天皇

一一〇三〜五六 在位一一〇七〜二三

堀河《ほりかわ》天皇の第一皇子。母は大納言《だいなごん》藤原実季《ふじわらのさねすえ》の女《むすめ》、贈皇太后《ぞうこうたいごう》苡子《いし》である。康和《こうわ》五年(一一〇三)正月十六日、左少弁《さしょうべん》藤原顕隆《ふじわらのあきたか》の五条邸《ごじょうてい》に誕生、その年六月親王宣下《しんのうせんげ》あり、宗仁《むねひと》と命名され、八月には早くも皇太子《こうたいし》に立った。ついで嘉承《かしょう》二年(一一〇七)七月十九日、父天皇崩御《ほうぎょ》のあとをうけて皇位についたが、まだ五歳の幼帝であったため、祖父白河上皇《しらかわじょうこう》の執政はいよいよ本格化した。ついで永久《えいきゅう》五年(一一一七)権大納言《ごんだいなごん》藤原公実《ふじわらのきんざね》の女璋子《むすめしょうし》(待賢門院《たいけんもんいん》)を女御《にょうご》とし、翌年皇后《こうごう》(中宮《ちゅうぐう》)に立てたが、元永《げんえい》二年(一一一九)皇子が生まれるや、曾孫の速やかな即位《そくい》を望む上皇の意向により、保安《ほあん》四年(一一二三)正月二十八日、皇子(崇徳《すとく》天皇)に位を譲って上皇となった。しかし大治《だいじ》四年(一一二九)七月七日祖父上皇が崩御したので、ようやく院中《いんちゅう》に政務を執ることになった。

上皇は白河院政末期の十余年間宇治《うじ》に籠居《ろうきょ》していた前関白《さきのかんぱく》藤原忠実《ただざね》を政界に復帰させ、その愛児頼《より》

鳥羽天皇画像（『天子摂関御影』）
宮内庁三の丸尚蔵館所蔵

長《なが》を重用した。また祖父上皇の寵愛《ちょうあい》した待賢門院璋子を遠ざけ、権中納言《ごんちゅうなごん》藤原長実《ながざね》の女得子《とくし》（美福門院《びふくもんいん》）を納れて院の女御とし、保延《ほうえん》五年（一一三九）皇子が誕生するや、永治《えいじ》元年（一一四一）天皇に迫って位を譲らせた。新帝は近衛《このえ》天皇である。一方、同年上皇は鳥羽殿《とばどの》において落飾《らくしょく》し、法名を空覚《くうがく》と定めた。すでにして久寿《きゅうじゅ》二年（一一五五）近衛天皇が病没したので、上皇は同天皇の異母兄にあたる雅仁《まさひと》親王（後白河《ごしらかわ》天皇）を皇位につけた。上皇はこうした無理な皇位継承《こういけいしょう》や激化する摂関家《せっかんけ》の内紛が、近い将来天下大乱の因となるべきことを予測し、保元《ほげん》元年（一一五六）六月病が重くなると、源・平の武士を召集して内裏高松殿《だいりたかまつどの》と鳥羽殿との警固を厳重にしたが、七月二日ついに五十四歳をもって鳥羽《とば》の安楽寿院御所《あんらくじゅいんごしょ》に崩御した。遺詔により即日入棺、翌三日同院御塔に葬られた。安楽寿院陵《あんらくじゅいんのみささぎ》である。追号して鳥羽院という。（橋本　義彦）

〔**安楽寿院陵**《あんらくじゅいんのみささぎ》〕京都市伏見《ふしみ》区《く》竹田《たけだ》内畑町《うちはたちょう》の安楽寿院《あんらくじゅいん》旧境内所在。鳥羽上皇は、鳥羽に三重塔の寿陵《じゅりょう》を右衛門督藤原家成《うえもんのかみふじわらのいえなり》に建立《こんりゅう》させ、保延《ほえん》五年（一一三九）二月二十二日この落慶供養《らっけいくよう》を行い、三昧僧《さんまいそう》を付けて法華三昧《ほっけざんまい》を行わせた。保元《ほげん》元年（一一五六）七月二日上皇崩御《ほうぎょ》の夜、遺詔《いしょう》により遺骸をこの塔下に納め、安楽寿院が祭祀管理を行なった。永仁《えいにん》四年（一二九六）八月三十日安楽寿院の火災で類焼。建武《けんむ》年間（一三三四～三八）に再建されたが、天文《てんぶん》十七年（一五四八）再焼失。慶長《けいちょう》十七年（一六一二）九月塔跡に仮堂《かりどう》を建立《こんりゅう》し、「本御塔」といった。このあと所伝が混乱し、元禄《げんろく》の諸陵探索調書《しょりょうたんさくちょうしょ》は「本御塔ハ白川院御骨蔵ム、新御塔ハ鳥羽法皇尊骸蔵ム」と、現近衛天皇陵を鳥羽天皇陵と誤認し、これが幕末まで続いた。元治《げんじ》元年（一八六四）修陵《しゅうりょう》にあたって改訂し、陵上の旧堂を陵北に移建、その跡に方十五尺の瓦《かわら》葺宝形造塼敷《ぶきほうぎょうづくりせんじき》の陵堂《りょうどう》を新造した。移建した旧堂は、今も「本御塔」という。

参考文献　宮内庁編『鳥羽天皇安楽寿院陵之図』（宮内庁書陵部所蔵『陵墓地形図』）、上野竹次郎『山陵』下

（石田　茂輔）

【天仁《てんにん》】鳥羽《とば》天皇の時の年号（一一〇八～一〇）。嘉承《かしょう》三年八月三日改元《かいげん》。代始《だいはじめ》による。大宰権帥大江《だざいのごんのそちおおえの》匡房《まさふさ》の勘申《かんじん》。出典は『文選《もんぜん》』の「統天、仁風遐揚」。三年七月十三日天永《てんえい》と改元。

参考文献　『大日本史料』三ノ一〇、天仁元年八月三日条

（山田　英雄）

【天永《てんえい》】鳥羽《とば》天皇の時の年号（一一一〇～一三）。天仁《てんにん》三年七月十三日改元《かいげん》。彗星天変《すいせいてんぺん》による。大宰権《だざいのごんの》帥大江匡房《そちおおえのまさふさ》の勘申《かんじん》。出典は『尚書《しょうしょ》』の「欲王以小民受天永命」。四年七月十三日永久《えいきゅう》と改元。

参考文献　『大日本史料』三ノ一〇、天永元年七月十三日条

（山田　英雄）

【永久《えいきゅう》】鳥羽《とば》天皇の時の年号（一一一三～一八）。天永四年七月十三日改元《かいげん》。天変《てんぺん》・怪異《かいい》・疾疫《しつえき》・兵革《へいかく》などのため。式部大輔菅原在良《しきぶのだいふすがわらのありよし》の勘申《かんじん》。出典は不明。『毛詩《もうし》』小雅《しょうが》、南有嘉魚《なんゆうかぎょ》之什《のじゅう》に「吉甫燕喜、既多受祉、来帰自鎬、我行永久」、『蔡邕議《さいようぎ》』に「其設不戦之計、守禦之固者、皆社稷之臣、永久之策也」とみえる。六年四月三日元永《げんえい》と改元。

参考文献　『大日本史料』三ノ一四、永久元年七月十三日条　（皆川　完二）

【元《げん》　永《えい》】鳥羽《とば》天皇の時の年号（一一一八～二〇）。永久《えいきゅう》六年四月三日に改元《かいげん》。天変《てんぺん》・疾疫《しつえき》による。式部《しきぶの》大輔《だいふ》菅原在良《すがわらのありよし》の勘申《かんじん》による。三年四月十日保安《ほあん》と改元。

参考文献　『大日本史料』三ノ一九、元永元年四月三日条　（山田　英雄）

【保《ほ》　安《あん》】鳥羽《とば》・崇徳《すとく》両天皇の時の年号（一一二〇～二四）。元永《げんえい》三年四月十日改元《かいげん》。御厄運御慎《おんやくうんおつつしみ》による。出典は不詳。菅原在良《すがわらのありよし》が天永《てんえい》・永久《えいきゅう》・元永《げんえい》改元の際にも勘申《かんじん》している。文章博士《もんじょうはかせ》三善《みよし》為康《ためやす》の、即位《そくい》以来今年《ことし》まで通算して今年の夏に及び御慎あるべし、との意見によるという。五年四月三日、天治《てんじ》と改元。

参考文献　森本角蔵『日本年号大観』　（石井　正敏）

崇《す》徳《とく》天皇

一一一九～六四　在位一一二三～四一

諱《いみな》は顕仁《あきひと》。元永《げんえい》二年（一一一九）五月二十八日、鳥羽《とば》天皇の第一皇子として誕生。母は藤原公実《ふじわらのきんざね》の女《むすめ》、皇后璋子《こうごうしょうし》（待賢門院《たいけんもんいん》）。保安《ほあん》四年（一一二三）正月二十八日、曾祖父白河法皇《しらかわほうおう》の意向《いこう》により、父天皇の禅《ゆずり》を受け五歳で践祚《せんそ》し、二月十九日即位《そくい》の儀を挙げた。しかし大治《だいじ》四年（一一二九）法皇が崩《ほう》じ、鳥羽上皇《とばじょうこう》の執政《しっせい》が始まると、天皇をとりまく情勢はきびしくなり、永治《えいじ》元年（一一四一）十二月七日、心ならずも上皇の寵妃《ちょうひ》美福門院《びふくもんいん》の生んだ近衛《このえ》天皇に位を譲《ゆず》った。それでもなお皇子重仁《しげひと》親王の即位に望みをかけたが、久寿《きゅうじゅ》二年(一一五五)七月、近衛天皇の崩後《ほうご》をうけて崇徳上皇の同母弟後白河《ごしらかわ》天皇が践祚《せんそ》し、ついでその皇子守仁《もりひと》親王(二条《にじょう》天皇)が立太子《りったいし》したため、その望みを絶たれ、ついに翌保元《ほげん》元年(一一五六)七月、鳥羽法皇の崩御を機に兵を挙げるに至った。保元の乱である。しかし合戦に敗れた上皇は、讃岐国《さぬきのくに》に配流《はいる》され、帰京の願いも空しく、長寛《ちょうかん》二年(一一六四)八月二十六日、四十六歳をもって配所《はいしょ》に悶死《もんし》した。その怨念《おんねん》は怨霊《おんりょう》となって世人《せじん》をおびやかしたので、治承《じしょう》元年(一一七七)七月朝廷は上皇の讃岐院《さぬきいん》の号を改めて崇徳院《すとくいん》の諡号《しごう》を贈り、さらに保元の戦場跡に粟田宮《あわたのみや》を建ててその霊を慰《なぐさ》めた。

崇徳天皇画像　京都市　白峯神宮所蔵

なお天皇は和歌《わか》に秀で、歌聖西行《さいぎょう》とも親交があった。また実は白河天皇の皇子で、そのため鳥羽天皇は「叔父子《おじご》」とよんで白眼視《はくがんし》したという噂《うわさ》が伝えられた。もちろん明確な根拠があるわけではなく、保元の乱の結果などから造作された俗説《ぞくせつ》とも考えられる。

(橋本　義彦)

〔**白峯陵**《しらみねのみささぎ》〕　香川県坂出《さかいで》市青海《おおみ》町にある。白峰《しらみね》(綾松山)の山頂に位置し、白峰寺境内の頓証寺《とんしょうじ》の北西に接する。当所は『愚昧記《ぐまいき》』治承《じしょう》元年(一一七七)五月十七日条によると、勅《ちょく》して天皇の火葬所《かそうじょ》を山陵《さんりょう》と称し、汚穢《おわい》を防ぐため隍《ほり》を掘り、民家を定めて陵の管理をさせ、陵側に一堂を建てて法華三昧《ほっけざんまい》を勤修《ごんしゅ》し菩提《ぼだい》をとむらわせた所である。この一堂は、讃岐国法華堂《さぬきのくにほっけどう》、讃岐国御影堂《みかげどう》、頓証寺《とんしょうじ》、崇徳院御廟《すとくいんごびょう》などと称し、堂には源頼朝《みなもとのよりとも》が文治《ぶんじ》元年(一一八五)四月所領を寄進《きしん》し、朝廷《ちょうてい》が建久《けんきゅう》二年(一一九一)閏《うるう》十二月所領を付し、常時追善供養《ついぜんくよう》を行わせた。元禄《げんろく》の諸陵探索《しょりょうたんさく》時にも所伝明白で「古来より御廟所廻りに玉垣いたし、雑人入込不レ申候」と報告されている。陵は高さ約二・四メートルの方形墳《ほうけいふん》で、元は東南に面し、陵前に廟堂《びょうどう》があったが、慶応《けいおう》の修陵《しゅうりょう》の折に廟堂と区分し、改めて西南面に拝所《はいしょ》を設けた。

（石田　茂輔）

参考文献　上野竹次郎『山陵』下

【天治《てんじ》】崇徳《すとく》天皇の時の年号(一一二四～二六)。保安《ほあん》五年四月三日改元《かいげん》。代始《だいはじめ》による。式部大輔藤原《しきぶのだいふふじわらの》敦光《あつみつ》の勘申《かんじん》による。出典は『易緯《えきい》』の「帝者徳配天地、天子者継天治物」。三年正月二十二日大治《だいじ》と改元。

（山田　英雄）

【大治《だいじ》】崇徳《すとく》天皇の時の年号(一一二六～三一)。天治《てんじ》三年正月二十二日改元《かいげん》。疱瘡《ほうそう》による。出典は式《しき》部大輔藤原敦光《ぶのだいふふじわらのあつみつ》の勘文《かんもん》に「河図挺佐輔曰、黄帝修徳立義、天下大治」「賈誼五美曰、当時大治、後世誦聖、一動而五美附」とみえる。六年正月二十九日天承《てんしょう》と改元。

（山田　英雄）

【天承《てんしょう》】崇徳《すとく》天皇の時の年号(一一三一～三二)。大治《だいじ》六年正月二十九日改元《かいげん》。炎旱天変《えんかんてんぺん》による。式部《しきぶの》大輔藤原敦光《だいふふじわらのあつみつ》の勘申《かんじん》による。出典は『漢書《かんじょ》』の「聖王之自為、動静周旋、奉天承親、臨朝享臣、物有節文、以章人倫」。二年八月十一日長承《ちょうしょう》と改元。

（山田　英雄）

【長承《ちょうしょう》】崇徳《すとく》天皇の時の年号(一一三二～三五)。天承《てんしょう》二年八月十一日改元《かいげん》。疾疫《しつえき》による。式部大輔《しきぶのたいふ》藤《ふじ》原敦光《わらのあつみつ》の勘申《かんじん》による。出典は『史記《しき》』の「長承聖治、群臣嘉徳」。四年四月二十七日保延《ほえん》と改元。

（山田　英雄）

【保延《ほえん》】崇徳《すとく》天皇の時の年号(一一三五～四一)。長承《ちょうしょう》四年四月二十七日改元《かいげん》。飢饉《ききん》・疾疫《しつえき》・洪水《こうずい》などによる。出典は、文章博士《もんじょうはかせ》藤原顕業《ふじわらのあきなり》の勘文《かんもん》に「文選《もんぜん》(巻三、魯霊光殿賦)曰、永安寧以祉福、長与二大漢一而久存、実至尊之所レ御、保二延寿一而宜二子孫一」とみえる。七年七月十日、永治《えいじ》と改元。

参考文献　森本角蔵『日本年号大観』

（石井　正敏）

【永治《えいじ》】崇徳《すとく》・近衛《このえ》両天皇の時の年号(一一四一－四二)。保延《ほえん》七年七月十日改元《かいげん》。辛酉革命《しんゆうかくめい》による。権中納言藤原実光《ごんちゅうなごんふじわらのさねみつ》・文章博士藤原永範《もんじょうはかせふじわらのながのり》の勘申《かんじん》。出典は『魏文典論《ぎぶんてんろん》』「礼楽興二於上一、頌声作二於下一、永治二長徳一、与レ年豊」、『晋書《しんじょ》』武帝紀《ぶていき》「見二土地之広一、謂二万葉而無レ虞、覩二天下之安一、謂二千年而永治一」。二年四月二十八日康治《こうじ》と改元。

（皆川　完一）

近衛《このえ》天皇　一一三九～五五　在位一一四一～五五

諱《いみな》は体仁《なりひと》。保延《ほえん》五年(一一三九)五月十八日、鳥羽上皇《とばじょうこう》の皇子として誕生。母は権中納言藤原長実《ごんちゅうなごんふじわらのながざね》の女得子《むすめとくし》(美福門院《びふくもんいん》)。同年七月親王《しんのう》となり、八月早くも皇太弟《こうたいてい》に立つ。永治《えいじ》元年(一一四一)十二月、崇徳《すとく》天皇の譲《ゆずり》をうけて践祚《せんそ》。久安《きゅうあん》六年(一一五〇)元服《げんぷく》するや、藤原忠通《ふじわらのただみち》・頼長《よりなが》兄弟の養女が相ついで入内《じゅだい》立后《りっこう》し、兄弟の抗争激化の因となった。久寿《きゅうじゅ》二年(一一五五)七月二十三日、近衛殿《このえどの》において崩御《ほうぎょ》。年十七。

(橋本　義彦)

〔**安楽寿院南陵**《あんらくじゅいんのみなみのみささぎ》〕　京都市伏見区《ふしみく》竹田《たけだ》内畑町《うちはたちょう》の安楽寿院《あんらくじゅいん》の南側にある近衛《このえ》天皇の陵。近衛天皇は久寿《きゅうじゅ》二年(一一五五)八月一日葬送《そうそう》、船岡《ふなおか》の西の山作所《さんさくしょ》で火葬に付し、翌二日御骨は知足院《ちそくいん》に納め、火葬の跡に墳丘《ふんきゅう》を築いた。これが近衛天皇火葬塚《かそうづか》(京都市北区《きたく》紫野《むらさきの》花《はな》ノ坊町《ぼうちょう》)である。以後八年、長寛《ちょうかん》元年(一一六三)十一月二十八日、御骨を知足院から鳥羽東殿《とばひがしどの》の多宝塔《たほうとう》へ改葬した。本塔は美福門院《びふくもんいん》の御陵料《ごりょうりょう》として、保元《ほげん》二年(一一五七)十二月落成、鳥羽《とば》天皇陵三重塔《さんじゅうのとう》の本御塔《ほんみとう》に対し、新御塔《しんみとう》と称されたが、美福門院が崩御《ほうぎょ》すると、遺命により高野山《こうやさん》に納骨したので、空塔となっていたものである。以後、永仁《えいにん》四年(一二九六)・天文《てんぶん》十七年(一五四八)両度の火災にも類焼を免れたが、慶長《けいちょう》元年(一五九六)閏《うるう》七月十二日の伏見大地震《ふしみだいじしん》で転倒《てんとう》し、十年後の同十一年になって、豊臣秀頼《とよとみひでより》の命で、片桐且元《かたぎりかつもと》が再建した。以来、正保《しょうほう》元年(一六四四)・元禄《げんろく》四年(一六九一)・寛政《かんせい》八年(一七九六)の大修理を経て、昭和《しょうわ》九年(一九三四)解体修理を行い、翌十年竣工《しゅんこう》した。この間所伝に錯乱《さくらん》があり、元禄の陵改《りょうあらた》めでは鳥羽天皇陵とされたが、文久の修陵《しゅうりょう》のおり、近衛天皇陵に復した。

陵は木造本瓦葺《もくぞうほんがわらぶき》二層の多宝塔で、周囲に透塀《すかしべい》を巡らし、総高一三・一メートル、初層は柱真々五・八九メートル四方、東に面する。塔内は柱・天井・壁面に彩色《さいしき》の仏画《ぶつが》を描き、内陣須弥壇《ないじんしゅみだん》に木造阿弥陀如来坐像《もくぞうあみだにょらいざぞう》(高さ一・一五メートル)と木造大日如来坐像《だいにちにょらいざぞう》(高さ〇・五六メートル)を安置する。塔の床下には〇・八五メートル四方の仙骨《せんこつ》を納める石櫃《せきひつ》が埋設されている。

参考文献　宮内省内匠寮編『安楽寿院南陵多宝塔修繕工事略誌』、上野竹次郎『山陵』下、谷森善臣『山陵考』(『(新註)皇学叢書』五)　(石田　茂輔)

【康《こう》　治《じ》】　近衛《このえ》天皇の時の年号(一一四二～四四)。永治《えいじ》二年四月二十八日改元《かいげん》。代始《だいはじめ》による。出典は文章博士《もんじょうはかせ》藤原永範《ふじわらのながのり》の勘文《かんもん》に「宋書曰、以康治道」とみえる。三年二月二十三日天養《てんよう》と改元。　(山田　英雄)

【天《てん》　養《よう》】　近衛《このえ》天皇の時の年号(一一四四～四五)。康治《こうじ》三年二月二十三日改元《かいげん》。甲子革令《かっしかくれい》による。文章《もんじょう》博士《はかせ》藤原茂明《ふじわらのしげあき》の勘申《かんじん》。出典は『後漢書《ごかんじょ》』の「此天之意也、人之慶也、仁之本也、倹之要也、焉有応天養人為仁為倹、而不降福者乎」。二年七月二十二日久安《きゅうあん》と改元。　(山田　英雄)

【久《きゅう》　安《あん》】　近衛《このえ》天皇の時の年号(一一四五～五一)。天養《てんよう》二年七月二十二日改元《かいげん》。彗星《すいせい》の出現による。出典は文章博士《もんじょうはかせ》藤原永範《ふじわらのながのり》の勘文《かんもん》に「晋書曰、建㆓久安於万載㆒」(四十六、劉頌《りゅうこう》伝)とみえる。七年正月二十六日仁平《にんぺい》と改元。　(土田　直鎮)

【仁《にん》　平《ぺい》】　近衛《このえ》天皇の時の年号(一一五一～五四)。「にんぴょう」ともよむ。久安《きゅうあん》七年正月二十六日改元《かいげん》。暴風《ぼうふう》・洪水《こうずい》などによる。出典は、文章博士《もんじょうはかせ》藤原永範《ふじわらのながのり》の勘文《かんもん》に「後漢書曰、政貴仁平」とみえる(ただし『後漢書《ごかんじょ》』六一、孔奮伝には、「治貴仁平」とある)。四年十月二十八日、久寿《きゅうじゅ》と改元。

参考文献　森本角蔵『日本年号大観』　(石井　正敏)

【久寿《きゅうじゅ》】 近衛《このえ》天皇の時の年号(一一五四～五六)。仁平《にんぺい》四年十月二十八日改元《かいげん》。厄運《やくうん》による。出典は文《もん》章博士《じょうはかせ》藤原永範《ふじわらのながのり》の勘文《かんもん》に「抱朴子《ほうぼくし》曰、其業在ニ於全レ身久一レ寿」(内篇《ないへん》第八)とみえる。三年四月二十七日保元《ほげん》と改元。

(土田　直鎮)

後《ご》白河《しらかわ》天皇

一一二七～九二　在位一一五五～五八

鳥羽上皇《とばじょうこう》第四皇子。母は権大納言《ごんだいなごん》藤原公実《ふじわらのきんざね》の娘、待賢門院璋子《たいけんもんいんしょうし》。大治《だいじ》二年(一一二七)九月十一日、三条殿《さんじょうどの》で誕生。同年十一月雅仁《まさひと》と命名、親王宣下《しんのうせんげ》。近衛《このえ》天皇の死去に伴い、久寿《きゅうじゅ》二年(一一五五)七月二十四日、高松殿《たかまつどの》で践祚《せんそ》。この践祚は鳥羽法皇・美福門院《びふくもんいん》・関白藤原忠通《かんぱくふじわらのただみち》のはからいによるものであったが、同母兄の崇徳上皇《すとくじょうこう》はこれを不満とし、兄忠通と対立していた左大臣《さだいじん》藤原頼長《よりなが》に接近した。保《ほ》元《げん》元年(一一五六)鳥羽法皇の没後、後白河天皇・忠通方は、平清盛《たいらのきよもり》・源 義朝《みなもとのよしとも》らの武力によって、崇徳上皇・頼長方を破った。

このの ち天皇は、藤原通憲《みちのり》(信西《しんぜい》)を重用《ちょうよう》して政治を行なった。その政治は、新制《しんせい》を下し、記録所《きろくしょ》を設けて荘園整理《しょうえんせいり》を行うなど、権力の強化を図るものであった。同三年八月十一日、皇子の二条《にじょう》天皇に譲位《じょうい》、上皇として院政《いんせい》を始め、院政は一時の中絶もあったが、二条・六条《ろくじょう》・高倉《たかくら》・安徳《あんとく》・後鳥羽《ごとば》天皇の五代、三十余年に及んだ。上皇が重用した信西に対しては、同じく上皇の近臣藤原信頼《のぶより》、二条天皇側近の藤原経宗《つねむね》・惟方《これかた》が反目《はんもく》しており、清盛・義朝の対立も激しかった。平治《へいじ》元年(一一五九)信頼・義朝は挙兵して信西を自殺させたが、清盛に敗れ、こののち平氏は全盛を迎えた。

上皇が院御所《いんごしょ》法住寺殿《ほうじゅうじどの》に移ったのは、応保《おうほう》元年(一一六一)以来であり、熊野《くまの》・日吉《ひえ》を勧請《かんじょう》して新熊《いまくま》野《の》・新日吉社《いまひえしゃ》を御所の鎮守《ちんじゅ》とし、また蓮華王院《れんげおういん》を建立、千体の千手観音像《せんじゅかんのんぞう》を安置した。二条・六条(二条の子)天皇の時代は、両天皇の周辺に上皇に対立する勢力が結集しており、上皇の権力も弱かった。仁安《にんあん》三年(一一六八)上皇は清盛と謀《はか》って六条を退位させ、高倉天皇(二条の弟)を立てた。この結果、上皇は反対派を抑え、政治の実権を掌握《しょうあく》するに至った。翌嘉応《かおう》元年(一一六九)には出家して法皇となり、法名《ほうみょう》を行真《ぎょうしん》と称した。後白河法皇はこれまで平氏の武力を用いてきたが、法皇が政権を握る一方、平氏の勢威も強まってくると、平氏との対立は深まり、法皇は近臣や寺院勢力を利用し、平氏に敵対するようになった。

後白河天皇像　京都市　長講堂所蔵

治承《じしょう》元年(一一七七)法皇の近臣が鹿《しし》ヶ谷《たに》で平氏打倒の密議《みつぎ》をこらして露顕し、その後平氏との関係は極度に悪化、同三年ついに清盛は法皇を鳥羽殿《とばどの》に幽閉《ゆうへい》、その院政を停め、翌四年には娘徳子が生んだ安徳天皇(高倉の子)を立て、高倉上皇には名目だけの院政を行わせて、実権を握った。しかし弟高倉との皇位争いに敗れて不満を抱く以仁王《もちひとおう》は、源頼政《よりまさ》を誘って平氏打倒の兵を挙げた。以仁王・頼政はやがて敗死《はいし》したが、王の令旨《りょうじ》に応じ、伊豆《いず》の源頼朝《よりとも》、木《き》曾《そ》の源義仲《よしなか》ら各地の武士が蜂起《ほうき》した。この間、幽閉された法皇は、鳥羽殿から藤原季能《すえよし》の八条坊門烏《はちじょうぼうもんからす》丸亭《まるてい》、摂津福原《せっつふくはら》の平教盛亭《たいらののりもりてい》、平清盛(一説によれば重盛《しげもり》)の六波羅泉殿《ろくはらいずみどの》、平頼盛の六波羅池殿《ろくはらいけどの》などを転々とした。戦況は平氏に不利で、養和《ようわ》元年(一一八一)高倉上皇ついで清盛が没すると、法皇は院政を再開、法住寺殿に戻った。寿永《じゅえい》二年(一一八三)義仲が都に迫り、平氏は安徳天皇を奉じて西走《せいそう》したが、法皇は都にとどまった。入洛《にゅうらく》した義仲は法皇と対立し、法皇は鎌倉《かまくら》の頼朝と結んで義仲を退けようとしたため、義仲は法住寺殿を攻め、法皇を捕えた。頼朝は弟の範頼《のりより》・義経《よしつね》を上洛させ、義仲を討った。法住寺殿は義仲に焼かれ、この後の院政は六条殿《ろくじょうどの》で行われた。

さて範頼・義経は法皇の命で平氏追討《ついとう》にあたり、文治《ぶんじ》元年(一一八五)壇《だん》ノ浦《うら》で平氏を滅ぼした。しかし義経は次第に頼朝との対立を深め、ついに法皇に請うて頼朝追討の宣旨《せんじ》を出させたものの、これに応じるものは少なかった。頼朝は法皇が追討宣旨を発布した責任を追及し、守護《しゅご》・地頭《じとう》の設置を承認させ、また右大臣九条兼実《うだいじんくじょうかねざね》を内覧《ないらん》、ついで摂政《せっしょう》に推して法皇の独裁を抑えようとし、公武関係は緊張した。しかし同五年、奥州《おうしゅう》の藤原泰衡《ふじわらのやすひら》が義経を討ち、さらに頼朝が藤原氏を滅ぼすと、義経問題をめぐる公武の対立は解消した。翌建久《けんきゅう》元年(一一九〇)頼朝は上洛して法皇と対面し、法皇の下で頼朝が御家人《ごけにん》を率い、日本国総追捕使《にほんこくそうついぶし》として国家の軍事警察を担当する体制が確立した。

法皇が政治活動を行なったのは「武者《むしゃ》の世《よ》」の到来を告げる保元の乱以来であり、清盛・義仲・頼朝らが交互に台頭《たいとう》する動乱期であった。後白河院政はこれらと対決、妥協しつつ権勢の維持に努め、時には危機に瀕《ひん》しながらも、結局は永い戦乱に終止符をうち、政局の一応の安定をもたらすことに成功した。頼朝上洛の二年後、建久三年三月十三日、法皇は六十六歳で六条殿に没した。御陵《ごりょう》は法住寺陵、法皇は深く仏教を信仰し、特に出家後は旺盛《おうせい》な政治活動のかたわら、『法華経《ほけきょう》』を読誦《どくじゅ》し、仏道に精進《しょうじん》する日々を送った。諸寺《しょじ》・諸山《しょざん》への参詣《さんけい》も多く、熊野御幸《くまのごこう》は歴代最多の三十四回に及んだ。また芸能を好み、今様《いまよう》を集めて『梁塵秘抄《りょうじんひしょう》』を編纂した。

参考文献 『大日本史料』四ノ四、建久三年三月十三日条、赤木志津子『後白河天皇』、上横手雅敬『源平の盛衰』(『講談社学術文庫』)、同『鎌倉時代政治史研究』、安田元久『後白河上皇』、古代学協会編『後白河院』、棚橋光男『後白河法皇』

(上横手雅敬)

〔**法住寺陵《ほうじゅうじのみささぎ》**〕 京都市東山区《ひがしやまく》三十三間堂廻《さんじゅうさんげんどうまわ》り町《ちょう》にある法華堂陵《ほっけどうりょう》。後白河院法華堂・蓮華王院《れんげおういん》法華堂・法住寺法華堂・法住寺御影堂《みえいどう》などと呼ばれ、元治《げんじ》の修陵《しゅうりょう》以後、法住寺法華堂を陵名としたが、明治《めいじ》三十九年(一九〇六)現陵名に改められた。後白河天皇は生前に、蓮華王院の東に法華三昧堂《ほっけざんまいどう》を建立《こんりゅう》し、建《けん》久《きゅう》三年(一一九二)三月十五日遺詔《いしょう》によって、この堂下に遺骸《いがい》を葬った。堂には僧房《そうぼう》や、丹波国《たんばのくに》曾我部《そがべ》荘《しょう》・大和国山辺荘《やまとのくにやまのべのしょう》などの所領を付し、法華堂別当《べっとう》を補して祭祀《さいし》し、江戸時代には妙法院が祭祀を継承していた。したがって元禄《げんろく》の陵改《りょうあらた》め以来陵とされていたが、文久《ぶんきゅう》の修陵にあたり、当所は御影堂で陵でないとの説が起きたので、堂を預かる実報院広淵《じっぽういんこうえん》(大仏天祐《おさらぎてんゆう》)は、元治《げんじ》元年(一八六四)堂下を試掘して石櫃《せきひつ》を検出し、陵であることを証明した。疋田棟隆《ひきたむねたか》『山陵外史徴按《さんりょうがいしちょうあん》』一〇に石櫃露出の図を収録する。

現陵は木造《もくぞう》本瓦葺《ほんかわらぶき》単層《たんそう》切妻《きりづま》向拝造《こうはいづくり》、三間三面《さんげんさんめん》床張《ゆかばり》西面《さいめん》の堂で、寛喜《かんき》・慶長《けいちょう》・慶安《けいあん》・元治の造替《ぞうたい》・修理を経て、昭和《しょうわ》五年(一九三〇)解体《かいたい》修理したものである。堂下には石槨《せっかく》・石櫃を埋納《まいのう》し、同三十三年にその上に防火厨子《ぼうかずし》を設けて、天皇の法体坐像《ほったいざぞう》を安置する。像高約八二・七センチ、寄木内刳造《よせぎうちぐりづくり》、玉眼嵌入《ぎょくがんかんにゅう》、全面布張り、上に漆《うるし》を塗り、これに彩色《さいしき》している。像胎内《たいない》には、藤原為信筆《ふじわらのためのぶひつ》の裏書《うらがき》のある法皇の白描《はくびょう》図像《ずぞう》と、仮名願文《かながんもん》とを納める。

参考文献　『大日本史料』四ノ四、建久三年三月十三日条、大仏天祐『後白河法皇御陵探索次第御届書』、上野竹次郎『山陵』下、宮内庁書陵部陵墓調査室他「後白河天皇法住寺陵の御像に関する調査報告」(宮内庁書陵部陵墓課編『書陵部紀要所収陵墓関係論文集』所収)

(石田　茂輔)

【保元《ほげん》】後白河《ごしらかわ》・二条《にじょう》両天皇の時の年号(一一五六～五九)。「ほうげん」とも読む。久寿《きゅうじゅ》三年四月二十七日改元《かいげん》。代始《だいはじめ》による。出典は、式部大輔《しきぶのだいふ》藤原永範《ふじわらのながのり》の勘文《かんもん》に「顔氏(巻上、文章篇九)曰、以保元吉也」とみえる。四年四月二十日、平治《へいじ》と改元。

参考文献　森本角蔵『日本年号大観』

(石井　正敏)

二《に》条《じょう》天皇

一一四三～六五　在位一一五八～六五

後白河《ごしらかわ》天皇の第一子。諱《いみな》は守仁《もりひと》。母は大炊御門経実《おおいみかどつねざね》の女《むすめ》贈皇太后《ぞうこうたいごう》懿子《いし》。康治《こうじ》二年(一一四三)六月十

七日生まれる。鳥羽《とば》天皇の皇后美福門院得子《びふくもんいんとくし》に養育され、仁和寺《にんなじ》覚性法親王《かくしょうほっしんのう》の弟子となったが、久寿《きゅうじゅ》二年(一一五五)後白河天皇践祚《せんそ》ののち、親王宣下《しんのうせんげ》、皇太子《こうたいし》となり、元服《げんぷく》した。保元《ほげん》三年(一一五八)即位《そくい》。平治《へいじ》元年(一一五九)姝子内親王《しゅしないしんのう》、のち徳大寺《とくだいじ》実能の女育子を中宮《ちゅうぐう》とした。平治《へいじ》の乱《らん》に藤原信頼《ふじわらののぶより》・源義朝《みなもとのよしとも》のため黒戸御所《くろとごしょ》に遷《うつ》されたが、潜かに脱出して平清盛《たいらのきよもり》の六波羅邸《ろくはらてい》に入った。永万《えいまん》元年(一一六五)位を皇太子順仁《のぶひと》親王(六条《ろくじょう》天皇)に譲り、七月二十八日崩《ほう》じた。年二十三。山城香隆寺陵《こうりゅうじのみささぎ》に葬る。天皇は筋を通す性格で、恣意放慢《しいほうまん》な後白河院政を認めず、藤原経宗《ふじわらのつねむね》・同惟方《これかた》を信任し、政事は関白基実《かんぱくもとざね》と相談して決めたので、院との関係は穏やかでなかった。『源平盛衰記《げんぺいじょうすいき》』によれば、天皇は政事には叶《かな》うが、孝道《こうどう》にはそむくといわれたという。

(貫　達人)

二条天皇画像(『天子摂関御影』)
宮内庁三の丸尚蔵館所蔵

〔**香隆寺陵**《こうりゅうじのみささぎ》〕　京都市北区《きたく》平野《ひらの》八丁柳町《はっちょうやなぎちょう》にある二条天皇霊廟。二条天皇の遺骸《いがい》は、永万《えんまん》元年(一一六五)八月七日香隆寺東北の野で火葬。遺骨を香隆寺本堂に安置し、境内に天皇の旧殿で三昧堂《さんまいどう》を造り、仁安元年(一一六六)七月二十六日落成《らくせい》。ここに嘉応《かおう》二年(一一七〇)五月十七日遺骨を移納した。その後香隆寺・陵堂《りょうどう》ともに消滅し、所《しょ》伝痕跡《でんこんせき》を失い、元禄《げんろく》以来探索を続けたが、発見できなかった。明治《めいじ》二十二年(一八八九)五月二十五日諸陵寮《しょりょうりょう》は、諸陵助足立《あだち》正声の調査意見を採用、陵址《りょうし》発見《はっけん》は不能故《ふのうゆえ》、『中右記《ちゅうゆうき》』記載により考定した香隆寺旧址《きゅうし》中点付近の良地を卜《ぼく》し修陵《しゅうりょう》の外なしと、大北山村《おおきたやまむら》字宇多川《うだがわ》の小高い茶畑に陵域《りょういき》を定め、廟陵造営を建議《けんぎ》し、六月三日裁可《さいか》を得た。よって造営したのが現陵である。間口《まぐち》約七〇メートル、奥行《おくゆき》約五〇メートルの方形陵域《ほうけいりょういき》南面に拝所《はいしょ》を設け、その後を方形に小《しょう》土堤《どてい》で区画し、この中央に径一七・五メートルほどの低い円丘《えんきゅう》を設けている。

参考文献　『法規分類大全』二編宮廷門、上野竹次郎『山陵』下、宮内省編『明治天皇紀』七、宮内庁編『二条天皇香隆寺陵之図』(宮内庁書陵部所蔵『陵墓地形図』一六七)　(石田　茂輔)

【平《へい》　治《じ》】　二条《にじょう》天皇の時の年号(一一五九～六〇)。保元《ほげん》四年四月二十日改元《かいげん》。代始《だいはじめ》による。出典は、文《もん》章博士《じょうはかせ》藤原俊経《ふじわらのとしつね》の勘文《かんもん》に「史記(巻二、夏本紀)曰、天下於レ是大平治」とみえる。『平治物語《へいじものがたり》』に「平氏繁昌シテ天下ヲ可レ治年号カト申セシガ、果シテ源氏滅テ平家世ヲ取レリ」とある。二年正月十日、永暦《えいりゃく》と改元。

参考文献　森本角蔵『日本年号大観』　(石井　正敏)

【永《えい》　暦《りゃく》】　二条《にじょう》天皇の時の年号(一一六〇～六一)。平治《へいじ》二年正月十日改元《かいげん》。大乱《たいらん》による。式部大輔《しきぶのだいふ》藤原《ふじわらの》永範《ながのり》の勘申《かんじん》。出典は『後漢書《ごかんじょ》』辺譲伝《へんじょうでん》「馳二淳化於黎元一、永歴レ代而太平」、『続漢書《ぞくかんじょ》』律暦《りつれき》志《し》「黄帝造レ歴、歴与レ暦同作」。二年九月四日応保《おうほう》と改元。　(皆川　完一)

【応《おう》　保《ほう》】　二条《にじょう》天皇の時の年号(一一六一～六三)。永暦《えいりゃく》二年九月四日改元《かいげん》。疱瘡《ほうそう》の流行による。参議《さんぎ》藤《ふじ》原資長《わらのすけなが》の勘申《かんじん》。出典は『尚書《しょうしょ》』康誥《こうこう》「已女惟小子、乃服惟弘レ王、応二保殷民一」。三年三

月二十九日長寛《ちょうかん》と改元。（皆川　完一）

【長寛《ちょうかん》】　二条《にじょう》天皇の時の年号（一一六三～六五）。応保《おうほう》三年三月二十九日改元《かいげん》。疱瘡《ほうそう》による。藤原範兼《ふじわらののりかね》の勘申《かんじん》による。出典は『維城典訓』の「長之、寛之、施其功博矣」。三年六月五日永万《えいまん》と改元。（山田　英雄）

【永万《えいまん》】　二条《にじょう》・六条《ろくじょう》両天皇の時の年号（一一六五～六六）。長寛《ちょうかん》三年六月五日改元《かいげん》。天皇の不予《ふよ》による。左少弁藤原俊経《さしょうべんふじわらのとしつね》の勘申《かんじん》。出典は『漢書《かんじょ》』王褒伝《おうほうでん》「休徴自至、寿考無レ疆、雍容垂拱、永永万年」。二年八月二十七日仁安《にんあん》と改元。（皆川　完一）

六条《ろくじょう》天皇

一一六四～七六　在位一一六五～六八

二条《にじょう》天皇の子で、母は伊岐致遠《いきのむねとお》の女《むすめ》。諱《いみな》は順仁《のぶひと》。長寛《ちょうかん》二年（一一六四）十一月十四日に生まれる。永《えい》万《まん》元年（一一六五）六月二十五日親王宣下《しんのうせんげ》をうけその日に受禅《じゅぜん》、七月二十七日即位《そくい》。父二条天皇が病弱であったための即位であったが、国務《こくむ》は祖父の後白河上皇《ごしらかわじょうこう》がみた。三年後に五歳で退位《たいい》。元服《げんぷく》以前に太上天皇《だじょうてんのう》を称した初例である。安元《あんげん》二年（一一七六）七月十七日に十三歳で死去。（井上　満郎）

〔**清閑寺陵**《せいかんじのみささぎ》〕　京都市東山区《ひがしやまく》清閑《せいかん》寺《じ》歌《うた》ノ中山町《なかやまちょう》にあり、高倉《たかくら》天皇陵と同一陵墓地内の同陵背後の山腹に位置する。安元《あんげん》二年（一一七六）七月二十二日六条《ろくじょう》天皇を奉葬《ほうそう》した。『山槐記《さんかいき》』養和《ようわ》元年（一一八一）正月十四日条の高倉天皇奉葬の記事に「今夜渡二御邦綱卿清閑寺小堂一、抑是六条院御墓所堂」とあり、当陵に高倉天皇を合葬《がっそう》したと考えられるが、以後の記録には「高倉院法華堂《たかくらいんほっけどう》」の名しかないので、高倉院法華堂はのちに別個に設けられたとも思われる。江戸幕府《えどばくふ》の元禄《げんろく》・享保《きょうほう》の諸陵調書《しょりょうちょうしょ》は、清閑寺境内《けいだい》に高倉天皇陵所はあるが、六条天皇陵所は不明とする。幕末の修陵《しゅうりょう》にあたり、当所を考定して修補《しゅうほ》を行い、明治《めいじ》二十八年(一八九五)十月勅使参向《ちょくしさんこう》して起工奉告祭《きこうほうこくさい》を行なって、陵内の再修理を行い、翌年竣《しゅん》工《こう》した。直径約七メートルの円丘《えんきゅう》を中央に、間口《まぐち》一二メートル、奥行《おくゆき》一〇メートル余の南南西に面する方形《ほうけい》に土塀《どべい》をめぐらし、南面中央に唐門《からもん》を設けている。

参考文献 『六条天皇清閑寺陵・高倉天皇後清閑寺陵之図』(宮内庁書陵部所蔵『陵墓地形図』一二八〈M五四〉)、上野竹次郎『山陵』下、宮内庁編『明治天皇紀』八・九　(石田　茂輔)

【仁《にん》安《あん》】 六条《ろくじょう》・高倉《たかくら》両天皇の時の年号(一一六六～六九)。永万《えいまん》二年八月二十七日改元《かいげん》。代始《だいはじめ》による。出典は、文章博士《もんじょうはかせ》藤原成光《ふじわらのなりみつ》の勘文《かんもん》に「毛詩(周頌、昊天有成命篇)正義曰、行寛仁安静之政、以定天下、得至於太平」とみえる。四年四月八日、嘉応《かおう》と改元。

参考文献 森本角蔵『日本年号大観』　(石井　正敏)

高《たか》倉《くら》天皇

一一六一～八一　在位一一六八～八〇

後白河《ごしらかわ》天皇の第四皇子。諱《いみな》は憲仁《のりひと》。母は贈左大臣《ぞうさだいじん》平時信《たいらのときのぶ》の女《むすめ》建春門院滋子《けんしゅんもんいんしげこ》。応保《おうほう》元年（一一六一）九月三日生誕。永万《えいまん》元年（一一六五）十二月親王宣下《しんのうせんげ》、翌仁安《にんあん》元年（一一六六）十月立太子《りったいし》。同三年二月十九日六条《ろくじょう》天皇の譲りを受け、三月二十日即位《そくい》。承安《じょうあん》元年（一一七一）正月三日元服《げんぷく》、翌二年二月十日平清《たいらのきよ》盛《もり》の女《むすめ》徳子《とくし》（建礼門院《けんれいもんいん》）を中宮《ちゅうぐう》とした。治承《ちしょう》元年（一一七七）六月のいわゆる鹿ヶ谷《ししがたに》の謀議《ぼうぎ》以後、後白河法《ほう》皇《おう》と清盛との関係は悪化の一路をたどる。同二年十二月徳子が生んだ言仁《ときひと》親王（安徳《あんとく》天皇）を皇太子《こうたいし》とした。同三年十一月清盛のクーデターにより、法皇の近臣は追放され、法皇は鳥羽殿《とばどの》に幽閉《ゆうへい》された。天皇は、父法皇と岳父《がくふ》清盛との対立を憂い、同四年二月二十一日皇太子に譲位《じょうい》した。『源平盛衰記《げんぺいじょうすいき》』によれば、上皇となったあと、石清水八幡宮《いわしみずはちまんぐう》などに御幸《ごこう》になる例を破り、清盛をよろこばせるために厳島神社《いつくしまじんじゃ》へ御幸になったという。養和《ようわ》元年（一一八一）正月十四日崩御《ほうぎょ》。二十一歳。山城国《やましろのくに》の清閑寺陵《せいかんじのみささぎ》に葬る。天皇は学問・詩歌《しいか》・音楽にすぐれ、また寛大《かんだい》で温情《おんじょう》ある性格で

高倉天皇画像　京都市　大覚寺所蔵

あったので、多くの人に慕われたという。　（貫　達人）

〔後清閑寺陵《のちのせいかんじのみささぎ》〕　京都市東山区清閑寺歌ノ中山町《ひがしやまくせいかんじうたのなかやま》にある。清閑寺・高倉院法華堂《たかくらいんほっけどう》・清閑寺法華堂《せいかんじほっけどう》などといわれてきたが、明治《めいじ》二十九年（一八九六）六条《ろくじょう》天皇陵と陵域を区分し、現陵号を設けた。『山槐記《さんかいき》』『高倉院升遐記《たかくらいんしょうかき》』によれば、養和《ようわ》元年（一一八一）正月十四日天皇崩御《ほうぎょ》の夜、遺骸《いがい》を清閑寺の法華堂に埋葬《まいそう》した。『玉葉《ぎょくよう》』建久《けんきゅう》六年（一一九五）九月三日条に「高倉院法華堂三昧僧供田事、六口各二町、可レ充二賜交坂・大墓両御領一之由仰畢」とあり、『葉黄記《ようこうき》』寛元《かんげん》四年（一二四六）六月二十七日条に「高倉院法華堂供僧、補二千誉律師一」とあって、当陵には所領を付して供僧《くそう》を任命し、守陵祭祀《しゅりょうさいし》を行わせた。

のちに法華堂は消滅したが、寺僧の祭祀は行われ、元禄《げんろく》の諸陵探索《しょりょうたんさく》時にも所在明白で、幕末《ばくまつ》には聖護院宮《しょうごいんのみや》の管理下にあった。明治二十九年、四周《ししゅう》に土塀《どべい》を設け、南面に唐門《からもん》を建て、十二月竣工に際して勅使《ちょくし》を差遣《さけん》し、奉告祭《ほうこくさい》を行わせた。陵域は清閑寺本堂の北方約七〇メートルの山腹平坦地に位置し、間口《まぐち》二〇メートル、奥行《おくゆき》一五メートルの土塀で区画された南南西に面する方形地である。墳丘は、この中央西寄りにある方約五メートル、高さ約〇・六メートルの石垣積《いしがきづ》みの法華堂の旧基壇《きだん》かとみえるものである。なお、墳丘東側に小督局《こごうのつぼね》の塔と伝える石造の小宝篋印塔《しょうほうきょういんとう》がある。

参考文献　宮内庁編『六条天皇清閑寺陵・高倉天皇後清閑寺陵之図』（宮内庁書陵部所蔵『陵墓地形図』一二八）、宮内省編『明治天皇紀』九、上野竹次郎『山陵』下　（石田　茂輔）

【嘉応《かおう》】　高倉《たかくら》天皇の時の年号（一一六九～七一）。仁安《にんあん》四年四月八日改元《かいげん》。即位《そくい》による。権中納言藤原《ごんちゅうなごんふじわらの》資長《すけなが》の勘申《かんじん》。出典は『漢書《かんじょ》』王褒伝《おうほうでん》「天下殷富、数有二嘉応一」。三年四月二十一日承安《じょうあん》と改

元。　(尾藤　正英)

【承安《じょうあん》】高倉《たかくら》天皇の時の年号(一一七一～七五)。嘉応《かおう》三年四月二十一日改元《かいげん》。天変《てんぺん》による。出典は権《ごん》中納言《ちゅうなごん》藤原資長《ふじわらのすけなが》の勘文《かんもん》に「尚書曰、王命我来、承安汝文徳之祖、正義、承文王之意、安定此民也」とみえる。五年七月二十八日安元《あんげん》と改元。　(山田　英雄)

【安元《あんげん》】高倉《たかくら》天皇の時の年号(一一七五～七七)。承安《じょうあん》五年七月二十八日改元《かいげん》。疱瘡《ほうそう》の流行による。右《う》大弁藤原俊経《だいべんふじわらのとしつね》の勘申《かんじん》。出典は『漢書《かんじょ》』の「除㆓民害㆒、安㆓元元㆒」という。三年八月四日治承《ちしょう》と改元。　(皆川　完一)

【治承《ちしょう》】高倉《たかくら》・安徳《あんとく》両天皇の時の年号(一一七七～八一)。「じしょう」ともいう。安元《あんげん》三年八月四日改元《かいげん》。火災《かさい》による。出典は文章博士《もんじょうはかせ》藤原光範《ふじわらみつのり》の勘文《かんもん》に「河図曰治武明文徳、治承天精」とある。五年七月十四日養和《ようわ》と改元。　(山田　英雄)

安徳《あんとく》天皇　一一七八～八五　在位一一八〇～八五

治承《ちしょう》二年(一一七八)十一月十二日高倉《たかくら》天皇の第一皇子として誕生。母は平清盛《たいらのきよもり》の女の中宮平徳子《ちゅうぐうたいらのとくこ》(のちの建礼門院《けんれいもんいん》)。諱《いみな》は言仁《ときひと》。十二月八日親王宣下《しんのうせんげ》をうけ、十二月十五日皇太子《こうたいし》となる。時に生後一ヵ月余。同四年二月二十一日高倉天皇譲位《じょうい》のあとをうけ践祚《せんそ》、四月二十二日即位した。摂政《せっしょう》は内大臣藤《ないだいじんふじ》原基通《わらのもとみち》。同三年十一月十五日より養和《ようわ》元年（一一八一）正月十七日まで、後白河院《ごしらかわいん》の院政《いんせい》はとどめられていたから、即位は清盛の計《はからい》であった。治承四年六月福原《ふくはら》に行幸《ぎょうこう》、都としたが、十一月関東の情勢《じょうせい》に応ずるため京都に還《かえ》った。寿永《じゅえい》二年（一一八三）七月、木曾義仲《きそよしなか》が京都に迫《せま》り、同月二十五日、平宗盛《たいらのむねもり》に擁せられ、神器《しんき》とともに西海《さいかい》に赴く。一度大宰府《だざいふ》に入り、ついで讃岐《さぬき》の屋島《やしま》に行宮《かりみや》を営んだが、文《ぶん》治《じ》元年（一一八五）三月十九日、源義経《みなもとのよしつね》の襲来によって海に逃れ、三月二十四日壇《だん》ノ浦《うら》で平氏滅亡《へいしめつぼう》の時、二位尼《にいのあま》に抱かれて海に沈んだ。八歳。阿弥陀寺陵《あみだじのみささぎ》に葬る。

参考文献 『帝王編年記』、『日本紀略』、『源平盛衰記』（『国民文庫』）

（貫　達人）

〔阿弥陀寺陵《あみだじのみささぎ》〕 山口県下関市《しものせきし》阿弥陀寺《あみだじ》町にあり、赤間神宮《あかまじんぐう》の西に境を接する。建久《けんきゅう》二年（一一九一）閏《うるう》十二月二十八日長門国《ながとのくに》に勅《ちょく》して、安徳《あんとく》天皇崩御《ほうぎょ》の地に一堂を建て、その菩提《ぼだい》をとむらった。この堂が「阿弥陀寺御影堂《あみだじみえいどう》」または「あみだいじ御廟《ごびょう》」と称されたものである。明治《めいじ》八年（一八七五）阿弥陀寺を廃止して赤間宮とし、同二十二年御影堂の遺跡《いせき》に陵を営み、旧堂基壇《きだん》と五輪塔《ごりんとう》に土盛をして円丘《えんきゅう》とし、陵背《りょうはい》に接続する「平家塚《へいけづか》」と呼ぶ五輪塔の群立地域を陵の付属地にした。現在陵の周囲は土塀《どべい》をめぐらし、正面には唐門《からもん》がある。天皇の壇《だん》ノ浦崩御《うらほうぎょ》については、遺骸が確認されていないため、脱出隠棲《いんせい》の後崩御の伝説《でんせつ》を産み、陵の伝説地は鳥取《とっとり》・山口《やまぐち》・高知《こうち》・佐賀《さが》・熊本《くまもと》・長崎《ながさき》・鹿児島《かごしま》・宮崎《みやざき》などの諸県で十ヵ所余に及び、内五ヵ所が陵墓参考地《りょうぼさんこうち》になっている。

参考文献 『大日本史料』四ノ三、建久二年閏十二月二十九日条、『法規分類大全』二編宮廷門、上野竹次郎『山陵』下

（石田　茂輔）

【養和《ようわ》】安徳《あんとく》天皇の時の年号(一一八一〜八二)。治承《ちしょう》五年七月十四日改元《かいげん》。代始《だいはじめ》による。出典は、文《もん》章博士《じょうはかせ》藤原敦周《ふじわらのあつちか》の勘文《かんもん》に「後漢書(巻一一三、臺佟伝)曰、幸得レ保二性命一、存レ神養レ和」とみえる。なお『吾妻鏡《あずまかがみ》』養和《ようわ》二年二月八日条所収源頼朝《みなもとのよりとも》願文《がんもん》の日付が「治承六年壬寅《じんいん》二月八日」となっていることなどから、頼朝は養和年号を認めなかったといわれている。二年五月二十七日、寿永《じゅえい》と改元された。

参考文献 森本角蔵『日本年号大観』、所功『日本の年号』(『カルチャーブックス』一三)、同『年号の歴史』(『雄山閣ブックス』二二)

(石井 正敏)

【寿永《じゅえい》】安徳《あんとく》天皇の時の年号(一一八二〜八四)。養和《ようわ》二年五月二十七日改元《かいげん》。疾疫《しつえき》・飢饉《ききん》・兵革《へいかく》・三合《さんごう》による。出典は式部大輔《しきぶのだいふ》藤原俊経《ふじわらのとしつね》の勘文《かんもん》に「毛詩曰、以介二眉寿一、永言保レ之、思皇多レ祜」とみえる。三年四月十六日元暦《げんりゃく》と改元。

(山田 英雄)

III　中世の天皇

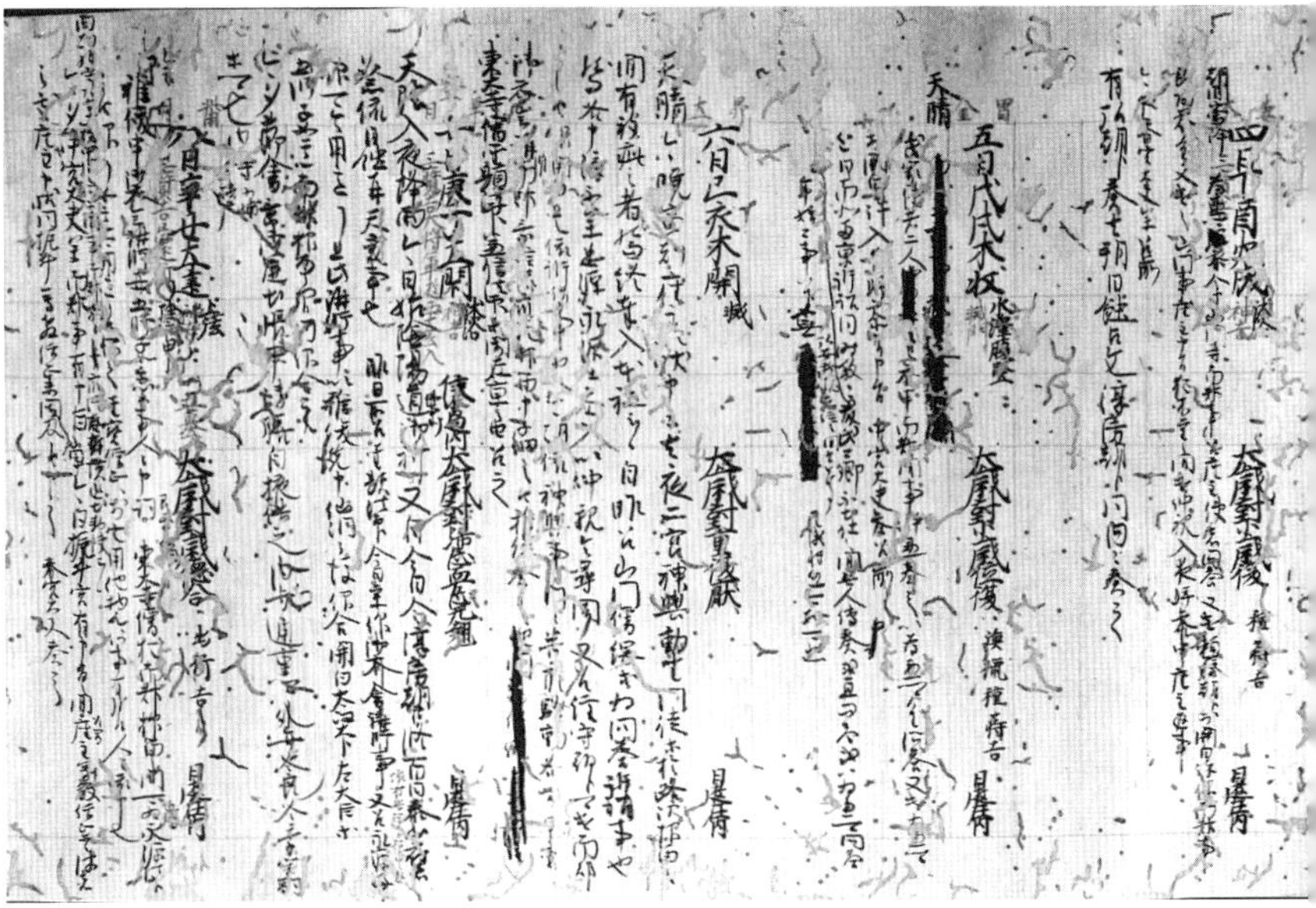

『伏見天皇宸記』正応5年正月条（自筆本）　宮内庁書陵部所蔵

後鳥羽《ごとば》天皇

一一八〇～一二三九　在位一一八三～九八

高倉《たかくら》天皇の第四皇子。母は修理大夫坊門信隆《しゅりだいぶぼうもんのぶたか》の娘殖子《しょくし》(七条院《しちじょういん》)。治承《ちしょう》四年(一一八〇)七月十四日、五《ご》条町《じょうまち》の亭《てい》に生まれた。この年五月には平氏《へいし》打倒の兵を挙げた以仁王《もちひとおう》が敗死《はいし》し、六月には遷都《せんと》があって祖父後白河《ごしらかわ》法皇・父高倉上皇・兄安徳《あんとく》天皇が福原《ふくはら》に移り、八月には源頼朝《みなもとのよりとも》が挙兵するという動乱期であった。寿永《じゅえい》二年(一一八三)平氏が安徳天皇を伴って都落《みやこお》ちしたため、八月、後白河法皇の詔《みことのり》によって、後鳥羽天皇は閑院《かんいん》で践祚《せんそ》、尊成《たかなり》と名づけられた。三種《さんしゅ》の神器《じんぎ》は平氏に持ち去られ、神器なしの異例の践祚であった。

こうして安徳・後鳥羽両天皇が併立《へいりつ》したが、文治《ぶんじ》元年(一一八五)平氏は壇《だん》ノ浦《うら》で滅亡、安徳天皇も入水《じゅすい》した。建久《けんきゅう》元年(一一九〇)後鳥羽天皇は元服《げんぷく》、摂政九条兼実《せっしょうくじょうかねざね》の娘任子《むすめにんし》(宜秋門院《ぎしゅうもんいん》)を中宮《ちゅうぐう》とした。当時は後白河法皇が院政《いんせい》を行い、政権を握っていたが、同三年、法皇が没し、天皇親政となると、実権は兼実に移った。しかし源通親《みなもとのみちちか》らは兼実に対する反対勢力を形成していた。同六年、任子が後鳥羽天皇の皇女昇子《おうじょしょうし》を生んだのに対し、通親の養女在子《ざいし》(承明門院《しょうめいもんいん》)が皇子為仁《ためひと》を生むと、通親の権勢《けんせい》は強まった。翌七年、通親の策謀《さくぼう》で任子は宮中《きゅうちゅう》を追われ、兼実も罷免《ひめん》され、通親は全盛を迎えた。同九年正月、後鳥羽天皇は為仁《ためひと》(土御門《つちみかど》天皇)に譲位《じょうい》して院政を始め、承久《じょうきゅう》三年(一二二一)まで、土御門・順徳《じゅんとく》・仲恭《ちゅうきょう》天皇の三代、二十三年にわたり院政を行なった。特に建仁《けんにん》二年(一二〇二)通親が没してのちは政治を独裁《どくさい》した。

上皇は貴族間の党派的対立を解消し、すべての貴族に支持される体制の樹立を図り、九条家をはじめ、通親の全盛下に不遇《ふぐう》であった人々をも重用《ちょうよう》した。西面《さいめん》の武士《ぶし》を置いて直属軍を強化はしているが、最初から鎌倉幕府を倒そうとしたのではなく、むしろ将軍源実朝《しょうぐんみなもとのさねとも》との関係を密にし、生母の弟である坊門信清《ぼうもんのぶきよ》の娘を実朝の妻として鎌倉《かまくら》に下《くだ》すなど、公武《こうぶ》の融和《ゆうわ》に努めた。その結果、当初は公武関係は円満であったが、幕府内での実朝の権限は弱く、執権北条氏《しっけんほうじょうし》を中心とする勢力は、上皇が実朝を介して御家人《ごけにん》の権益を侵すことを警戒《けいかい》し、上皇と対立した。実朝は幕府内で孤立し、上皇との関係も次第に円滑を欠くようになった。

後鳥羽天皇画像(伝藤原信実筆)
大阪府　水無瀬神宮所蔵

承久元年上皇と幕府との対立を緩和する役割を果たしてきた実朝が殺されるに及び、上皇は討幕の決意を固めた。幕府は上皇の皇子を将軍として迎えることを求めたが、実朝の死で幕府の瓦解《がかい》を望むようになった上皇はこれを拒んだ。結局、頼朝の遠縁にあたる九条頼経《よりつね》(兼実の曾孫《そうそん》)が鎌倉に下ることになった。上皇はこれを許したものの不満であり、討幕計画を進めた。さきに承元《じょうげん》四年(一二一〇)上皇は土御門天皇に命じて弟の順徳天皇に譲位させたが、承久三年四月、順徳天皇も皇子(仲恭天皇)に譲位し、後鳥羽上皇の討幕計画を助けることになった。同年五月、後鳥羽上皇は執権北条義時《よしとき》追討の宣旨《せんじ》を発して挙兵、承久の乱が起ったが、上皇方は完敗し、六月には幕府軍は京都に入った。七月、上皇は鳥羽殿《とばどの》に移され、子の道助入道親王《どうじょにゅうどうしんのう》を戒師《かいし》として出家、法名を金剛理《こんごうり》、あるいは良然《りょうねん》といった。出家の際、藤原信実《ふじわらののぶざね》に肖像を画かせたが、大阪府水無瀬神宮《みなせじんぐう》所蔵の画像(国宝)はこの時のものと伝える。

幕府は後鳥羽上皇の兄守貞《もりさだ》親王(後高倉《ごたかくら》法皇)に院政を求め、後鳥羽上皇の所領を没収して守貞に献上した。仲恭天皇は退位させられ、守貞の皇子(後堀河《ごほりかわ》天皇)が践祚した。七月十三日、後鳥羽上皇は鳥羽殿を出発、隠岐《おき》の苅田御所《かりたごしょ》に移された。その後十八年、上皇は和歌に心を慰《なぐさ》め、仏道《ぶつどう》に励むわびしい生活を送ったが、延応《えんおう》元年(一二三九)二月二十二日、配地で没した。六十歳。同地で火葬され、遺骨は山城大原《やましろおおはら》の西林院《しょうりんいん》(一説に勝林院《しょうりんいん》)に移され、のち仁治《にんじ》二年(一二四一)大原の法華堂《ほっけどう》に安置された。御陵《ごりょう》は京都市左京区《さきょうく》の大原陵《おおはらのみささぎ》と島根県隠岐郡海士《おきぐんあま》町大字海士の火葬塚《かそうづか》とがある。配流地《はいるち》により隠岐院《おきのいん》とよばれ、延応元年五月顕徳院《けんとくいん》の諡《おくりな》が贈られたが、上皇の怨霊《おんりょう》が噂され、仁治三年には後鳥羽院《ごとばいん》と改められた。

上皇は和歌にすぐれ、建仁元年には院御所《いんごしょ》二条殿に和歌所《わかどころ》を置いてすぐれた歌人を集め、かれらの協力で元久《げんきゅう》二年(一二〇五)『新古今和歌集《しんこきんわかしゅう》』を勅撰《ちょくせん》し、隠岐配流《はいる》後に至るまでみずから追加・削除を行なった。また上皇は蹴鞠《けまり》・琵琶《びわ》・秦箏・笛《ふえ》などの芸能のほか、相撲《すもう》・水練《すいれん》・射芸《しゃげい》などの武技をもたしなみ、太刀《たち》を製作・鑑定《かんてい》するなど、文武にわたり多才多芸であった。上皇は多数の御領荘園《ごりょうしょうえん》を所有し、豊かな財力によって各所に院御所を造った。その院政期間における院御所の造営・移転は十八回を数える。特に水無瀬《みなせ》・鳥羽《とば》・宇治《うじ》には壮麗《そうれい》な離宮《りきゅう》を営み、そこに赴《おもむ》いて遊宴《ゆうえん》を行なった。洛中《らくちゅう》・洛《らく》外《がい》の社寺・名勝《めいしょう》への御幸《ごこう》も多く、特にあつく熊野《くまの》を信仰し、参詣《さんけい》は二十八回に及んだ。『新古今和歌集』のほか、日記『後鳥羽天皇宸記《ごとばてんのうしんき》』、歌集《かしゅう》『後鳥羽院御集《ごとばいんぎょしゅう》』『遠島御百首《えんとうおんひゃくしゅ》』、歌論書《かろんしょ》『後鳥羽院御口伝《ごとばいんごくでん》』、仏書『無常講式《むじょうこうしき》』、有職故実書《ゆうそくこじつしょ》『世俗浅深秘抄《せぞくせんしんひしょう》』など多数の著書がある。

参考文献 『大日本史料』五ノ一二、延応元年二月二十二日条、上横手雅敬『鎌倉時代政治史研究』、目崎徳衛『史伝後鳥羽院』、上横手雅敬「後鳥羽上皇の政治と文学」(井上満郎・杉橋隆夫編『古代・中世の政治と文化』所収)

(上横手雅敬)

〔大原陵《おおはらのみささぎ》〕 後鳥羽《ごとば》天皇と順徳《じゅんとく》天皇の陵。京都市左京区大原勝林院町《さきょうくおおはらしょうりんいん》にあり、三千院《さんぜんいん》の北隣《きたどなり》にあたる。後鳥羽天皇は延応《えんおう》元年(一二三九)二月二十二日隠岐《おき》で崩御《ほうぎょ》、同二十五日苅田の山中で火葬《かそう》、御骨は侍《じ》臣《しん》が都に持参して五月十六日大原勝林院(一説西林院)に安置した。時に梶井門跡《かじいもんぜき》であった皇子《おうじ》尊快入道親王が母修明門院《しゅめいもんいん》と謀《はか》り、天皇の離宮《りきゅう》水無瀬殿を移して勝林院の傍《かたわら》に法華堂《ほっけどう》を造り、仁治《にんじ》二年(一二四一)二月八日落慶納骨《らっけいのうこつ》した。ところが翌三年九月十二日佐渡《さど》にて順徳《じゅんとく》天皇が崩御、翌日火葬、御骨は侍臣が翌寛元《かんげん》元年(一二四三)四月大原《おおはら》に持参、五月十三日後鳥羽天皇の法華堂に納《おさ》めた。文明《ぶんめい》三年(一四七一)に後花園《ごはなぞの》天皇の分骨塔《ぶんこつとう》が堂前に建てられたが、堂はその後荒廃《こうはい》し元の所在も不明となった。元禄《げんろく》年間(一六八八〜一七〇四)の探陵《たんりょう》の際勝林院の塔頭《たっちゅう》実光坊の後園《こうえん》にある十三重《じゅうさんじゅう》の石塔《せきとう》を後鳥羽天皇の陵とし、慶応《けいおう》元年(一八六五)には大原法華堂《おおはらのほっけどう》と称した。また明治《めいじ》二十二年(一八八九)六月にその背後の高台を法華堂の跡として順徳天皇陵とし、ともに大原陵と称した。この後鳥羽天皇陵の十三重塔は寛文《かんぶん》二年(一六六二)五月地震《じしん》で倒壊《とうかい》、舎利塔《しゃりとう》・如意輪観音像《にょいりんかんのんぞう》・懸仏《かけぼとけ》などが塔内から出たが、これらを納入《のうにゅう》して元禄九年九月に復旧したもので、後花園天皇の分骨塔との説もある。

後鳥羽天皇火葬塚《かそうづか》は島根県隠岐郡海士《あま》町大字海士にあり、万治《まんじ》元年(一六五八)松江藩主松平直政《まつえはんしゅまつだいらなおまさ》が修理し、順徳天皇火葬塚は新潟県佐渡郡真野町《さどぐんまののまち》大字真野《まの》にあって真野御陵《まののみささぎ》と呼ばれ、延宝《えんぽう》七年(一六七九)佐渡奉行曾根吉正《そねよしまさ》が修補《しゅうほ》した。

参考文献 『大日本史料』五ノ一二、延応元年二月二十二日・五月十六日条、同五ノ一三、仁治二年二月八日条、同五ノ一五、仁治三年九月十二日条、同五ノ一六、寛元元年四月二十八日条、上野竹次郎『山陵』下

(中村　一郎)

【元《げん》　暦《りゃく》】 後鳥羽《ごとば》天皇の時の年号(一一八四〜八五)。寿永《じゅえい》三年四月十六日改元《かいげん》。代始《だいはじめ》による。出典は文《もん》章博士藤原光範《じょうはかせふじわらのみつのり》の勘文《かんもん》に「尚書考霊耀曰、天地開闢、元暦紀名、月首甲子冬至、日月若懸璧、五星若編珠」とみえる。二年八月十四日文治《ぶんじ》と改元。

(山田　英雄)

【文《ぶん》　治《じ》】 後鳥羽《ごとば》天皇の時の年号(一一八五〜九〇)。元暦《げんりゃく》二年八月十四日改元《かいげん》。地震《じしん》・兵革《へいかく》などによる。出典は、左大弁藤原兼光《さだいべんふじわらのかねみつ》の勘文《かんもん》に「礼記(祭法第二三)曰、湯以レ寛治レ民、文王以レ文治」とみえる。六年四月十一日、建久《けんきゅう》と改元。

参考文献 森本角蔵『日本年号大観』

(石井　正敏)

【建久《けんきゅう》】後鳥羽《ごとば》・土御門《つちみかど》両天皇の時の年号(一一九〇〜九九)。文治《ぶんじ》六年四月十一日改元《かいげん》。明年《みょうねん》、三合《さんごう》にあたるため。出典は文章博士《もんじょうはかせ》藤原光輔《ふじわらのみつすけ》の勘文《かんもん》に「晋書曰、建久安於万歳、垂長世於無窮、呉書曰、安国和民、建久長之計」とみえる。十年四月二十七日正治《しょうじ》と改元。

参考文献 『大日本史料』四ノ三、建久元年四月十一日条、同四ノ一六補遺、同条

（山田　英雄）

土御門《つちみかど》天皇　一一九五〜一二三一　在位一一九八〜一二一〇

諱《いみな》は為仁《ためひと》。後鳥羽《ごとば》天皇の第一皇子。母は内大臣《ないだいじん》源《みなもとの》通親《みちちか》の女《むすめ》在子《ざいし》(のち承明門院《しょうめいもんいん》)、実《じつ》は法印《ほういん》能円の女ともいう。建久《けんきゅう》六年(一一九五)十一月一日(または十二月二日)生まれる。同九年正月十一日、四歳で践《せん》祚《そ》、三月三日即位礼《そくいれい》。承元《じょうげん》四年(一二一〇)十一月二十五日、後鳥羽上皇の命令により、皇弟《こうてい》の順徳《じゅんとく》天皇に譲位《じょうい》した。父後鳥羽上皇の討幕計画《とうばくけいかく》には関与しなかったので、承久《じょうきゅう》の乱《らん》後、鎌倉幕府《かまくらばくふ》が後鳥羽・順徳両上皇を配流《はいる》した際にも罪は問われなかった。しかし、ひとり京都にとどまるのを潔《いさぎよ》しとせず、みずから幕府へ申し出て、承久三年(一二二一)閏《うるう》十月、土佐国《とさのくに》に遷《うつ》った。その際、右近衛少将《うこのえのしょうしょう》源雅具《みなもとのまさとも》らが供奉《ぐぶ》した。土佐国は封米《ふうまい》が不足したようで、一年半ほどのちの貞応《じょうおう》二年(一二二三)五月、隣国《りんごく》の阿波国《あわのくに》に遷った。その間、嘉禄《かろく》元年(一二二五)ころ、土御門上皇還京《かんきょう》の風説《ふうせつ》が京都に流れたり、安貞《あんてい》元年(一二二七)二月、幕府が阿波守護《あわのしゅご》小笠原長経《おがさわらながつね》をして上皇の御所を造営《ぞうえい》させたり、また同年閏三月

土御門天皇画像（『天子摂関御影』）
宮内庁三の丸尚蔵館所蔵

には、熊野《くまの》の衆徒《しゅうと》が上皇を迎えようとして兵船《へいせん》で阿波に攻め寄せたりしている。やがて寛喜《かんき》三年（一二三一）十月六日、不予《ふよ》により出家《しゅっけ》、法名は行源《ぎょうげん》。続いて同月十一日、阿波国板野郡池谷《いたののぐんいけのたに》で崩御《ほうぎょ》、近くの里《さと》浦《うら》で火葬された。三十七歳。天福《てんぷく》元年（一二三三）十二月、母の承明門院が、山城国金原《やましろのくにかねがはら》に法華堂《ほっけどう》を建立《こんりゅう》、土御門天皇の遺骨を移葬している。配流地に因んで、土佐院《とさいん》・阿波院《あわいん》などとよばれる。詩歌《しいか》にもすぐれ、『土御門院御百首《つちみかどいんおんひゃくしゅ》』『土御門院御集《つちみかどいんぎょしゅう》』をはじめ、その作品は『和漢兼作集《わかんけんさくしゅう》』や勅撰集《ちょくせんしゅう》（『続後撰和歌集《しょくごせんわかしゅう》』など）にも散見される。

参考文献　『大日本史料』五ノ七、寛喜三年十月十一日条

（山口　隼正）

〔金原陵《かねがはらのみささぎ》〕京都府長岡京市《ながおかきょうし》金ヶ原《かねがはら》金原寺《こんげんじ》にある。阿波国《あわのくに》の行宮《あんぐう》で崩御《ほうぎょ》、その地で火葬され、遺骨は崩御から二年を経た天福《てんぷく》元年（一二三三）十二月十二日に金原の御堂《みどう》に納められた。御堂は天皇の生母承《しょう》明門院源在子《めいもんいんみなもとのざいし》が、遺詔《いしょう》に従って京都の西南にあたる西山山麓の金原に営建したもので、金原御堂とも、金原法華堂ともいわれる。こののち、天皇の即位《そくい》や元服《げんぷく》などの際には告陵使《こくりょうし》が発遣《はっけん》され、蒙古襲《もうこしゅう》来《らい》の時には当陵に国土の安泰《あんたい》を祈請《きせい》している。

いつのころからか御堂は亡び、嵯峨《さが》二尊院《にそんいん》の後山にある石塔《せきとう》が陵所《りょうしょ》に擬《ぎ》されたこともあったが、『歴代廟陵考補遺《れきだいびょうりょうこうほい》』は大石《おおいし》の顕《あら》われた石塚《いしづか》と称する小丘《しょうきゅう》を御堂の跡地と考定《こうてい》、幕末の修陵《しゅうりょう》の際には御堂の八角形の跡地を陵所として修治《しゅうち》を加えた。火葬塚は徳島県鳴門市《なるとし》大麻町池谷《おおあさちょういけのたに》字大石《おおいし》にあるが、同市里浦町《さとうらちょう》にもその伝承地がある。

参考文献 『大日本史料』五ノ七、寛喜三年十月十一日条、同五ノ九、天福元年十二月十二日条、上野竹次郎『山陵』下

（戸原　純一）

【正治《しょうじ》】 土御門《つちみかど》天皇の時の年号（一一九九～一二〇一）。建久《けんきゅう》十年四月二十七日改元《かいげん》。代始《だいはじめ》による。出典は大学頭菅原在茂《だいがくのかみすがわらのありしげ》の勘文《かんもん》に「荘子曰、天子諸侯大夫庶人、此四者自正治之義也」とみえる。三年二月十三日建仁《けんにん》と改元。

参考文献 『大日本史料』四ノ六、正治元年四月二十七日条

（山田　英雄）

【建仁《けんにん》】 土御門《つちみかど》天皇の時の年号（一二〇一～〇四）。正治《しょうじ》三年二月十三日改元《かいげん》。辛酉革命《しんゆうかくめい》による。出典は文章博士藤原宗業《もんじょうはかせふじわらのむねなり》の勘文《かんもん》に「文選曰、竭智附賢者必建仁、策注曰、為人君当竭尽智力、託附賢臣、必立仁恵之策、賢臣帰之」とみえる。四年二月二十日元久《げんきゅう》と改元。

参考文献 『大日本史料』四ノ六、建仁元年二月十三日条、同四ノ補遺（別冊一）、同条

（山田　英雄）

【元久《げんきゅう》】 土御門《つちみかど》天皇の時の年号（一二〇四～〇六）。建仁《けんにん》四年二月二十日改元《かいげん》。甲子革令《かっしかくれい》による。出典は参議藤原親経《さんぎふじわらのちかつね》の勘文《かんもん》に「毛詩正義曰、文王建元久矣」とみえる。三年四月二十七日建永《けんえい》と改元。

参考文献　『大日本史料』四ノ八、元久元年二月二十日条　（山田　英雄）

【建《けん》永《えい》】　土御門《つちみかど》天皇の時の年号（一二〇六～〇七）。元久《げんきゅう》三年四月二十七日に改元《かいげん》。疱瘡《ほうそう》による。出典は民部卿藤原範光《みんぶきょうふじわらののりみつ》・式部大輔菅原在高《しきぶのだいふすがわらのありたか》の勘文《かんもん》に「文選曰、流恵下民、建永世之業」とみえる。二年十月二十五日承元《じょうげん》と改元。

参考文献　『大日本史料』四ノ八、建永元年四月二十七日条　（山田　英雄）

【承《じょう》元《げん》】　土御門《つちみかど》天皇の時の年号（一二〇七～一一）。建永《けんえい》二年十月二十五日改元《かいげん》。疱瘡《ほうそう》・洪水《こうずい》による。出典は権中納言藤原資実《ごんちゅうなごんふじわらのすけざね》の勘文《かんもん》に「通典曰、古者祭以二酉時一、薦用二仲月一、近代相承、元日奏二祥瑞一」とみえる。五年三月九日建暦《けんりゃく》と改元。

参考文献　『大日本史料』四ノ九、承元元年十月二十五日条　（山田　英雄）

順《じゅん》徳《とく》天皇

一一九七～一二四二　在位一二一〇～二一

諱《いみな》は守成《もりなり》。後鳥羽《ごとば》天皇の第二（または第三）皇子として建久《けんきゅう》八年（一一九七）九月十日卯刻に生誕した。生母は、従三位式部少輔藤原範季《じゅさんみしきぶのしょうふじわらののりすえ》を父とする重子《じゅうし》（のち修明門院《しゅめいもんいん》）、乳母は又従兄弟《またいとこ》の藤原憲子（岡前別《おかざきべつ》当三位《とうさんみ》）であった。幼いころから怜悧《れいり》であったうえに生母は上皇《じょうこう》の殊寵《しゅちょう》を得ていたため、正治《しょうじ》元年（一一九九）十二月には親王《しんのう》となり、翌二年四月には、四歳にして皇太弟《こうたいてい》に立てられた。承元《じょうげん》四年（一二一〇）

十一月二十五日、後鳥羽上皇《ごとばじょうこう》の命によって土御門《つちみかど》天皇は、位《くらい》を皇太弟に譲《ゆず》り、順徳天皇は践祚《せんそ》した。つづいて十二月二十八日、太政官庁《だじょうかんちょう》において即位《そくい》の儀があげられ、藤原立子《ふじわらのりつし》は女御《にょうご》とされた。ついで建暦《けんりゃく》元年(一二一一)正月、女御立子は中宮《ちゅうぐう》に立てられた(のち東一条院《ひがしいちじょういん》)。中宮との間には懐成《かねなり》(仲恭《ちゅうきょう》天皇)・諦子《ていし》、また内大臣藤原信清《ないだいじんふじわらののぶきよ》の女《むすめ》の位子《いし》との間には穠子、従三位藤原清季《きよすえ》の女との間には忠成《ただなり》ら三人の皇子女《こうしじょ》が生まれた。一方、天皇は乳母の憲子の妹で権大納言《ごんだいなごん》源 通光《みなもとのみちみつ》の妻となり、内裏《だいり》に仕えていた督典侍《こうのすけ》に情《じょう》をかけ、彦成・善統《よしむね》の二皇子を生ませた。御所《ごしょ》は、里内裏《さとだいり》の閑院《かんいん》であった。在位は十年に及んだが、後鳥羽《ごとば》上皇の院政下《いんせいか》であったため、みるべき治績《ちせき》をあげることはできなかった。天皇の外《がい》祖父《そふ》の範季は、判官《ほうがん》(源 義経《みなもとのよしつね》)贔屓《びいき》で知られていたし、外祖母《がいそぼ》で養育にあずかり、かつ側近《そっきん》に仕えた従三位典侍《ないしのすけ》教子は能登守平教盛《のとのかみたいらののりもり》の妹であった。すなわち天皇は、幼時より反幕府的な環境の中にあったといえる。

順徳天皇画像(『天子摂関御影』)
宮内庁三の丸尚蔵館所蔵

政務にあずからない天皇は、有職故実《ゆうそくこじつ》の研究や歌論《かろん》・詩歌《しいか》・管絃《かんげん》の奥儀《おうぎ》の修得《しゅうとく》に傾倒《けいとう》した。鎌倉幕府《かまくらばくふ》に対抗《たいこう》して皇威《こうい》を振興《しんこう》するためにも、宮廷《きゅうてい》の行事《ぎょうじ》・儀式《ぎしき》・政務《せいむ》などの実際を明確にしておく必要があったが、天皇はこの目的をもってみずから『禁秘抄《きんぴしょう》』を著わした。和歌《わか》への精進《しょうじん》は、父帝《ふてい》の強い影響に発し、早くから天皇は藤原定家《ふじわらのさだいえ》や藤原家隆《いえたか》らとともに歌合《うたあわせ》に参加し、歌才《かさい》を磨《みが》いた。その歌風《かふう》には平淡《へいたん》かつ典雅《てんが》な趣《おもむき》があった。歌集《か しゅう》としては、『順徳院御集《じゅんとくいんぎょしゅう》』『順徳院御百首《じゅんとくいんおんひゃくしゅ》』『内裏名所百首《だいりめいしょひゃくしゅ》』が今に伝えられている。歌論《かろん》の方では、藤原俊成《としなり》・定家・鴨長明《かものちょうめい》らの後を承け、当代の歌論を大成した『八雲御抄《やくもみしょう》』を著わした。

その性格・環境からして天皇は、父上皇の倒幕計画《とうばくけいかく》には熱心に参与《さんよ》した。このため、承久《じょうきゅう》三年（一二二一）四月二十日には皇太子懐成《かねなり》に位を譲り、上皇の立場に退いて倒幕に備えた。承久《じょうきゅう》の乱《らん》ののち、すなわち承久三年七月二十一日、上皇は都《みやこ》を発って佐渡《さど》に向かい、配流《はいる》の身になった。上皇に随行《ずいこう》した人々の歴名の中には督典侍の名がみられた。上皇は、在島二十一年で仁治《にんじ》三年（一二四二）九月十二日、享年《きょうねん》四十六をもって配所に崩《ほう》じた。佐渡配流後、佐渡院とよばれたが、建長《けんちょう》元年（一二四九）七月二十日順徳院《じゅんとくいん》と追号《ついごう》された。定家は、幕府を憚《はばか》り、みずからが編集《へんしゅう》した『新勅撰和歌集《しんちょくせんわかしゅう》』には、順徳院の御製《ぎょせい》は一首も採択しなかったが、定家あるいは為家《ためいえ》は、『小倉百人一首《おぐらひゃくにんいっしゅ》』に、「ももしきや」の御製を採《と》り、憂悶《ゆうもん》する上皇の心境《しんきょう》を広く後世に伝えた。

参考文献　『大日本史料』五ノ一五、仁治三年九月十二日条、和田英松『皇室御撰之研究』、長藤蔵『順徳天皇と佐渡』、角田文衛「岡前別当三位」（『王朝の明暗』所収）

（角田　文衛）

〔真野御陵《まののみささぎ》〕　佐渡《さど》にある順徳天皇の火葬塚《かそうづか》をいう。新潟県佐渡郡《さどぐん》真野《まの》町大字真野にある。火葬塚は陵とはいわないが、当所は古くから御陵《ごりょう》あるいは御廟《ごびょう》と称された。天皇は崩御《ほうぎょ》の翌日真野山にて火葬、遺骨《いこつ》は京都大原陵《おおはらのみささぎ》に収められたが、地元では火葬所を陵として崇敬《すうけい》してきた。しかし近世に至って荒《こう》廃《はい》したので、古来守護《しゅご》してきた真輪寺《しんりんじ》とその本寺《ほんじ》である国分寺《こくぶんじ》が連名にて延宝《えんぽう》六年(一六七八)佐渡奉《さどぶ》行所《ぎょうしょ》に修補《しゅうほ》と保護を願いでた。時の奉行《ぶぎょう》曾根吉正《そねよしまさ》はこれを容れて翌七年に方《ほう》五十間(約九一メートル)の兆域《ちょういき》を寄進《きしん》して修補《しゅうほ》を加え、石燈籠《いしどうろう》を献じた。

江戸幕府が皇陵《こうりょう》の探索修理《たんさくしゅうり》を始めたのは元禄《げんろく》十年(一六九七)であるが、それより約二十年も前に僻《へき》遠《えん》の地で一奉行《ぶぎょう》によって修理が行われたことは注目される。この時の形状が現在に及んでいる。明治《めいじ》七年(一八七四)から政府が管理している。→大原陵〈201頁〉

参考文献 『大日本史料』五ノ一五、仁治三年九月十二日条　(中村　一郎)

【建《けん》暦《りゃく》】 順徳《じゅんとく》天皇の時の年号(一二一一～一三)。承元《じょうげん》五年三月九日改元《かいげん》。代始《だいはじめ》による。出典は権中納《ごんちゅうな》言《ごん》藤原資実《ふじわらのすけざね》の勘文《かんもん》に「春秋命歴序曰、帝顓頊云、建暦立紀以天元、尸子云、羲和造暦、或作歴」、式部権大輔《しきぶのごんのだいふ》菅原為長《すがわらのためなが》の勘文に「後漢書曰、建暦之本、必先立元、々正然後定日、々此定」、文《もん》章博士《じょうはかせ》藤原孝範《ふじわらのたかのり》の勘文に「宋書曰、建暦之本、必先立元」とみえる。三年十二月六日建保《けんぽう》と改元。

参考文献 『大日本史料』四ノ一一、建暦元年三月九日条　(山田　英雄)

【建《けん》保《ぽう》】 順徳《じゅんとく》天皇の時の年号(一二一三～一九)。建暦《けんりゃく》三年十二月六日に改元《かいげん》。天変地妖《てんぺんちよう》による。出典は式部大輔《しきぶのだいふ》藤原宗業《ふじわらのむねなり》の勘文に「尚書曰、惟天丕建、保乂有殷」とみえる。七年四月十二日、承久《じょうきゅう》と改元。

参考文献 『大日本史料』四ノ一二、建保元年十二月六日条　(山田　英雄)

【承《じょう》　久《きゅう》】　順徳《じゅんとく》・仲恭《ちゅうきょう》・後堀河《ごほりかわ》天皇の時の年号（一二一九〜二二）。建保《けんぽう》七年四月十二日改元《かいげん》。三合厄年《さんごうやくどし》、天変旱魃《てんぺんかんばつ》による。出典は大蔵卿菅原為長《おおくらきょうすがわらのためなが》の勘文《かんもん》に「詩緯」とみえる。四年四月十三日貞応《じょうおう》と改元。

参考文献　『大日本史料』四ノ一五、承久元年四月十二日条

（山田　英雄）

仲恭《ちゅうきょう》天皇

一二一八〜三四　在位一二二一

順徳《じゅんとく》天皇の皇子《おうじ》。母は九条良経《くじょうよしつね》の女立子《むすめりっし》（のち東一条院《ひがしいちじょういん》）。諱《いみな》は懐成《かねなり》。建保《けんぽう》六年（一二一八）十月十日に生誕し、間もなく翌月二十六日に立太子《りったいし》。順徳天皇が後鳥羽上皇《ごとばじょうこう》（順徳父）の討幕計画に熱心に関わり譲位《じょうい》したため、承久《じょうきゅう》三年（一二二一）四月二十日、閑院内裏《かんいんのだいり》において四歳で践祚《せんそ》した。その際、伯父《おじ》の左大臣九条道家《さだいじんくじょうみちいえ》を摂政《せっしょう》とした。承久の乱の結果、同年七月九日、鎌倉幕府《かまくらばくふ》の沙汰《さた》によって譲位させられ、後堀河《ごほりかわ》天皇に代わった。仲恭天皇は、正式な即位礼《そくいれい》や大嘗祭《だいじょうさい》などもないうちに、わずか八十日ほどで譲位したため、半帝《はんてい》・後廃帝《のちのはいてい》・九条廃帝《くじょうはいてい》などと呼ばれる。退位して、すぐ九条道家《くじょうみちいえ》第や東一条院《ひがしいちじょういん》御所《ごしょ》に渡御《とぎょ》したが、十月二十一日、母の立子に伴われて西七条御所《にししちじょうごしょ》に遷御《せんぎょ》する。文暦《ぶんりゃく》元年（一二三四）五月二十日崩御《ほうぎょ》。十七歳。明治《めいじ》三年（一八七〇）七月、改めて仲恭天皇という諡号《しごう》が贈られた。陵《みささぎ》は京都市伏見区《ふしみく》の九条陵《くじょうのみささぎ》。

参考文献 『大日本史料』五ノ九、文暦元年五月二十日条 （山口 隼正）

〔九条陵《くじょうのみささぎ》〕 京都市伏見区深草本寺山町《ふしみくふかくさほんじやまちょう》にあり、東福寺《とうふくじ》の南に位置している。天皇は九条殿《くじょうどの》で崩《ほう》じたが、葬地を伝える文献は全くない。『陵墓一隅抄《りょうぼいちぐうしょう》』は伏見街道《ふしみかいどう》沿いの塚本社の域内にある廃帝塚《はいていづか》と称する塚を陵所に擬《ぎ》したが、明治《めいじ》二十二年（一八八九）に至り崩御《ほうぎょ》の地に因んで九条通り東郊の高所に陵域を定め、小円丘《しょうえんきゅう》を築いて陵所とした。廃帝塚は現在東山区本町《ひがしやまくほんまち》十六丁目に属し、陵墓参考地《りょうぼさんこうち》となっている。

参考文献 『大日本史料』五ノ九、文暦元年五月二十日条、『法規分類大全』二編宮廷門、上野竹次郎『山陵』下 （戸原 純一）

後堀河《ごほりかわ》天皇 一二一二～三四 在位一二二一～三二

名は茂仁《ゆたひと》。建暦《けんりゃく》二年（一二一二）二月（一説に三月）十八日に生まれる。父は高倉《たかくら》天皇の皇子守貞親王《もりさだしんのう》（持明院宮行助入道親王《じみょういんのみやぎょうじょにゅうどうしんのう》、後高倉院《ごたかくらいん》）で、親王は安徳《あんとく》天皇の弟、後鳥羽《ごとば》天皇の兄にあたる。母は前権中納言《さきのごんちゅうなごん》持明院《じみょういん》（藤原《ふじわら》）基家《もといえ》の娘陳子。はじめ十楽院仁慶僧正《そうじょう》の弟子となる。親王宣下《しんのうせんげ》なし。承久《じょうきゅう》の乱《らん》の直後、鎌倉幕府は後鳥羽《ごとば》上皇の院政《いんせい》を停止し、新しい院政の下で戦後処理を行おうとして、承久三年（一二二一）七月八日、後鳥羽上皇の兄行助入道親王を太上法皇《だじょうほうおう》（後高倉院）とし、翌九日仲恭《ちゅうきょう》天皇の位を廃した

後堀河天皇画像（『天子摂関御影』）
宮内庁三の丸尚蔵館所蔵

あとに親王の王子茂仁を迎えた。同年十二月一日即位《そくい》。時に十歳。翌貞応《じょうおう》元年（一二二二）正月三日元服《げんぷく》。同二年、父後高倉院の死後、親政《しんせい》となった。

天皇の後宮には、前太政大臣三条公房《さきのだじょうだいじんさんじょうきんふさ》の娘皇后有子《ゆうし》（安喜門院《あんきもんいん》）・関白近衛家実《かんぱくこのえいえざね》の娘中宮長子《ちょうし》（鷹司院《たかつかさいん》）がいるが、皇子が生まれなかった。一方前摂政九条道家《さきのせっしょうくじょうみちいえ》の娘で、朝廷の実力者前太政大臣西園寺公経《さいおんじきんつね》の外孫にあたる中宮竴子《じゅんし》（藻璧門院《そうへきもんいん》）が皇子（四条《しじょう》天皇）を生むと、蒲柳《ほりゅう》の質《しつ》であった天皇の退位の願いと、次の天皇の外祖父《がいそふ》の立場に立とうとする道家《みちいえ》の野心とが一致し、翌貞永《じょうえい》元年（一二三二）十月四日、二歳の皇子に譲位し、その後も院政をとり、二年後の文暦《ぶんりゃく》元年（一二三四）八月六日、仙洞御所の持明院殿《じみょういんどの》に崩《ほう》じた。二十三歳。泉涌寺《せんにゅうじ》寺傍の観音寺陵《かんのんじのみささぎ》（京都市東山区）に土葬。追号《ついごう》、後堀河院《ごほりかわいん》。前年の竴子の死去と天皇の不幸とが続いたため、世人は、天台座主《てんだいざす》の勅約《ちょくやく》を反故《ほご》にされて憤死《ふんし》した師匠の僧正仁慶の祟《たた》りがあるといい、また隠岐《おき》に配された後鳥羽法皇の怨念《おんねん》があるとも噂《うわさ》した。天皇の詩歌は『和漢兼作集《わかんけんさくしゅう》』『新勅撰和歌集《しんちょくせんわかしゅう》』に選ばれているほか、『夫木和歌抄《ふぼくわかしょう》』によれば『御《ぎょ》集兼作《しゅうけんさく》』の私家集《しかしゅう》もあったという。

参考文献 『大日本史料』五ノ九、文暦元年八月六日条 （益田 宗）

〔観音寺陵《かんのんじのみささぎ》〕 京都市東山区《ひがしやまく》今熊野《いまぐまの》泉山町《せんざんちょう》、泉涌寺《せんにゅうじ》内にある。陵は円丘《えんきゅう》で南西に面する。文暦《ぶんりゃく》元年（一二三四）八月十一日東山観音寺《ひがしやまかんのんじ》の傍《かたわ》らの法華堂《ほっけどう》に埋葬《まいそう》。仁治《にんじ》三年（一二四二）堂の前庭を拡張しているが、その後荒廃して所伝を失った。元禄《げんろく》の幕府探陵《ばくふたんりょう》の際は『嵯峨《さが》二尊院《にそんいん》旧記《きゅうき》』によって、同院内の石塔に御骨を蔵するとしたが、『山陵志《さんりょうし》』が「泉涌寺来迎院北観音寺東丘、是陵所」と現陵の所を示し、幕末《ばくまつ》修陵《しゅうりょう》の際もこれによって修補を加えた。

参考文献 『大日本史料』五ノ九、文暦元年八月十一日条、谷森善臣『山陵考』（『(新註)皇学叢書』五）、上野竹次郎『山陵』下 （中村 一郎）

【貞応《じょうおう》】 後堀河《ごほりかわ》天皇の時の年号（一二二二〜二四）。承久《じょうきゅう》四年四月十三日改元《かいげん》。代始《だいはじめ》による。出典は大《おお》蔵卿菅原為長《くらきょうすがわらのためなが》の勘文《かんもん》に「周易曰、中孚以利貞、乃応乎天也」とみえる。三年十一月二十日元仁《げんにん》と改元。

参考文献 『大日本史料』五ノ一、貞応元年四月十三日条 （山田 英雄）

【元仁《げんにん》】 後堀河《ごほりかわ》天皇の時の年号（一二二四〜二五）。貞応《じょうおう》三年十一月二十日改元《かいげん》。天変《てんぺん》による。出典は式部大輔菅原為長《しきぶのだいふすがわらのためなが》の勘文《かんもん》に「周易曰、元亨利貞、正義曰、元仁也」とみえる。二年四月二十日嘉禄《かろく》と改元。

参考文献 『大日本史料』五ノ二、元仁元年十一月二十日条 （山田 英雄）

【嘉《か》禄《ろく》】後堀河《ごほりかわ》天皇の時の年号(一二二五〜二七)。元仁《げんにん》二年四月二十日改元《かいげん》。疫病《えきびょう》による。兵部卿《ひょうぶきょう》菅《すが》原在高《わらのありたか》の勘申《かんじん》。その勘文《かんもん》に「博物志曰、承二皇天嘉禄一」とみえる。三年十二月十日安貞《あんてい》と改元。

参考文献 『大日本史料』五ノ二、嘉禄元年四月二十日条 (土田 直鎮)

【安《あん》貞《てい》】後堀河《ごほりかわ》天皇の時の年号(一二二七〜二九)。嘉禄《かろく》三年十二月十日改元《かいげん》。疱瘡《ほうそう》の流行による。文《もん》章博士《じょうはかせ》菅原資高《すがわらのすけたか》の勘申《かんじん》。出典は『周易《しゅうえき》』坤《こん》「安貞之吉、応二地無疆一」。三年三月五日寛喜《かんぎ》と改元。

参考文献 『大日本史料』五ノ四、安貞元年十二月十日条 (皆川 完一)

【寛《かん》喜《ぎ》】後堀河《ごほりかわ》天皇の時の年号(一二二九〜三二)。安貞《あんてい》三年三月五日改元《かいげん》。天変《てんぺん》による。式部大輔《しきぶのだいふ》菅《すが》原為長《わらのためなが》の勘申《かんじん》。その勘文《かんもん》に「後魏書曰、仁而温良、寛而喜楽」とみえる。四年四月二日貞《じょう》永《えい》と改元。

参考文献 『大日本史料』五ノ五、寛喜元年三月五日条 (土田 直鎮)

【貞《じょう》永《えい》】後堀河《ごほりかわ》天皇の時の年号(一二三二〜三三)。寛喜《かんぎ》四年四月二日改元《かいげん》。飢饉《ききん》による。出典は大蔵《おおくら》卿菅原為長《きょうすがわらのためなが》の勘文《かんもん》に「周易注疏曰、利在永貞、永長也、貞正也」とみえる。二年四月十五日天福《てんぷく》と改元。

参考文献 『大日本史料』五ノ七、貞永元年四月二日条 (山田 英雄)

守《もり》貞《さだ》親《しん》王《のう》

一一七九〜一二二三

後《ご》高《たか》倉《くら》院《いん》・持《じ》明《みよう》院《いん》宮《のみや》・持明院法皇・広《ひろ》瀬《せ》院《いん》と称する。天皇として即《そく》位《い》したことはないが、幼帝後《ご》堀《ほり》河《かわ》天皇の父として院《いん》政《せい》を行う必要から、太《だ》上《じよう》天《てん》皇《のう》の尊号がたてまつられた。治《ち》承《しよう》三年(一一七九)二月二十八日、高《たか》倉《くら》天皇の第二皇子として誕生。母は坊《ぼう》門《もん》信《のぶ》隆《たか》の女《むすめ》の七《しち》条《じよう》院《いん》殖子。安《あん》徳《とく》天皇の異母弟、後《ご》鳥《と》羽《ば》天皇の同母兄。諱《いなみ》は守貞、法名行《ぎよう》助《じよ》。寿《じゆ》永《えい》二年(一一八三)七月、平《へい》氏《し》の都《みやこ》落《お》ちには安徳天皇とともに西国に伴われたが、平氏滅亡後帰京。文《ぶん》治《じ》五年(一一八九)十一月十九日、親《しん》王《のう》宣《せん》下《げ》(無《む》品《ほん》)。建《けん》久《きゆう》二年(一一九一)十二月二十六日、元《げん》服《ぷく》・加《か》冠《かん》、三品親王に叙せられた。不遇で皇位についての望みもないため建《けん》暦《りやく》二年(一二一二)三月二十六日出家し、法名を行助と称した。

承《じよう》久《きゆう》三年(一二二一)五月、後鳥羽上皇は討幕の兵を挙げたが敗れ(承《じよう》久《きゆう》の乱《らん》)、後鳥羽・土《つち》御《み》門《かど》・順《じゆん》徳《とく》三上皇はそれぞれ隠《お》岐《き》・土《と》佐《さ》・佐《さ》渡《ど》に配《はい》流《る》され、仲《ちゆう》恭《きよう》天皇も廃《はい》帝《てい》となった。そこで鎌倉幕府は

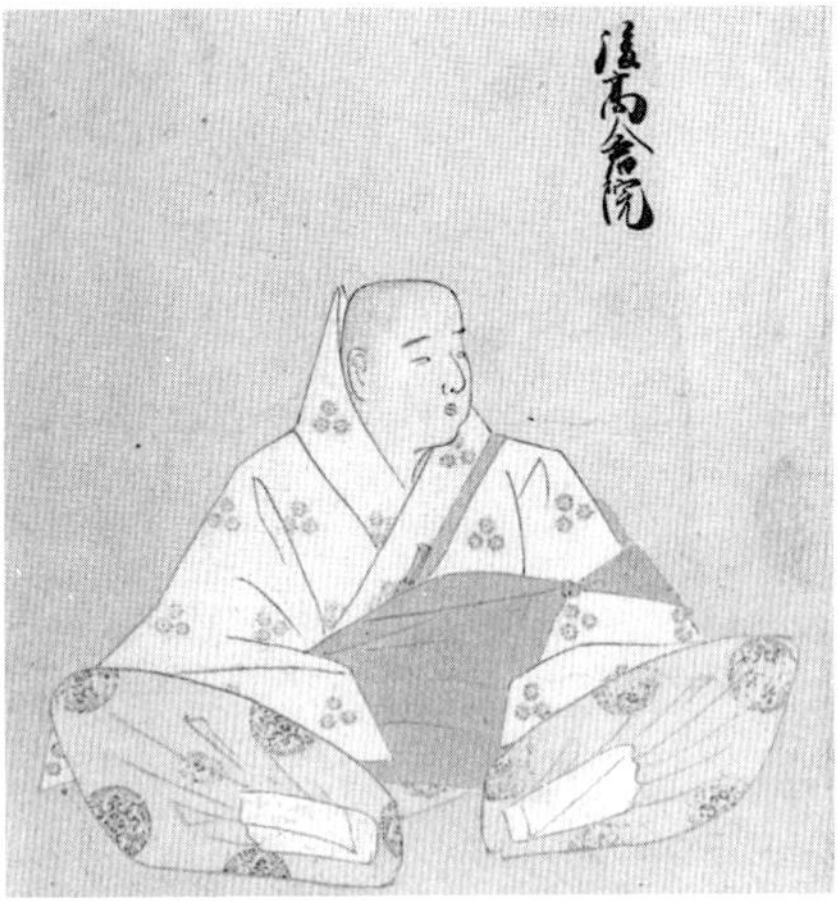

後高倉院画像(『天子摂関御影』)
宮内庁三の丸尚蔵館所蔵

この乱とは全く無関係で、しかも後鳥羽上皇と血縁的に近い人物を選んで天皇にたてることとした。ここに後鳥羽上皇の兄行助入道親王《ぎょうどうしんのう》の第三子茂仁《ゆたひと》王が選ばれたが、これが後堀河《ごほりかわ》天皇である。当時は院政《いんせい》が常の政体とされていたが、上皇はみな承久の乱の当事者として配流されており、それに代わるものとして同年八月、後堀河天皇の父行助入道親王に太上天皇の尊号をたてまつり、その院政をしくこととした。ここに行助入道親王の院政が実現したが、天皇の位につかず、しかも出家している親王に太上天皇の尊号をおくることは先例のないことで、当時の人々は全く異例のこととした。しかし幕府にとって、朝廷内から後鳥羽上皇の院政勢力を完全に一掃することはもっとも重要なことであり、そのためにはこれが最善の処置であった。しかし後高倉院の院政は短く、二年後の貞応《じょうおう》二年（一二二三）五月十四日、持明院殿に崩御《ほうぎょ》した。四十五歳。後高倉院は幕府によって擁立《ようりつ》されたため、公武の協調につとめたが、これはその後長く朝廷の基本的政策とされた。

参考文献　『大日本史料』五ノ一、貞応二年五月十四日条

（田中　稔）

四《し》条《じょう》天皇

一二三一～四二　在位一二三二―四二

諱《いみな》は秀仁《みつひと》。寛喜《かんき》三年（一二三一）二月十二日一条室町亭《いちじょうむろまちてい》で誕生。後堀河《ごほりかわ》天皇の第一皇子。母は藻璧門《そうへきもん》院藤原竴子《いんふじわらのじゅんし》（九条道家《くじょうみちいえ》の娘）。同年四月十一日親王《しんのう》、十月二十八日皇太子《こうたいし》となる。貞永《じょうえい》元年（一二三二）十

月四日父天皇の譲《ゆずり》により践祚《せんそ》、十二月五日わずか二歳で即位《そくい》。母方の縁者《えんじゃ》西園寺公経《さいおんじきんつね》・九条道家らが権勢を振るったが、天皇は仁治《にんじ》三年(一二四二)正月九日、在位九年余にして閑院内裏《かんいんのだいり》に没した。歳十二。殿舎《でんしゃ》で顚倒《てんとう》したのが原因で大事に至ったという。陵は京都市東山区今熊野泉山町《ひがしやまくいまぐまのせんざんちょう》の月輪陵《つきのわのみささぎ》。四条天皇に皇嗣《こうし》なく、道家は順徳上皇《じゅんとくじょうこう》の子忠成王《ただなりおう》の即位を計り、公経も同意したが、鎌倉幕府はこれを拒否、強引に邦仁《くにひと》王(後嵯峨《ごさが》天皇)を即位させた。この紛争《ふんそう》のため空位《くうい》十一日に及び、朝臣《ちょうしん》の悲憤《ひふん》は激しかったが、以後、皇位選定権《こういせんていけん》は幕府の掌中《しょうちゅう》に帰した。

参考文献 『大日本史料』五ノ一四、仁治三年正月九日条、三浦周行『鎌倉時代史』(『日本時代史』五)

(杉橋　隆夫)

四条天皇画像(『天子摂関御影』)
宮内庁三の丸尚蔵館所蔵

〔月輪陵《つきのわのみささぎ》〕　四条《しじょう》天皇以下二十方の陵を月輪陵、光格《こうかく》天皇以下五方の陵を後月輪陵《のちのつきのわのみささぎ》といい、両陵は塋域《えいいき》をともにしている。京都市東山区今熊野《ひがしやまくいまぐまの》泉山《せんざん》町にあり、泉涌寺《せんにゅうじ》後背《こうはい》の東山連峰月輪山の山裾《やますそ》を開いて陵域としたもので、拝所《はいしょ》より一段と高所にあり、中央に西面《さいめん》して檜皮葺向唐門《ひわだぶきむかいからもん》を建て、左右に透塀《すかしべい》を配し、側面および背面は土《ど》塀《べい》がめぐる。域内にはほかに後土御門《ごつちみかど》・後柏原《ごかしわばら》・後奈良《ごなら》・正親町《おおぎまち》・後陽成《ごようぜい》各天皇の灰塚《はいづか》と、親王《しんのう》・

門院方の墓が九基ある。当所に陵が設けられたのは四条天皇がはじめで、泉涌寺開山《かいさん》俊芿《しゅんじょう》との縁故《えんこ》によるものであった。こののち、後光厳《ごこうごん》天皇から後陽成《ごようぜい》天皇に至るまでのうち前後九代の天皇は、いずれも当所を火葬所にあて、深草《ふかくさ》の法華堂《ほっけどう》(深草北陵《ふかくさのきたのみささぎ》)に遺骨を納めるのを例とした。

承応《じょうおう》三年(一六五四)に後光明《ごこうみょう》天皇が父の後水尾《ごみずのお》および姉の明正《めいしょう》両上皇に先立って崩御《ほうぎょ》すると、従来の火葬の風を停めて土葬の制を採用し、久しく火葬所にあてられていたこの地に再び陵所が営まれ、これより歴代にして後水尾天皇から仁孝《にんこう》天皇に至る十三代の天皇および皇后の陵が、ことごとく当所に設けられることとなった。陵の様式は前代の主流であった木造堂宇《もくぞうどうう》にかえて一様に石造《せきぞう》の塔《とう》が用いられ、その形式は天皇陵は九重塔《きゅうじゅうのとう》、皇后陵は無縫塔《むほうとう》・宝篋印塔《ほうきょういんとう》などで一定ではない。当陵営建の時期は、四条《しじょう》天皇と陽光太上天皇《ようこうだじょうてんのう》を除けばほぼ江戸時代と重なっているが、土葬の採用によって前代の合葬の慣習はやみ、陵形はもっぱら石造の塔が用いられ、またこの間、営陵の地を他に求めることなく、当陵の域内に限ったことなどは、この時期の陵制上の特色であった。幕末に尊皇論《そんのうろん》が擡頭《たいとう》すると、陵域の狭隘《きょうあい》さや、その制の簡素さが論議されるようになったが、孝明《こうめい》天皇の崩御《ほうぎょ》を期に、復古思想《ふっこしそう》の影響とも相まって山陵復興《さんりょうふっこう》の議がおこり、月輪山の山腹に古制《こせい》に則った高塚式《たかつかしき》の陵が築造されるに及んで、当陵域内への埋葬のことはやんだ。陵号は光格天皇陵を後月輪陵、仁孝《にんこう》天皇陵を弘化廟《こうかびょう》と称したほかは特に定められたものはなく、域内の陵は泉涌寺御廟《せんにゅうじごびょう》・泉涌寺御塔《せんにゅうじみとう》などと称されていたが、明治《めいじ》十二年(一八七九)に後桃園《ごももぞの》天皇以前をすべて月輪陵、光格《こうかく》天皇以降を後月輪陵と称することに定められた。

参考文献　上野竹次郎『山陵』下、赤松俊秀監修『泉涌寺史』

（戸原　純一）

月輪陵

被葬者	続柄・身位	崩御年月日	塔形
四条天皇		仁治三・正・九	九重塔
陽光太上天皇	後陽成父、誠仁親王	天正一四・七・二四	無縫塔
後光明天皇		承応三・九・二〇	九重塔
徳川和子	後水尾皇后	延宝六・六・一五	宝篋印塔
後水尾天皇		同　八・八・一九	九重塔
後西天皇		貞享二・二・二二	同
明正天皇		元禄九・一一・一〇	同
東山天皇		宝永六・一二・一七	同
鷹司房子	霊元皇后	正徳二・四・一四	無縫塔
近衛尚子	中御門女御、贈皇太后	享保五・正・二〇	同
幸子女王	東山皇后	同　五・二・一〇	同
霊元天皇		同　一七・八・六	九重塔
中御門天皇		元文二・四・一一	同
桜町天皇		寛延三・四・二三	同
桃園天皇		宝暦一二・七・一二	同
後桃園天皇		安永八・一〇・二九	同
近衛維子	後桃園女御、皇太后	天明三・一〇・一二	宝篋印塔

被葬者	続柄・身位	崩御年月日	塔形
二条舎子	桜町女御、皇太后	寛政二・正・二九	宝篋印塔
一条富子	桃園女御、皇太后	同　七・一一・三〇	同
後桜町天皇		文化一〇・閏一一・二	九重塔

後月輪陵

被葬者	続柄・身位	崩御年月日	塔形
鷹司繋子	仁孝女御、贈皇后	文政六・四・三	宝篋印塔
光格天皇		天保一一・一一・一九	九重塔
仁孝天皇		弘化三・正・二六	同
欣子内親王	光格皇后	同　三・六・二〇	七重塔
鷹司祺子	仁孝女御、皇太后	同　四・一〇・一三	宝篋印塔

（配列は崩御順）

【天《てん》福《ぷく》】四条《しじょう》天皇の時の年号(一二三三〜三四)。貞永《じょうえい》二年四月十五日改元《かいげん》。代始《だいはじめ》による。大蔵卿《おおくらきょう》兼式《けんしき》部大輔《ぶのだいふ》菅原為長《すがわらのためなが》の勘申《かんじん》。出典は『尚書《しょうしょ》』の「政善天福之」。二年十一月五日文暦《ぶんりゃく》と改元。

参考文献 『大日本史料』五ノ八、天福元年四月十五日条 （山田 英雄）

【文《ぶん》暦《りゃく》】四条《しじょう》天皇の時の年号(一二三四〜三五)。天福《てんぷく》二年十一月五日改元《かいげん》。天変地震《てんぺんじしん》による。出典は、権中納言藤原家光《ごんちゅうなごんふじわらのいえみつ》の勘文《かんもん》に「唐書曰、掌二天文暦数一」(『旧唐書』巻四三、職官志司天台太史令条に「掌下観二察天文一、稽中定暦数上」とある)、菅原淳高《すがわらのあつたか》の勘文に、「文選《もんぜん》(巻一〇、三月三日曲水詩序)曰、皇上以二叡文一承レ暦」などとみえる。即位後《そくいご》、大嘗祭《だいじょうさい》が延引《えんいん》されているにもかかわらず二度目の改元で、不快《ふかい》の例と評《ひょう》されている。また諒闇中《りょうあんちゅう》(本年八月、後堀河《ごほりかわ》上皇没)の改元も異例《いれい》とされる。二年九月十九日、嘉禎《かてい》と改元。

参考文献 森本角蔵『日本年号大観』 （石井 正敏）

【嘉《か》禎《てい》】四条《しじょう》天皇の時の年号(一二三五〜三八)。文暦《ぶんりゃく》二年九月十九日改元《かいげん》。天変地異《てんぺんちい》による。前権中納言藤原頼資《さきのごんちゅうなごんふじわらのよりすけ》の勘申《かんじん》。その勘文《かんもん》に「北斉書曰、蘊二千祀一、彰二明嘉禎一」(文宣帝紀《ぶんせんていき》)とみえる。四年十一月二十三日暦仁《りゃくにん》と改元。

参考文献 『大日本史料』五ノ十、嘉禎元年九月十九日条 （土田 直鎮）

【暦《りゃく》仁《にん》】四条《しじょう》天皇の時の年号(一二三八〜三九)。嘉禎《かてい》四年十一月二十三日改元《かいげん》。天変《てんぺん》による。出典は、文章博士藤原経範《もんじょうはかせふじわらのつねのり》の勘文《かんもん》に「隋書曰、皇明馭レ暦、仁深二海県一」とみえる。鎌倉には十二月九日に伝えられた。二年二月七日、延応《えんおう》と改元された。世俗に「略人有レ憚」と評されたという。

参考文献　『大日本史料』五ノ一二、暦仁元年十一月二十三日条、森本角蔵『日本年号大観』、所功『日本の年号』(『カルチャーブックス』一三)、同『年号の歴史』(『雄山閣ブックス』二二)　（石井　正敏）

【延応《えんおう》】四条《しじょう》天皇の時の年号(一二三九～四〇)。暦仁《りゃくにん》二年二月七日改元《かいげん》。天変《てんぺん》・地震《じしん》による。文章博士《もんじょうはかせ》藤原経範《ふじわらのつねのり》の勘申《かんじん》。出典は『文選《もんぜん》』贈答《そうとう》「廓廟惟清、俊乂是延、擢応二嘉挙一」。二年七月十六日仁治《にんじ》と改元。

参考文献　『大日本史料』五ノ一二、延応元年二月七日条　（皆川　完一）

【仁治《にんじ》】四条《しじょう》・後嵯峨《ごさが》両天皇の時の年号(一二四〇～四三)。延応《えんおう》二年七月十六日改元《かいげん》。彗星《すいせい》・地震《じしん》・旱魃《かんばつ》などによる。出典は、文章博士《もんじょうはかせ》藤原経範《ふじわらのつねのり》の勘文《かんもん》に「書義(儀か)曰、人君以仁治天下」、式部大輔《しきぶのだいふ》菅原為長《すがわらのためなが》の勘文に「新唐書(五六、刑法志)曰、太宗以寛仁治天下」などとみえる。朝廷の使者が二十七日に鎌倉に到着し、改元を伝えている(『吾妻鏡《あずまかがみ》』)。四年二月二十六日、寛元《かんげん》と改元。

参考文献　『大日本史料』五ノ一二、仁治元年七月十六日条、森本角蔵『日本年号大観』　（石井　正敏）

後嵯峨《ごさが》天皇　一二二〇～七二　在位一二四二～四六

土御門《つちみかど》天皇の第三皇子。母は参議《さんぎ》源通宗《みなもとのみちむね》の女《むすめ》で典侍《ないしのすけ》の通子(贈皇太后《ぞうこうたいごう》)。承久《じょうきゅう》二年(一二二〇)二月二十六日誕生。名は邦仁《くにひと》。翌三年の承久の乱の結果、父の土御門上皇が土佐《とさ》(のち阿波《あわ》)に流されて以後は母の叔父《おじ》の源通方《みなもとのみちかた》に養われ、暦仁《りゃくにん》元年（一二三八）通方が没してのちは祖母承明門院《しょうめいもんいん》（土御門の母）の土御門殿に移った。仁治《にんじ》三年（一二四二）四条《しじょう》天皇が十二歳で没し、皇子がなかったため皇嗣《こうし》が問題になり、九条道家《くじょうみちいえ》は順徳《じゅんとく》上皇の皇子忠成王《ただなりおう》の擁立《ようりつ》を図り、当時幕府の支持を受けて絶大な権勢を誇っていた西園寺公経《さいおんじきんつね》をはじめ、公卿《くぎょう》の大勢もこれを支持した。道家は順徳父子の外戚《がいせき》であったが、順徳上皇は承久の乱の際には、後鳥羽《ごとば》上皇の討幕計画に積極的に関係して佐渡《さど》に流されており、幕府は強く警戒していた。そのため幕府は忠成王の即位に反対し、安達義景《あだちよしかげ》を使者として上洛《じょうらく》させ公卿たちの議を抑え、承久の乱の際、討幕計画にあずからなかった土御門上皇の皇子を擁立した。こうして同年正月二十日、二十三歳の皇子はにわかに土御門殿で元服、邦仁と名づけられ、権大納言四条隆親《ごんだいなごんしじょうたかちか》の冷泉《れいぜい》万里小路殿《までのこうじどの》で践祚《せんそ》し、さらに三月十八日太政官庁《だじょうかんちょう》で即位の儀を行なった。すなわち後嵯峨天皇である。

在位四年ののち寛元《かんげん》四年（一二四六）、皇子の久仁《ひさひと》親王（後深草《ごふかくさ》天皇）に譲位し、さらに正元《しょうげん》元年（一二五九）には久仁に命じて弟の恒仁《つねひと》親王（亀山《かめやま》天皇）に譲位させたが、この後深草・亀山両天皇の二代二十六年余りにわたり、後嵯峨上皇は治天《ちてん》の君《きみ》として院政《いんせい》を行なった。これまで朝廷の政治は、西園寺公経と女婿《じょせい》の九条道家を中心に推進されてきたが、後嵯峨の即位はこのような政情に変化をもたらした。さきに忠成王を支持した公経は、一転して後嵯峨を支持するようになったが、一方、孫の彦子を四条天皇の女御《にょうご》としていた道家にとって四条の死は打撃であり、忠成王擁立《ようりつ》を図ったため、幕府の疑惑を深め、また公経も幕府の思惑《おもわく》を考えて、道家から遠ざかった。公経は道家の子でありながら、父と不和であった二条良実《にじょうよしざね》を関白《かんぱく》に起用し、また孫の姞子《きっし》を後嵯峨の中宮《ちゅうぐう》とし、摂関家《せっかんけ》から外戚《がいせき》の座を奪った。公経が寛元二年に没してのち、道家は勢力の挽回を企て、特に同四年後嵯峨上皇が院政を開始したのを契機に、良実にかえてその弟の一条実経《いちじょうさねつね》を関白とし、幕府から朝廷への奏言《そうげん》を申し次ぐ関東申次《かんとうもうしつぎ》も、道家・実経父子が掌握した。しかしその年、道家の子で鎌倉《かまくら》に下っていた前将軍頼経《さきのしょうぐんよりつね》は、北条《ほうじょう》一族《いちぞく》の名越光時《なごえみつとき》らの謀叛《むほん》に連坐《れんざ》して京都に追われ、その結果、道家も疑われて失脚、籠居《ろうきょ》を余儀《よぎ》なくされ、幕府の圧力で関東申次は西園寺実氏《さねうじ》(公経の子)、ついで翌宝治《ほうじ》元年(一二四七)摂政《せっしょう》は近衛兼経《このえかねつね》にそれぞれ改められた。

この事件を契機に、朝廷の政治に対する幕府の干渉《かんしょう》は著しく強まった。幕府の要求で置かれた院評定衆《いんのひょうじゅうしゅう》は、独自の議決機能を持っており、治天の君に対する独立性が強く、人選《じんせん》には幕府の承認が必要であり、重事《じゅうじ》については幕府の意向を問わねばならず、院政も幕府の制約を強く受けるようになった。治天の君や天皇の決定も、幕府が行うのが常態《じょうたい》となり、後嵯峨自身、自分の死後の治天の君の決定を幕府に一任する旨の自筆の勅書《ちょくしょ》を幕府に遣した。九条家の没落にとどまらず、摂関家が全般的に力を失い、摂関の地位は一層低落した。逆に西園寺家は外戚と関東申次の地位を独占、世襲して権勢を振った。建長《けんちょう》四年(一二五二)には、九条家が幕府顚覆《てんぷく》の陰謀《いんぼう》に関係したとの嫌疑《けんぎ》によって、頼経の子の将軍頼嗣《よりつぐ》も廃された。

こうして九条家から将軍を送ってきた摂家将軍の時代は終り、後嵯峨の皇子の宗尊《むねたか》親王が、最初の宮将軍《みやしょうぐん》として鎌倉に下った。しかし文永《ぶんえい》三年(一二六六)には、この宗尊も謀叛を理由に京都に追われ、その子の惟康《これやす》王が将軍となっている。朝廷や将軍の地位が低下し、得宗《とくそう》の専制《せんせい》が強まったのである。

後深草に命じて亀山に譲位させたことでも明らかなように、後嵯峨上皇は後深草よりもその弟の亀山を愛しており、同五年には、後深草上皇の皇子をさしおいて、亀山天皇の皇子世仁《よひと》親王を皇太子とした。この処置は、当然後深草の不満を招くことになり、後深草系の持明院統《じみょういんとう》と亀山系の大覚寺統《だいかくじとう》との対立の端緒《たんしょ》となった。

後嵯峨が自分の後の治天の君の決定を幕府に一任したことと相《あい》まって、その死後、両者の対立は激《げき》化《か》することになる。後嵯峨はあつく仏教を信仰し、熊野《くまの》・高野《こうや》などに参詣《さんけい》し、また寺塔《じとう》の造営、経論《きょうろん》の書写などにつとめた。和歌にも長じ、建長三年には藤原為家《ふじわらのためいえ》に命じて『続後撰和歌集《しょくごせんわかしゅう》』を、文永二年にも為家ら五名に命じて『続古今和歌集《しょくこきんわかしゅう》』を撰進《せんしん》させた。後嵯峨上皇は嵯峨に亀山殿を営み、文永五年十月五日同所で出家した。法名素覚《ほうみょうそかく》。同九年二月十七日亀山殿内の寿量院《じゅりょういん》で没した。年五十三。御陵は天竜寺《てんりゅうじ》内の嵯峨南陵《さがのみなみのみささぎ》。

参考文献　三浦周行『鎌倉時代史』(『日本史の研究』新輯一)、竜粛『鎌倉時代』下、上横手雅敬『鎌倉時代政治史研究』、森茂暁『鎌倉時代の朝幕関係』、橋本義彦「院評定制について」(『平安貴族社会の研究』所収)

(上横手雅敬)

〔嵯峨南陵《さがのみなみのみささぎ》〕　京都市右京区《うきょうく》嵯峨《さが》天竜寺《てんりゅうじ》芒《すすき》ノ馬場《ばば》町(天竜寺域内庫裡《くり》北隣)にある。文永《ぶんえい》九年(一二七二)二月十九日、遺詔《いしょう》により亀山殿《かめやまどの》の別院薬草院《やくそういん》に火葬《かそう》、翌日拾骨《しゅうこつ》、銀壺《ぎんこ》に納め白絹《しろぎぬ》の袋に包んで、仮に浄《じょう》金剛院《こんごういん》に安置したが、皇后藤原姞子《ふじわらのきつし》(大宮院《おおみやいん》)が同院に法華堂《ほっけどう》を建立《こんりゅう》したので、翌十年六月二十一日御《お》骨《こつ》をここに移し納めた。浄金剛院には亀山天皇の御骨を納めた法華堂もあったが、後世ともに荒廃《こうはい》して所伝を失った。

陵所《りょうしょ》については諸説があったが、幕末には、浄金剛院は天竜寺の方丈《ほうじょう》の北、塔頭雲居庵《たっちゅううんきょあん》の西にあたり、後嵯峨・亀山両天皇の法華堂の位置は天竜寺の庫裡の北すなわち現陵の所と考定《こうてい》され、幕末修陵《しゅうりょう》の際もこれによって修補し、慶応《けいおう》元年（一八六五）五月に竣功《しゅんこう》した。両陵は同形の檜皮葺宝形造《ひわだぶきほうぎょうづくり》の法華堂で南面して東西に並び、東側が後嵯峨天皇陵、西側が亀山天皇陵である。この時の経費は、本願寺《ほんがんじ》が寺伝に亀山天皇より庇護《ひご》を賜《たま》わったとあるので、その報恩《ほうおん》のため、東本願寺《ひがしほんがんじ》が亀山天皇陵の分とともに当陵の分も献じている。修陵のころは両陵ともに浄金剛院法華堂といったが、その後、後嵯峨天皇陵は嵯峨殿法華堂、明治《めいじ》三十九年（一九〇六）嵯峨陵、大正《たいしょう》元年（一九一二）に現陵名に改められた。火《か》葬塚《そうづか》は右京区嵯峨亀ノ尾町亀山公園内にあって、亀山天皇・後伏見天皇火葬塚と同所である。

参考文献 谷森善臣『山陵考』（『（新註）皇学叢書』五）、上野竹次郎『山陵』下　（中村　一郎）

【寛《かん》元《げん》】 後嵯峨《ごさが》・後深草《ごふかくさ》両天皇の時の年号（一二四三〜四七）。仁治《にんじ》四年二月二十六日改元《かいげん》。即位《そくい》による。式部大輔《しきぶのだいふ》菅原為長《すがわらのためなが》の勘申《かんじん》。その勘文《かんもん》に「宋書曰、舜禹之際、五教在ㇾ寛、元元以平」とみえる。五年二月二十八日宝治《ほうじ》と改元。

参考文献 『大日本史料』五ノ一六、寛元元年二月二十六日条　（土田　直鎮）

後深草《ごふかくさ》天皇

一二四三～一三〇四　在位一二四六～五九

後嵯峨《ごさが》天皇の第三皇子。母は太政大臣《だじょうだいじん》西園寺実氏《さいおんじさねうじ》の娘で中宮《ちゅうぐう》の姞子《きっし》(大宮院《おおみやいん》)。寛元《かんげん》元年(一二四三)六月十日今出川殿《いまでがわどの》で生まれ、二十八日久仁《ひさひと》と命名、親王《しんのう》に立てられた。同四年正月四歳で践祚《せんそ》、父の後嵯峨上皇が院政《いんせい》を行なった。康元《こうげん》元年(一二五六)十一月母の妹公子(東二条院《ひがしにじょういん》)が入内《じゅだい》、翌正嘉《しょうか》元年(一二五七)正月中宮となった。在位十三年余で、正元《しょうげん》元年(一二五九)十一月父の命によって弟の亀山《かめやま》天皇に譲位《じょうい》した。

後嵯峨上皇は後深草天皇よりも亀山天皇を愛しており、後深草上皇に皇子があるにもかかわらず、文永《ぶんえい》五年(一二六八)八月亀山天皇の皇子世仁《よひと》親王を皇太子とした。同九年二月、これまで院政を行なってきた後嵯峨法皇が没したが、その後の治天《ちてん》の君《きみ》を後深草上皇・亀山天皇のいずれにするかについては、鎌倉幕府の決定に委ねる旨を遺命した。幕府は後嵯峨法皇の素意《そい》を大宮院に尋ね、その回答に従い、亀山天皇を治天の君と定め、天皇の親政《しんせい》が実現した。しかし後深草上皇はこの解決には不満であり、後深草系の持明院統《じみょういんとう》と亀山系の大覚寺統《だいかくじとう》との対立が生まれる端緒《たんしょ》となった。同十一年正月亀山天皇は世仁親王、すなわち後宇多《ごうだ》天皇に譲位したが、不満の募る後深草上皇は、翌建治《けんじ》元年(一二七五)四月太上天皇《だじょうてんのう》の尊号《そんごう》および随身兵仗《ずいじんへいじょう》を辞して出家しようとした。関東申次《かんとうもうしつぎ》であった権大納言《ごんだいなごん》西園寺実兼《さいおんじさねかね》(実氏の孫)は後深草上皇のために奔走し、幕府の斡旋《あっせん》によって十一月後深草上皇の皇子熙仁《ひろひと》親王（母は左大臣《さだいじん》洞院実雄《とういんさねかつ》の娘、玄輝門院《げんきもんいん》愔子）が皇太子に立てられた。弘《こう》安《あん》十年（一二八七）十月熙仁は践祚して伏見《ふしみ》天皇となり、後深草上皇が院政を行なったが、諸事は幕府と実兼の意向によって決まった。翌正応《しょうおう》元年（一二八八）三月伏見天皇に皇子胤仁《たねひと》（母は参議《さんぎ》藤原経氏《ふじわらのつねうじ》の娘経《けい》子《し》）が生まれたが、胤仁親王は中宮鏱子《しょうし》（実兼の娘、永福門院《えいふくもんいん》）の猶子《ゆうし》となり、翌二年四月皇太子に立てられた。同年十月には後深草上皇の皇子久明《ひさあきら》親王が征夷大将軍《せいいたいしょうぐん》として鎌倉に迎えられるなど、時勢は持明院統に有利で、後深草・亀山の立場は以前とは逆転するに至り、これに不満を感じた亀山上皇は、同年九月に出家した。

後深草天皇画像（『天子摂関御影』）
宮内庁三の丸尚蔵館所蔵

子孫が天皇・皇太子・将軍となったことに満足した後深草上皇も、翌三年二月には亀山殿《かめやまどの》で出家、法《ほう》諱《き》を素実《そじつ》と称した。当時の通例とは違って政務をも辞し、これまで執筆してきた日記の筆までも絶った。後深草上皇の院政はわずか二年余で終り、伏見天皇の親政《しんせい》となったが、その後も折にふれて天皇から政治の相談を受けている。後深草法皇は出家の翌四年十一月には東大寺で受戒《じゅかい》した。永仁《えいにん》六年（一二九八）七月には胤仁親王が践祚して後伏見天皇となり、正《しょう》安《あん》三年（一三〇一）正月後二条《ごにじょう》天皇（後宇多上皇の皇子）

の践祚まで持明院統の治世《ちせい》が続いた。後深草法皇は嘉元《かげん》二年（一三〇四）七月十六日富小路殿《とみのこうじどの》で没した。六十二歳。御陵は京都市伏見《ふしみ》区《く》深草坊町《ふかくさぼうちょう》の深草北陵《ふかくさのきたのみささぎ》。日記に『後深草天皇宸記《ごふかくさてんのうしんき》』がある。

（上横手雅敬）

参考文献 竜粛『鎌倉時代』下、三浦周行『日本史の研究』新輯一

〔深草北陵《ふかくさのきたのみささぎ》〕京都市伏見《ふしみ》区《く》深草坊町《ふかくさぼうちょう》にある後深草《ごふかくさ》天皇以下十二天皇の納骨堂《のうこつどう》。伏見宮栄仁親王《ふしみのみやよしひとしんのう》・嘉楽《からく》門院《もんいん》・中和門院《ちゅうわもんいん》の遺骨も納める。はじめは後深草院法華堂《ごふかくさいんほっけどう》といい、後光厳《ごこうごん》天皇納骨《のうこつ》時以後は、深草法華堂という。江戸時代には、安楽行院法華堂《あんらくぎょういんほっけどう》・安楽行院御骨堂ともいう。明治《めいじ》三十九年（一九〇六）三月二十三日、現陵号が定められた。一般には十二帝陵《ていりょう》・深草《ふかくさ》十二帝陵ともいう。『公衡公記《きんひらこうき》』四（『史料《しりょう》纂集《さんしゅう》』）の「後深草院崩御記《ごふかくさいんほうぎょき》」によると、後深草上皇は生前、深草《ふかくさ》の経親卿山庄傍山を山作所《さんさくしょ》とし、法華堂造営までの間、遺骨は深草にある経親卿管領《かんれい》の堂、安楽行院の仏壇下《ぶつだんした》に安置するよう沙汰《さた》した。嘉元《かげん》二年（一三〇四）七月十七日遺命《いめい》に従って火葬し、安楽行院仏壇下に納骨《のうこつ》した。九月五日、調進《ちょうしん》の遅れた骨瓶を納める朱漆小辛櫃《しゅうるしこからびつ》に、公什僧正《こうじゅうそうじょう》が骨瓶と灌頂五鈷《かんじょうごこ》とを納めて納骨し直した。『実躬卿記《さねみきょうき》』によると、法華堂は、翌三年八月二十九日に伏見《ふしみ》・後伏見《ごふしみ》両上皇臨御のもとに落慶供養《らっけいくよう》を執行《しっこう》し、引き続いてここに遺骨を移納《いのう》した。

以後、当法華堂は、別表のように十四方の遺骨が順次納められた。この間に安楽行院は退転《たいてん》し、『和長卿記《かずながきょうき》』明応《めいおう》九年（一五〇〇）十月十二日条の深草法華堂の註《ちゅう》に「此法花堂、昔者安楽行院内之一堂也、於二本院一者、久退転、此一堂相残計也、革堂修行兼二帯法花堂一」と、法華堂のみ存在の状態となったが、やがて法華堂も朽損《きゅうそん》し、一方、安楽行院は復興《ふっこう》したのか、これ以後の納骨記録《のうこつきろく》には安楽行院

のみがみられる。元和《げんな》三年（一六一七）後陽成《ごようぜい》天皇崩御の際、法華堂が改築されたが、これも延宝《えんぽう》八年（一六八〇）八月には破損《はそん》し、雨漏《あまも》りの状態となった（『俊方朝臣記《としかたあそんき》』）。以後、法華堂は廃滅《はいめつ》して小塚《こづか》となり、やがて安楽行院住職空心《くうしん》が、同院諸堂復興の際ここに法華堂を再建した。当時、安楽行院は洛北《らくほく》般舟院《はんしゅういん》に属していた（『山城名勝志《やましろめいしょうし》』『山州名跡志《さんしゅうめいせきし》』）。

この法華堂再建は元禄《げんろく》十二年（一六九九）までに完了し、同年の松平信庸《まつだいらのぶつね》の諸陵調書《しょりょうちょうしょ》の仁明《にんみょう》天皇の項には「安楽行院御骨堂陵之由、鳥居忌垣等も有レ之候、不レ及二竹垣一候」とある。この調書では、当所は仁明天皇陵と誤伝されており、後深草《ごふかくさ》・伏見《ふしみ》・後伏見《ごふしみ》・称光《しょうこう》の四天皇陵と深草法華堂《ふかくさほっけどう》は不明である。他の八天皇は泉涌寺《せんにゅうじ》・同雲竜院《うんりゅういん》内に陵があり、後光厳《ごこうごん》天皇の遺骨は仁明天皇御骨堂に納骨したという旧記が泉涌寺にあるとする。享保《きょうほう》の諸陵調書は、『山州名跡志』が当所を後陽成天皇・中和門院御骨堂としたためか、仁明天皇陵は不明とする。寛政《かんせい》十二年（一八〇〇）安楽行院はまた修補《しゅうほ》を行なった。幕末の修陵に際し、従来、泉涌寺内を陵所としてきた八天皇と、元禄以来、陵不明とした四天皇の陵所を当所に考定《こうてい》し、元治《げんじ》元年（一八六四）安楽行院と陵域《りょういき》を画して法華堂を改修し、翌慶応《けいおう》元年（一八六五）五月修補竣工《しゅうほしゅんこう》、巡検使《じゅんけんし》の発遣を受けた。明治《めいじ》十八年に法華堂屋根の柿葺《こけらぶき》を瓦葺《かわらぶき》に改造《かいぞう》し、同二十七年安楽行院建物撤去跡地の一部を編入して陵域を拡張した。大正《たいしょう》六年（一九一七）伏見宮栄仁親王墓を当所に決定し、昭和《しょうわ》五年（一九三〇）法華堂をまた改修《かいしゅう》した。

現状は、方三間の基壇上《きだんじょう》に二間四方の木造《もくぞう》・本瓦葺《ほんかわらぶき》、宝形造《ほうぎょうづく》り磚敷《せんじき》で、正南面の法華堂が建ち、堂東側には般舟院塚とよぶ不整形塚《ふせいけいづか》が列ぶ。この塚は『山州名跡志』に「由縁不レ詳」と記すが、寛政十

深草北陵法華堂被納骨者

被納骨者	没年月日	火葬年月日（火葬所）	納骨年月日	史料	備考
後深草天皇	嘉元二・七・一六	嘉元二・七・一七（深草の経親卿山庄傍山）	嘉元三・八・二九	公衡公記・実躬卿記	
伏見天皇	文保元・九・三	文保元・九・五（深草）	文保元・九・五	伏見上皇中陰記	
後伏見天皇	延元元・四・六	延元元・四・八（嵯峨野）	延元元・四・八	皇年代略記	
後光厳天皇	応安七・正・二九	応安七・二・三（泉涌寺）	応安七・二・三	師夏記・続史愚抄	天竜寺金剛院・天王寺・高野山・泉涌寺・安楽光院に分骨、泉涌寺雲竜院内に分骨所あり
後円融天皇	明徳四・四・二六	明徳四・四・二七（同）	明徳四・四・二八	常楽記・皇年代略記	泉涌寺雲竜院内に分骨所あり
称光天皇	正長元・七・二〇	正長元・七・二九（同）	正長元・八・四	同	『建内記』は泉涌寺雲竜院内に後光厳・後円融・称光院御塔ありとする
後小松天皇	永享五・一〇・二〇	永享五・一〇・二七（同）	永享五・一〇・三〇	看聞御記・師郷記	泉涌寺雲竜院内に灰塚あり
後土御門天皇	明応九・九・二八	明応九・一一・一一（同）	明応九・一一・一三	和長卿記	雲竜院・般舟院・山国常照寺に分骨、月輪陵内に灰塚、般舟院陵・山国陵内に分骨所あり
後柏原天皇	大永六・四・七	大永六・五・三（同）	大永六・五・四	二水記・続史愚抄	月輪陵内に灰塚あり
後奈良天皇	弘治三・九・五	弘治三・一一・二三（同）	弘治三・一一・二五	後奈良天皇御拾骨記・弘治三年記	般舟三昧院に分骨、月輪陵内に灰塚、般舟院陵内に分骨所あり
正親町天皇	文禄二・正・五	文禄二・二・二三（同）		時慶卿記	月輪陵内に灰塚あり

後陽成天皇	元和三・八・二六	元和三・九・二〇（同）	元和三・九・二二	後十輪院内府記・泰重卿記・皇年代略記	同
伏見宮栄仁親王	応永二三・一一・二〇	応永二三・一一・二四（大光明寺東門外）	応永二三・一二・一三	看聞御記	嵯峨浄金剛院に分骨、墓に決定
嘉楽門院（藤原信子）	長享二・四・二六	長享二・五・三（伏見の般舟三昧院）	長享二・五・四	親長卿記・実隆公記	墓は般舟院陵域内の宝篋印塔
中和門院（藤原前子）	寛永七・七・三	寛永七・七・四（泉涌寺）	寛永七・七・二九	泰重卿記	墓は月輪陵域内の無縫塔

二年修補の安楽行院絵図面には「般舟院やしき」と表示し、御骨堂南面の道向い西側の地域は「寺中しんじゆゐん屋敷」と表示するので、後深草天皇が造営させたと伝える旧真宗院《しんしゅういん》般舟堂の跡《あと》とも想像される。堂と塚とを中央にして土塀《どべい》を巡らし、堂正面の土塀に冠木門《かぶきもん》を設ける。土塀の東側は旧安楽行院の現嘉祥寺《かじょうじ》境内地《けいだいち》と接し、他の三方は陵墓地《りょうぼち》となる。

当法華堂は以上のように創建以来幕末まで、深草安楽行院が管理祭祠《かんりさいし》を行なってきたが、大正以降の仏教辞典・歴史辞典の安楽行院の項は、みな当陵について誤まった説を記載する。この説は、深草安楽行院は持明院《じみょういん》の仏堂安楽光院《あんらくこういん》の移建寺院で、同院の深草移建後に当法華堂を同院に移すとする。これは吉田東伍《よしだとうご》著『大日本地名辞書《だいにほんちめいじしょ》』に起因すると思われる。同書は安楽行院は京都安楽小路《あんらくこうじ》にあった安楽光院を後光厳天皇の時に深草移建とし、当陵は真宗院内に創建し、同院退転《たいてん》により安楽行院に移すとする。その後発行の旧版『国史大辞典《こくしだいじてん》』は安楽行院・安楽光院を別寺とし、安楽光院は泉涌寺に移るとする。『古事類苑《こじるいえん》』宗教部《しゅうきょうぶ》三の安楽行院には、「又安楽光院と書す」「今泉涌寺の域内に在り」とし、両院の史料を混載《こんさい》し、これが誤説助長の一因とも思われる。大正四年『紀伊郡御陵墓誌』『紀伊郡誌』がこの誤説を採用して以後、定説化した。しかし、安楽行院は「後深草院崩御記《ごふかくさいんほうぎょき》」に、「経親卿管領堂也、在㆓深草㆒」とあり、当陵創建以前から当地に存在している。持明院《じみょういん》の仏堂安楽光院の移転は、文明《ぶんめい》七年（一四七五）二月二十日同院類焼《るいしょう》、本尊焼失以前にはあり得ないのでこれ以後となるが、焼失直後の深草移転としても、『和長卿記』の前記記述と矛盾《むじゅん》する。当陵の真宗院内創建も、同院は乾《けん》元《げん》元年（一三〇二）に焼亡、京都綾小路《あやのこうじ》に移って円福寺《えんぷくじ》と改称し、深草への重興は、延宝《えんぽう》四年誓願寺《せいがんじ》五十九世瑞山竜空《ずいざんりゅうくう》が雑賀《さいが》氏の寄捨《きしゃ》でなすと伝え、当陵の創建以前に退転しているので不可能である。当陵創建の地が真宗院の旧跡であっても、当時、安楽行院境内でないとする根拠はない。

参考文献　『後深草天皇・伏見天皇・後伏見天皇・後小松天皇・称光天皇・後土御門天皇・後柏原天皇・後奈良天皇・正親町天皇・後陽成天皇・後光厳天皇・後円融天皇深草北陵之図』（宮内庁書陵部所蔵『陵墓地形図』三〇〔S七〕）、『古事類苑』帝王部、宮内省編『明治天皇紀』一一、上野竹次郎『山陵』下

（石田　茂輔）

【宝《ほう》　治《じ》】　後深草《ごふかくさ》天皇の時の年号（一二四七～四九）。寛元《かんげん》五年二月二十八日改元《かいげん》。即位《そくい》による。出典は、文章博士《もんじょうはかせ》藤原経範《ふじわらのつねのり》の勘文《かんもん》に「春秋繁露（巻七、通国身）曰、気之清者為㆑精、人之清者為㆑賢、治㆑身者以㆑積㆑徳為㆑宝、治㆑国者以㆑積㆑賢為㆑道」とみえる。三年三月十八日、建長《けんちょう》と改元。

参考文献　『大日本史料』五ノ二一、宝治元年二月二十八日条、森本角蔵『日本年号大観』

（石井　正敏）

【建《けん》長《ちょう》】後《ご》深《ふか》草《くさ》天皇の時の年号（一二四九〜五六）。宝治《ほうじ》三年三月十八日改元《かいげん》。変異《へんい》による。出典は前《さきの》権中納言《ごんちゅうなごん》藤原経光《ふじわらのつねみつ》の勘文《かんもん》に「後漢書、建長久之策」とみえる。八年十月五日康元《こうげん》と改元。

（山田　英雄）

【康《こう》元《げん》】後《ご》深《ふか》草《くさ》天皇の時の年号（一二五六〜五七）。建長《けんちょう》八年十月五日改元《かいげん》。痘《もがさ》による。藤原経範の勘《かん》申《じん》による。二年三月十四日正嘉《しょうか》と改元。

（山田　英雄）

【正《しょう》嘉《か》】後《ご》深《ふか》草《くさ》天皇の時の年号（一二五七〜五九）。康元《こうげん》二年三月十四日改元《かいげん》。官庁炎上《かんちょうえんじょう》による。出典は文章博士《もんじょうはかせ》菅原在章《すがわらのありあき》の勘文《かんもん》に「芸文類聚曰、肇元正之嘉会」とみえる。三年三月二十六日に正元《しょうげん》と改元。

（山田　英雄）

【正《しょう》元《げん》】後《ご》深《ふか》草《くさ》・亀山《かめやま》両天皇の時の年号（一二五九〜六〇）。正嘉《しょうか》三年三月二十六日改元《かいげん》。飢饉《ききん》・疾疫《しつえき》による。出典は式部権大輔《しきぶのごんのだいふ》菅原公良の勘文《かんもん》に「毛詩緯曰、一如二正元一、万載相伝、注曰、言二本正則末理一」とみえる。二年四月十三日文応《ぶんおう》と改元。

（山田　英雄）

亀《かめ》山《やま》天皇

一二四九〜一三〇五　在位一二五九〜七四

建長《けんちょう》元年（一二四九）五月二十七日誕生。父は後嵯峨上皇《ごさがじょうこう》、母は西園寺実氏《さいおんじさねうじ》の女の大宮院姞子《おおみやいんきつし》。諱《いみな》は恒仁《つねひと》。正嘉《しょうか》二年（一二五八）八月、兄後深草《ごふかくさ》天皇の東宮《とうぐう》にたつ、時に十歳。正元《しょうげん》元年（一二五九）八月二十

亀山天皇画像　京都市　天竜寺所蔵

八日、十一歳で元服《げんぷく》。同年十一月二十六日、父母のはからいで践祚《せんそ》、同十二月二十八日、即位《そくい》。皇子《おうじ》世仁《よひと》親王も文永五年（一二六八）二歳で東宮となる。同十一年正月二十六日、にわかに東宮（後宇多《ごうだ》天皇）に譲位《じょうい》。天皇は性闊《かつ》達英明《たつえいめい》で父母の寵愛《ちょうあい》深く、文永九年二月、後嵯峨法皇崩御《ほうぎょ》後、天皇が「治天《ちてん》の君《きみ》」とされたのも、大宮院が幕府《ばくふ》に対して、後嵯峨の素《そ》意《い》が亀山にあったと証言したことがきめてとなったのである。これが後の皇位継承《こういけいしょう》をめぐる大覚寺《だいかくじ》・持明院両統対立《じみょういんりょうとうたいりつ》の発端となる。

親政《しんせい》開始後の天皇は、制符《せいふ》の制定、雑訴沙汰《ざっそさた》の改革、徳政興行《とくせいこうぎょう》にとりくむ。譲位《じょうい》後も上皇《じょうこう》として政務をみ、評定衆《ひょうじょうしゅう》以下の結番制《けつばんせい》、評定機関の分化《ぶんか》と定日の設定のほか、『弘安礼節《こうあんれいせつ》』も制定した。これらは「徳政興行《とくせいこうぎょう》」「厳密之沙汰《げんみつのさた》」として好評であった。さらに自系《じけい》の皇統《こうとう》の将来を配慮し、弘安《こうあん》六年（一二八三）に八条院領《はちじょういんりょう》の相続、ついで室町院《むろまちいん》領半分の伝領《でんりょう》に成功した。この亀山院政の背景には、皇位継承をめぐる持明院統への対抗意識、他方ではこの問題について、幕府より有利な解決を引きだそうとするねらいがある。

また元寇《げんこう》の際には、身をもって国難《こくなん》に殉《じゅん》ぜんと伊勢神宮《いせじんぐう》に祈願《きがん》したといわれる。しかし同十年、後《ご》宇多《うだ》天皇退位《たいい》のあと、皇位《こうい》は持明院統に移り、将軍には後深草上皇の皇子久明《ひさあきら》親王が迎えられた。亀山上皇は失意《しつい》のあまり、正応《しょうおう》二年(一二八九)九月、にわかに離宮禅林寺殿《ぜんりんじどの》に出家、四十一歳。嘉元《かげん》三年(一三〇五)九月十五日、離宮亀山殿《かめやまどの》に崩御《ほうぎょ》、五十七歳。亀山殿法華堂《ほっけどう》に葬る。遺命《いめい》により亀山院といい、禅林寺殿・文応皇帝《ぶんおうこうてい》ともいう。天皇は儒学《じゅがく》を好み、弘安十年四月、院の評定所《ひょうじょうしょ》を聖堂《せいどう》にあてて講書《こうしょ》を行なった。建治《けんじ》二年(一二七六)七月、藤原為氏《ふじわらのためうじ》に和歌《わか》の撰集《せんしゅう》を命じ(『続拾遺和歌集《ぞくしゅういわかしゅう》』)、また漢詩《かんし》文《ぶん》を嗜《たしな》み、管絃《かんげん》の秘曲《ひきょく》も極めた。ために「文学紹隆」の時期と謳歌《おうか》された。禅宗《ぜんしゅう》にも帰依《きえ》し、東福寺円爾《えんに》・普門《ふもん》を尊信、普門を請じて御願寺《ごがんじ》南禅寺《なんぜんじ》の開山《かいさん》とす。かくて禅宗は公家社会に重んぜられるに至る。また浄土宗《じょうどしゅう》についても造詣《ぞうけい》あり、『極楽直道抄《ごくらくじきどうしょう》』の撰《せん》がある。

［参考文献］ 竜粛『鎌倉時代』下、八代国治「蒙古襲来に就ての研究」(『国史叢説』所収)、平泉澄「亀山上皇殉国の御祈願」(『我が歴史観』所収)

(飯田　久雄)

〔**亀山陵**《かめやまのみささぎ》〕 京都市右京区嵯峨天竜寺芒ノ馬場町《うきょうくさがてんりゅうじすすきのばばちょう》(天竜寺《てんりゅうじ》域内庫裡《くり》北隣)にある。南面する宝形造《ほうぎょうづくり》の法華《ほっけ》堂《どう》。嘉元《かげん》三年(一三〇五)九月十七日夜亀山殿《かめやまどの》の後山にて火葬《かそう》、御骨は遺言《ゆいごん》によって五箇の青瓷《あおがめ》に納め、三箇は亀山殿封内の浄金剛院《じょうこんごういん》に、他の二箇は南禅寺《なんぜんじ》と高野山金剛峯寺《こうやさんこんごうぶじ》に納めた(『文応皇帝外記《ぶんおうこうていがいき》』)。前者はのちに法華堂を造って納め、天皇の本陵とした。中世には荒廃《こうはい》して所在を失ったが、幕末にその故址は天竜寺方丈《ほうじょう》の北、塔頭雲居庵《たっちゅううんきょあん》の西にあたると考証し、当地を陵所《りょうしょ》と定めて修理《しゅうり》し、慶応《けいおう》元年(一八六五)五月に竣功《しゅんこう》した。東側に同形の後嵯峨天皇陵《ごさがてんのうりょう》が並んでいる。亀山天皇はかつて本願寺《ほんがんじ》を庇護《ひご》し勅《ちょく》願寺《がんじ》にしたという寺伝により、修陵《しゅうりょう》の際、東本願寺《ひがしほんがんじ》が報恩《ほうおん》のために、当陵と相並ぶ後嵯峨天皇陵との修理費を献じた。修陵のころ両陵を浄金剛院法華堂と称したが、のち亀山天皇陵を亀山殿法華堂と改め、さらに明治《めいじ》三十九年(一九〇六)に現陵名とした。分骨所《ぶんこつしょ》は京都市左京区《さきょうく》南禅寺福地町南禅寺内にあり、西面する宝形造の法華堂で、幕末修理の際に西本願寺《にしほんがんじ》がその費用を献じている。また、のちに後宇多《ごうだ》天皇の遺言によって同天皇の蓮華峰寺陵《れんげぶじのみささぎ》(五輪塔《ごりんとう》)にも分骨された。高野山《こうやさん》に納められたものは不明である。火葬塚《かそうづか》は、後嵯峨・後伏見《ごふしみ》両天皇と同所であって、京都市右京区嵯峨亀ノ尾町亀山公園内にある。

参考文献 上野竹次郎『山陵』下

(中村 一郎)

【文応《ぶんおう》】亀山《かめやま》天皇の時の年号(一二六〇～六一)。正元《しょうげん》二年四月十三日改元《かいげん》。代始《だいはじめ》による。出典は、文《もん》章博士《じょうはかせ》菅原在章《すがわらのありあき》の勘文《かんもん》に「晋書《しんじょ》(巻四五、劉毅伝)曰、太晋之行、戢レ武興レ文之応」とみえる。四月十八日に鎌倉に改元詔書《かいげんしょうしょ》が届いた。二年二月二十日、弘長《こうちょう》と改元。

参考文献 森本角蔵『日本年号大観』

(石井 正敏)

【弘《こう》長《ちょう》】亀山《かめやま》天皇の時の年号(一二六一～六四)。文応《ぶんおう》二年二月二十日改元《かいげん》。辛酉革命《しんゆうかくめい》による。出典は『貞観政要《じょうがんせいよう》』「闕治定之規、以弘長世之業者、万古不易、百慮同帰」。四年二月二十八日文永《ぶんえい》と改元。

(山田 英雄)

【文《ぶん》永《えい》】亀山《かめやま》・後宇多《ごうだ》両天皇の時の年号(一二六四～七五)。弘長《こうちょう》四年二月二十八日改元《かいげん》。甲子革令《かっしかくれい》による。式部権大輔《しきぶのごんだいふ》菅原在章《すがわらありあき》の勘申《かんじん》による。出典は未詳。十二年四月二十五日、建治《けんじ》と改元。

参考文献　森本角蔵『日本年号大観』

（石井　正敏）

後宇多《ごうだ》天皇

一二六七〜一三二四　在位一二七四〜八七

亀山《かめやま》天皇の第二皇子。母は左大臣《さだいじん》藤原実雄《ふじわらのさねかつ》の女《むすめ》の皇后佶子《きつし》（京極院《きょうごくいん》）。文永《ぶんえい》四年（一二六七）十二月一日、土御門殿《つちみかどどの》で誕生。名は世仁《よひと》。翌五年六月親王宣下《しんのうせんげ》、八月立太子《りったいし》。当時院政《いんせい》を行なっていた後嵯峨上皇《ごさがじょうこう》が、同九年に没すると、鎌倉幕府は上皇の素志《そし》を尊重《そんちょう》して亀山天皇を治天《ちてん》の君《きみ》とし、亀山天皇の親政《しんせい》となった。やがて同十一年正月二十六日、八歳の後宇多天皇は、亀山の譲《ゆず》りを受けて高倉殿《たかくらどの》で践祚《せんそ》、三月には太政官庁で即位《そくい》し、亀山は上皇として院政を行なった。この年十一月には、蒙古《もうこ》の兵が対馬《つしま》・壱岐《いき》から北九州を襲《おそ》い（文永《ぶんえい》の役《えき》）、さらに弘安《こうあん》四年（一二八一）にも再度の襲来《しゅうらい》があった（弘安《こうあん》の役《えき》）。

さて亀山上皇が院政を行い、後宇多天皇が即位したことについては、亀山の兄の後深草《ごふかくさ》上皇が不満《ふまん》を抱いており、ここに後深草系の持明院統《じみょういんとう》と、亀山系の大覚寺統《だいかくじとう》との対立を見るに至った。後深草に同情した幕府は、その皇子の熙仁《ひろひと》を皇太子に立て、弘安十年十月、後宇多天皇は熙仁（伏見《ふしみ》天皇）に譲《じょう》位《い》し、後深草上皇が院政を行うことになった。さらに永仁《えいにん》六年（一二九八）伏見は皇子胤仁《たねひと》（後伏見《ごふしみ》天皇）に譲位、上皇として院政をとり、持明院統の治世が続いたが、東宮《とうぐう》には大覚寺統から後宇多上皇の皇子邦治《くにはる》が立てられた。大覚寺統側は幕府に強くはたらきかけ、ついに正安《しょうあん》三年（一三〇一）正月、邦治

後宇多天皇画像　京都市　大覚寺所蔵

（後二条《ごにじょう》天皇）が践祚し、後宇多上皇が院政を行うことになり、久方ぶりに大覚寺統の治世が復活した。延慶《えんきょう》元年（一三〇八）八月、後二条天皇が没し、持明院統の花園《はなぞの》天皇（伏見の皇子）が践祚すると、伏見上皇が院政を行なったが、文保《ぶんぽう》二年（一三一八）二月、後醍醐《ごだいご》天皇（後二条の弟）が践祚し、後宇多は再び院政を執った。

　後宇多上皇の院政は、後二条・後醍醐両天皇の時代、通算十一年余りに及んだが、元亨《げんこう》元年（一三二一）上皇は吉田定房《よしださだふさ》を鎌倉《かまくら》に遣《つか》わし、幕府の同意を得て、ついに十二月九日、白河《しらかわ》上皇以来二百余年に及んだ院政を停止、後醍醐天皇の親政《しんせい》とした。後宇多天皇は深く仏教《ぶっきょう》に帰依《きえ》し、さきに徳治《とくじ》二年（一三〇七）皇后の遊義門《ゆうぎもん》院《いん》が没すると、自身も七月二十六日、仁和寺《にんなじ》の禅助《ぜんじょ》を戒師《かいし》とし、亀山殿《かめやまどの》の寿量院《じゅりょういん》で出家した。法名《ほうみょう》は金剛性《こんごうしょう》。

　出家後は大覚寺《だいかくじ》に住み、政務のかたわら密教《みっきょう》を研究し、特に院政をやめてのちは密教に専念したが、正中《しょうちゅう》元年（一三二四）六月二十五日、五十八歳で同寺で没した。遺詔《ゆいしょう》によって後宇多院と追号された。御陵《ごりょう》は大覚寺の東北方の蓮華峰寺陵《れんげぶじのみささぎ》。『新後撰和歌集《しんごせんわかしゅう》』は後宇多上皇の命《めい》により、嘉元《かげん》元年（一三〇三）藤原為世《ふじわらのためよ》が撰《せん》したものであり、日記に『後宇多天皇宸記《ごうだてんのうしんき》』がある。宸翰《しんかん》も比較的多く、教王護国寺《きょうおうごこくじ》

（東寺《とうじ》）所蔵の「東寺興隆条々事書御添状《とうじこうりゅうじょうじょうことがきおんそえじょう》」（徳治《とくじ》三年）、国立歴史民俗博物館所蔵の「後宇多院宸記」（文保三年）、醍醐寺所蔵の「当流紹隆教誡《とうりゅうしょうりゅうきょうかい》」（延慶二年）、大覚寺所蔵の「弘法大師伝《こうぼうだいしでん》」（正和《しょうわ》四年（一三一五））、同所蔵「御手印遺告《おていんゆいごう》」は国宝に指定されている。

参考文献　三浦周行『鎌倉時代史』（『日本史の研究』新輯一）、竜粛『鎌倉時代』下、森茂暁『鎌倉時代の朝幕関係』

（上横手雅敬）

〔**蓮華峰寺陵《れんげぶじのみささぎ》**〕　京都市右京区北嵯峨朝原山町《うきょうくきたさがあさはらやま》にある後宇多天皇と生母京極院皇后藤原佶子《きょうごくいんこうごうふじわらのきつし》の合葬陵《がっそうりょう》。亀山《かめやま》天皇・遊義門院姈子内親王《ゆうぎもんいんれいしないしんのう》・後二条《ごにじょう》天皇の各分骨《ぶんこつ》をも合葬する。『建立蓮華峰寺縁起《こんりゅうれんげぶじえんぎ》』に、後宇多天皇は、広沢池《ひろさわのいけ》の北、朝原山の麓《ふもと》に八角円堂《はっかくえんどう》を建立し、堂内に順逆五輪石塔《じゅんぎゃくごりんせきとう》を安置《あんち》し、この石塔の地《ち》輪《りん》の両際に五円を彫り、中心の円にはみずからの遺骨を納めることを遺言《ゆいごん》し、四方の円中に、皇考《こうこう》・皇妣《こうひ》・皇后《こうごう》・皇子《おうじ》の各遺骨を安置して、蓮華峰寺と号した由を記すので、天皇は崩御《ほうぎょ》の三日後、正中《しょうちゅう》元年（一三二四）六月二十八日蓮華峰寺傍《かたわら》の山で火葬に付され、遺骨は同寺五輪塔の円中に納められたと考えられる。以来、大覚寺《だいかくじ》が陵を奉祠《ほうし》管理してきたが、文久《ぶんきゅう》三年（一八六三）江戸幕府は陵を修補《しゅうほ》し、陵号を蓮華峰寺傍山陵と定めたが、のち現陵号に改められた。

陵は現在、林間に位置する木造本瓦葺宝形造《もくぞうほんかわらぶきほうぎょうづくり》の法華堂《ほっけどう》で、方《ほう》三・六二メートル、南面する。堂の周囲は石垣《いしがき》で方形壇状に築き、縁に透塀《すかしべい》をめぐらし、南面中央は高麗門《こうらいもん》がある。堂内は白砂敷《しらすなじ》きで、中央に高さ二・四二メートルの花崗岩《かこうがん》の五輪塔一基、両側に小五輪塔各一基を安置《あんち》する。中央の塔は、火輪《かりん》に浮彫文様《うきぼりもよう》のある特殊な五輪塔である。堂の周囲には、かつて鎌倉・室町時代の石仏・石碑伝など五百余が散在し、堂を中心に浄土《じょうど》が形成されていたとも考えられるが、今は石垣区画の東外側に設けた安置所《あんちしょ》に移し、整然と安置されている。

参考文献　上野竹次郎『山陵』下、谷森善臣『山陵考』(『(新註)皇学叢書』五)

(石田　茂輔)

【建治《けんじ》】後宇多《ごうだ》天皇の時の年号(一二七五～七八)。文永《ぶんえい》十二年四月二十五日改元《かいげん》。代始《だいはじめ》による。出典は文章博士《もんじょうはかせ》菅原在匡《すがわらのありまさ》の勘文《かんもん》に「周礼曰、以治建国之学政」とみえる。四年二月二十九日弘《こう》安《あん》と改元。

(山田　英雄)

【弘安《こうあん》】後宇多《ごうだ》・伏見《ふしみ》両天皇の時の年号(一二七八～八八)。建治《けんじ》四年二月二十九日改元《かいげん》。疾疫《しつえき》による。出典は従三位《じゅさんみ》藤原茂範の勘文《かんもん》に「太宗実録曰、弘安民之道」とみえる。十一年四月二十八日正応《しょうおう》と改元。

(山田　英雄)

伏見《ふしみ》天皇　一二六五～一三一七　在位一二八七～九八

名は煕仁《ひろひと》。文永《ぶんえい》二年(一二六五)四月二十三日誕生。後深草《ごふかくさ》天皇の第二皇子、母は左大臣《さだいじん》洞院実雄《とういんさねかつ》の娘玄輝門院《げんきもんいん》愔子。建治《けんじ》元年(一二七五)十一月、大覚寺統《だいかくじとう》の後宇多《ごうだ》天皇の東宮《とうぐう》となり、弘安《こうあん》十年(一二八七)十月二十一日、二十三歳で践祚《せんそ》。正応《しょうおう》元年(一二八八)三月十五日即位《そくい》、翌二年には天皇の第一皇子胤仁親王《たねひとしんのう》の立太子《りったいし》が実現し、持明院統《じみょういんとう》は春を迎えたが、両統の対立・軋轢《あつれき》は一段と激化《げきか》した。天皇は十三ヵ条の新制発布《しんせいはっぷ》など政道刷新《せいどうさっしん》に努めた。しかし天皇側近《そっきん》の京極為兼《きょうごくためかね》が関東申次《かんとうもうしつぎ》西園寺実兼《さいおんじさねかね》と対立し、実兼は大覚寺統に接近して鎌倉幕府の干渉《かんしょう》も強くなり形勢が逆転した。天皇は永仁《えいにん》六年（一二九八）七月二十二日に譲位《じょうい》となり、御子《みこ》の後伏見《ごふしみ》天皇も在位三年たらずで退位《たいい》し、皇位は大覚寺統の後二条《ごにじょう》天皇に移った。しかし持明院統の幕府に対するまき返しが成功して伏見上皇の第二皇子富仁親王《とみひとしんのう》が東宮に立ち、延慶《えんきょう》元年（一三〇八）八月に践祚《せんそ》した（花園《はなぞの》天皇）。これで伏見上皇の再度の院政《いんせい》となったが、上皇は正和《しょうわ》二年（一三一三）十月に出家《しゅっけ》（法名素融）、文保《ぶんぽう》元年（一三一七）九月三日、五十三歳で崩《ほう》じた。陵墓は京都市伏見区深草坊町《ふしみくふかくさぼうちょう》の深草北陵《ふかくさのきたのみささぎ》。これで持明院統は中核を失い、上皇が抵抗していたいわゆる「文保の御和談《ごわだん》」や室町院領《むろまちいんりょう》の伝領問題も未解決のまま残された。天皇は両統迭立問題《りょうとうてつりつもんだい》については終始強い主張を貫き、政道刷新・門閥《もんばつ》打《だ》破《は》などに卓見《たっけん》を示した。また学問・文芸に優れ、和歌は京極為兼を師とし、多くの秀詠《しゅうえい》があり『伏見院御集《ふしみいんぎょしゅう》』などの歌集もある。みずから和歌集の勅撰《ちょくせん》を企画し、正和二年に『玉葉和歌集《ぎょくようわかしゅう》』が撰進された。書もその当時藤原行成《ふじわらのゆきなり》以上との評があり、日本書道史上有数の能書家《のうしょか》である。日記に『伏見天皇宸記《ふしみてんのうしんき》』（『天聴御記《てんちょうぎょき》』）がある。

伏見天皇画像（『天子摂関御影』）
宮内庁三の丸尚蔵館所蔵

↓深草北陵《ふかくさのきたのみささぎ》〈228頁〉

参考文献　『神皇正統記』、『増鏡』九・一〇・一二、三浦周行『鎌倉時代史』（『日本史の研究』新輯一）、竜粛『鎌倉時代』下、水戸部正男『公家新制の研究』、矢野太郎『伏見天皇宸記』解題（『（増補）史料大成』三）、肥後和男「伏見天皇」（『歴代天皇紀』所収）、和田英松「皇室と文学」（『国史説苑』所収）

（飯田　久雄）

【正応《しょうおう》】　伏見《ふしみ》天皇の時の年号（一二八八～九三）。弘安《こうあん》十一年四月二十八日改元《かいげん》。代始《だいはじめ》による。出典は文章博士《もんじょうはかせ》菅原在嗣《すがわらのありつぐ》の勘文《かんもん》に「詩、注曰、徳正応利」とみえる。六年八月五日永仁《えいにん》と改元。

（山田　英雄）

【永仁《えいにん》】　伏見《ふしみ》・後伏見《ごふしみ》両天皇の時の年号（一二九三～九九）。正応《しょうおう》六年八月五日改元《かいげん》。天変《てんぺん》・地震《じしん》（関東）による。大蔵卿菅原在嗣《おおくらきょうすがわらのありつぐ》の勘申《かんじん》。出典は『晋書《しんじょ》』楽志《がくし》「永載二仁風一、長撫二無外一」。七年四月二十五日正安《しょうあん》と改元。

（皆川　完一）

後伏見天皇《ごふしみ》

一二八八～一三三六　在位一二九八～一三〇一

名、胤仁《たねひと》。正応《しょうおう》元年（一二八八）三月三日生まれる。持明院統《じみょういんとう》の伏見《ふしみ》天皇の第一皇子。母は前参議《さきのさんぎ》五辻《いつつじ》（藤原《ふじわら》）経氏《つねうじ》の娘、典侍経子《ないしのすけけいし》。養母は太政大臣西園寺実兼《さいおんじさねかね》の娘、中宮鏱子《しょうし》（永福門院《えいふくもんいん》）。同年八月十日、親王宣下《しんのうせんげ》。翌二年四月二十五日、父伏見天皇の東宮《とうぐう》となり、永仁《えいにん》六年（一二九八）七月二十二日、受禅《じゅぜん》。

同年十月十三日、即位《そくい》。父伏見上皇が院政《いんせい》をとる。正安《しょうあん》二年(一三〇〇)正月三日、元服《げんぷく》。翌三年正月二十一日、関東申次《かんとうもうしつぎ》西園寺実兼の画策によって立てられていた大覚寺統《だいかくじとう》の東宮(後二条《ごにじょう》天皇)に譲位《じょうい》。後二条天皇の東宮として、後伏見上皇の弟の皇子(花園《はなぞの》天皇)が立つにあたり、父の伏見上皇は、将来、持明院統が兄弟二流に分裂することを心配して、弟を兄後伏見上皇の猶子《ゆうし》とし、さらに兄上皇に皇子が生まれたときは、この皇子を弟の猶子にすることを取り決めた。延慶《えんきょう》元年(一三〇八)八月二十五日、大覚寺統の後二条天皇が崩《ほう》じたため、持明院統の花園天皇の即位となり、再び父伏見上皇が院政をとった。正和《しょうわ》二年(一三一三)、伏見上皇は鎌倉幕府と諮《はか》って、出家するに先立ち院政を子の後伏見上皇に譲った。しかし、文保《ぶんぽう》二年(一三一八)二月二十六日、大覚寺統の後醍醐《ごだいご》天皇が践祚《せんそ》したため、院政はその父後宇多《ごうだ》上皇に代わった。

後伏見天皇画像(『天子摂関御影』)
宮内庁三の丸尚蔵館所蔵

元弘《げんこう》元年(一三三一)、後醍醐天皇が討幕《とうばく》の挙兵に失敗し出京すると、九月二十日、後伏見上皇の皇子(光厳《こうごん》天皇)が践祚し、上皇は再び院政をとった。同三年五月十六日、討幕に転じた足《あし》利尊氏《かがたかうじ》らの軍勢が京都に攻め込むと、上皇は光厳天皇らとともに近江《おうみ》の太平護国寺《たいへいごこくじ》に逃れたが、十七日の光厳天皇廃位《はいい》によって、上皇の院政も終った。まもなく帰京、六月二十六日、旧仙洞御所の持明院《じみょういん》で出家。法名理覚《りかく》。建武《けんむ》三年(一三三六)四月六日、同院で崩《ほう》ず。四十九歳。嵯峨野《さがの》で火葬に付したあと、後深草院法華堂《ほっけどう》に納骨。山陵《さんりょう》、深草《ふかくさの》北陵《きたのみささぎ》(京都市伏見区《ふしみく》)。

北朝の光厳《こうごん》・光明《こうみょう》両天皇は、西園寺公衡《さいおんじきんひら》の娘、女御寧子《にょうごねいし》(広義門院《こうぎもんいん》)との間に生まれた皇子。日記『後《ご》伏見天皇宸記《ふしみてんのうしんき》』、家集《かしゅう》『後伏見院御集《ごふしみいんぎょしゅう》』のほか、装束《しょうぞく》について記した『後伏見院御抄《ごふしみいんみしょう》』(散逸)が知られ、宸筆《しんぴつ》の消息《しょうそく》・願文案《がんもんあん》などが数多く現存する。また、宸筆の『古今和歌集《こきんわかしゅう》』(元亨《げんこう》二年(一三二二)奥書)も伝来する。和歌は、『新後撰和歌集《しんごせんわかしゅう》』以下、『新千載和歌集《しんせんざいわかしゅう》』までに多く撰ばれている。→深草北陵《ふかくさのきたのみささぎ》

〈228頁〉

参考文献 『大日本史料』六ノ三、延元元年四月六日条　(益田　宗)

【正安《しょうあん》】後伏見《ごふしみ》・後二条《ごにじょう》両天皇の時の年号(一二九九～一三〇二)。永仁《えいにん》七年四月二十五日改元《かいげん》。代始《だいはじめ》による。出典は前参議菅原在嗣《さきのさんぎすがわらのありつぐ》の勘文《かんもん》に『孔子家語《こうしけご》』とみえる。四年十一月二十一日乾元《けんげん》と改元。　(山田　英雄)

後二条《ごにじょう》天皇

一二八五～一三〇八　在位一三〇一～〇八

名、邦治《くにはる》。弘安《こうあん》八年(一二八五)二月二日生まれる。父は大覚寺統《だいかくじとう》の後宇多《ごうだ》天皇。母は亀山《かめやま》天皇の女《にょう》

御准三宮《ごじゅさんぐう》近衛《このえ》位子（新陽明門院《しんようめいもんいん》）の官女、前内大臣《さきのないだいじん》堀川《ほりかわ》（源）具守《とももり》の娘《むすめ》（後年、西華門院《せいかもんいん》と宣下《せんげ》されたときに基子と名付けられた）。天皇は、後醍醐《ごだいご》天皇の異母兄にあたる。弘安九年十月二十五日親王宣下《しんのうせんげ》、永仁《えいにん》六年（一二九八）六月二十七日元服《げんぷく》、同八月十日持明院統《じみょういんとう》の後伏見《ごふしみ》天皇の東宮《とうぐう》となった。これより先、持明院統の後深草上皇は、子の伏見《ふしみ》天皇即位《そくい》とともに院政《いんせい》をとり、孫の皇子（後伏見《ごふしみ》天皇）を東宮に立てた。大覚寺統では、この決定は後嵯峨《ごさが》上皇の遺志に反するとして、吉田定房《よしださだふさ》を使者にし鎌倉幕府に訴えた結果、次の後伏見天皇の即位に際して、大覚寺統の皇子（後二条《ごにじょう》天皇）の立太子《りったいし》が実現した。正《しょう》安《あん》三年（一三〇一）正月二十一日受禅《じゅぜん》、同年三月二十四日即位。治世中は父後宇多天皇が院政をとり、東宮には持明院統の皇子（花園《はなぞの》天皇）が立った。延慶《えんきょう》元年（一三〇八）八月二十五日、二条高倉内裏《にじょうたかくらのだいり》で崩《ほう》じた。二十四歳。同二十八日、北白河陵《きたしらかわのみささぎ》（京都市左京区）に葬る。

後二条天皇画像（『天子摂関御影』）
宮内庁三の丸尚蔵館所蔵

後宮《こうきゅう》は、前太政大臣《さきのだじょうだいじん》徳大寺《とくだいじ》公孝《きんたか》の娘、中宮忻子（長楽《ちょうらく》門院《もんいん》）、前左大臣《さきのさだいじん》一条実経《いちじょうさねつね》の娘、尚侍《ないしのかみ》頊子（万秋門院《ばんしゅうもんいん》）、後醍醐天皇即位時に東宮に立った邦良《くによし》親王の母、前参《さきのさん》議藤原宗親《ぎふじわらのむねちか》の娘、典侍《ないしのすけ》宗子《むねこ》がいる。家集《かしゅう》に『後二条院《ごにじょういん》御集《ぎょしゅう》』（原題『愚藻《ぐそう》』、原本は京都御所東山御文庫《きょうとごしょひがしやまごぶんこ》所蔵）があり、『列聖全集《れっせいぜんしゅう》』御製《ぎょせい》集三、『桂宮本叢書《かつらのみやぼんそうしょ》』二〇に所収。

勅撰和歌集《ちょくせんわかしゅう》に十二首収録。また『後二条院御歌合《ごにじょういんおんうたあわせ》』は、大覚寺統の二条流歌人たちの歌合である。

(益田　宗)

〔北白河陵《きたしらかわのみささぎ》〕　京都市左京区北白川追分町《さきょうくきたしらかわおいわけちょう》にある。陵は円墳《えんぷん》で南面し、周囲に空堀《からぼり》がある。延慶《えんきょう》元年(一三〇八)八月二十八日に北白川殿《きたしらかわどの》にて火葬し、その所を陵とした。その後荒廃《こうはい》したが、現地では福《ふく》塚《つか》と称して伝えられ、元禄《げんろく》の幕府《ばくふ》探陵《たんりょう》の際は陵に擬《ぎ》せられ、幕末修陵《ばくまつしゅうりょう》の時には陵と定めて修補《しゅうほ》を加えた。西南に接して第一皇子邦良親王《くによししんのう》(後醍醐天皇皇太子《ごだいごてんのうこうたいし》)の墓がある。なお、父後宇多《ごうだ》天皇の遺言《ゆいごん》により、同天皇蓮華峰寺陵《れんげぶじのみささぎ》に御分骨が納められている。

参考文献　上野竹次郎『山陵』下、谷森善臣『山陵考』(『(新註)皇学叢書』五)

(中村　一郎)

【乾元《けんげん》】　後二条《ごにじょう》天皇の時の年号(一三〇二～〇三)。正安《しょうあん》四年十一月二十一日改元《かいげん》。代始《だいはじめ》による。出典は『周易《しゅうえき》』「大哉乾元、万物資始、乃統天」。二年八月五日嘉元《かげん》と改元。

(山田　英雄)

【嘉元《かげん》】　後二条《ごにじょう》天皇の時の年号(一三〇三～〇六)。乾元《けんげん》二年八月五日改元《かいげん》。彗星《すいせい》ならびに炎旱《えんかん》による。前参議菅原在嗣《さきのさんぎすがわらのありつぐ》の勘申《かんじん》。出典は『芸文類聚《げいもんるいじゅう》』天部《てんぶ》「賀老人星表曰、嘉占元吉、弘二無量之祐一、隆二克昌之祚一、普天同レ慶、率土合レ歓」。四年十二月十四日徳治《とくじ》と改元。

(尾藤　正英)

【徳治《とくじ》】　後二条《ごにじょう》・花園《はなぞの》両天皇の時の年号(一三〇六～〇八)。嘉元《かげん》四年十二月十四日改元《かいげん》。天変《てんぺん》による。出典は、正二位菅原在嗣《しょうにいすがわらのありつぐ》の勘文《かんもん》に「尚書大禹謨曰、(注曰)、俊徳治能之士並在官、左伝曰、能敬必有徳徳以治民」、文章博士藤原淳範《もんじょうはかせふじわらのあつのり》の勘文に「後魏書曰、明王以徳治天下」とみえる。三年十月九日延慶《えんきょう》と改元。

(山田　英雄)

花《はな》園《その》天皇

一二九七～一三四八　在位一三〇八～一八

伏見《ふしみ》天皇の第四皇子(一説に第三皇子)。母は左大臣洞院実雄《さだいじんとういんさねかつ》の女《むすめ》、顕親門院《けんしんもんいん》季子。名は富仁《とみひと》。永仁《えいにん》五年(一二九七)七月二十五日誕生。正安《しょうあん》三年(一三〇一)八月十五日、着袴《ちゃっこ》の儀があり、同日親王宣下《しんのうせんげ》。同月二十四日、兄後伏見《ごふしみ》上皇の猶子《ゆうし》として、大覚寺統《だいかくじとう》の後二条《ごにじょう》天皇の皇太子《こうたいし》に立てられた。これは父伏《ふし》見《み》上皇の配慮によるもので、将来後伏見《ごふしみ》上皇に皇子《おうじ》が生まれた時には、その皇子を富仁親王の猶子として皇統を継承させ、持明院統《じみょういんとう》が二流に分裂《ぶんれつ》することのないように定められていた。延慶《えんきょう》元年(一三〇八)八月二十六日、後二条天皇崩御《ほうぎょ》のあとを受けて践祚《せんそ》。時に十二歳。ついで、天皇より九歳年長である大覚寺統の尊治《たかはる》親王(後醍醐《ごだいご》天皇)を皇太子とした。同年十一月十六日、太政官庁《だじょうかんちょう》で即位《そくい》の儀があり、応長《おうちょう》元年(一三一一)正月三日、二条富小路《にじょうとみのこうじ》の里亭で元服《げんぷく》した。十一年間の在位中、前半は父伏見上皇の、後半は兄後伏見上皇の院政《いんせい》が行われ、文保《ぶんぽう》二年(一三一八)二月二十六日、後醍醐天皇に譲位《じょうい》した。

まれに見る好学《こうがく》の君主であった天皇は、上皇となったのち、後伏見上皇から、その皇子で持明院統の次期皇位継承《こういけいしょう》者である量仁《かずひと》親王(光厳《こうごん》天皇)の教育を託《たく》され、これに情熱を傾けた。元徳《げんとく》二年(一三三〇)二月に上皇みずから草して親王に与えた『誡太子書《かいたいしのしょ》』に、上皇の学問に対する基本理念が示されている。建武《けんむ》二年(一三三五)十一月二十二日、法勝寺《ほっしょうじ》の円観慧鎮《えんかんえちん》を戒師《かいし》として落飾《らくしょく》。法名を遍行《へんぎょう》と称した。やがて、それまで御所《ごしょ》としていた持明院殿《じみょういんどの》から洛西花園《らくせいはなぞの》の萩原殿《はぎわらどの》に移《うつ》り、宗峯妙超《しゅうほうみょうちょう》・関山慧玄《かんざんえげん》を

花園天皇画像（豪信筆）　京都市　長福寺所蔵

師《し》として、晩年は禅宗信仰に没頭した。貞和《じょうわ》四年（一三四八）十一月十一日、五十二歳で崩《ほう》ず。花園院《はなぞのいん》と追号され、また萩原院《はぎわらいん》とも呼ばれた。陵は十楽院上陵《じゅうらくいんのうえのみささぎ》（京都市東山区《ひがしやまく》）。日記『花園天皇宸記《はなぞのてんのうしんき》』があり、『玉葉和歌集《ぎょくようわかしゅう》』以下の勅撰集《ちょくせんしゅう》への入集も多い。

参考文献　『大日本史料』六ノ一二、貞和四年十一月十一日条、岩橋小弥太『花園天皇』（『人物叢書』九九）、橋本義彦「『誡太子書』の皇統観」（安田元久先生退任記念論集刊行委員会編『中世日本の諸相』下所収）　（宮崎　康充）

【十楽院上陵《じゅうらくいんのうえのみささぎ》】　京都市東山区粟田口三条坊町《ひがしやまくあわたぐちさんじょうぼうちょう》、青蓮院《しょうれんいん》と知恩院《ちおんいん》の間、華頂山《かちょうさん》の麓の丘上にある。十楽院は青蓮院三院家《いんげ》の一つ。『園太暦《えんたいりゃく》』所収『慈厳僧正記《じごんそうじょうき》』に「於十楽院上山、構山作所奉葬之云々」とある。　（飯倉　晴武）

【延慶《えんきょう》】　花園《はなぞの》天皇の時の年号（一三〇八〜一一）。「えんけい」とも読む（後の延享《えんきょう》と区別するため）。徳治《とくじ》三年十月九日改元《かいげん》。代始《だいはじめ》による。前権中納言藤原俊光《さきのごんちゅうなごんふじわらのとしみつ》の勘申《かんじん》。出典は『後漢書《ごかんじょ》』馬武伝《ばぶでん》「以二功名一延二慶于後一」。四年四月二十八日応長《おうちょう》と改元。　（皆川　完一）

【応長《おうちょう》】花園《はなぞの》天皇の時の年号(一三一一～一二)。延慶《えんきょう》四年四月二十八日改元《かいげん》。疫病《えきびょう》の流行による。勘《か》解由長官《げゆのかみ》菅原在兼《すがわらのありかね》の勘申《かんじん》。出典は『旧唐書《くとうじょ》』礼儀志《れいぎし》「応㆓長暦之規㆒、象㆓中月之度㆒、広綜㆓陰陽之数㆒、傍通㆓寒暑之和㆒」。二年三月二十日正和《しょうわ》と改元。 (皆川 完一)

【正和《しょうわ》】花園《はなぞの》天皇の時の年号(一三一二～一七)。応長《おうちょう》二年三月二十日改元《かいげん》。天変地震《てんぺんじしん》による。勘申者《かんじんしゃ》、出典ともに不明。六年二月三日文保《ぶんぽう》と改元。 (山田 英雄)

【文保《ぶんぽう》】花園《はなぞの》・後醍醐《ごだいご》両天皇の時の年号(一三一七～一九)。正和《しょうわ》六年二月三日改元《かいげん》。大地震《だいじしん》などによる。出典については、この時の勘申者《かんじんしゃ》の勘文《かんもん》に文保の字はみあたらず、以前に勘申された旧号から選ばれたものとみられ、徳治《とくじ》改元の際の式部大輔《しきぶのだいふ》菅原在輔《すがわらのありすけ》の勘文に「梁書曰、姫周基㆑文、久保㆓七百㆒」とみえるものが参考にされたのであろうか。三年四月二十八日、元応《げんおう》と改元。

参考文献 森本角蔵『日本年号大観』 (石井 正敏)

後醍醐《ごだいご》天皇

一二八八～一三三九 在位一三一八～三九

正応《しょうおう》元年(一二八八)十一月二日後宇多《ごうだ》天皇の第二皇子として誕生。母は藤原忠継《ふじわらのただつぐ》の女《むすめ》談天門院《だんてんもんいん》忠子。諱《いみな》は尊治《たかはる》。延慶《えんきょう》元年(一三〇八)九月十九日、持明院統《じみょういんとう》の花園《はなぞの》天皇の皇太子《こうたいし》となり、文保《ぶんぽう》二年(一三一八)二月二十六日践祚《せんそ》、同三月二十九日即位《そくい》。元亨《げんこう》元年(一三二一)十二月後宇多法皇の院政《いんせい》を廃し記録所《きろくしょ》

後醍醐天皇画像　京都市　大徳寺所蔵

を再興した。吉田《よしだ》定房《さだふさ》・万里小路《までのこうじ》宣房《のぶふさ》・北畠《きたばたけ》親房《ちかふさ》をはじめ、日野《ひの》資朝《すけとも》・同俊基《としもと》らを登用《とうよう》して天皇親政《しんせい》を実現した。

天皇は諸政の刷新に努めたが、その実をあげるためには、鎌倉幕府の存在が障害となった。そこで、倒幕の計画を練るために、無礼講《ぶれいこう》や朱子学《しゅしがく》の講書会《こうしょかい》を開いて同志を糾合《きゅうごう》した。しかし、この計画は事前に漏れ、正中《しょうちゅう》元年(一三二四)九月、六波羅《ろくはら》軍《ぐん》の急襲によって土岐《とき》頼兼《よりかね》・多治見《たじみ》国長《くになが》らは殺された(正中《しょうちゅう》の変《へん》)。天皇は、こののちも倒幕の意志を変えず、あるいは尊雲法親王《そんうんほっしんのう》(護良《もりよし》親王)を天台座主《てんだいざす》とし、あるいは南都北嶺《なんとほくれい》に行幸《ぎょうこう》して、畿内《きない》の大社寺の僧兵《そうへい》らを味方に引き入れようとした。すなわち、嘉暦《かりゃく》元年(一三二六)の夏には中宮《ちゅうぐう》藤原禧子《ふじわらのきし》の安産を祈る修法《しゅほう》に仮託して関東調伏《かんとうちょうぶく》の祈禱《きとう》を延暦寺《えんりゃくじ》などで行わせ、元徳《げんとく》元年(一三二九)正月には、春日社《かすがしゃ》・東大寺《とうだいじ》・興福寺《こうふくじ》などに行幸した。さらに、日野俊基らに命じて、山伏姿《やまぶしすがた》に変装して諸国を巡行《じゅんこう》させ、各地の政情や武士たちの動きを調査させた。花園上皇は、『誡太子書《かいたいしのしょ》』に「乱ノ勢萌《きざ》スコト已《すで》ニ久《ひさ》シ」(原漢文)と記しているが、この表現は、後醍醐天皇側と鎌倉幕府との対立が顕在化しつつあったことの証左《しょうき》である。

元徳三年四月、吉田定房の密告によって天皇の計画を知った鎌倉幕府は、ただちに長崎高貞《ながさきたかさだ》らを上《じょう》洛《らく》させ、日野俊基や円観《えんかん》・文観《もんかん》らを逮捕した。同年八月、天皇は、辛《かろ》うじて京都を脱出して笠置《かさぎ》に布《ふ》陣《じん》し、近隣の土豪《どごう》・野伏《のぶし》らに参陣《さんじん》を呼びかけた。しかしながら、この時も鎌倉幕府の大軍によって笠置は旬日《じゅんじつ》を経ずして陥落《かんらく》し、楠木正成《くすのきまさしげ》の河内赤坂城《かわちあかさかじょう》も幕府軍の蹂躙《じゅうりん》するところとなった。天皇は捕えられ、翌元弘二年(北朝正慶《しょうきょう》元、一三三二)三月隠岐《おき》へと流刑《るけい》された(元弘《げんこう》の乱《らん》)。隠岐の配所《はいしょ》に従ったのは、才色兼備《さいしょくけんび》をうたわれた阿野廉子《あのれんし》や千種忠顕《ちぐさただあき》らであった。

こうして倒幕運動は鎮圧《ちんあつ》されたかに見えたが、同年十一月ごろから、吉野で護良親王が、河内千早《ちはや》城で正成が再挙すると、諸国の反幕府運動が急速に展開した。悪党《あくとう》が諸国で蜂起《ほうき》し、幕府の支配機構が麻痺《まひ》させられていったのである。このような戦局の転換に乗じて、元弘三年閏《うるう》二月、天皇は隠岐を脱出して伯耆《ほうき》名和湊《なわみなと》の長者名和長年《なわながとし》の助けをうけて船上山《せんじょうさん》にたて籠《こ》もり、朝敵追討《ちょうてきついとう》の宣旨《せんじ》を諸国に発した。幕府の将として上洛《じょうらく》していた足利高氏《あしかがたかうじ》(尊氏)は四月下旬に天皇に応じて反幕府の旗幟《きし》を鮮明にし、五月七日には赤松氏《あかまつし》と協力して六波羅軍《ろくはらぐん》を壊滅させた。東国においても、五月八日新田義貞《にったよしさだ》が上《こう》野生品神社《ずけいくしなじんじゃ》に挙兵し、長駆《ちょうく》して鎌倉を攻略、二十二日には鎌倉幕府を倒壊させた。六月五日、京都に還幸《かんこう》した天皇は、公家一統《くげいっとう》の政治をめざして、まず持明院統の後伏見《ごふしみ》・花園《はなぞの》両上皇の所領を、ついで公家・寺社の所領を安堵《あんど》し、討幕の功労者への除目《じもく》を行なった。

天皇は、みずから後醍醐と名乗ったように、延喜《えんぎ》・天暦《てんりゃく》の世《よ》、すなわち醍醐《だいご》・村上《むらかみ》両天皇の治世を理想の時代として追慕《ついぼ》し、律令国家《りつりょうこっか》最盛時に匹敵する政治を実現させようとした。「朕《ちん》ガ新儀《しんぎ》ハ、未来《みらい》ノ先例《せんれい》タルヘシ」との発言は、天皇の覇気《はき》と自負《じふ》の端的《たんてき》な表現であった。天皇は、その絶対的権威を示すために、土地の領有はすべて綸旨《りんじ》によってのみ確認されるものであり、綸旨によらない土地の安堵は認められないという個別安堵法《こべつあんどほう》を公布《こうふ》した。この法令は、土地領有についての前代からの慣習を根底からくつがえすものであっただけに、諸国武士の猛烈な反撥《はんぱつ》を招くこととなった。このため、天皇も当法の適用は北条氏《ほうじょうし》関係の所領に限定し、当知行安堵については諸国平均安堵法《しょこくへいきんあんどのほう》へと変更せざるをえなくなったのである。朝令暮改《ちょうれいぼかい》は恩賞《おんしょう》の不公平さとともに建武政府の自壊《じかい》を招く根本原因であった。

天皇は、記録所《きろくしょ》・恩賞方《おんしょうかた》・武者所《むしゃどころ》・雑訴決断所《ざっそけつだんしょ》などの中央諸機関を整備充実させるとともに、地方行政機関として各地に国司《こくし》と守護《しゅご》を併置させて各地域の治安維持にあたらせた。天皇は奥羽《おうう》の地を重視し、元弘三年十月陸奥守北畠顕家《むつのかみきたばたけあきいえ》を多賀城《たがじょう》へ派遣した。顕家に義良《のりよし》親王を奉《ほう》じて下向《げこう》させ、東北の統治にあたらせようとしたのである。これが奥州将軍府《おうしゅうしょうぐんふ》である。同将軍府では、翌年正月式評定衆《しきのひょうじょうしゅう》・引付《ひきつけ》・政所《まんどころ》・侍所《さむらいどころ》・寺社奉行《じしゃぶぎょう》・安堵奉行《あんどぶぎょう》などの職制が定められ、旧幕府官僚にまじって、在地の有力武将がそれに任命されている。

元弘四年正月二十九日、年号を建武《けんむ》と改めた天皇は、その絶対性を誇示するために大内裏《だいだいり》の造営《ぞうえい》を発表した。しかし、戦乱の疲弊《ひへい》が残っている時点で、莫大《ばくだい》な経費を必要とする造営の強行は、費用を賦課《ふか》された諸国の武士や、その負担を転嫁《てんか》された地方農民のはげしい反対をうけた。この間、天皇は諸国一《しょこくいち》・二宮《にのみや》の本家職《ほんけしき》・領家職《りょうけしき》を停廃し、諸国の関所《せきしょ》を停止し、建武元年（一三三四）五月には徳政令《とくせいれい》を出したが十分な効果はあがらなかった。同年五月から八月にかけての若狭太良荘《わかさたらのしょう》の農民訴状《そじょう》や、八月の『二条河原落書《にじょうがわらくしょ》』などは全国各地の庶民《しょみん》たちの声であり、建武政府に対する痛烈な批判であった。

建武二年六月に露顕《ろけん》した西園寺公宗《さいおんじきんむね》らの反後醍醐運動は、天皇暗殺の謀議《ぼうぎ》を含むものであり、同年七月には、北条時行《ほうじょうときゆき》が信濃《しなの》において建武政府に対して公然と反旗《はんき》をひるがえしている(中先代《なかせんだい》の乱《らん》)。時行軍は鎌倉を攻撃して足利直義《あしかがただよし》軍を破った。八月、足利尊氏は直義を救援するために京都を出発した。尊氏は、直義とともに時行軍を破り鎌倉を奪回したが帰京せず、十一月には新田義貞誅伐《ちゅうばつ》を名目に反建武政府の立場を明確にした。建武三年正月から六月にかけて、京中合戦《きょうちゅうかっせん》、尊氏の西走《せいそう》、湊川《みなとがわ》の戦《たたかい》などが続いたが、後醍醐天皇方の敗色は日々濃厚となり、天皇はこの間二度までも山門《さんもん》(延暦寺《えんりゃくじ》)へ行幸した(建武の乱)。十月、足利尊氏の強請《きょうせい》により、山門より京都へ帰るにあたって天皇は、恒良《つねよし》・尊良《たかよし》両親王とともに、新田義貞を越前《えちぜん》へ下向させた。十一月、天皇は光明《こうみょう》天皇へ神器《しんき》を渡し、十二月には吉野へ潜幸《せんこう》して南朝を樹立した(南北朝分裂)。

以後、吉野において京都回復を企《くわだ》てたが、延元《えんげん》二年(北朝建武四、一三三七)三月には越前金《かね》ヶ崎城《さきじょう》が陥《お》ち、翌三年五月には北畠顕家が石津《いしづ》で敗死し、同閏七月には新田義貞が越前藤島《ふじしま》で戦死するなど南朝の勢力は急速におとろえていった。この頽勢《たいせい》を挽回《ばんかい》するために天皇は、北畠顕信《あきのぶ》を鎮守府将軍《ちんじゅふしょうぐん》として、親房とともに義良親王を奉じて陸奥《むつ》へ下向させようとしたが、伊勢から東国へ航行中、暴風雨にまきこまれて遭難し計画は失敗した。義良親王は同四年(北朝暦応《りゃくおう》二)三月に、吉野に帰り皇太子となった。同八月十五日、天皇は義良親王(後村上《ごむらかみ》天皇)に譲位し、翌十六日、朝敵討滅・京都奪回を遺言《ゆいごん》にして病没した。五十二歳。天皇は『建武年中行事《けんむねんちゅうぎょうじ》』『日中行事《にっちゅうぎょうじ》』などを撰述《せんじゅつ》し、『李花集《りかしゅう》』『新葉和歌《しんようわか》集《しゅう》』などに心境を託《たく》した和歌を残している。陵墓は、奈良県吉野郡吉野町《よしのぐんよしのちょう》の塔尾陵《とうのおのみささぎ》である。

参考文献 『大日本史料』六ノ五、暦応二年八月十六日条、田中義成『南北朝時代史』(『講談社学術文庫』)、村田正志『増補南北朝史論』(『村田正志著作集』一)、佐藤進一『南北朝の動乱』(中央公論社『日本の歴史』九)、佐藤和彦『南北朝内乱史論』、黒田俊雄「建武政権の所領安堵政策」(『日本中世の国家と宗教』所収)、飯倉晴武「後醍醐天皇と綸旨」(豊田武先生古稀記念会編『(豊田武博士古稀記念)日本中世の政治と文化』所収)

(佐藤　和彦)

〔塔尾陵《とうのおのみささぎ》〕 奈良県吉野郡吉野町《よしのぐんよしのちょう》大字吉野山《よしのやま》字塔《とう》ノ尾《お》、如意輪寺《にょいりんじ》内にある。治世《ちせい》の年号を取って延元《えんげん》陵ともいう。天皇の葬儀の日を伝えないが、延元四年(北朝暦応《りゃくおう》二、一三三九)八月天皇は病が重くなると、いろいろ言い遺した後に「玉骨《ぎょくこつ》ハ縦《たとひ》南山ノ苔《こけ》ニ埋《うずも》ルトモ、魂魄《こんぱく》ハ常《つね》ニ北闕《ほくけつ》ノ天《てん》ヲ望《のぞま》ント思《おも》フ」といって左右の手に『法華経《ほけきょう》』五巻と剣を持って同月十六日崩《ほう》じたので「円丘《えんきゅう》ヲ高《たか》ク築《きずき》テ、北向ニ奉レ葬」と『太平記《たいへいき》』に述べている。同書はその場所を蔵王堂《ざおうどう》の東北とするが、実際は『吉野拾遺《よしのしゅうい》』に記載するように「如意輪寺の御堂《みどう》のうしろ」の山にあたる。現在円丘は北面し、直径約二二メートル、高さ約四メートルである。当時の陵は堂塔もしくは平地に葬って墳丘《ふんきゅう》を造らなかったが、円丘を営んだことは、陵の形式変遷上特記すべきことである。中世以前の陵は、近世に入ってほとんど荒廃するに至ったが、当陵には山陵守護《さんりょうしゅご》の家《いえ》が定まっており、代々奉仕してきたので、陵の威厳《いげん》を保ってきた。たずねるものも多く、桜花や南朝の悲運を詠《えい》じた詩歌も多い。天保《てんぽう》六年(一八三五)に四十二代遊行上人《ゆぎょうしょうにん》が円丘周囲の石柵《せきさく》を寄進《きしん》している。なお参道《さんどう》の傍《かたわ》らに長慶《ちょうけい》天皇皇子世泰親王の墓がある。

参考文献 『大日本史料』六ノ五、延元四年八月十六日条、上野竹次郎『山陵』下　（中村　一郎）

【元《げん》応《おう》】後醍醐《ごだいご》天皇の時の年号（一三一九〜二一）。文保《ぶんぽう》三年四月二十八日改元《かいげん》。代始《だいはじめ》による。出典は式部大輔《しきぶのだいふ》菅原在輔《すがわらのありすけ》の勘文《かんもん》に「唐書曰、陛下富教安人、務農敦本、光復社稷、康済黎元之応也」とみえる。三年二月二十三日元亨《げんこう》と改元。（山田　英雄）

【元《げん》亨《こう》】後醍醐《ごだいご》天皇の時の年号（一三二一〜二四）。元応《げんおう》三年二月二十三日に改元《かいげん》。辛酉革命《しんゆうかくめい》による。出典は文章博士《もんじょうはかせ》藤原資朝《ふじわらのすけとも》の勘文《かんもん》に「周易曰、其徳剛健而文明、応乎天時而行、是以元亨」とみえる。四年十二月九日正中《しょうちゅう》と改元。（山田　英雄）

【正《しょう》中《ちゅう》】後醍醐《ごだいご》天皇の時の年号（一三二四〜二六）。元亨《げんこう》四年十二月九日改元《かいげん》。甲子革令《かっしかくれい》、風水難《ふうすいなん》による。出典は文章博士《もんじょうはかせ》藤原有正《ふじわらのありまさ》の勘文《かんもん》に「易曰、見竜在田、利見大人、何謂也、子曰、竜徳而正中者也、又曰需有孚光亨、貞吉、位乎天位以正中也」とみえる。三年四月二十六日嘉暦《かりゃく》と改元。（山田　英雄）

【嘉《か》暦《りゃく》】後醍醐《ごだいご》天皇の時の年号（一三二六〜二九）。正中《しょうちゅう》三年四月二十六日改元《かいげん》。疾疫流行《しつえきりゅうこう》ならびに前年の地震《じしん》などによる。式部大輔《しきぶのだいふ》藤原藤範《ふじわらふじのり》の勘申《かんじん》。出典は『唐書《とうじょ》』「四序嘉辰、歴代増置、宋韻曰、暦数也」。四年八月二十九日元徳《げんとく》と改元。（尾藤　正英）

【元《げん》徳《とく》】後醍醐《ごだいご》天皇の時の年号（一三二九〜三一）。嘉暦《かりゃく》四年八月二十九日に改元《かいげん》。疾疫《しつえき》による。出典は文章博士《もんじょうはかせ》藤原行氏《ふじわらゆきうじ》の勘文《かんもん》に「周易曰、乾元亨利貞、正義曰、元者善之長、謂天之元徳、始生万物」とみえる。三年八月九日元弘《げんこう》と改元。なお持明院統《じみょういんとう》の光厳《こうごん》天皇は四年四月二十八日正慶《しょうきょう》と改元するまで、この年号を使用した。

（山田　英雄）

【元《げん》　弘《こう》】　後醍醐《ごだいご》天皇の時の年号（一三三一〜三四）。元徳《げんとく》三年八月九日改元《かいげん》。やがて元弘の乱が起り、同年九月二十日光厳《こうごん》天皇が位につくと、翌二年四月二十八日元弘を廃して正慶《しょうけい》に改めた。しかるに後醍醐天皇はその後つづけて元弘の年号を用い、隠岐《おき》に配流《はいる》中、出雲《いずも》の鰐淵寺《がくえんじ》に納めた宸筆《しんぴつ》願文《がんもん》には元弘二年八月十九日と記されている。元弘三年五月十七日同天皇は光厳天皇を廃《はい》し、公卿《くぎょう》の官爵《かんしゃく》を元弘元年八月以前に復すとともに、正慶の年号をとどめ、もとの元弘に改めた。四年正月二十九日建武《けんむ》と改元。

（村田　正志）

【建《けん》　武《む》】　後醍醐《ごだいご》天皇の時の年号（一三三四〜三六）。元弘《げんこう》四年正月二十九日改元《かいげん》。漢朝《かんちょう》の佳例《かれい》による。勅《ちょく》により典拠《てんきょ》を問わず、前式部大輔《さきのしきぶのだいふ》藤原藤範《ふじわらのふじのり》らの勘申《かんじん》による。三年二月二十九日延元《えんげん》と改元。なお北朝では五年八月二十八日暦応《りゃくおう》と改元するまで、この年号を使用した。

参考文献　『大日本史料』六ノ一、建武元年正月二十九日条

（山田　英雄）

【延《えん》　元《げん》】　後醍醐《ごだいご》天皇の建武《けんむ》三年（一三三六）二月二十九日改元《かいげん》された年号。前年十一月足利尊氏《あしかがたかうじ》が鎌倉において反し、翌本年正月京都に乱入した。官軍《かんぐん》はこれを攻めて西走《せいそう》させたが、動乱の萌《きざ》しは著しかった。そこで建武の年号は公家《くげ》ために不吉《ふきつ》なりとの意見があり、このことは『中院一品《なかのいんいっぽん》記《き》』『太平記《たいへいき》』にもみえ、延元改元はこの時勢にもとづくものと考えられる。これより後醍醐天皇以下その廷臣《ていしん》の間に同年号が用いられたことはもちろんであり、持明院統皇親《じみょういんとうこうしん》にも用いられたが、足利方

の武家はこれに改めず、建武を用いた。光厳上皇《こうごんじょうこう》が延元を廃し、建武の旧号に復したのは延元元年六月十五日以後である。なお延元五年四月二十八日興国《こうこく》と改元された。

参考文献 『大日本史料』六ノ三、延元元年二月二十九日条

（村田　正志）

光厳《こうごん》天皇

一三一三～六四　在位一三三一～三三

持明院統《じみょういんとう》の後伏見《ごふしみ》上皇の第一皇子。母は前左大臣《さきのさだいじん》西園寺《さいおんじ》公衡《きんひら》の女寧子《ねいし》（のちの広義門院《こうぎもんいん》）。正和《しょうわ》二年（一三一三）七月九日、権大納言《ごんだいなごん》一条内経《いちじょううちつね》の一条邸で生誕。名は量仁《かずひと》。大覚寺統《だいかくじとう》の後醍醐《ごだいご》天皇の皇太子には、同統の邦良親王《くによししんのう》が立てられていたが、嘉暦《かりゃく》元年（一三二六）三月、邦良親王が没すると、鎌倉幕府《かまくらばくふ》の支持により、七月、量仁親王が皇太子となった。

元弘《げんこう》元年（一三三一）後醍醐天皇の討幕計画《とうばくけいかく》が発覚し（元弘の乱）、天皇が笠置《かさぎ》にのがれると、九月二十日、幕府の推戴《すいたい》により量仁親王（光厳天皇）が践祚《せんそ》し、後伏見上皇が院政《いんせい》を行なった。践祚に際しては、先帝《せんてい》が新帝《しんてい》に剣璽《けんじ》を授ける剣璽渡御《とぎょ》を行う例であるが、先帝が笠置にいたため、剣璽渡御のない異例の践祚となり、幕府側が後醍醐天皇を捕えてのち、十月六日になって光厳天皇は剣璽の引き渡しを受けた。後醍醐天皇は隠岐《おき》に流されたが、各地の武士が討幕の兵をあげ、元弘三年、千種忠顕《ちくさただあき》・足利高《あしかがたか》氏《うじ》（のち尊氏《たかうじ》）らは六波羅《ろくはら》を攻略《こうりゃく》した。六波羅探題《たんだい》の北条仲時《ほうじょうなかとき》・時益《ときます》は、光厳天皇と後伏見・花園《はなぞの》両上

光厳天皇像　京都府　常照皇寺所蔵

皇を奉じて東国にのがれようとしたが、時益まず戦《せん》死《し》し、ついで仲時らも近江《おうみ》の番場《ばんば》で敗死《はいし》し、天皇・両上皇は捕われ、五月十七日、後醍醐天皇の詔《みことのり》により、光厳天皇は廃された。

しかし、やがて後醍醐天皇の建武新政《けんむのしんせい》は失敗し、建武二年(一三三五)足利尊氏は叛旗《はんき》をひるがえした。翌三年、尊氏は都に攻め上り、敗れて九州にのがれたが、途中で光厳上皇の院宣《いんぜん》を得て、朝敵《ちょうてき》となることを免《まぬがれ》れた。尊氏はやがて勢力を回復、再び京に攻め上り、八月十五日、光厳上皇は弟の豊仁《とよひと》親王(光明《こうみょう》天皇)を践祚させ、院政を始めた。ここに大覚寺統の後醍醐天皇と持明院統の光明天皇とが並立することになり、南北両朝分立《なんぼくりょうちょうぶんりつ》の端緒《たんしょ》となった。光厳上皇の院政は光明・崇光《すこう》(光厳の皇子)の二代、十五年に及んだが、足利氏の内紛《ないふん》によって一時南朝方の勢力が強まり、正平《しょうへい》六年(一三五一)南朝の後《ご》村上《むらかみ》天皇は北朝の崇光天皇を廃し、さらに翌七年には光厳・光明・崇光の三上皇を京都から南朝の根拠地に移した。すなわち三上皇は、同年河内《かわち》の東条《とうじょう》に、さらに大和《やまと》の賀名生《あのう》に、同九年には河内《かわち》の金《こん》剛寺《ごうじ》に移された。

かねてから光厳上皇は夢窓疎石《むそうそせき》に帰依《きえ》していたが、幽囚《ゆうしゅう》の生活の中で、禅《ぜん》をはじめとする仏道《ぶつどう》への関心はさらに深まり、正平七年八月八日、賀名生で出家し、法名を勝光智《しょうこうち》と称した。金剛寺に移ってのちは孤峯覚明《こほうかくみょう》を尊信《そんしん》し、禅衣を授けられ、法名を光智と改めた。延文《えんぶん》二年（一三五七）二月、京都に帰り、深草《ふかくさ》の金剛寿院《こんごうじゅいん》に入った。この間京都では、足利氏が後光厳《ごこうごん》天皇（崇光上皇の弟）を擁立《ようりつ》していたが、光厳法皇は世俗《せぞく》を断《た》って禅《ぜん》に精進《しょうじん》し、清渓通徹《せいけいつうてつ》・春屋妙葩《しゅんおくみょうは》に師事《しじ》した。晩年は丹波山国《たんばやまぐに》（京都府北桑田郡京北町）の常照寺《じょうしょうじ》（常照皇寺《じょうしょうこうじ》）で禅僧としての日々を送り、無範和尚《むはんおしょう》と号していたが、貞治《じょうじ》三年（一三六四）七月七日、同寺で死去。五十二歳。その後ろの山に葬られた。これを山国陵《やまくにのみささぎ》という。

参考文献 『大日本史料』六ノ二五、貞治三年七月七日条、『光厳天皇遺芳』、中村直勝『光厳天皇』（『中村直勝著作集』六）、飯倉晴武『地獄を二度も見た天皇 光厳院』（『歴史文化ライブラリー』一四七）、赤松俊秀「光厳天皇について」（『京都寺史考』所収）

（上横手雅敬）

〔山国陵《やまくにのみささぎ》〕 京都府北桑田郡京北町《きたくわだぐんけいほくちょう》大字井戸《いど》字丸山《まるやま》の常照皇寺《じょうしょうこうじ》内にあり、南南西に面し、域内に後花園《ごはなぞの》天皇陵・後土御門《ごつちみかど》天皇分骨所《ぶんこつしょ》と後花園天皇後宮嘉楽門院《からくもんいん》（藤原信子）の分骨塔と伝える塔がある。光厳天皇崩御《ほうぎょ》の翌日、貞治《じょうじ》三年（一三六四）七月八日住庵の後山にあたる当所で火葬、そのまま陵とし、遺《い》命《めい》により、陵上には石塔を置かず、楓《かえで》・柏《かしわ》・椿《つばき》を三、四株植えたという。常照皇寺は天皇開基《かいき》の寺のため、同寺が陵を篤《あつ》く祭祀《さいし》してきたが、幕末修陵《しゅうりょう》の際に山国陵と称して大いに修補《しゅうほ》を加えた。なお光厳天皇の分骨所（宝塔《ほうとう》）が大阪府河内長野市の金剛寺《こんごうじ》に、髪塔《はっとう》（五輪塔《ごりんとう》）が京都市右京区嵯峨天竜寺《さがてんりゅうじ》北造路町の金剛院《こんごういん》内にある。

参考文献 『大日本史料』六ノ二五、貞治三年七月八日条、上野竹次郎『山陵』下

（中村一郎）

【正慶《しょうきょう》】 光厳《こうごん》天皇の時の年号(一三三二〜三三)。元弘《げんこう》二年四月二十八日改元《かいげん》。代始《だいはじめ》による。出典は式《しき》部大輔《ぶのだいふ》菅原長員《すがわらのながかず》の勘文《かんもん》に「易注曰、以中正有慶之徳、有攸往也、何適而不利哉」とみえる。鎌倉幕府の崩壊に伴い、天皇の退位により、二年五月十七日(一説、二十五日)に廃止、元弘に復帰した。

参考文献 『大日本史料』六ノ一、元弘三年五月二十五日条

(山田　英雄)

光明天皇《こうみょうてんのう》

一三二一〜八〇　北朝在位一三三六〜四八

元亨《げんこう》元年(一三二一)十二月二十三日後伏見《ごふしみ》天皇の皇子として誕生。母は西園寺公衡《さいおんじきんひら》の女広義門院《こうぎもんいん》藤《ふじ》原寧子《わらのねいし》である。翌二年二月親王宣下《しんのうせんげ》あり、豊仁《とよひと》と命名《めいめい》。建武《けんむ》三年(延元《えんげん》元、一三三六)六月、足利尊氏《あしかがたかうじ》が楠木正成《くすのきまさしげ》らを破《やぶ》って入京《にゅうきょう》するや、後醍醐《ごだいご》天皇は難を延暦寺《えんりゃくじ》に避けたので、尊氏は光厳上皇《こうごんじょうこう》に奏請《そうせい》して、その同母弟豊仁親王を皇位につけた。一方、後醍醐天皇は再起を期していったん京都に還幸《かんこう》したので、光明天皇はこれに太上天皇の尊号《そんごう》をたてまつり、その皇子成良《なりよし》親王を皇太子に立てた。しかし後醍醐天皇は同年十二月ひそかに京都を脱して吉野《よしの》に遷幸《せんこう》し、半世紀にわたる南北両朝の対立が始まった。そこで光明天皇は皇太子成良親王を廃し、暦応《りゃくおう》元年(一三三八)八月兄上皇の皇子益仁《ますひと》(のち興仁《おきひと》と改名)親王を皇太子に立て、貞和《じょうわ》四年(一三四八)十月これに皇位を譲《ゆず》って上皇《じょうこう》となった。

上皇は早くから仏教を信じ、夢窓疎石《むそうそせき》に帰依《きえ》したが、正平《しょうへい》六年(一三五一)十一月尊氏・義詮《よしあきら》父子が

南朝に降伏し、北朝が停廃《ていはい》されるに及び、その十二月にわかに落飾《らくしょく》して仏門に入り、法号《ほうごう》を真常恵《しんじょうえ》と称した。ついで翌七年三月光厳・崇光《すこう》両上皇らとともに、南朝の手によって河内東条《かわちとうじょう》に移され、さらに六月吉野《よしの》の賀名生《あのう》に幽居《ゆうきょ》の身となったが、文和《ぶんな》三年(一三五四)三月河内の天野山金剛寺《あまのさんこんごうじ》に遷《うつ》り、翌四年八月洛南《らくなん》の伏見《ふしみ》に帰還《きかん》、同地の保安寺《ほうあんじ》に入った。その後は深草《ふかくさ》の金剛寿院《こんごうじゅいん》や伏見《ふしみ》の大光明寺《だいこうみょうじ》に住し、さらに各地を遍歴《へんれき》して仏道の修業に精進《しょうじん》したが、康暦《こうりゃく》二年(一三八〇)六月二十四日大和国長谷寺《やまとのはせでら》の庵室《あんしつ》において崩御《ほうぎょ》、波瀾《はらん》に富んだ生涯《しょうがい》をとじた。時に年六十。追号《ついごう》は遺勅《ゆいちょく》により光明院と定められ、遺骨は伏見大光明寺《だいこうみょうじ》に納められた。現在の大光明寺陵である。京都御所東山御文庫《ひがしやまごぶんこ》には、康永《こうえい》元年(一三四二)・貞和《じょうわ》元年の自筆日記各一巻が伝蔵されている。

(橋本　義彦)

光明天皇画像　京都市　雲竜院所蔵

【大光明寺陵《だいこうみょうじのみささぎ》】北朝の光明《こうみょう》・崇光《すこう》天皇の両陵をいい、京都市伏見区桃山町泰長老《ふしみくももやまちょうたいちょうろう》にあり、域内に伏見宮《ふしみのみや》第二代治仁王《はるひとおう》(崇光《すこう》天皇孫)の墓がある。三者同兆域《ちょういき》で北面し、両陵はともに小円丘《しょうえんきゅう》で東西に並び、その間に治仁王墓がある。光明天皇は康暦《こうりゃく》二年(北朝天授《てんじゅ》六、一三八〇)六月二十四日大和国《やまとのくに》長谷寺《はせでら》で崩《ほう》じ火葬《かそう》ののち母広義門院《こうぎもんいん》の御願寺《ごがんじ》である伏見《ふしみ》の大光明寺《だいこうみょうじ》に蔵骨《ぞうこつ》した。崇光天皇は応永《おうえい》五年(一三九八)正月十三日伏見殿《ふしみどの》で崩《ほう》じ同十七日大光明寺に移し、同二十三日火葬、治仁王は応永二十四年二月十二日に薨去《こうきょ》、同十五日伏見蔵光庵で荼毘《だび》、三月十三日大光明寺に納骨《のうこつ》した。そののちこれらは次第に荒廃《こうはい》し、ことに大光明寺が、豊臣秀吉《とよとみひでよし》の伏見城築造《ふしみじょうちくぞう》に際して京北相国寺内《きょうほくしょうこくじない》に移転されたこともあってついにその所在を失うに至ったが、幕末以後それぞれ考証の結果現陵の決定を見た。まず崇光天皇は火葬後を伝える資料はないが大光明寺に納骨したものと思われる。また地名の「泰長老」は大光明寺の跡《あと》に居住した兌長老(僧録西笑承兌《そうろくせいしょうじょうたい》)よりきているもので、当所を同寺跡と認められるので、元治《げんじ》元年(一八六四)当所を以て陵とした。次に光明天皇陵は、天皇は摂津国勝尾寺《せっつのくにかつおじ》崩去《ほうきょ》の説もあって、同寺東谷にある石塔《せきとう》が元禄《げんろく》以来陵とされ、慶応《けいおう》元年(一八六五)に守戸《しゅこ》が置かれたが、陵は大光明寺跡にありと考《こう》定《てい》して明治《めいじ》二十二年(一八八九)崇光天皇陵の東側に陵所を定め、さらに大正《たいしょう》六年(一九一七)両陵の間に治仁王墓を決定した。

参考文献 『大日本史料』七ノ三、応永五年正月十三日・二十三日条、『法規分類大全』二編宮廷門、上野竹次郎『山陵』下 (中村 一郎)

【暦《りゃく》応《おう》】 北朝光明《こうみょう》天皇の時の年号(一三三八〜四二)。建武《けんむ》五年八月二十八日改元《かいげん》。代始《だいはじめ》による。出典は、菅原公時《すがわらのきんとき》の勘文《かんもん》に「帝王代(世か)記云、堯時有レ草、夾レ階而生、王者以レ是占レ暦、応レ和而生」とみえる。五年四月二十七日、康永《こうえい》と改元された。

参考文献 『大日本史料』六ノ五、暦応元年八月二十八日条、森本角蔵『日本年号大観』、所功『日本の年号』(『カルチャーブックス』一三)、同『年号の歴史』(『雄山閣ブックス』二二)

(石井　正敏)

【康《こう》永《えい》】北朝光明《こうみょう》天皇の時の年号(一三四二～四五)。暦応《りゃくおう》五年四月二十七日改元《かいげん》。出典は文章博士《もんじょうはかせ》紀《きの》行親《ゆきちか》の勘文《かんもん》に「漢書曰、海内康平、永保国家」とみえる。四年十月二十一日貞和《じょうわ》と改元。

参考文献 『大日本史料』六ノ七、康永元年四月二十七日条

(山田　英雄)

【貞《じょう》和《わ》】北朝光明《こうみょう》・崇光《すこう》両天皇の時の年号(一三四五～五〇)。康永《こうえい》四年十月二十一日改元《かいげん》。風水《ふうすい》・疾《しっ》疫《えき》による。出典は勘解由《かげゆ》長官《ちょうかん》菅原在成《すがわらのありしげ》の勘文《かんもん》に「芸文類聚曰、体乾霊之休徳、稟貞和之純精」とみえる。六年二月二十七日観応《かんのう》と改元。

参考文献 『大日本史料』六ノ九、貞和元年十月二十一日条

(山田　英雄)

後《ご》村上《むらかみ》天皇

一三二八～六八　在位一三三九～六八?

南朝第二代の天皇。後醍醐《ごだいご》天皇の第七皇子。母は阿野公廉《あのきみかど》の女《むすめ》新待賢門院廉子《しんたいけんもんいんれんし》。諱《いみな》は義良《のりよし》、のちに憲良《のりよし》。嘉暦《かりゃく》三年(一三二八)に生まれる。元弘《げんこう》三年(一三三三)後醍醐《ごだいご》天皇が鎌倉幕府を滅ぼし、公家一統《いっとう》の新政《しんせい》を始めると、北畠顕家《きたばたけあきいえ》を陸奥守《むつのかみ》に任じ、父親房《ちかふさ》とともに奥羽《おうう》に下向《げこう》させたが、その時義良親王を伴わしめた。その後足利尊氏《あしかがたかうじ》が反すると、親王は北畠父子とともに西上《せいじょう》し、天皇の行在所《あんざいしょ》叡山《えいざん》に至

り、同地において元服《げんぷく》し、陸奥太守《むつのたいしゅ》に任じ、また奥羽に赴《おもむ》いた。その本拠多賀国府《たがこくふ》が敵襲をうけ危険になり、霊山《りょうぜん》に移った。延元《えんげん》二年(北朝建武《けんむ》四、一三三七)再度西上の途にのぼり、各地に転戦の後、吉野行宮《よしののあんぐう》に入った。顕家が和泉《いずみ》で戦死の後、翌三年(北朝暦応《りゃくおう》元)同親王は宗良《むねよし》親王とともに北畠親房・顕信《あきのぶ》父子、結城宗広《ゆうきむねひろ》らに奉《ほう》ぜられて三たび奥羽に赴くため伊勢大湊《いせおおみなと》を出港したが、途中船団は暴風に遭《あ》い、義良親王の乗船は吹き戻されて伊勢に上陸し、それより吉野に帰還、皇太子になった。同四年八月十五日父天皇の譲《ゆず》りをうけて践祚《せんそ》した。

後村上天皇画像　守口市　来迎寺所蔵

正平《しょうへい》三年(北朝貞和《じょうわ》四、一三四八)正月足利方の高師直《こうのもろなお》が大軍をもって吉野に来攻し、行宮をやきはらったために、天皇は紀伊《きい》に難を避けたが、のちに大和賀名生《やまとあのう》に移った。同五年(北朝観応《かんのう》元)に至り、足利氏一族武将の間の内訌《ないこう》が激化し、武力争闘を展開することになったが、さきに尊氏の弟直義《ただよし》が南朝に降参し、ついで尊氏が同じく南朝に降参した。そこで同六年十一月七日南朝は北朝崇光《すこう》天皇を廃位させ、ついに天下を一統《いっとう》し、足利氏追討の計略をすすめることになった。後村上天皇は同七年二月賀名生行宮を発して河内東条《かわちとうじょう》を経て摂津住吉《せっつすみよし》に至り、閏《うるう》二月男山《おとこやま》に進み、まさに京都を回復するまでになった。ところが足利氏はまた南朝に反し、尊氏の子義詮《よしあきら》は男山の行宮に攻撃を加え、五月ついにこれを陥《おとしい》れた。天皇は敵の重囲を辛《から》うじて脱出、賀名生に帰還するを得た。その後同九年(北朝文和《ぶんな》三)十月天皇は河内天野《あまの》に移り、金剛寺《こんごうじ》を行宮にした。同所に数年滞在の後、同十四年(北朝延文《えんぶん》四)十二月観心寺《かんしんじ》に移り、さらにその翌年九月住吉に移り、同二十三年(北朝応安《おうあん》元)三月十一日同所において崩御《ほうぎょ》。年齢四十一歳。観心寺後山に葬り、これを檜尾陵《ひのおのみささぎ》と称する。

天皇は幼少の時代、奥羽に赴くこと二度に及び、苦難を味わったが、天皇になってから後も南北朝の戦乱のために安住の時なく、行宮を転々移動せしめ、またたびたびの戦闘にも加わり、ことに男山合戦の際は矢石《しせき》の間をくぐることさえあった。しかし天皇は一面和漢《わかん》の学を好み、和歌にすぐれた文《ぶん》才《さい》があり、琵琶《びわ》・箏《そう》の音楽にもふかく通達していた。天皇が神仏に信仰あつく、伊勢神宮《いせじんぐう》に親拝《しんぱい》したこと、また水無瀬御影堂《みなせみえいどう》・金剛峯寺《こんごうぶじ》・鰐淵寺《がくえんじ》に願文《がんもん》を納めたことなどの事蹟《じせき》があるが、禅僧孤峯覚明《こほうかくみょう》を特に尊信《そんしん》したことも顕著《けんちょ》なる事蹟である。天皇の宸翰《しんかん》の今日に伝存するものはかなりの数に達するが、それは大覚寺統《だいかくじとう》伝統の唐様《からよう》に和様《わよう》を加味したすぐれた書蹟《しょせき》であり、書道《しょどう》にも秀《ひい》でた技能をもっていたと考えられる。

参考文献 『大日本史料』六ノ二九、正平二十三年三月十一日条、木村武夫『後村上天皇の聖蹟』、村田正志「後村上天皇と三光国師」(『村田正志著作集』一所収)、同「村手重雄氏蔵後村上天皇宸翰の考証」(同一所収)、同「後村上天皇の琵琶秘曲相伝の史実」(同二所収)　(村田　正志)

〔檜尾陵《ひのおのみささぎ》〕 大阪府河内《かわち》長野《ながの》市《し》寺元《てらもと》にある。字名を檜尾《ひのお》といい、観心寺《かんしんじ》の裏山にあたる。観心寺境内より約二百二十段の石階を昇り、鬱蒼《うっそう》たる杉《すぎ》・檜《ひのき》に囲まれた所で、御陵は西面する小円丘《しょうえんきゅう》にして、墳上には椿《つばき》・檜《ひのき》・樫《かし》などが育生している。正平《しょうへい》二十三年（北朝応安《おうあん》元、一三六八）天皇は住吉《すみよし》で崩《ほう》じ、当所に葬られた。観心寺はかつて天皇の行宮《あんぐう》であった所で、古来《こらい》御陵を崇敬し、土地でも椿樹は天皇の頭の位置と伝えていた。近世になって『前王廟陵記《ぜんのうびょうりょうき》』などや地誌類も当所を御陵と記し、幕末には江戸幕府が御陵として修営《しゅうえい》した。なお同寺の境内に崩後《ほうご》間もなく天皇のために法華三昧堂《ほっけざんまいどう》が建立《こんりゅう》された。近世には阿弥陀堂《あみだどう》・御魂屋《みたまや》と称され、明治《めいじ》五年（一八七二）ころまで存在していた。

参考文献　『大日本史料』六ノ二九、正平二十三年三月十一日条、上野竹次郎『山陵』下、川瀬一馬「(新発見の資料に拠る)新待賢門院御陵墓攷」(『日本書誌学之研究』所収)

（中村　一郎）

【興国《こうこく》】南朝後村上天皇《ごむらかみてんのう》の時の年号（一三四〇～四六）。延元《えんげん》五年四月二十八日改元《かいげん》。『五条文書《ごじょうもんじょ》』同年四月二十九日後村上天皇より五条頼元《よりもと》に宛《あ》てた綸旨《りんじ》に、去る二十八日改元定めが行われ、興国元年となすとみえるから確実である。これは前年後村上天皇が位につき、御代の交替《こうたい》に基づく改元と考えられる。七年十二月八日に正平《しょうへい》と改元されたことが『阿蘇文書《あそもんじょ》』正平二年正月二十八日氏名未詳書状写によって確認される。

参考文献　『大日本史料』六ノ六、暦応三年四月二十八日条

（村田　正志）

【正平《しょうへい》】南朝後村上《ごむらかみ》・長慶《ちょうけい》両天皇の時の年号（一三四六～七〇）。南朝興国《こうこく》七年十二月八日改元《かいげん》して正平元年となした。正平改元の月日については、『阿蘇文書《あそもんじょ》』中の〔正平二年〕正月二十八日南朝某から恵良《えら》(阿蘇《あそ》)惟澄《これずみ》に宛《あ》てた書状に「去月八日、有改元、号正平、今年ハ二年ニ成候也」とあり、前年十二月八日であることは疑いない事実である。『続史愚抄《ぞくしぐしょう》』をはじめ、大森金五郎《おおもりきんごろう》著『日本読《にほんどく》

史年表《しねんぴょう》』、小泉安次郎《こいずみやすじろう》著『日本史籍年表《にほんしせきねんぴょう》』、清原貞雄《きよはらさだお》著『日本文化史年表《にほんぶんかしねんぴょう》』、東大史料編纂所《とうだいしりょうへんさんじょ》編『読史備《どくしび》要《よう》』などに、これを同年七月四日としたのは誤りであり、また『南朝公卿補任《なんちょうくぎょうぶにん》』に七月二十四日としたのも同様に誤りである。なお同二十五年二月五日以前に、建徳《けんとく》と改元。

参考文献　『大日本史料』六ノ一〇、正平元年十二月八日条、村田正志「出雲神魂神社に於ける古柱銘と古文書」(『村田正志著作集』六所収)

（村田　正志）

崇《す》光《こう》天皇

一三三四～九八　北朝在位一三四八～五一

諱《いみな》は興仁《おきひと》(初め益仁《ますひと》)。建武《けんむ》元年(一三三四)四月二十二日、光厳上皇《こうごんじょうこう》の第一皇子として誕生。母は三条《さんじょう》公秀《きんひで》の女《むすめ》、典侍秀子《ないしのすけしゅうし》(陽禄門院《ようろくもんいん》)。のち徽安門院寿子《きあんもんいんじゅし》内親王《ないしんのう》を准母《じゅんぼ》となす。暦応《りゃくおう》元年(一三三八)光明《こうみょう》天皇の皇太子《こうたいし》に立ち、貞和《じょうわ》四年(一三四八)十月二十七日、十五歳で践祚《せんそ》し、同日花園《はなぞの》上皇の皇子直仁親《なおひとしん》王《のう》を皇太子とした。父上皇が養父花園上皇の恩義《おんぎ》に報《むく》いんとする意思によるものである。ところがその翌年に端《たん》を発《はっ》した室町幕府の内紛《ないふん》は、全国的な争乱《そうらん》に発展し(観応擾乱《かんのうじょうらん》)、観応二年(一三五一)十月、足利尊氏《あしかがたかうじ》が弟直義《ただよし》に対抗するため南朝に降服したので、十一月七日、天皇および皇太子は廃位《はいい》され、十二月二十八日天皇には太上天皇《だじょうてんのう》の尊号《そんごう》が贈られた。しかし間もなく状勢は一変し、南朝勢は京都から退却したので、上皇は、光厳・光明両上皇および直仁親王とともに南朝方に拘致《こうち》され、河内国東条《かわちのくにとうじょう》を経て、大和国《やまとのくに》賀名生《あのう》に移された。ついで文和《ぶんな》三年(一三五四)賀名生より河内《かわち》の金剛寺《こんごうじ》に遷座《せんざ》し、幽《ゆう》居《きょ》三年ののち、延文《えんぶん》二年(一三五七)二月に至ってようやく解放され、京都に還って伏見殿《ふしみどの》に居を定めた。明徳《めいとく》三年(一三九二)落飾《らくしょく》して勝円心《しょうえんしん》と称したが、応永《おうえい》五年(一三九八)正月十三日、六十五歳をもって伏見殿に崩《ほう》じ、二十三日、伏見大光明寺《ふしみだいこうみょうじ》に葬られた。追号《ついごう》は遺勅《ゆいちょく》により崇光院《すこういん》と定められた。なお上皇の南方幽居《なんぽうゆうきょ》の間、幕府は上皇の同母弟後光厳《ごこうごん》天皇を擁立《ようりつ》したので、持明院統《じみょういんとう》の正嫡《せいちゃく》を自任する上皇は、帰京後、皇子栄仁親王《よしひとしんのう》の皇位継承を幕府に強く要求したが、ついに実現せず、同親王を初代とする伏見宮家《ふしみのみやけ》が成立することになった。しかし上皇の悲願は、のちに曾孫後花園《ごはなぞの》天皇が称光《しょうこう》天皇の没後、皇統《こうとう》を継《つ》いで達成された。 →大光明寺陵《だいこうみょうじのみささぎ》〈261頁〉

参考文献 『大日本史料』七ノ三、応永五年正月十三日条 (橋本 義彦)

【観《かん》応《のう》】 北朝崇光《すこう》天皇の時の年号(一三五〇~五二)。「かんおう」とも読む。貞和《じょうわ》六年二月二十七日改元《かいげん》。即位《そくい》による。文章博士《もんじょうはかせ》藤原行光《ふじわらゆきみつ》の勘申《かんじん》。その勘文《かんもん》に「荘子曰、玄古之君、天下無為也、疏曰、以二虚通之理一、観二応物之数一、而无為」とみえる。三年九月二十七日文和《ぶんな》と改元。

参考文献 『大日本史料』六ノ一三、観応元年二月二十七日条 (土田 直鎮)

後光厳《ごこうごん》天皇

一三三八~七四 北朝在位一三五二~七一

暦応《りゃくおう》元年(一三三八)三月二日光厳《こうごん》天皇の第二皇子として誕生。母は三条公秀《さんじょうきんひで》の女《むすめ》陽禄門院《ようろくもんいん》藤原秀子《ふじわらのしゅうし》。諱《いみな》は弥仁《いやひと》。仏門《ぶつもん》に入る予定で日野資名《ひのすけな》に養育されたが、政局の急変によりにわかに皇位についた。すなわち正平《しょうへい》七年(一三五二)三月、足利尊氏《あしかがたかうじ》・義詮《よしあきら》父子の南朝降伏によってもたらされた正平の天下《てんか》一《いっ》統《とう》が破れたため、後村上《ごむらかみ》天皇は光厳・光明《こうみょう》・崇光《すこう》三上皇および前皇太子直仁親王《なおひとしんのう》を伴って吉野《よしの》の賀名《あの》生《う》に遷幸《せんこう》した。そこで京都を回復した義詮らは、光厳上皇の第二皇子を擁立《ようりつ》して北朝を再興せんとし、同年八月十七日皇子は持明院殿《じみょういんどの》より土御門内裏《つちみかどのだいり》に入り、元服《げんぷく》して弥仁と命名、親王宣下《しんのうせんげ》のこともなく直ちに践祚《せんそ》したのである。時に年十五。しかしその後も室町幕府の内紛は絶えず、それに呼応する南朝軍の京都進攻におびやかされて、文和《ぶんな》二年(一三五三)から康安《こうあん》元年(一三六一)までの九年間に三度も天皇は難を近《お》江《うみ》あるいは美濃《みの》に避けねばならなかった。しかしその後は南朝の勢力もいちだんと衰え、両朝講和《こうわ》の議も起り、また応安《おうあん》元年(一三六八)十二月には、足利義満が前年死去した義詮のあとをうけて征夷大将軍《せいいたいしょうぐん》となり、幕府の体制も漸《ようや》く安定し始めた。そこで天皇は年来の希望を果たすため、応安四年三月二十三日皇子緒仁《おひと》親王に譲位《じょうい》し、形式的ながら院政を開いたが、同七年正月疱瘡《ほうそう》にかかり、その二十九日柳原殿《やぎはらどの》において崩御《ほうぎょ》、即刻落飾《らくしょく》して法名《ほうみょう》を光融《こうゆう》と称した。

後光厳天皇画像(『天子摂関御影』)
宮内庁三の丸尚蔵館所蔵

時に年三十七。二月二日追号《ついごう》を後光厳院と定め、その夜泉涌寺《せんにゅうじ》において火葬《かそう》に付し、翌三日遺骨《いこつ》を深《ふか》草法華堂《くさほっけどう》に納めた。現在の深草北陵である。天皇の日記のいまに伝わるものは、貞治《じょうじ》四年（一三六五）七月の「光厳院崩後諒闇終記《こうごんいんほうごりょうあんしゅうき》」と、応安三年・同四年記のみであるが、応安三年記には、天皇の譲位を前にして、崇光上皇が皇子栄仁《よしひと》親王の践祚のため幕府に働きかけた経緯など、興味深い記事を載せている。（橋本　義彦）

→深草北陵《ふかくさのきたのみささぎ》〈228頁〉

【文《ぶん》和《な》】北朝後光厳《ごこうごん》天皇の時の年号（一三五二～五六）。正平《しょうへい》七年九月二十七日改元《かいげん》（前年十一月の正平の天下一統《てんかいっとう》により北朝の年号「観応《かんのう》」は廃止されていた）。代始《だいはじめ》による。出典は式部大輔《しきぶのだいふ》菅原《すがわらの》在淳《ありあつ》の勘文《かんもん》に「唐紀（『旧唐書』順宗紀）曰、叡哲温文、寛和仁恵」、従三位《じゅさんみ》菅原在成《すがわらのありしげ》の勘文に「呉志（『三国志』呉志巻二、孫権伝）曰、文和㆓於内㆒、武信㆓于外㆒」などとみえる。五年三月二十八日延文《えんぶん》と改元。

参考文献　『大日本史料』六ノ一七、文和元年九月二十七日条、森本角蔵『日本年号大観』（石井　正敏）

【延《えん》文《ぶん》】北朝後光厳《ごこうごん》天皇の時の年号（一三五六～六一）。文和《ぶんな》五年三月二十八日改元《かいげん》。兵革《へいかく》による。文《もん》章博士《じょうはかせ》藤原忠光《ふじわらのただみつ》の勘申《かんじん》。出典は『漢書《かんじょ》』儒林伝《じゅりんでん》「延㆓文学儒者㆒数百人」。六年三月二十九日康安《こうあん》と改元。

参考文献　『大日本史料』六ノ二〇、延文元年三月二十八日条（皆川　完一）

【康《こう》安《あん》】北朝後光厳《ごこうごん》天皇の時の年号（一三六一～六二）。延文《えんぶん》六年三月二十九日改元《かいげん》。疾疫《しつえき》による。出典は刑部卿菅原長綱《ぎょうぶきょうすがわらのながつな》の勘文《かんもん》に「史記正義曰、天下衆事咸得康安、以致天下太平」、勘解由長《かげゆのか》官菅原高嗣《みすがわらのたかつぐ》の勘文に「唐紀曰、作治康凱安之舞」とみえる。二年九月二十三日貞治《じょうじ》と改元。

参考文献 『大日本史料』六ノ二三、康安元年三月二十九日条　（山田　英雄）

【貞《じょう》治《じ》】 北朝後光厳《ごこうごん》天皇の時の年号（一三六二～六八）。康安《こうあん》二年九月二十三日改元《かいげん》。天変《てんぺん》・地妖《ちよう》・兵《へい》革《かく》による。出典は参議《さんぎ》藤原忠光《ふじわらのただみつ》の勘文《かんもん》に「周易曰、利武人之貞、志治也」とみえる。七年二月十八日応安《おうあん》と改元。

参考文献 『大日本史料』六ノ二四、貞治元年九月二十三日条　（山田　英雄）

【応《おう》安《あん》】 北朝後光厳《ごこうごん》・後円融《ごえんゆう》両天皇の時の年号（一三六八～七五）。貞治《じょうじ》七年二月十八日改元《かいげん》。病患《びょうかん》および天変《てんぺん》・地妖《ちよう》などによる。治部卿菅原時親《じぶきょうすがわらのときちか》の勘申《かんじん》。出典は『毛詩正義《もうしせいぎ》』大雅江漢《たいがこうかん》「今四方既已平、服二王国之内一、幸応三安定二」。八年二月二十七日永和《えいわ》と改元。

参考文献 『大日本史料』六ノ二九、応安元年二月十八日条　（皆川　完一）

長《ちょう》慶《けい》天皇

一三四三～九四　在位一三六八～八三

南朝第三代の天皇。名寛成《ゆたなり》。後村上《ごむらかみ》天皇の皇子。興国《こうこく》四年（北朝康永《こうえい》二、一三四三）生まれる。母は嘉《か》喜門院《きもんいん》と考定される。晩年出家して覚理《かくり》と号したらしく、同天皇の称号長慶院《ちょうけいいん》は禅宗寺院の一坊たる長慶院に住したことに基づくものと考えられる。また同天皇を慶寿院《けいじゅいん》と称したことも確実であるが、これは同天皇の崩御《ほうぎょ》後、皇子海門承朝《かいもんじょうちょう》によって、菩提供養《ぼだいくよう》のためにつくられた寺院名による称号と解すべきである。同天皇は後村上天皇のあとをうけて践祚《せんそ》したが、正平《しょうへい》二十三年(北朝応安《おうあん》元、一三六八)三月十一日後村上天皇の崩御直後か、あるいはその崩御をさかのぼる若干年前か確認しがたい。ただし正平二十三年春のころには確実に在位の事実が認められる。この当時から南朝は著しく衰退《すいたい》したので、同天皇の事蹟もあまり明らかでないが、践祚の当初は摂津住吉《せっつすみよし》に行宮《あんぐう》があり、間もなく大和吉野《やまとよしの》に移り、ついで河内天野山金剛寺《かわちあまのさんこんごうじ》に移り、天授《てんじゅ》五年(北朝康暦《こうりゃく》元、一三七九)のころ大和《やまと》の栄山寺《えいさんじ》に住した。弘和《こうわ》三年(北朝永徳《えいとく》三、一三八三)十月末、十一月初めのころまで在位は確実であるが、同年末か、翌元中《げんちゅう》元年(北朝至徳《しとく》元、一三八四)閏九月前の間に譲位《じょうい》した。譲位後しばらく院政《いんせい》を行なった証拠があり、翌二年九月十日高野山《こうやさん》に宸筆願文《しんぴつがんもん》を納めた。出家後の晩年の状況はほとんど判明せず、その住処も不明であるが、和泉《いずみ》の長慶院なる禅院《ぜんいん》に居住したことが推測される。しかして応永《おうえい》元年(一三九四)八月一日崩《ほう》じた。五十二歳と伝える。

天皇の生涯は戦乱《せんらん》の世《よ》に終始したが、『仙源抄《せんげんしょう》』の著作があり、和歌《わか》に秀《ひい》で、天授《てんじゅ》元年(北朝永和《えいわ》元)『五百番歌合《ごひゃくばんうたあわせ》』、同二年『千首和歌《せんしゅわか》』(二百四首のみ現存)があり、『新葉和歌集《しんようわかしゅう》』には御製《ぎょせい》五十三首が収録されている。

同天皇の在位非在位の問題は、江戸時代から諸家の間に異論があり、『新葉和歌集作者部類《しんようわかしゅうさくしゃぶるい》』の著者榊原忠次《さかきばらただつぐ》や『大日本史《だいにほんし》』編者徳川光圀《とくがわみつくに》は在位説を、塙保己一《はなわほきいち》は『花咲松《はなさくまつ》』を以て非在位説を唱えた。明治《めいじ》に至り、正統史学者はおおむね在位説であったが、谷森善臣《たにもりよしおみ》は『嵯峨野之露《さがののつゆ》』を以て非在位説を論じた。大正《たいしょう》に至り、古写本《こしゃほん》『畊雲千首《こううんせんしゅ》』奥書《おくがき》の発見があり、八代国治《やしろくにじ》・武田祐吉《たけだゆうきち》の有力なる在位論説の発表があり、特に八代の『長慶天皇御即位の研究』は決定的な在位説として評価された。そこで大正十五年(一九二六)十月二十一日長慶天皇の皇統加列《こうとうかれつ》についての詔書発布《しょうしょはっぷ》があり、ここに同天皇在位の事実が公認された。またその後同天皇の御陵に関する調査研究が行われ、村田正志《むらたまさし》の「長慶天皇と慶寿院」の発表があり、昭和《しょうわ》十九年(一九四四)二月十一日同天皇の嵯峨東陵《さがのひがしのみささぎ》の決定を見るに至った。

参考文献 『大日本史料』六ノ二九、正平二十三年三月十一日条、同七ノ一、応永元年八月一日条、村田正志「長慶天皇と慶寿院」(『村田正志著作集』一所収)

(村田　正志)

〔**嵯峨東陵**《さがのひがしのみささぎ》〕 京都市右京区《うきょうく》嵯峨《さが》天竜寺《てんりゅうじ》角倉町《すみのくらちょう》にある。天皇の晩年の行動を伝える資料はないので、陵墓の調査・管理を行う宮内省《くないしょう》が京都府・大阪府・奈良県・和歌山県などを主として寺社旧家《じしゃきゅうか》や、有力な伝説地《でんせつち》などの調査を行なったが、陵墓関係の資料は発見できなかった。しかし天皇の皇子・近親者が晩年は地方を引き上げて入洛《じゅらく》していることから天皇も最終時にはまた入洛したことが推定される。天皇の別称を「慶寿院《けいじゅいん》」というが、これは皇子の海門承朝《かいもんじょうちょう》(相国寺《しょうこくじ》三十世・嘉吉《かきつ》三年(一四四三)五月九日寂《じゃく》)が止住《しじゅう》した嵯峨天竜寺《さがてんりゅうじ》の塔頭《たっちゅう》慶寿院によるものである。当時天皇の称号はその在所によって呼ばれたから、当院は天皇が住んだとも思われ、崩後《ほうご》は、その供養所であったと思われる。したがって当所は天皇にとって最も由緒深《ゆいしょぶか》い所と考えられるので、その跡地《あとち》を整備して陵所とし、昭和《しょうわ》十九年(一九四四)二月十一日首記の陵号を定め、同時に域内に承朝の墓も定められた。

参考文献 『大日本史料』七ノ一、応永元年八月一日条、村田正志「長慶天皇と慶寿院」(『村田正志著作集』一所収)

(中村　一郎)

【建《けん》徳《とく》】南朝長慶《ちょうけい》天皇の時の年号(一三七〇～七二)。正平《しょうへい》二十五年を改元《かいげん》したものであるが、史料を欠き、月日を明らかにし難い。その最も早くみえる現存史料は、『大徳寺文書《だいとくじもんじょ》』建徳元年二月五日重快・妙阿連署田畠売券《れんしょでんばたばいけん》である。三年四月改元して文中《ぶんちゅう》元年としたが、その日付は明らかでなく、『古和文書《こわもんじょ》』に建徳三年四月五日北畠顕能御教書《きたばたけあきよしみぎょうしょ》があり、『金剛寺文書《こんごうじもんじょ》』に文中元年四月二十八日長慶天皇綸旨《りんじ》があり、両文書間の某日改元されたことが判明する。

(村田　正志)

【文《ぶん》中《ちゅう》】南朝長慶《ちょうけい》天皇の時の年号(一三七二～七五)。建徳《けんとく》三年を文中元年に改めたのであるが、その日時は明確でない。文中年号の最もはやい確実な史料としては、河内《かわち》『金剛寺文書《こんごうじもんじょ》』文中元年四月二十八日長慶天皇綸旨《りんじ》である。『続史愚抄《ぞくしぐしょう》』後円融院応安《ごえんゆういんおうあん》五年十月四日条に、或記として「南方改建徳三年、為文中元年云、未詳」とあるは誤りであり、これに基づく『読史備要《とくしびよう》』、八代国治《やしろくにじ》『国《こく》史年表《しねんぴょう》』、黒板勝美《くろいたかつみ》『国史研究年表《こくしけんきゅうねんぴょう》』なども誤っている。『古和文書《こわもんじょ》』建徳三年四月五日北畠顕能御教《きたばたけあきよしみぎょう》書《しょ》と、『金剛寺文書』文中元年四月二十八日長慶天皇綸旨があり、右二文書の間に改元《かいげん》が行われたと解すべきである。四年五月二十七日天授《てんじゅ》と改元。

参考文献　『大日本史料』六ノ三五、文中元年四月二十八日条

(村田　正志)

【天《てん》授《じゅ》】南朝長慶《ちょうけい》天皇の時の年号(一三七五～八一)。文中《ぶんちゅう》四年五月二十七日改元《かいげん》。山崩《やまくずれ》・地妖《ちよう》による。権大納言《ごんだいなごん》右近大将《うこんのたいしょう》藤原長親《ふじわらのながちか》の撰進《せんしん》による。勘文《かんもん》・出典不明。七年二月十日弘和《こうわ》と改元。

(山田　英雄)

【弘《こう》和《わ》】 南朝長慶《ちょうけい》天皇・後亀山《ごかめやま》天皇の時の年号（?～一三八四）。天授《てんじゅ》六年（一三八〇）の六月以降、同七年六月以前に改元《かいげん》が行われ、弘和に定められたが、史料を欠き、その時日を明らかにし難い。現存史料によると、『金剛寺文書《こんごうじもんじょ》』および『河合寺《かわいでら》文書』に弘和元年六月二十一日長慶天皇綸旨《りんじ》があり、初見である。弘和四年（一三八四）元中《げんちゅう》に改元。これまた史料を欠き、その月日を明らかにし難いが、同年十一月五日以前であることは確実である。 （村田　正志）

後円融《ごえんゆう》天皇　一三五八～九三　北朝在位一三七一～八二

延文《えんぶん》三年（一三五八）十二月十二日後光厳《ごこうごん》天皇の第二皇子として誕生。母は広橋兼綱《ひろはしかねつな》の女《むすめ》崇賢門院《すうけんもんいん》藤《ふじ》原仲子《わらのちゅうし》（実父は石清水八幡宮《いわしみずはちまんぐう》祠官《しかん》紀通清《きのみちきよ》）。応安《おうあん》四年（一三七一）三月二十一日親王宣下《しんのうせんげ》あり、緒仁《おひと》と命名、同月二十三日父帝の譲《ゆず》りをうけて土御門内裏《つちみかどのだいり》において践祚《せんそ》した。これより先、延文二年二月京都に帰還した崇光上皇《すこうじょうこう》は、持明院統《じみょういんとう》の正嫡《せいちゃく》である自分の皇子（伏見宮栄仁親王《ふしみのみやよしひとしんのう》）を後光厳天皇の次に皇位につけるべく室町幕府《むろまちばくふ》に働きかけたが、幕府は戦陣《せんじん》の間に苦楽をともにした後光厳天皇の意志を尊重せざるを得ず、緒仁親王の践祚を支持したのである。天皇は在位十一年余、永徳《えいとく》二年（一三八二）四月十一日皇子幹仁親王《もとひとしんのう》（後小松《ごこまつ》天皇）に譲位《じょうい》し、形式的ながら院政《いんせい》を開いた。ようやく体制を固めた幕府は、明《めい》徳《とく》三年（元中《げんちゅう》九、一三九二）閏《うるう》十月南北両朝の合一に成功したが、上皇は翌四年四月二十六日、小川仙洞《おがわせんとう》

後円融天皇画像(土佐光信筆)
京都市　雲竜院所蔵

御所《ごしょ》(故勧修寺経顕宿所《かじゅうじつねあきしゅくしょ》)において崩御《ほうぎょ》、即刻落《らく》飾《しょく》して法号《ほうごう》を光浄《こうじょう》と称した。追号は遺勅により後円融院と定められた。時に年三十六。翌二十七日泉涌寺《せんにゅうじ》において火葬に付し、遺骨を深草法華堂《ふかくさほっけどう》に納めた。現在の深草北陵《ふかくさのきたのみささぎ》である。天皇の日記が『田記《でんき》』と称して尊重されたことは、『建内記《けんないき》』(永享《えいきょう》十一年(一四三九)二月二日条)にみえるが、現在は永徳元年・同二年・同四年の記文を若干伝えるにすぎない。また泉涌寺雲竜院《うんりゅういん》に蔵する後円融院宸影《しんえい》(重要文化財)は、明応《めいおう》元年(一四九二)天皇の百年聖忌に際し、絵所預《えどころあずかり》土佐光信《とさみつのぶ》が古図によって画き、同八年後土御門天皇が雲竜院主の奏請《そうせい》を納れて賛語《さんご》を直筆したものであるという(『実隆公《さねたかこう》記《き》』明応八年四月条)。

→深草北陵《ふかくさのきたのみささぎ》 〈228頁〉

参考文献 『大日本史料』七ノ一、明徳四年四月二十六日条、岩橋小弥太「土佐光信の一遺作—後円融天皇宸影—」(『仏教美術』一六)

(橋本　義彦)

【永和《えいわ》】　北朝後円融《ごえんゆう》天皇の時の年号（一三七五〜七九）。応安《おうあん》八年二月二十七日改元《かいげん》。即位《そくい》による。権《ごん》中納言《ちゅうなごん》藤原忠光《ふじわらのただみつ》の勘申《かんじん》。出典は『尚書《しょうしょ》』舜典《しゅんてん》「詩言レ志、歌永レ言、声依レ永、律和レ声、八音克諧、無レ相二奪倫一、神人以和」、『芸文類聚《げいもんるいじゅう》』八「九功六義之興、依レ永和レ声之製、志由レ興作、情以レ詞宣」。五年三月二十二日康暦《こうりゃく》と改元。

（皆川　完一）

【康暦《こうりゃく》】　北朝後円融《ごえんゆう》天皇の時の年号（一三七九〜八一）。永和《えいわ》五年三月二十二日改元《かいげん》。疾疫兵革《しつえきへいかく》による。出典は式部大輔《しきぶのだいふ》菅原長嗣《すがわらのながつぐ》の勘文《かんもん》に「唐書曰、承成康之暦業」とみえる。三年二月二十四日永徳《えいとく》と改元。

（山田　英雄）

【永徳《えいとく》】　北朝後円融《ごえんゆう》・後小松《ごこまつ》両天皇の時の年号（一三八一〜八四）。康暦《こうりゃく》三年二月二十四日改元《かいげん》。辛酉《しんゆう》革命《かくめい》による。権中納言《ごんちゅうなごん》藤原仲光《ふじわらのなかみつ》の勘申《かんじん》。出典は不明。四年二月二十七日至徳《しとく》と改元。

（皆川　完一）

後亀山《ごかめやま》天皇

?〜一四二四　在位一三八三〜九二

南朝第四代の天皇。父は後村上《ごむらかみ》天皇。母は阿野実為《あのさねため》の女《むすめ》であることはほぼ確実で、吹上本《ふきあげぼん》『帝王系図《ていおうけいず》』の付紙《つけがみ》にもこの事実がみえる。実為女は嘉喜門院《かきもんいん》らしいが、確かなことはわからない。諱《いみな》は熙成《ひろなり》。弘和《こうわ》三年（北朝永徳《えいとく》三、一三八三）末ごろ、兄長慶天皇《ちょうけいてんのう》の譲《ゆず》りをうけて践祚《せんそ》、翌年元中《げんちゅう》と改元、元中九年

(北朝明徳《めいとく》三、一三九二)閏《うるう》十月南北両朝合一《なんぼくりょうちょうごういつ》によって退位した。在位九年間、行宮《あんぐう》にあって衰退の南朝を支えた。これより先、同年十月十三日足利義満《あしかがよしみつ》より両朝媾和《こうわ》についての条件の提示があり、天皇はついにこれを受諾、同二十八日神器《しんき》を奉じ、還御《かんぎょ》の儀式を整え、行宮を出発、この日橘寺《たちばなでら》に一泊、翌二十九日奈良興福寺東室《こうふくじとうしつ》に宿泊、閏十月一日同所に滞留、同二日夜嵯峨《さが》大覚寺《だいかくじ》に到着した。同五日神器が大覚寺より禁裏《きんり》に渡御《とぎょ》、また翌年十二月に至り、二間御本尊《ふたまごほんぞん》が禁裏に返進された。ここに南北両朝対立の時代は終り、北朝後小松《ごこまつ》天皇の一統に帰し、明徳の年号が存続、南朝は滅亡し、元中の年号は廃絶するに至った。

応永《おうえい》元年(一三九四)二月六日、後亀山天皇は天竜寺《てんりゅうじ》においてはじめて義満に面接のことが行われた。その結果、同月二十三日天皇に太上天皇《だじょうてんのう》の尊号《そんごう》が贈進《ぞうしん》された。しかしその当時廷臣《ていしん》間に、登極《とうきょく》せざる帝《みかど》に尊号を贈進することの可否につき議論のあったことが『荒暦《こうりゃく》』にみえる。同四年十一月二十七日尊号および兵仗《へいじょう》を辞退し、その後出家を遂げ、金剛心《こんごうしん》と号した。これよりもっぱら隠棲《いんせい》生活に入り、側近に阿野実為・公為《きみため》父子《ふし》らわずかの者があるにすぎず、ときおり吉田兼煕《よしだかねひろ》・兼敦《かねあつ》父子が参候《さんこう》して神《しん》道《とう》を進講することがあった。ところが応永十七年十一月二十漾七日、突如法皇は嵯峨を出奔《しゅっぽん》、吉野山《よしのやま》に入り、爾来《じらい》ここに数年を過ごし、同二十三年九月広橋兼宣《ひろはしかねのぶ》らの仲介で帰還した。この事件について当時の日記に、法皇は窮困と号して吉野に出奔し、将軍家が所領の本復《ほんぷく》について保証したとみえており、生活上の窮迫によるもののようではあるが、なお合一条件に定められた皇位継承の不履行《ふりこう》についての不満と憤《いきどお》りが潜むものと解せられる。応永三十一年四月十二日崩御。年齢については確証を得ない。嵯峨小倉陵《さがのおぐらのみささぎ》に葬られる。

参考文献　菅政友『南山皇胤譜』（『菅政友全集』）、村田正志「後亀山天皇の御事蹟」（『南北朝史論』所収）

（村田　正志）

〔嵯峨小倉陵《さがのおぐらのみささぎ》〕京都市右京区《うきょうく》嵯峨《さが》鳥居本《とりいもと》小坂《こざか》町にある。陵域《りょういき》の中央に南面（旧くは西面）する総高二・三メートルの五輪塔《ごりんとう》があり、基壇《きだん》の四隅《よすみ》に接して東側に宝篋印塔《ほうきょういんとう》二基、西側に五輪塔二基の小塔がある。当所は小倉山《おぐらやま》の東麓に位置し、旧福田寺跡《ふくだじあと》にあたるので、小倉陵・福田寺陵とも称された。天皇奉葬《ほうそう》の当時の文献はないが、近世の地誌類《ちしるい》は当所を陵としてあげている。幕末修陵《しゅうりょう》の際もここを陵所《りょうしょ》と定めて、福田寺陵と称したが、明治《めいじ》十二年（一八七九）現陵名に改定した。

参考文献　谷森善臣『山陵考』（『（新註）皇学叢書』五）、上野竹次郎『山陵』下

（中村　一郎）

【元中《げんちゅう》】南朝後亀山《ごかめやま》天皇の時の年号（一三八四～九二）。弘和《こうわ》四年を改元《かいげん》したものであるが、史料を欠き、月日を明らかにし難い。その最も早くみえる現存史料は『栄山寺文書《えいさんじもんじょ》』元中元年十一月五日後亀山天皇綸旨《りんじ》である。この改元は前年同天皇が位につき、御代の交替《こうたい》に基づくものと考えられる。九年閏《うるう》十月南北両朝の合一により、北朝明徳《めいとく》の年号に統一され、元中は廃せられた。しかし南朝方将士《しょうし》の間には、その後なお数年にわたり元中の年号が用いられた。『古和文書《こわもんじょ》』に元中九年十一月一日北畠顕泰御教書《きたばたけあきやすみぎょうしょ》があり、『阿蘇文書《あそもんじょ》』に元中十年二月九日良成親王令旨《よしなりしんのうりょうじ》があり、『五条文書《ごじょうもんじょ》』に元中十一年十二月十九日良成親王名字充行状《あておこないじょう》、同年月日良成親王令旨、元中十二年十月二十日良成親王書状奥書《しょじょうおくがき》などがある。

（村田　正志）

後《ご》小《こ》松《まつ》天皇

一三七七〜一四三三　在位一三八二〜一四一二

名、幹仁《もとひと》。永和《えいわ》三年（一三七七）六月二十七日、前内大臣三条公忠《さんじょうきんただ》の押小路《おしこうじ》邸で生まれた。父は北朝五代後円融《ごえんゆう》天皇、母は公忠の娘厳子（通陽門院《つうようもんいん》）。永徳《えいとく》二年（一三八二）四月七日、乳父日野資教邸《ひのすけのりてい》で著袴《ちゃっこ》、親王宣下《しんのうせんげ》のないまま、同十一日足利義満《あしかがよしみつ》の室町《むろまち》邸に移り後円融天皇から受禅《じゅぜん》、ついで土御門内裏《つちみかどのだいり》に入った。同年十二月二十八日、即位《そくい》。即位の式では、左大臣の義満が幼帝を補佐《ほさ》したため、希代《きだい》のこととされた。父後円融上皇が院政《いんせい》をとったが、まもなく崩《ほう》じた。嘉《か》慶《きょう》元年（一三八七）正月三日元服《げんぷく》。南北両朝合体の議によって、明《めい》徳《とく》三年（一三九二）閏《うるう》十月五日、南朝の後亀山天皇から神器《しんき》を受けた。三十六歳の応永《おうえい》十九年（一四一二）八月二十九日、十二歳の第一皇子（称光《しょうこう》天皇）に譲位《じょうい》し、東洞院《ひがしのとういん》の仙洞御所《せんとうごしょ》（一条正親町《いちじょうおおぎまち》）で院政をとった。称光天皇が崩じると、後崇光院の皇子を上皇の猶子《ゆうし》として即位させ（後花園《ごはなぞの》天皇）、院政を続けた。永享《えいきょう》三年（一四三一）三月二十四日、仁和寺宮永助入道親王《にんなじのみやえいじょにゅうどうしんのう》を戒師《かいし》にして出家。法名、素行智。同五年十月二十日崩。五十七歳。泉涌寺《せんにゅうじ》で火葬。山陵は深草北陵（京都市伏見区）。

後小松天皇画像　京都市　雲竜院所蔵

生母通陽門院の死後は、義満の室であった日野資康《ひのすけやす》の娘康子《やすこ》(北山院《きたやまいん》)を准母《じゅんぼ》とした。皇子には、日《ひ》野《の》西資国《にしすけくに》の娘が生んだ称光天皇・小川宮《おがわのみや》(竜樹寺宮《りゅうじゅじのみや》)のほか、花山院《かざんいん》某の娘が生んだ一休宗純《いっきゅうそうじゅん》がいる。天皇が親政《しんせい》・院政をとった時期は、義満の全盛期にあたっている。天皇には、日記のごく一部分を集めた『後小松天皇宸記《ごこまつてんのうしんき》』(『(増補《ぞうほ》)史料大成《しりょうたいせい》』一)のほか、『御即位日神秘事《ごそくいのひしんぴのこと》』、『後小松院御百首《ごこまついんおんひゃくしゅ》』二種(『列聖全集《れっせいぜんしゅう》』御製集《ぎょせいしゅう》四、『続群書類従《ぞくぐんしょるいじゅう》』和歌部《わかぶ》)、『後小松院御独吟和漢聯句《ごこまついんごどくぎんわかんれんく》』(『続群書類従』連歌部《れんがぶ》)や、薫《たき》物《もの》六種の秘法《ひほう》を述べた『むくさのたね』(『群書類従』遊戯部《ゆうぎぶ》)がある。また、『続新古今和歌集《しょくしんこきんわかしゅう》』には二十四首が選ばれているほか、みずからの和歌を後崇光院に仰せて撰ばせた『後小松院御集』(散佚《さんいつ》)もあった。なお帝国学士院編《ていこくがくしいんへん》『宸翰英華《しんかんえいが》』によれば、自筆消息《しょうそく》など二十数点が現存する。↓深草北陵《ふかくさのきたのみささぎ》

(益田　宗)

〈228頁〉

【至《し》　徳《とく》】　北朝後小松《ごこまつ》天皇の時の年号(一三八四～八七)。永徳《えいとく》四年二月二十七日改元《かいげん》。甲子革令《かっしかくれい》による。出典は権中納言藤原資康《ごんちゅうなごんふじわらのすけやす》の勘文《かんもん》に「孝経曰、先王有至徳要道、以訓天下、民用和睦、上下亡怨」とみえる。四年八月二十三日嘉慶《かきょう》と改元。

(山田　英雄)

【嘉《か》　慶《きょう》】　北朝後小松《ごこまつ》天皇の時の年号(一三八七～八九)。「かけい」とも読む。至徳《しとく》四年八月二十三日改元《かいげん》。この年の春に病気が流行し、前関白近衛道嗣《さきのかんぱくこのえみちつぐ》が死んだことなどによるという。前右《さきのう》大弁菅原秀長《だいべんすがわらのひでなが》の勘申《かんじん》。出典は『毛詩正義《もうしせいぎ》』「将㆑有㆓嘉慶㆒、禎祥先来見也」。三年二月九日康応《こうおう》と改元。

(尾藤　正英)

【康《こう》応《おう》】北朝後小松《ごこまつ》天皇の時の年号（一三八九〜九〇）。嘉慶《かきょう》三年二月九日改元《かいげん》。病《やまい》による。出典は菅《すが》原秀長《わらのひでなが》の勘文《かんもん》に「文選曹植七啓曰、国静（富）民康、神応烋臻、屢獲嘉祥」とみえる。二年三月二十六日明徳《めいとく》と改元。（山田　英雄）

【明《めい》徳《とく》】北朝後小松《ごこまつ》天皇の時の年号（一三九〇〜九四）。康応《こうおう》二年三月二十六日改元《かいげん》。天変《てんぺん》・兵革《へいかく》による。出典は、前権大納言《さきのごんだいなごん》藤原資康《ふじわらのすけやす》の勘文《かんもん》に「礼記（大学、第四二）曰、在ㇾ明ニ明徳一、在ㇾ親ㇾ民」とみえる。五年七月五日、応永《おうえい》と改元された。

参考文献　森本角蔵『日本年号大観』、所功『日本の年号』（『カルチャーブックス』一三）、同『年号の歴史』（『雄山閣ブックス』二二）（石井　正敏）

【応《おう》永《えい》】後小松《ごこまつ》・称光《しょうこう》両天皇の時の年号（一三九四〜一四二八）。明徳《めいとく》五年七月五日改元《かいげん》。疱瘡《ほうそう》の流行による。参議《さんぎ》藤原重光《ふじわらのしげみつ》の勘申《かんじん》。出典は『会要《かいよう》』「久応ㇾ称ㇾ之、永有ニ天下一」。三十五年四月二十七日正長《しょうちょう》と改元。

参考文献　『大日本史料』七ノ一、応永元年七月五日条（皆川　完一）

称光《しょうこう》天皇

一四〇一〜二八　在位一四一二〜二八

応永《おうえい》八年（一四〇一）三月二十九日、後小松《ごこまつ》天皇の第一皇子として生まれる。母は日野資国《ひのすけくに》の女資子《むすめすけこ》

(光範門院《こうはんもんいん》)。諱《いみな》は躬仁《みひと》、のち実仁《さねひと》。同十八年親王宣下《しんのうせんげ》、元服《げんぷく》。翌十九年八月二十九日後小松天皇の譲《ゆず》りを受けて践祚《せんそ》、二十一年十二月十九日即位《そくい》。外祖父《がいそふ》資国の妹業子は足利義満《あしかがよしみつ》の正室《せいしつ》、資国の姪康子《めいやすこ》も義満の室《しつ》で後小松天皇の准母《じゅんぼ》、康子の妹栄子は足利義持《あしかがよしもち》の正室で称光《しょうこう》天皇の准母である。日野氏を媒介《ばいかい》にこれほど足利氏と密着《みっちゃく》した天皇は例がなく、なかば将軍家《しょうぐんけ》の一族とさえいえる。また在位中ずっと父の院政《いんせい》が続いており、政務に特筆すべき事蹟《じせき》はない。生来病気《せいらいびょうき》がちで、晩年には弟小川宮《おがわのみや》の急死や父との不和の上に精神異常《せいしんいじょう》の徴候《ちょうこう》もあって、幸うすい生涯《しょうがい》だった。新内侍《しんないし》・別当局《べっとうのつぼね》との間に一人ずつの女子を儲《もう》けたが、母子ともに事蹟は不明。正長《しょうちょう》元年(一四二八)七月二十日、二十八歳で早世《そうせい》。法名大宝寿。追号《ついごう》は称徳《しょうとく》・光仁《こうにん》の上一字ずつをとったもの。皇子なく、伏見宮貞成親王《ふしみのみやさだふさしんのう》(後崇光院《ごすこういん》)の皇子彦仁王《ひこひとおう》が後小松上皇の猶子《ゆうし》となって、同月二十八日践祚した(後花園《ごはなぞの》天皇)。同二十九日泉涌寺《せんにゅうじ》で荼毘《だび》に付《ふ》され、のち深草北陵《ふかくさのきたのみささぎ》に葬られた。 →深草北陵《ふかくさのきたのみささぎ》〈228頁〉

参考文献 村田正志『証註椿葉記』(『村田正志著作集』四)

(村井 章介)

【正長《しょうちょう》】 称光《しょうこう》・後花園《ごはなぞの》両天皇の時の年号(一四二八～二九)。応永《おうえい》三十五年四月二十七日改元《かいげん》。代始《だいはじめ》による。出典は式部大輔《しきぶのだいふ》菅原在直《すがわらのありなお》の勘文《かんもん》に「礼記正義曰、在位之君子、威儀不差忒、可以正長是四方之国」とみえる。二年九月五日永享《えいきょう》と改元。

(山田 英雄)

後花園《ごはなぞの》天皇

一四一九〜七〇　在位一四二八〜六四

名、彦仁《ひこひと》。応永《おうえい》二十六年（一四一九）六月十八日生まれる。父は、伏見宮《ふしみのみや》第三代貞成親王《さだふさしんのう》（後崇光院《ごすこういん》）。母は、右近衛少将《うこのえのしょうしょう》庭田《にわた》（源）経有《つねあり》の娘《むすめ》幸子（敷政門院《ふせいもんいん》）。経有の妹《いもうと》資子は、北朝崇光《すこう》天皇の典侍《ないしのすけ》となり、伏見宮初代の栄仁《よしひと》親王を生んでいる。後宮《こうきゅう》は後土御門《ごつちみかど》天皇生母で内大臣《ないだいじん》大炊御門《おおいみかど》（藤原）信宗の猶子、信子《しんし》（嘉楽門院《からくもんいん》）。持明院統《じみょういんとう》の後小松《ごこまつ》天皇は、応永十九年位をみずからの皇子（称光《しょうこう》天皇）に譲り、上皇《じょうこう》として院政《いんせい》をとった。これに対して、大覚寺統《だいかくじとう》の皇胤《こういん》や貴族は、南北朝合体《なんぼくちょうがったい》の条件であった両統迭立《りょうとうてつりつ》の約束が反故《ほご》にされたことに憤り、各地で兵を挙げたが、平定された。しかし称光天皇には皇子がなく、上皇のもう一人の皇子（小川宮）も応永三十二年若死したため、上皇は急ぎ皇嗣《こうし》を決定しなければならなくなった。

正長《しょうちょう》元年（一四二八）七月六日、大覚寺統の小倉宮《おぐらのみや》は、この機を狙《ねら》って伊勢《いせ》へ下向《げこう》し、北畠満雅《きたばたけみつまさ》を頼って挙兵しようとした。そこで上皇は、皇嗣に充てるため伏見宮《ふしみのみや》の彦仁を御所《ごしょ》に迎え取って、親王宣下のないまま上皇の猶子《ゆうし》とし、不測の事態に備えた。二十日、まもなく称光天皇が病死したため、二十八日彦仁が践祚《せんそ》し、翌永享《えいきょう》元年（一四二九）十二月二十七日即位《そくい》した。天皇は、はじめの数年間は後小松上皇の院政《いんせい》をうけたが、上皇の崩後《ほうご》三十一年間は親政《しんせい》で臨んだ。寛正《かんしょう》五年（一四六四）七月十九日、皇子（後土御門《ごつちみかど》天皇）に譲位《じょうい》し、東洞院《ひがしのとういん》の仙洞御所で左大臣《さだいじん》足利義政《あしかがよしまさ》を院執事《いんのしつじ》にして院政をとった。応《おう》仁《にん》元年(一四六七)九月二十日、戦乱中の仮御所泉殿《いずみどの》で俄《にわ》かに出家。法名円満智《えんまんち》。文明《ぶんめい》二年(一四七〇)十二月二十七日、中風《ちゅうぶう》のため同御所で崩《ほう》じた。五十二歳。戦乱のため泉涌寺《せんにゅうじ》が戦陣になり、寺僧らも離散してしまっていたため、翌三年正月三日、上京の悲田院《ひでんいん》で遺体を火葬し本堂前に埋骨、その上に山《さ》茶花《ざんか》を植えたが、二月、遺言により丹波国山国《たんばのくにやまくに》の常照寺《じょうしょうじ》(常照皇寺)の後山《うしろやま》にある光厳天皇の山国陵《やまくにのみささぎ》の傍に移して、山陵《さんりょう》と定めた(後山国陵《のちのやまくにのみささぎ》)。また、残った遺骨を大原法華堂に渡した。はじめ、後文徳院《ごもんとくいん》と追号されたが、昔の天皇の漢風の諡号《しごう》(文徳《もんとく》)に後字を加える追号例はかつてないとする反対が出て、後花園院と改められた。

後花園天皇画像　京都市　大応寺所蔵

父貞成親王は、後花園天皇が即位すると、皇位が持明院統のなかでも庶流《しょりゅう》の後光厳院流《ごこうごんいんりゅう》から嫡流《ちゃくりゅう》である崇《す》光院流《こういんりゅう》に戻ったことを喜び、またこれが永く自流の子孫に伝えられることを願って、『椿葉記《ちんようき》』を著わし、天皇に君徳《くんとく》の涵養《かんよう》を諭《さと》した。天皇も父の期待に応え、寛《かん》正《しょう》の大飢饉《ききん》の際、将軍足利義政の奢侈《しゃし》を戒める詩を作るなど、「近来《きんらい》の聖主《せいしゅ》」と称《たた》えられた。天皇が皇子(後《ご》土御門《つちみかど》天皇)に同様の趣旨を諭したのが、『後花園院御《ごはなぞのいんご》消息《しょうそく》』(『群書類従《ぐんしょるいじゅう》』消息部《しょうそくぶ》)である。天皇の日記は、『親《ちか》長卿記《ながきょうき》』文明《ぶんめい》五年三月十七日条の記事によれば、かつては存在したことがわかるが、今は伝わらない。和歌《わか》には『後花園院御集《ごはなぞのいんぎょしゅう》』三巻(『列聖全集《れっせいぜんしゅう》』御製集《ぎょせいしゅう》四)、『後花園院五十首《ごはなぞのいんごじっしゅ》』(同)、『後花園院御百首《ごはなぞのいんおんひゃくしゅ》』(同・『続群書類従《ぞくぐんしょるいじゅう》』和歌部《わかぶ》)、連歌《れんが》には『後花園院御独吟百韻《ごはなぞのいんごどくぎんひゃくいん》』(『列聖全集《れっせいぜんしゅう》』御製集《ぎょせいしゅう》四・『続群書類従』連歌部《れんがぶ》ほか)などの作品がある。また『新続古今和歌集《しんしょくこきんわかしゅう》』撰進の命を下した。

参考文献 『大日本史料』八ノ三、文明二年十二月二十七日条

（益田　宗）

〔後山国陵《のちのやまくにのみささぎ》〕京都府北桑田郡京北町《きたくわだぐんけいほくちょう》大字井戸《いど》字丸山《まるやま》の常照皇寺内《じょうしょうこうじない》にある。光厳《こうごん》天皇陵・後土御門《ごつちみかど》天皇分骨所《ぶんこつしょ》と同域。天皇は文明《ぶんめい》三年(一四七一)正月三日、応仁《おうにん》・文明《ぶんめい》の乱《らん》の騒擾《そうじょう》のうちに崩御、悲田院《ひでんいん》にて火葬、同九日拾骨《しゅうこつ》、火葬の地には土を封じて植樹し、二月五日御骨(歯および仏舎利《ぶっしゃり》一粒を加える)を常照寺《じょうしょうじ》に賜わった。天皇は生前光厳天皇を慕い、崩後《ほうご》灰骨を祖堂に安置せよとの遺志によったもので、同寺では御骨を光厳天皇陵側に蔵《おさ》め、上に宝篋印塔《ほうきょういんとう》を建てた。御陵は光厳天皇陵とともに常照寺によって祭祀されてきた。幕末修陵《ばくまつしゅうりょう》の際は、光厳天皇・後花園天皇両陵を山国陵《やまくにのみささぎ》と称したが、明治《めいじ》二年(一八六九)当陵を後山国陵と改称した。天皇の分骨所は京都市上京区《かみぎょうく》般舟院前町《はんじゅういんまえちょう》の贈皇太后源《ぞうこうたいごうみなもと》朝子の般舟院陵《はんじゅういんのみささぎ》内に、火葬塚《かそうづか》は同上京区扇《おおぎ》町大応寺境内《けいだい》にある。なお文明三年二月十一日に分骨を大原法華《おおはらほっけ》堂《どう》の側にも納めているが、現在の後鳥羽《ごとば》天皇陵である十三重《じゅうさんじゅう》の石塔《せきとう》をこれにあてる説もある。

参考文献 『大日本史料』八ノ四、文明三年正月三日・九日・二月五日条、上野竹次郎『山陵』下

（中村　一郎）

【永《えい》享《きょう》】後花園《ごはなぞの》天皇の時の年号（一四二九―四一）。正長《しょうちょう》二年九月五日改元《かいげん》。代始《だいはじめ》による。文章博士《もんじょうはかせ》菅《すが》原在豊《わらのありとよ》の勘申《かんじん》。出典は『後漢書《ごかんじょ》』「能立二魏々之功一、伝二于子孫一、永享二無窮之祚一」。十三年二月十七日嘉吉《かきつ》と改元。

（皆川　完一）

【嘉《か》吉《きつ》】後花園《ごはなぞの》天皇の時の年号（一四四一―四四）。永享《えいきょう》十三年二月十七日改元《かいげん》。辛酉革命《しんゆうかくめい》による。文《もん》章博士《じょうはかせ》菅原益長の勘申《かんじん》。出典は『周易《しゅうえき》』随卦の象伝《しょうでん》「孚二于嘉吉一、位正中也」。四年二月五日文安《ぶんあん》と改元。

（尾藤　正英）

【文《ぶん》安《あん》】後花園《ごはなぞの》天皇の時の年号（一四四四―四九）。嘉吉《かきつ》四年二月五日改元《かいげん》。甲子革令《かっしかくれい》による。出典は、権中納言藤原兼郷《ごんちゅうなごんふじわらのかねさと》の勘文《かんもん》に「晋書《しんじょ》（巻五八、周札伝）曰、尊レ文安二漢社稷一、尚書（堯典）曰、欽明文思安安」とみえる。六年七月二十八日、宝徳《ほうとく》と改元。

参考文献　森本角蔵『日本年号大観』

（石井　正敏）

【宝《ほう》徳《とく》】後花園《ごはなぞの》天皇の時の年号（一四四九―五二）。文安《ぶんあん》六年七月二十八日改元《かいげん》。洪水《こうずい》・地震《じしん》・疾疫《しつえき》などによる。出典は、文章博士藤原為賢《もんじょうはかせふじわらのためかた》の勘文《かんもん》に「唐書（『旧唐書』巻二三、礼楽志）曰、朕宝二三徳一、曰慈倹謙」とみえる。四年七月二十五日、享徳《きょうとく》と改元。

参考文献　森本角蔵『日本年号大観』

（石井　正敏）

【享《きょう》徳《とく》】後花園《ごはなぞの》天皇の時の年号（一四五二―五五）。宝徳《ほうとく》四年七月二十五日改元《かいげん》。疫病《えきびょう》の流行による。出典は文章博士菅原為賢《もんじょうはかせすがわらのためかた》の勘文《かんもん》に「尚書曰、世々享レ徳、万邦作レ式」とみえる。四年七月二十五日康正《こうしょう》と改元。

（土田　直鎮）

【康《こう》　正《しょう》】後花園《ごはなぞの》天皇の時の年号（一四五五～五七）。享徳《きょうとく》四年七月二十五日改元《かいげん》。兵革連綿《へいかくれんめん》による。出典は文章博士《もんじょうはかせ》菅原在治《すがわらのありはる》らの勘文《かんもん》に「史記曰、平康正直、尚書曰、平康正直、注曰、世平安、用正直治之」とみえる。三年九月二十八日長禄《ちょうろく》と改元。（山田　英雄）

【長《ちょう》　禄《ろく》】後花園《ごはなぞの》天皇の時の年号（一四五七～六〇）。康正《こうせい》三年九月二十八日改元《かいげん》。病患《びょうかん》、旱損《かんそん》による。参議文章博士《さんぎもんじょうはかせ》菅原継長《すがわらのつぐなが》の勘申《かんじん》による。出典は『韓非子《かんぴし》』の「其建生也長、持禄也久」。四年十二月二十一日寛正《かんしょう》と改元。（山田　英雄）

【寛《かん》　正《しょう》】後花園《ごはなぞの》・後土御門《ごつちみかど》両天皇の時の年号（一四六〇～六六）。長禄《ちょうろく》四年十二月二十一日改元《かいげん》。天下《てんか》飢饉《ききん》による。権大納言藤原《ごんだいなごんふじわらの》（日野《ひの》）勝光《かつみつ》の勘申《かんじん》。出典は『孔子家語《こうしけご》』「外寛而内正」。七年二月二十八日文正《ぶんしょう》と改元。（尾藤　正英）

貞成親王《さだふさしんのう》

一三七二～一四五六

室町時代前期の親王《しんのう》で、伏見宮家《ふしみのみやけ》第三代の当主。応安五年（一三七二）三月二十五日生誕。父は伏見宮初代栄仁《よしひと》親王、母は三条実治《さんじょうさねはる》（阿野《あの》実治とするのは誤り）の娘治子。菊亭家《きくていけ》（今出川家《いまでがわけ》）で養育され、元服《げんぷく》して貞成と名乗る。貞成王の少青年期の伏見宮家は不遇であった。持明院統光厳院《じみょういんとうこうごんいん》のあと、崇光《すこう》・後光厳《ごこうごん》天皇と兄弟が皇位を継承したが、その後は後円融《ごえんゆう》・後小松《ごこまつ》天皇と後光厳流が相継ぎ、継承すべき地位にあった崇光院の嫡男《ちゃくなん》で、貞成王の父であった栄仁親王は、ついに継承することがなかったのである。貞成王十一歳の時、後小松天皇が践祚《せんそ》した。南北朝合一の実現した明徳《めいとく》三年(一三九二)、祖父崇光院は伏見殿で出家している。

応永《おうえい》五年(一三九八)、貞成王二十七歳の年、崇光院は伏見殿で没したが、これは伏見宮家にとって決定的な意味を持つこととなった。持明院統の嫡流故に、崇光院の伝領していた皇室領である長講堂《ちょうこうどう》領・法金剛院《ほうこんごういん》領・熱田社《あつたしゃ》領・播磨国衙《はりまのこくが》などが後小松天皇によって没収されたのである。本来ならば、あるいは皇位を継承していれば父栄仁親王に伝領《でんりょう》されて然《しか》るべきものであった。この年栄仁親王は伏見指月庵《しげつあん》で出家を遂げる。同年後小松天皇は、宮家の経済を考慮し、花園天皇皇子直仁入道親王《なおひとにゅうどうしんのう》の遺領であった室町院《むろまちいん》領七ヵ所を宮家領とし、さらに播磨国衙・同別納《べつのう》十ヵ所などを還付した。応永八年伏見御所の焼失後の数年間、父栄仁親王は嵯峨《さが》にある斯波《しば》氏の山荘などを仮寓としたが、後小松天皇による伏見荘還付の翌応永十六年、伏見に帰住した。同十八年、貞成王は伏見御所で元服した。時に四十歳の壮年である。これまでの記述に使用してきた貞成の名乗りも、この遅きに過ぎた元服の時に定められたものだった。今出川邸を居所としていた貞成王が、正式に父栄仁親王と対面したのもこの時であり、以後長くこの伏見御所で父とともに居することとなったのである。貞成王は、この元服の様子を、栄仁親王から今出川公行《きんゆき》への琵琶秘曲伝授《びわひきょくでんじゅ》の次第とともに自記に留めている。貞成王(二番目)の日記(別記)である。その後永享《えいきょう》七年(一四三五)に至る二十五年間、貞成王の居所となった伏見御所は、また当代文化の一つの核でもあった。御所を拠点とし、宮家《みやけ》・公家《くげ》・地下衆《じげしゅう》そして時には芸能者をも交え含みこんで催された連歌会《れんがえ》・茶寄合《ちゃよりあい》などの生活文化は、室町文化の典型でもあったのである。

応永二十三年正月一日、四十五歳の貞成王は、かの『看聞御記《かんもんぎょき》』の筆を起し、文安《ぶんあん》五年（一四四八）四月に擱筆《かくひつ》するまでの三十余年間書き続ける。この日記が、同時代の社会の解明にいかに大きく貢献したかについては多言不要である。この日記開始の年は、室町院領の宮家への安堵《あんど》、室庭田《にわた》幸子との間の長女誕生などの慶事もあったが、父栄仁親王の没した悲しみの年でもあった。宮家を継いだ兄治《はる》仁王《ひとおう》は、翌二十四年二月急死し、貞成王が相続したが、治仁王の死について、貞成王による毒殺などの風評《ふうひょう》も流れ、後小松院への弁明などその対応に苦慮するなど、身辺のせわしない期であった。幸い何の咎《とが》もなくこの難事を乗り切った貞成王は、名実ともに伏見御所の主となったのである。同二十六年長男彦仁《ひこひと》王が誕生した。のちの後花園《ごはなぞの》天皇である。このころから宮家伝来の秘器・秘記類の後小松院への献呈《けんてい》が目立ち、両者の関係は完全に修復されていた。応永三十二年、念願の親王宣下《しんのうせんげ》を受けた。時に五十四歳、すでに老境であった。この年後小松院と称光《しょうこう》天皇との父子間に継位問題をめぐって確《かく》執《しつ》があり、天皇は譲位《じょうい》と出奔《しゅっぽん》を企てた。後小松院はこの事態を回避するため貞成親王に出家を促《うなが》した。親王はこれを容《い》れ、七月五日伏見指月庵で薙髪《ちはつ》したのである。法号を道欽《どうきん》という。次男貞常《さだつね》親王（伏見宮第四代）の誕生もこの年である。

正長《しょうちょう》元年（一四二八）七月二十日、数年来病弱であった称光《しょうこう》天皇が没した。同月二十八日親王の長男彦仁王が践祚《せんそ》し、翌永享《えいきょう》元年（一四二九）即位《そくい》する。宮家年来の夢が実現したのである。永享四年、崇光院流皇統の由来や帝王学のあり方を記した『椿葉記《ちんようき》』（『正統興廃記《せいとうこうはいき》』）の清書を終え、翌々年後花園天皇に奏覧《そうらん》した。同七年には将軍足利義教《あしかがよしのり》の勧めもあり、思い出深い伏見をあとにして一条東洞院邸《いちじょうひがしとういんてい》に移り、ここに常住したのである。文安四年十一月二十七日、太上天皇《だじょうてんのう》の尊号を受けたが、翌年二月には辞退した。文安五年四月七日を最後に長年綴った『看聞御記』の筆を擱く。この月十三日、室庭田幸子が没した。しかし貞成親王はこの後も筆を執り、宝徳《ほうとく》三年（一四五一）から享徳《きょうとく》三年（一四五四）に至るまでの『諸家拝賀記《しょけはいがき》』（別記）を記している。康正《こうしょう》二年（一四五六）八月二十九日東洞院御所で没した。八十五歳。追号《ついごう》は後崇光院《ごすこういん》。墓所は伏見の大光明寺《だいこうみょうじ》。著書には、『看聞御記』四十一巻、別記十三巻の日記のほか、後花園天皇への奏覧のために記された『椿葉記』、歌集である『沙玉和歌集《さぎょくわかしゅう》』などがある。

参考文献　横井清『看聞御記』（『日記・記録による日本歴史叢書』古代・中世編一六）、市野千鶴子「伏見御所周辺の生活文化」（『書陵部紀要』三三）

（田沼　睦）

〔伏見松林院陵《ふしみのしょうりんいんのみささぎ》〕　京都市伏見区丹後《ふしみくたんご》町にあり、東面する方丘《ほうきゅう》である。康正《こうしょう》二年（一四五六）九月四日伏見大光明寺《だいこうみょうじ》にて火葬。陵所は、伏見宮の別邸であった指月庵《しげつあん》の後身である月橋院《げっきょういん》の過去帳に松林院に御墓所ありと伝えている。伏見宮家は当所を世々陵としてきたが、慶応《けいおう》元年（一八六五）江戸幕府探陵《たんりょう》の際に誤って後深草天皇の火葬塚とされた。その後、明治《めいじ》三十八年（一九〇五）に改めて後崇光院陵伝説地に指定され、大正《たいしょう》六年（一九一七）七月に陵に決定、現陵名を称した。

参考文献　上野竹次郎『山陵』下

（中村　一郎）

後土御門天皇《ごつちみかど》

一四四二〜一五〇〇　在位一四六四〜一五〇〇

嘉吉《かきつ》二年(一四四二)五月二十五日後花園《ごはなぞの》天皇の皇子として誕生。母は嘉楽門院藤原信子《からくもんいんふじわらのしんし》(藤原孝長《たかなが》の女《むすめ》、贈太政大臣大炊御門信宗《ぞうだじょうだいじんおおいみかどのぶむね》の養女)。諱《いみな》は成仁《ふさひと》。長禄《ちょうろく》元年(一四五七)十二月十九日親王宣下《しんのうせんげ》あり、翌二年四月十七日元服《げんぷく》の儀を挙げた。寛正《かんせい》五年(一四六四)七月十九日土御門内裏《つちみかどのだいり》において後花園天皇の禅《ゆず》りを受けて践祚《せんそ》。翌六年十二月二十七日太政官庁《だじょうかんちょう》において即位礼《そくいれい》を挙げた。天皇の即位後程なくして起った応仁《おうにん》・文明《ぶんめい》の乱《らん》は前後十一年にわたり、この間京都の市街は多く焼土《しょうど》と化し、騒乱《そうらん》は地方にも及んで皇室御料地《ごりょうち》をはじめ公家《くげ》の所領は多く侵掠《しんりゃく》せられ、朝廷の経済もきわめて窮乏《きゅうぼう》し、節会《せちえ》その他の恒例の朝儀《ちょうぎ》も廃されるものが多くなった。乱のはじめ応仁《おうにん》元年(一四六七)正月十八日天皇は難を避けて将軍足利義政《あしかがよしまさ》の室町第《むろまちのてい》に臨幸《りんこう》、同月二十日還幸《かんこう》したが、同年八月二十三日戦乱の激化により再び室町第に行幸《ぎょうこう》、これより十年近くここを仮宮《かりみや》として起居したが、文明《ぶんめい》八年(一四七六)十一月室町第類焼により小川第《おがわのてい》に移り、さらに北小路第《きたこうじのてい》・日野政資第《ひのまさすけのてい》へと移徙《わたまし》し、同十一年十二月に至って、修理成る土御門内裏に還幸した。この間義政側近の日野勝光《ひのかつみつ》・伊勢貞親《いせさだちか》ら政を左右し、義政夫人日野富子《とみこ》も政治に容喙《ようかい》して綱紀紊《こうきみだ》れて幕府の威令《いれい》行われず、天皇は政務意のごとくならざるにより、譲位《じょうい》しようとしたことも一再にとどまらなかった。このような状況のもとにあって、天皇は応仁以来中絶した朝儀の再興に努め、廷臣《ていしん》をして元日節会《がんじつのせちえ》を温習《おんしゅう》させ、あるいは旧例の調査、節会の次第の書写を行わしめ、ついに延徳《えんとく》二年(一四九〇)から明応《めいおう》元年(一四九二)にかけて三節会《さんせちえ》をはじめ、殿上淵酔《てんじょうのえんずい》・乞巧《きこう》奠《でん》などを再興した。明応九年九月二十八日崩御《ほうぎょ》。年五十九。深草北陵《ふかくさのきたのみささぎ》(京都市伏見《ふしみ》区深草坊町《ふかくさぼうちょう》)に葬る。天皇学を好み、吉田兼倶《よしだかねとも》・一条兼良《いちじょうかねよし》・清原宗賢《きよはらむねかた》らに和漢の書を講《こう》ぜしめ、また歌道《かどう》に長じ、『紅塵灰集《こうじんかいしゅう》』『いその玉藻《たまも》』『後土御門院御百首《ごつちみかどいんおんひゃくしゅ》』などの御集《ぎょしゅう》がある。→深草北陵《ふかくさのきたのみささぎ》〈228頁〉

参考文献　和田英松『皇室御撰之研究』、浅野長武「室町時代の皇室と国民」(『(岩波講座)日本歴史』所収)

(後藤　四郎)

【文《ぶん》　正《しょう》】　後土御門《ごつちみかど》天皇の時の年号(一四六六～六七)。寛正《かんしょう》七年二月二十八日改元《かいげん》。代始《だいはじめ》による。出典は、権中納言《ごんちゅうなごん》藤原綱光《ふじわらのつなみつ》の勘文《かんもん》に「荀子(巻五、王制篇九)曰、積㆓文学㆒、正㆓身行㆒」とみえる。二年三月五日、応仁《おうにん》と改元。

参考文献　森本角蔵『日本年号大観』

(石井　正敏)

【応《おう》　仁《にん》】　後土御門《ごつちみかど》天皇の時の年号(一四六七～六九)。文正《ぶんしょう》二年三月五日改元《かいげん》。兵革《へいかく》による。権中納言《ごんちゅうなごん》菅原継長《すがわらのつぐなが》の勘申《かんじん》。出典は『維城典訓《いじょうてんくん》』「仁之感㆑物、物之応㆑仁、若㆓影随㆒㆑形、猶㆓声致㆒㆑響」。三年四月二十八日文明《ぶんめい》と改元。

参考文献　『大日本史料』八ノ一、応仁元年三月五日条

(皆川　完一)

【文《ぶん》　明《めい》】　後土御門《ごつちみかど》天皇の時の年号(一四六九～八七)。応仁《おうにん》三年四月二十八日改元《かいげん》。兵革《へいかく》・星変《せいへん》による。出典は、参議菅原長清《さんぎすがわらのながきよ》の勘文《かんもん》に「周易(同人卦彖伝)曰、文明以健、中正而応君子正也」とみえる。十九年七月二十日、長享《ちょうきょう》と改元。

参考文献　『大日本史料』八ノ二、文明元年四月二十八日条、森本角蔵『日本年号大観』　（石井　正敏）

【長《ちょう》　享《きょう》】　後土御門《ごつちみかど》天皇の時の年号（一四八七～八九）。文明《ぶんめい》十九年七月二十日改元《かいげん》。疾疫《しつえき》、兵革《へいかく》、火事《かじ》による。少納言《しょうなごん》兼侍従《けんじじゅう》大内記《だいないき》式部少輔《しきぶのしょう》（大輔）文章博士《もんじょうはかせ》菅原在数《すがわらのありかず》の勘申《かんじん》による。出典は『文《もん》選《ぜん》』の「喜得全功、長享其福」、『春秋左氏伝《しゅんじゅうさしでん》』の「元体之長也、享嘉之会也、利義之和也、貞事之幹也」、『後漢書《ごかんじょ》』の「長享福祚、垂之後嗣、此万全之策也」。三年八月二十一日延徳《えんとく》と改元。

参考文献　『大日本史料』八ノ二〇、長享元年七月二十日条　（山田　英雄）

【延《えん》　徳《とく》】　後土御門《ごつちみかど》天皇の時の年号（一四八九～九二）。長享《ちょうきょう》三年八月二十一日改元《かいげん》。天変《てんぺん》・疫病《えきびょう》による。参議《さんぎ》菅原長直《すがわらのながなお》の勘申《かんじん》。出典は『孟子《もうし》』「開㆓延道徳㆒」。四年七月十九日明応《めいおう》と改元。

参考文献　『大日本史料』八ノ二八、延徳元年八月二十一日条　（皆川　完一）

【明《めい》　応《おう》】　後土御門《ごつちみかど》・後柏原《ごかしわばら》両天皇の時の年号（一四九二～一五〇一）。延徳《えんとく》四年七月十九日改元《かいげん》。疾疫《しつえき》・天変《てんぺん》による。出典は、もともとは文章博士《もんじょうはかせ》菅原在数《すがわらのありかず》の勘文《かんもん》に「文選（巻一〇、檄呉将校部曲文）曰、徳行修明、皆宜㆘応㆓受多福㆒、保㆗乂子孫㆖」とあることによるが、五臣《ごしん》・六臣注《りくしんちゅう》『文選《もんぜん》』には「応」字が「膺」字となっているため問題となり、仗議《じょうぎ》の決定に際しては、在数勘申の『文選』の文を破棄《はき》し、延徳度改元《えんとくどかいげん》において文章博士菅原和長《かずなが》が勘申《かんじん》した『周易《しゅうえき》』の「其徳剛健而文明、応㆓乎天㆒」を出典に採用したという。朝廷は当初改元日時を七月十日と内定し、これを室町幕府《むろまちばくふ》に伝えたところ、幕府は難色を示し、十九・二十二・二十五日を指定したので、十九日と変更した。ついで菅原在数・同長直《ながなお》・同和長三名の勘申した九種の年号候補を、仗議の前に幕府に報じた。幕府はその中から明字の付く明応・明保《めいほう》・明暦《めいれき》の三種から選ぶべきことを伝えてきた。そこで難陳の儀を経て明応に決定した。さらに新年号の採用に関しても、朝廷が七月十九日に改元したのに対し、幕府は同月二十八日に改元吉書始《きっしょはじめ》を行い、この日から採用している。このように今回の改元に際しては、室町幕府の強い干《かん》渉《しょう》のあったことが知られている。十年二月二十九日、文亀《ぶんき》と改元された。

参考文献　久保常晴『日本私年号の研究』、森本角蔵『日本年号大観』、所功『日本の年号』(『カルチャーブックス』一三)、同『年号の歴史』(『雄山閣ブックス』二二)

(石井　正敏)

後柏原《ごかしわばら》天皇

一四六四〜一五二六　在位一五〇〇〜二六

寛正《かんしょう》五年(一四六四)十月二十日後土御門《ごつちみかど》天皇の第一皇子として誕生。母は贈皇太后《ぞうこうたいごう》源朝子(贈内大臣《ぞうないだいじん》庭田長賢《にわたながかた》の女《むすめ》)。諱《いみな》は勝仁《かつひと》。文明《ぶんめい》十二年(一四八〇)十二月十三日親王宣下《しんのうせんげ》、同月二十日元服《げんぷく》の儀《ぎ》あり。明応《めいおう》九年(一五〇〇)十月二十五日、後土御門天皇崩御《ほうぎょ》のあとを承けて小御所《こごしょ》において践祚《せんそ》。大永《だいえい》元年(一五二一)三月二十二日紫宸殿《ししんでん》において即位礼《そくいれい》を挙げた。応仁《おうにん》・文明《ぶんめい》の乱《らん》のあとを受けて諸国は疲弊《ひへい》し、朝廷の経済も窮迫《きゅうはく》し、後土御門天皇の大葬《たいそう》も崩御後四十三日にてようやく執り行うことができたというような状態であった。したがって費用がないため内侍所御神楽《ないしどころのみかぐら》を延引し、あるいは元日節会《がんじつのせちえ》その他の朝儀《ちょうぎ》を停めることも通例のこととなり、即位礼のごときも、早くよりその議があって、践祚の翌年費用調達のため段銭《たんせん》を諸国に課したが進納は予期のごとくならず、その後室町幕府や地方豪族からの献金もあったがなお足らず、大永元年に至り将軍足利義稙《あしかがよしたね》より即位の資として一万疋が献金され、また本願寺《ほんがんじ》光兼《こうけん》(実如《じつにょ》)の献金もあって、ようやく践祚後二十二年目にして即位礼を挙げた。

このような状況のうちにあって天皇は常に朝儀《ちょうぎ》の再興に心掛けるとともに、国民の上に思をとどめ、永正《えいしょう》四年(一五〇七)八月兵革《へいかく》連続して洛中不穏《らくちゅうふおん》の際には伊勢神宮《いせじんぐう》などをして天下の和平、国家の安全を祈らしめ、また大永五年十一月疱瘡《ほうそう》が流行した時には宸筆《しんぴつ》の『般若心経《はんにゃしんぎょう》』を延暦寺《えんりゃくじ》と仁和寺《にんなじ》に納めて万民の安穏《あんのん》を祈ったのであった。大永六年四月七日、記録所《きろくしょ》において崩御。六十三歳。深草北陵《ふかくさのきたのみささぎ》(京都市伏見区深草坊町《ふしみくふかくさぼうちょう》)に葬る。天皇は学を好み、詩歌管絃《しいかかんげん》の道にも長じ、歌集を『柏玉集《はくぎょくしゅう》』という。また『後柏原天皇宸記』として、明応九年十一月・十二月、永正三年正月・二月、同六年正月、同九年正月、大永元年四月・五月の日記が伝えられている。 →深草北陵《ふかくさのきたのみささぎ》〈228頁〉

参考文献 和田英松『皇室御撰之研究』、浅野長武「室町時代の皇室と国民」(『(岩波講座)日本歴史』所収)

(後藤　四郎)

【文《ぶん》亀《き》】 後柏原《ごかしわばら》天皇の時の年号(一五〇一～〇四)。明応《めいおう》十年二月二十九日改元《かいげん》。代始《だいはじめ》並びに辛酉革命《しんゆうかくめい》による。出典は、文章博士《もんじょうはかせ》菅原和長《すがわらのかずなが》の勘文《かんもん》に「爾雅《じが》(巻一〇、釈魚)曰、十朋之亀者、一曰神亀、(中略)五曰文亀、(下略)」とみえる。辛酉革命改元により、天下《てんか》の諸社《しょしゃ》に一階《いっかい》を叙《じょ》し、また代始改元のため賑給《しんごう》・赦令《しゃれい》のこととなし、とされた。四年二月三十日、永正《えいしょう》と改元。

参考文献 森本角蔵『日本年号大観』

(石井　正敏)

【永正《えいしょう》】後柏原《ごかしわばら》天皇の時の年号（一五〇四〜二一）。文亀《ぶんき》四年二月三十日改元《かいげん》。甲子革令《かっしかくれい》による。式部《しきぶの》大輔《だいふ》菅原長直《すがわらのながなお》の勘申《かんじん》。出典は『周易緯《しゅうえきい》』「永正二其道一、咸受二吉化一」。十八年八月二十三日大《だい》永《えい》と改元。 （皆川 完一）

【大永《だいえい》】後柏原《ごかしわばら》・後奈良天皇《ごならてんのう》の時の年号（一五二一〜二八）。「たいえい」ともいう。永正《えいしょう》十八年八月二十三日改元《かいげん》。兵革《へいかく》・天変《てんぺん》による。出典は参議菅原為学《さんぎすがわらのためざね》の勘文《かんもん》に「杜氏通典曰、庶務至微至密、其大則以永業」とみえる。八年八月二十日享禄《きょうろく》と改元。

参考文献 『大日本史料』九ノ一三、大永元年八月二十三日条 （山田 英雄）

後奈良《ごなら》天皇

一四九六〜一五五七 在位一五二六〜五七

明応《めいおう》五年（一四九六）十二月二十三日後柏原《ごかしわばら》天皇の第二皇子として権中納言勧修寺政顕《ごんちゅうなごんかじゅうじまさあき》第において誕生。母は豊楽門院藤原藤子《ぶらくもんいんふじわらのとうし》（贈左大臣勧修寺教秀《ぞうさだいじんかじゅうじのりひで》の女《むすめ》）。諱《いみな》は知仁《ともひと》。永正《えいしょう》九年（一五一二）四月八日親王宣《しんのうせん》下《げ》、同月二十六日元服《げんぷく》の儀あり。大永《だいえい》六年（一五二六）四月二十九日後柏原天皇崩御《ほうぎょ》のあとを承けて践《せん》祚《そ》。天文《てんぶん》五年（一五三六）二月二十六日紫宸殿《ししんでん》において即位礼《そくいれい》を挙げた。天皇の代は皇室の最も式微《しきび》した時期にあたり、即位礼のごときも大内《おおうち》・北条《ほうじょう》・今川《いまがわ》・朝倉《あさくら》ら地方豪族《ごうぞく》の献金により践祚後十年にしてようやく挙行することができたのである。

後奈良天皇像　京都市　浄福寺所蔵

天皇は同九年六月疾疫流行《しつえきりゅうこう》の終熄《しゅうそく》を祈念《きねん》して『般若心経《はんにゃしんぎょう》』を書写し、三宝院《さんぼういん》義堯をして供養《くよう》させたが、その奥書《おくがき》に「今茲天下大疫万民多阽二於死亡一、朕為二民父母一徳不レ能レ覆、甚自痛焉」と記したことは、皇室式微の中にもなお天皇としての深い自覚を示したものとして著名である。天皇はまた宸筆《しんぴつ》の『般若心経』を諸国一宮《しょこくいちのみや》に奉納《ほうのう》したが、その数は河内《かわち》・伊勢《いせ》以下二十四ヵ国に上り、阿波《あわ》・伊豆《いず》など七ヵ国分が現存する。なお天皇は同十四年八月伊勢神宮《いせじんぐう》に宣命《せんみょう》を奉《たてまつ》り、大嘗祭《だいじょうさい》を行い得ないことを謝《しゃ》し、国力の衰微《すいび》、時運の非《ひ》なることを告《つ》げ、聖運《せいうん》の興隆《こうりゅう》と民戸《みんこ》の豊饒《ほうじょう》を祈願《きがん》した。弘治《こうじ》三年(一五五七)九月五日年六十二にして崩御。陵は深草北陵《ふかくさのきたのみささぎ》(京都市伏見《ふしみ》区深草坊町《ふかくさぼうちょう》)という。

天皇は学を好み、清原宣賢《きよはらののぶかた》・五条為学《ごじょうためざね》らより漢籍《かんせき》を、吉田兼右《よしだかねみぎ》・三条西実隆《さんじょうにしさねたか》・同公条《きんえだ》よりわが国の古典を学んだ。また文筆に長じ、御製《ぎょせい》の和歌などの伝わるもの少なからず、日記を『天聴集《てんちょうしゅう》』といい、ほかに『後奈良院御集《ごならいんぎょしゅう》』『後奈良院御百首《ごならいんおんひゃくしゅ》』『後奈良院御撰何曾《ごならいんぎょせんなぞ》』などが伝えられている。→深草北陵《ふかくさのきたのみささぎ》〈228頁〉

参考文献　和田英松『皇室御撰之研究』、浅野長武「室町時代の皇室と国民」(『(岩波講座)日本歴史』所収)

(後藤　四郎)

【享《きょう》　禄《ろく》】後奈良《ごなら》天皇の時の年号（一五二八～三二）。大永《だいえい》八年八月二十日改元《かいげん》。代始《だいはじめ》による。文章博士《もんじょうはかせ》菅原長淳《すがわらのながあつ》の勘文《かんもん》に「周易大畜卦象程氏伝注曰、居二天位一享二天禄一」とみえる。五年七月二十九日天文《てんぶん》と改元。

（土田　直鎮）

【天《てん》　文《ぶん》】後奈良《ごなら》天皇の時の年号（一五三二～五五）。享禄《きょうろく》五年七月二十九日改元《かいげん》。兵革《へいかく》による。権中納言《ごんちゅうなごん》 源 重親《みなもとのしげちか》、文章博士《もんじょうはかせ》菅原長雅《すがわらのながまさ》の勘申《かんじん》。出典は『易《えき》』の「仰以観於天文、俯以察於地理」、『孔安国尚書注《こうあんこくしょうしょちゅう》』の「舜察天文斉七政」。二十四年十月二十三日弘治《こうじ》と改元。

（山田　英雄）

【弘《こう》　治《じ》】後奈良《ごなら》・正親町《おおぎまち》両天皇の時の年号（一五五五～五八）。天文《てんぶん》二十四年十月二十三日に改元《かいげん》。兵革《へいかく》による。出典は権中納言《ごんちゅうなごん》菅原長雅《すがわらのながまさ》の勘文《かんもん》に「北斉書曰、祇承宝命、志弘治体」とみえる。四年二月二十八日永禄《えいろく》と改元。

（山田　英雄）

正親町《おおぎまち》天皇　一五一七～九三　在位一五五七～八六

諱《いみな》は方仁《みちひと》。永正《えいしょう》十四年（一五一七）五月二十九日生まる。後奈良《ごなら》天皇の第二皇子、母は参議《さんぎ》万里小路《までのこうじ》賢房《かたふさ》の女贈皇太后栄子《ぞうこうたいごうえいし》（吉徳門院）である。天文《てんぶん》二年（一五三三）十二月親王宣下《しんのうせんげ》および元服《げんぷく》の儀《ぎ》を挙げ、弘治《こうじ》三年（一五五七）十月二十七日に後奈良天皇崩御《ほうぎょ》のあとを承けて践祚《せんそ》、ついで永禄《えいろく》三年（一五六〇）正月二十七日即位礼《そくいれい》を挙げられた。治世《ちせい》の初めは戦国時代の末期にあたって朝廷の窮乏もはなはだしく、

正親町天皇画像　京都市　泉涌寺所蔵

その即位礼のごときも毛利元就《もうりもとなり》らの献資《けんし》にまたなければならなかった。しかし同十一年織田信長《おだのぶなが》の入京を期としてようやく時代の転換を迎え、これより信長および豊臣秀吉《とよとみひでよし》による国内平定が進展したが、天皇は伝統的権威によってこれを助けるとともに、織《しょく》豊《ほう》二氏の推尊《すいそん》を受けられ、またその尽力《じんりょく》により御料《ごりょう》所《しょ》の復旧・新設、皇居の修理、朝儀《ちょうぎ》の復興、神宮《じんぐう》の造替《ぞうたい》などが行われて朝廷の面目は一新し、公家社会もまた安定するに至った。かくて天正《てんしょう》十三年(一五八五)、秀吉は関白《かんぱく》に任ぜられ、国内もおおむね平定するに至ったが、翌十四年十一月七日天皇は皇孫和仁《こうそんかずひと》親王(後陽成《ごようぜい》天皇)に譲位《じょうい》された。譲位のことは朝廷の式微《しきび》のため後土御門《ごつちみかど》天皇以来行われなかったことであった。この後、文禄《ぶんろく》二年(一五九三)正月五日御年七十七を以て崩御《ほうぎょ》、ついで正親町院《おおぎまちいん》と追号《ついごう》した。その号は仙洞御所北面《せんとうごしょほくめん》の町名にちなんだものという。陵は京都深草《きょうとふかくさ》にあり、深草北陵《ふかくさのきたのみささぎ》と称する。

天皇は資性仁慈《しせいじんじ》、京都大覚寺《だいかくじ》所蔵の宸筆《しんぴつ》『般若心経《はんにゃしんぎょう》』は永禄《えいろく》四年辛酉《しんゆう》の厄歳《やくさい》に際し、万民《ばんみん》のために攘災与楽《じょうさいよらく》を祈念《きねん》して書写されたものであり、また『時慶卿記《ときよしきょうき》』にもその仁徳《じんとく》を偲《しの》んで「御情深慈悲ニ御座故惜歎限ナシ」と伝えている。なお御撰《ぎょせん》には後陽成天皇に進められた教訓《きょうくん》の書や朝儀に関する覚《おぼえ》書《がき》の類があり、御製《ぎょせい》には『正親町院御百首《おおぎまちいんおんひゃくしゅ》』(『続群書類従《ぞくぐんしょるいじゅう》』和歌部《わかぶ》)が伝えられ、日記としては天正《てんしょう》三年正月の宸筆御記《しんぴつぎょき》が伝存する。→深草北陵《ふかくさのきたのみささぎ》〈228頁〉

参考文献 『大日本史料』一〇・一一編、『本朝皇胤紹運録』、和田英松『皇室御撰之研究』、帝国学士院編『宸翰英華』

(武部 敏夫)

【永《えい》 禄《ろく》】 正親町《おおぎまち》天皇の時の年号(一五五八~七〇)。弘治《こうじ》四年二月二十八日改元《かいげん》。代始《だいはじめ》による。権中納言菅原長雅《ごんすがわらのながまさ》の勘申《かんじん》。出典は『群書治要《ぐんしょちよう》』二六「保㆑世持㆑家、永全㆓福禄㆒者也」。十三年四月二十三日元亀《げんき》と改元。

(皆川 完一)

【元《げん》 亀《き》】 正親町《おおぎまち》天皇の時の年号(一五七〇~七三)。永禄《えいろく》十三年四月二十三日改元《かいげん》。兵革《へいかく》によるか。出典は式部大輔菅原長雅《しきぶのだいふすがわらのながまさ》の勘文《かんもん》に「毛詩曰、憬彼淮夷、来献其琛、元亀象歯大賂南金、文選曰、元亀水処、潜竜蟠於沮沢、応鳴鼓而興雨」などとみえる。四年七月二十八日天正《てんしょう》と改元。

参考文献 『大日本史料』一〇ノ四、元亀元年四月二十三日条

(山田 英雄)

【天《てん》 正《しょう》】 正親町《おおぎまち》天皇の時の年号(一五七三~九二)。元亀《げんき》四年七月二十八日改元《かいげん》。兵革《へいかく》によるか。出典は式部大輔菅原長雅《しきぶのだいふすがわらのながまさ》の勘文《かんもん》に「文選曰、君以下為基、民以食為天、正其末者端其本、善其後者慎其先、老子経曰、清静者為天下正」とみえる。二十年十二月八日文禄《ぶんろく》と改元。

参考文献 『大日本史料』一〇ノ一六、天正元年七月二十八日条

(山田 英雄)

Ⅳ 近世の天皇

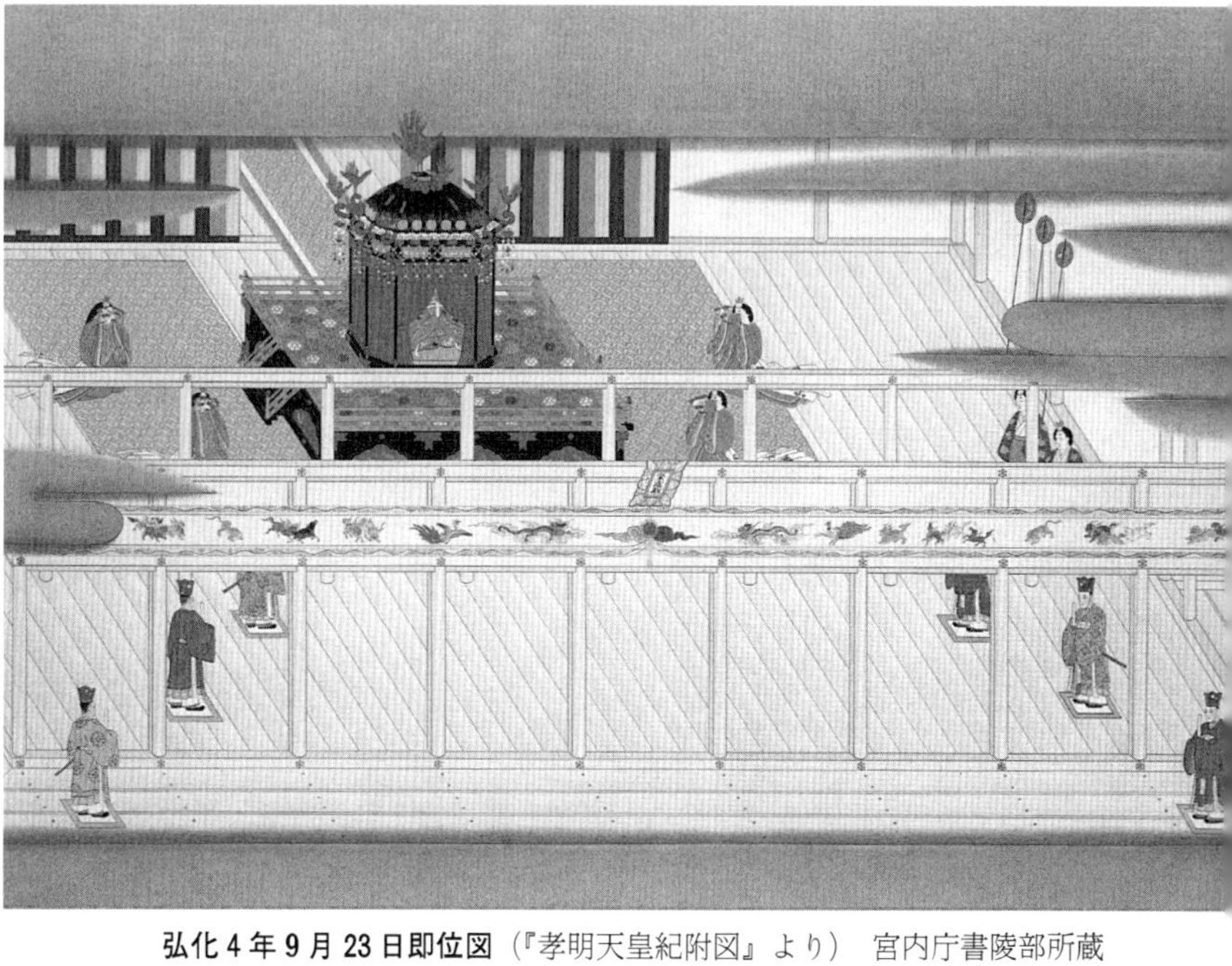

弘化4年9月23日即位図（『孝明天皇紀附図』より） 宮内庁書陵部所蔵

後陽成天皇《ごようぜい》

一五七一〜一六一七　在位一五八六〜一六一一

元亀《げんき》二年（一五七一）十二月十五日正親町《おおぎまち》天皇の皇子誠仁《おうじさねひと》親王（陽光《ようこう》太上天皇）の第一王子として誕生。母は贈左大臣勧修寺晴右《ぞうさだいじんかじゅうじはれみぎ》の女晴子（新上東門院《しんじょうとうもんいん》）。初名和仁《かずひと》、慶長《けいちょう》三年（一五九八）十二月周仁《かたひと》と改名。父親王が皇位を継承《けいしょう》しないうちに没したため、代わって皇儲《こうちょ》に定められ、天正《てんしょう》十四年（一五八六）九月十七日立親王の後、十一月七日祖父《そふ》天皇の譲《ゆず》りを受けて践祚《せんそ》し、同月二十五日即位礼《そくいれい》を挙げた。在位二十六年を数え、慶長十六年三月二十七日政仁《ことひと》親王（後水尾《ごみずのお》天皇）に譲位《じょうい》。元和《げんな》三年（一六一七）八月二十六日、四十七歳をもって崩御《ほうぎょ》。後陽成院《ごようぜいいん》と追号《ついごう》し、京都深草《ふかくさ》の深草北陵《ふかくさのきたのみささぎ》に葬った。

天皇の在位は、豊臣秀吉《とよとみひでよし》の全国平定から徳川家康《とくがわいえやす》の政権確立《せいけんかくりつ》に至る年代で、公家社会が多年の衰微を脱して安定を得た時であり、天正十六年の聚楽第行幸《じゅらくだいぎょうこう》は朝廷《ちょうてい》の回復を眼《ま》のあたりに示す威儀《いぎ》であった。このような時世にあって、天皇は朝儀《ちょうぎ》の故実《こじつ》に精《くわ》しく、公事儀式《くじぎしき》の復興に意を用いたが、また深く学問を好み、しばしば『伊勢物語《いせものがたり》』『源氏物語《げんじものがたり》』などの古典を侍臣《じしん》に講じ、述作《じゅつさく》も少なくない。和歌《わか》・書道《しょどう》・絵画《かいが》も堪能《たんのう》で、古今集秘説《こきんしゅうひせつ》の湮滅《いんめつ》を惜《お》しみ、勅使《ちょくし》を派して細川幽斎《ほそかわゆうさい》を田辺城《たなべじょう》から退陣《たいじん》せしめたことは、歌道尊重《かどうそんちょう》の事蹟《じせき》として著名である。また木製活字《もくせいかつじ》を作らせて、『古文孝経《こぶんこうきょう》』『錦繍段《きんしゅうだん》』『勧学文《かんがくぶん》』『日本書紀神代巻《にほんしょきじんだいのまき》』『職原抄《しょくげんしょう》』その他和漢の古典数種を印行《いんこう》せしめた。すなわち慶長勅版《けいちょうちょくはん》で、その文化史上の意義はすこぶる大きい。天皇の崩御に際し、廷臣中院通村《なかのいんみちむら》は特に和漢《わかん》の才を称え、炬火《きょか》の滅《めつ》した思いがすると痛嘆《つうたん》の意を日記に書き留めている。御撰《ぎょせん》には『伊勢物語愚案抄《いせものがたりぐあんしょう》』『百人一首抄《ひゃくにんいっしゅしょう》』『詠歌《えいが》之大概抄《のたいがいしょう》』『名所方輿勝覧《めいしょほうよしょうらん》』その他、御製《ぎょせい》には『後陽成院御製詠五十首《ごようぜいいんぎょせいえいごじっしゅ》』その他があり、日記は慶長《けいちょう》六年正月叙位《じょい》記《き》、同七年正月四方拝《しほうはい》・小朝拝《こちょうはい》・叙位《じょい》の記などが伝えられる。↓深草北陵《ふかくさのきたのみささぎ》〈228頁〉

参考文献 『大日本史料』一二ノ二七、元和三年八月二十六日条、帝国学士院編『宸翰英華』一、辻善之助『御歴代の聖徳に就いて』 （武部 敏夫）

後陽成天皇画像 京都市 泉涌寺所蔵

【文禄《ぶんろく》】 後陽成《ごようぜい》天皇の時の年号（一五九二～九六）。天正《てんしょう》二十年十二月八日改元《かいげん》。代始《だいはじめ》による。出典は、権中納言《ごんちゅうなごん》菅原盛長《すがわらのもりなが》の勘文《かんもん》に「杜氏通典（巻三五、職官）禄秩巻、貞観二年制注曰、凡京文武官、毎歳給レ禄」とみえる。五年十月二十七日、慶長《けいちょう》と改元。

参考文献 森本角蔵『日本年号大観』 （石井 正敏）

【慶長《けいちょう》】 後陽成《ごようぜい》・後水尾《ごみずのお》両天皇の時の年号（一五九六～一六一五）。文禄《ぶんろく》五年十月二十七日に改元《かいげん》。天《てん》変地妖《ぺんちよう》による。出典は文章博士《もんじょうはかせ》菅原為経《すがわらのためつね》の勘文《かんもん》に「毛詩注疏曰、文王功徳深厚、故福慶延長也」とみえる。二十年七月十三日元和と改元。 （山田 英雄）

誠《さね》仁《ひと》親《しん》王《のう》

一五五二〜八六

正親町《おおぎまち》天皇の第一皇子。母は内大臣《ないだいじん》万里小路《までのこうじ》秀房《ひでふさ》の女《むすめ》、贈准三宮《じゅさんぐう》房子。太上天皇《だじょうてんのう》の尊号を追贈せられ、陽光《ようこう》太上天皇と称せられる。天文《てんぶん》二十一年(一五五二)四月二十三日誕生。永禄《えいろく》十一年(一五六八)十二月親王宣下《しんのうせんげ》を受け、天正《てんしょう》十二年(一五八四)正月三品《さんぼん》に叙せられた。幼少より皇儲《こうちょ》と定められており、天正十四年に至り父天皇の譲位《じょうい》の時期も内定されたが、その儀の行われるのに先立ち、同年七月二十四日病により俄《にわ》かに没した。享年《きょうねん》三十五。院号を陽光院といい、京都東山《ひがしやま》の泉涌寺《せんにゅうじ》山内に葬った。陵名は月輪陵《つきのわのみささぎ》という。なお尊号の追贈は、王子後《ご》陽成《ようぜい》天皇の受禅《じゅぜん》の同年十一月以降、親王の三周忌《さんしゅうき》以前のことと推定されるが、その年次は未詳である。親王は和歌《わか》・連歌《れんが》・雅楽《ががく》・書道をよくし、立《りっ》花《か》・楊弓《ようきゅう》の嗜《たしな》みも深かった。歌集には『陽光院五《ようこういんご》十首《じっしゅ》』があり、手蹟としては『羽賀寺縁起《はがでらえんぎ》』のほか消息類が多く伝えられている。妃は新上東門院《しんじょうとうもんいん》晴子(贈左大臣勧修寺晴右《かじゅうじはれみぎ》の女《むすめ》)、王子女は後陽成天

誠仁親王画像　京都市　泉涌寺所蔵

皇・八条宮智仁親王《はちじょうのみやとしひと》など十四人を数える。　↓月輪陵《つきのわのみささぎ》〈217頁〉

参考文献　和田英松『皇室御撰之研究』

（武部　敏夫）

後《ご》水《みずの》尾《お》天皇

一五九六〜一六八〇　在位一六一一〜二九

慶長《けいちょう》元年（一五九六）六月四日後陽成《ごようぜい》天皇の第三皇子として誕生。母は関白近衛前久《かんぱくこのえさきひさ》の女《むすめ》前子（中和門《ちゅうわもん》院《いん》）。諱《いみな》は政仁《ことひと》（初訓「ただひと」）。同五年十二月二十一日親王宣下《しんのうせんげ》、同十六年三月二十七日父天皇の譲りを受けて践祚《せんそ》し、四月十二日即位礼《そくいれい》を挙げた。この後、元和《げんな》六年（一六二〇）六月将軍徳川秀忠《しょうぐんとくがわひでただ》の女《むすめ》和子《かずこ》を納れて女御《にょうご》とし、ついで寛永《かんえい》元年（一六二四）十一月久しく絶えていた立后《りっこう》の儀が行われた。在位十九年にして、同六年十一月八日俄《にわ》かに皇后所生《こうごうしょせい》の女一宮興子《むすめいちのみやおきこ》内親王（明正《めいしょう》天皇）に譲位《じょうい》し、爾来《じらい》院にあること五十二年、その間慶安《けいあん》四年（一六五一）五月落飾《らくしょく》して法名を円浄《えんじょう》と称したが、延宝《えんぽう》八年（一六八〇）八月十九日八十五歳をもって崩御《ほうぎょ》。追号《ついごう》は遺詔《いしょう》によって後水尾院《ごみずのおいん》といい、陵は京都泉涌寺山内《せんにゅうじさんない》にあって、月輪陵《つきのわのみささぎ》と称する。

天皇の在位時は、徳川幕府の創業期にあたり、時に新しい朝幕関係《ちょうばくかんけい》の確立を目指した徳川幕府は、元和元年七月『禁中并公家諸法度《きんちゅうならびにくげしょはっと》』を定めて朝廷抑制の方針を制度化したが、さらに四辻季継《よつつじすえつぐ》らの配《はい》流《る》や紫衣事件《しえじけん》のごとき朝廷の内政・特権に対する露骨な干渉も相《あい》ついで行われた。このため天皇は憤《ふん》

後水尾天皇画像　京都市　泉涌寺所蔵

懣《まん》抑《おさ》えがたく、あえて幕府に諮《はか》ることなく譲位《じょうい》を決行したのであった。いま東山御文庫《ひがしやまごぶんこ》に伝存する天皇宸筆《しんぴつ》の御教訓書《ごきょうくんしょ》に、特に武家専権の世であることに言及して、この時世にあっては憍心《きょうしん》をつつしむことが肝要《かんよう》であると説いているのは、体験にもとづく訓戒《くんかい》として意義深いものがある。

天皇の在世時はまた文芸復興の機運にみちた時代で、朝廷にあっても文学・芸術にすぐれた公家衆《くげしゅう》が輩出《はいしゅつ》した。天皇も深く文芸を好み、みずから『源氏物語《げんじものがたり》』その他の古典を侍臣《じしん》に講ずるとともに、宮中に学問講《がくもんこう》と称する学芸稽古《がくげいけいこ》の式日を設けて、廷臣《ていしん》の講習を奨励《しょうれい》した。また和歌《わか》・連歌《れんが》・漢詩《かんし》・書道《しょどう》をはじめ、茶道《さどう》・華道《かどう》・香道《こうどう》あるいは絵画《かいが》などにも長じ、ことに和歌・書道については、戯《たわむ》れに「手《て》も少《すこ》しは書《か》く、歌《うた》も相応《そうおう》にはよむ」(『槐記《かいき》』)と自讃《じさん》している。勅版《ちょくはん》『皇朝類苑《るいえん》』の刊行もまた天皇の好学《こうがく》の一端を示すものである。さらに朝儀の復興にも意を用い、踏歌節会《とうかせちえ》・殿上淵酔《てんじょうのえんずい》などの儀を復する一方、『当時年中行事《とうじねんじゅうぎょうじ》』のごとき朝儀公事《ちょうぎくじ》に関する著作も遺している。天皇は譲位の後、幕府に対する憤懣を仏道の研鑽《けんさん》に転じ、特に心を禅宗《ぜんしゅう》に留め、一絲文守《いっしもんじゅ》・沢庵宗彭《たくあんそうほう》・

愚堂東寔《ぐどうとうしょく》・竜渓性潜《りゅうけいしょうせん》などに帰依《きえ》して大いに参究《さんきゅう》の功を積んだ。竜渓の語録『宗統録《しゅうとうろく》』の出版に際して勅序《ちょくじょ》を賜わったことをはじめ、修道に関する逸事《いつじ》も少なくない。なお、修学院離宮《しゅがくいんりきゅう》が天皇の計画・設計になることは著名である。御製《ぎょせい》は千数百首の多数に及び、御集《ぎょしゅう》を『鴎巣集《おうそうしゅう》』という。また御撰《ぎょせん》の著作は四十余をかぞえる。 →月輪陵《つきのわのみささぎ》〈217頁〉

参考文献　和田英松『皇室御撰之研究』、帝国学士院編『宸翰英華』二、熊倉功夫『後水尾院』(『朝日評伝選』二六)、辻善之助「後水尾天皇の御信仰」(『日本仏教史之研究』続編所収)

(武部　敏夫)

【元和《げんな》】後水尾《ごみずのお》天皇の時の年号(一六一五〜二四)。慶長《けいちょう》二十年七月十三日に改元《かいげん》。代始《だいはじめ》による。権中《ごんちゅう》納言《なごん》菅原為経《すがわらのためつね》が勘申《かんじん》。徳川家康《とくがわいえやす》の命により唐《とう》の憲宗《けんそう》の年号を用いた。十年二月三十日寛永《かんえい》と改元。

参考文献　『大日本史料』一二ノ二二、元和元年七月十三日条

(山田　英雄)

【寛永《かんえい》】後水尾《ごみずのお》・明正《めいしょう》・後光明《ごこうみょう》の三天皇の時の年号(一六二四〜四四)。元和《げんな》十年二月三十日改元《かいげん》。甲《かっ》子革令《しかくれい》によるが、元和七年の辛酉《しんゆう》には改元していないので、同九年七月に徳川家光《とくがわいえみつ》が将軍に就任したこととも無関係ではないと考えられる。文章博士《もんじょうはかせ》菅原長維の勘申《かんじん》。出典は『毛詩朱氏注《もうししゅしちゅう》』(『詩集伝《ししゅうでん》』衛風考槃の注)「寛広、永長」。二十年十月に後光明天皇が即位《そくい》すると、一つの年号が三天皇にわたった前例はないとして、改元の議が起り、翌二十一年十二月十六日正保《しょうほう》と改元。

(尾藤　正英)

明《めい》正《しょう》天皇

一六二三〜九六　在位一六二九〜四三

幼称は女一宮《おんないちのみや》。諱《いみな》は興子《おきこ》。後水尾《ごみずのお》天皇の第二皇女、母は皇后和子《かずこ》(東福門院《とうふくもんいん》)。嫡出《ちゃくしゅつ》の第一子で、将軍徳川秀忠《とくがわひでただ》の外孫《がいそん》にあたる。元和《げんな》九年(一六二三)十一月十九日誕生。寛永《かんえい》六年(一六二九)十月二十九日内親王宣下《ないしんのうせんげ》が行われ、ついで十一月八日父天皇の突然の譲位決行《じょういけっこう》により受禅《じゅぜん》、翌七年九月十二日即位《そくい》式《しき》が行われた。女帝《じょてい》の即位《そくい》は奈良時代の称徳《しょうとく》天皇以来のことであったが、当時皇位を継ぐべき皇男子《こうだんし》がなかったため、代わってその即位をみたのであろう。在位十五年にわたり、その間父上皇が院政《いんせい》をとったが、寛永《かんえい》二十年十月三日皇弟紹仁《こうていつぐひと》親王(後光明《ごこうみょう》天皇)に譲位《じょうい》。以後仙洞《せんとう》に在ること五十四年にして、元禄《げんろく》九年(一六九六)十一月十日崩御《ほうぎょ》。七十四歳。明正院《めいしょういん》と追号《ついごう》し、京都泉涌寺《せんにゅうじ》山内に葬った。陵名は月輪陵《つきのわのみささぎ》。なお追号は奈良時代の女帝元明《げんめい》・元正《げんしょう》両天皇の諡号《しごう》の各一字をとりあわせたものである。ちなみに明正天皇は、手芸《しゅげい》を好み、押絵《おしえ》の作品が由緒《ゆいしょ》の寺院に伝えられている。

↓月輪陵《つきのわのみささぎ》〈217頁〉

参考文献　辻善之助『日本文化史』五

(武部　敏夫)

後《ご》光《こう》明《みょう》天皇

一六三三〜五四　在位一六四三〜五四

寛永《かんえい》十年（一六三三）三月十二日後水尾《ごみずのお》天皇の第四皇子として誕生。母は贈《ぞう》左《さ》大臣《だいじん》園《その》基任の女《むすめ》光子（壬《み》生院《ぶいん》）。諱《いみな》は紹仁《つぐひと》、幼称は素鵞宮《すがのみや》という。同十九年十二月十五日親王宣下《しんのうせんげ》、翌二十年十月三日明正《めいしょう》天皇の譲りを受けて践祚《せんそ》、同月二十一日即位式《そくいしき》を挙げた。在位十二年を数えたが、承応《じょうおう》三年（一六五四）九月二十日疱瘡《とうそう》により崩御《ほうぎょ》。享年《きょうねん》二十二歳。後光明院と追号《ついごう》し、京都泉涌寺《せんにゅうじ》山内に葬った。陵は月輪陵《つきのわのみささぎ》と称する。皇女《おうじょ》一方があり、孝子内親王（礼成門院《れいせいもんいん》）という。

天皇が英明厳毅《えいめいげんき》で、しかも慈愛深《じあいぶか》い人柄であったことは、『槐記《かいき》』『承応遺事《じょうおういじ》』や『鳩巣小説《きゅうそうしょうせつ》』などに伝えられているところである。また深く儒学《じゅがく》を尊重して研鑽《けんさん》につとめ、明経《みょうぎょう》の業を伝えた侍講伏原《じこうふしはら》賢忠《かたただ》より『周易《しゅうえき》』の伝授《でんじゅ》も受けたが、特に程朱《ていしゅ》の学説に傾倒《けいとう》し、朝山意林庵《あさやまいりんあん》などの民間の朱子《しゅし》学者をも招いて進講《しんこう》を聴き、藤原惺窩《ふじわらせいか》の業績を追慕《ついぼ》してその文集に勅序《ちくじょ》を与えている。またその講学《こうがく》にあたっては、特に学問の本義《ほんぎ》の体得を旨とし、常に修養に励んだと伝えられている。なお在位の間、神宮例幣《じんぐうれいへい》の儀《ぎ》の再興を見たが、さらに釈奠《せきてん》の儀《ぎ》や大学寮《だいがくりょう》の復興も意図したという。詩作を好み、詩九十一首が御集《ぎょしゅう》『鳳啼集《ほうていしゅう》』（『続々群書類従《ぞくぞくぐんしょるいじゅう》』詩文部《しぶんぶ》所収）に収めて伝えられている。 →月輪陵《つきのわのみささぎ》〈217頁〉

参考文献 三浦周行「後光明天皇の御好学と朝山意林庵」（『史学雑誌』二三ノ四、二九ノ一一）

（武部　敏夫）

後光明天皇画像　京都市　泉涌寺所蔵

【正保《しょうほう》】 後光明《ごこうみょう》天皇の時の年号(一六四四～四八)。寛永《かんえい》二十一年十二月十六日改元《かいげん》。一年号三帝の例がないことによる。出典は文章博士《もんじょうはかせ》菅原知長《すがわらのともなが》の勘文《かんもん》に「尚書正義曰、先正保衡佐我烈祖、格于皇天」とみえる。諸家《しょか》の勘文《かんもん》の中から、将軍徳川家光《しょうぐんとくがわいえみつ》が年号は武家《ぶけ》が定《さだ》むべきであり、「公家《くげ》武家《ぶけ》の政《まつりごと》は正《ただし》きにしくはなし、正《ただ》しくしてたもたば大吉《だいきち》なり」として正保と定めたという。正保の年号について、京では、正保は焼亡《しょうぼう》の音と似ている、保の字は人口木とよめる、また正保元年と連書《れんしょ》すれば、正《まさ》に保元《ほげん》の年《とし》とよみ、大乱《たいらん》のきざしなりと放言《ほうげん》し、また正の字は一《いち》にして止《とどま》るとよむ、久《ひさ》しくない兆《きざし》であるなど雑説《ざっせつ》が多かったため、五年二月十五日慶安《けいあん》と改元。

参考文献 林鵞峯『改元物語』(森本角蔵『日本年号大観』付載)

(山田 英雄)

【慶安《けいあん》】 後光明《ごこうみょう》天皇の時の年号(一六四八～五二)。正保《しょうほう》五年二月十五日に改元《かいげん》。御慎による。出典は従二位《じゅにい》菅原為適《すがわらのためより》の勘文《かんもん》に「周易曰、乃終有慶、安貞之吉、応地無疆」とみえる。五年九月十八日承応《じょうおう》と改元。

(山田 英雄)

【承応《じょうおう》】 後光明《ごこうみょう》・後西《ごさい》両天皇の時の年号(一六五二～五五)。慶安《けいあん》五年九月十八日改元《かいげん》。将軍徳川家光《しょうぐんとくがわいえみつ》の病没、徳川家綱《いえつな》の将軍就任による。出典は文章博士《もんじょうはかせ》菅原知長《すがわらのともなが》の勘文《かんもん》に「晋書律暦志曰、夏商承運、周氏応期」とみえる。四年四月十三日明暦《めいれき》と改元。

(山田 英雄)

後《ご》西《さい》天皇

一六三七〜八五　在位一六五四〜六三

寛永《かんえい》十四年(一六三七)十一月十六日後水尾《ごみずのお》天皇の第八皇子として誕生。母は贈左大臣《ぞうさだいじん》櫛笥《くしげ》隆致《たかむね》の女《むすめ》隆子《りゅうし》(逢春門院《ほうしゅんもんいん》)である。幼称は秀宮、諱《いみな》は良仁《ながひと》という。正保《しょうほ》四年(一六四七)十一月叔父《おじ》にあたる高松宮《たかまつのみや》好仁親王《よしひとしんのう》の遺跡《いせき》を継承して、桃園宮《ももぞののみや》・花町宮《はなまちのみや》と称し、慶安《けいあん》元年(一六四八)七月親王宣下《しんのうせんげ》を受け、その後式部卿《しきぶきょう》に任ぜられ、ついで一品《いっぽん》に叙せられた。しかるに承応《じょうおう》三年(一六五四)九月後光明《ごこうみょう》天皇が崩御《ほうぎょ》すると、同天皇の養子となった皇弟識仁《さとひと》親王(霊元《れいげん》天皇)の成長までしばらく皇位を継ぐこととなり、同年十一月二十八日践祚《せんそ》し、明暦《めいれき》二年(一六五六)正月二十三日即位礼《そくいれい》を挙げた。在位十年にわたったが、寛文《かんぶん》三年(一六六三)正月二十六日識仁親王に譲位《じょうい》、貞享《じょうきょう》二年(一六八五)二月二十二日四十九歳をもって崩御。後西院と追号《ついごう》し、京都泉涌寺《せんにゅうじ》山内の月輪陵《つきのわのみささぎ》に葬った。追号はその経歴・境遇が西院帝《さいいんてい》(淳和《じゅんな》天皇)に似るところがあることに因んだものである。

後西天皇画像　京都市　泉涌寺所蔵

天皇は父天皇の優れた資質を受けて文芸の道に秀で、

ことに和歌・連歌《れんが》に堪能《たんのう》であり、古典の造詣《ぞうけい》も深かった。書道・古筆鑑定《こひつかんてい》を能《よ》くし、さらに茶道《さどう》・華《か》道《どう》のほか香道《こうどう》にも練達で、勅作《ちょくさく》の香銘も少なくない。また特筆すべき事蹟《じせき》として、侍臣《じしん》をして御府《ごふ》の記録類を謄写《とうしゃ》させ、副本《ふくほん》を作成したことが挙げられる。寛文元年の皇居の火災に御府の蔵書は大半焼失したが、新写の副本は幸いにして災厄《さいやく》を免《まぬが》れたので、人々ははじめて天皇の深慮《しんりょ》を知り、感嘆したという。天皇は譲位後も記録類の謄写につとめたが、これらの蒐書《しゅうしょ》が京都御所東山御文庫《きょうとごしょひがしやまごぶんこ》の基《もとい》となったのである。なお、後西天皇という追号については、その成語《せいご》の由来から推して、後西院天皇というべきであるとする説がある。御集《ぎょしゅう》を『水日集《すいじつしゅう》』あるいは『緑洞集《りょくどうしゅう》』(『列聖全集《れっせいぜんしゅう》』所収)といい、御撰《ぎょせん》には『集外歌仙《しゅうがいかせん》』(同所収)その他がある。 ↓月輪陵《つきのわのみさざぎ》〈217頁〉

参考文献 芝葛盛「後西天皇の御称号に関する卑見」(『歴史公論』四ノ二)、是澤恭三「東山御文庫御秘蔵の御湯殿上日記の由来」(『歴史と国文学』一八ノ四)

(武部　敏夫)

【明暦《めいれき》】 後西《ごさい》天皇の時の年号(一六五五～五八)。承応《じょうおう》四年四月十三日改元《かいげん》。代始《だいはじめ》による。出典は、大《だい》学頭菅原為庸《がくのかみすがわらのためつね》の勘文《かんもん》に「漢書(巻二一上)律暦志曰、大法九章、而五紀明ニ歴法一、続漢書曰、黄帝造レ歴、歴与レ暦同作」とみえる。江戸では四月二十八日に公布《こうふ》された。三年正月、江戸に大火《たいか》が起った時、「明暦ノ二字日月マタ日ヲソヘタリ、光リ過タルニ由リ、大火事アリナド、云フ」(『改元物語《かいげんものがたり》』)と評されたという。四年七月二十三日、万治《まんじ》と改元された。

参考文献 森本角蔵『日本年号大観』、所功『日本の年号』(『カルチャーブックス』一三)、同『年号の歴史』(『雄山閣ブックス』二二)

(石井　正敏)

【万治《まんじ》】 後西《ごさい》天皇の時の年号（一六五八～六一）。明暦《めいれき》四年七月二十三日改元《かいげん》。前年正月の江戸《えど》大火《たいか》による。出典は、文章博士《もんじょうはかせ》菅原豊長《すがわらのとよなが》の勘文《かんもん》に「史記（巻二、夏本紀第二）曰、衆民乃定、万国為治」とみえる。七月三十日に江戸に伝えられ、八月一日に公布《こうふ》された。しかし実際には新元号《しんげんごう》は幕府側によって決められた。林鵞峯《はやしがほう》の『改元物語《かいげんものがたり》』によると、井伊直孝《いいなおたか》らが出席して朝廷側の勘文を参考に審議され、春斎が『貞観政要《じょうがんせいよう》』に「本固万事治」とみえることを挙げ、直孝らの賛成を得て決定したという。四年四月二十五日、寛文《かんぶん》と改元された。

参考文献 森本角蔵『日本年号大観』、所功『日本の年号』（『カルチャーブックス』一三）、同『年号の歴史』（『雄山閣ブックス』二二）

（石井　正敏）

【寛文《かんぶん》】 後西《ごさい》・霊元《れいげん》両天皇の時の年号（一六六一～七三）。万治《まんじ》四年四月二十五日改元《かいげん》。同年正月十五日の内裏《だいり》炎上による。式部権大輔《しきぶのごんのだいふ》菅原為庸《すがわらのためつね》の勘申《かんじん》。出典は『荀子《じゅんし》』致士篇《ちしへん》「節奏陵而文、生民寛而安、上文下安、功名之極也」。十三年九月二十一日延宝《えんぽう》と改元。

（尾藤　正英）

霊元《れいげん》天皇

一六五四～一七三二　在位一六六三～八七

諱《いみな》は識仁《さとひと》、幼称は高貴宮《あてのみや》。後水尾《ごみずのお》天皇の第十九皇子として承応《じょうおう》三年（一六五四）五月二十五日誕生。母は新広義門院《しんこうぎもんいん》（贈左大臣園基音の女《むすめ》国子）。誕生の年、後光明《ごこうみょう》天皇の養子と定められ、その皇嗣《こうし》に擬せられた。万治《まんじ》元年(一六五八)正月親王宣下《しんのうせんげ》、寛文《かんぶん》二年(一六六二)十二月元服《げんぷく》、同三年正月二十六日後西《ごさい》天皇の譲位《じょうい》により践祚《せんそ》、同年四月二十七日即位礼《そくいれい》を挙げた。在位二十四年にして、貞享《じょうきょう》四年(一六八七)三月二十一日皇太子朝仁親王《ともひとしんのう》(東山《ひがしやま》天皇)に譲位、この後元禄《げんろく》六年(一六九三)十一月まで院政《いんせい》、正徳《しょうとく》三年(一七一三)八月落飾《らくしょく》(法名素浄)、享保《きょうほう》十七年(一七三二)八月六日七十九歳をもって崩御《ほうぎょ》。生前の勅定《ちょくじょう》によって霊元院《れいげんいん》と追号《ついごう》し、京都泉涌寺山内《せんにゅうじさんない》に葬った。陵名を月輪陵《つきのわのみささぎ》という。なお追号は孝霊《こうれい》・孝元《こうげん》両天皇の諡号《しごう》から各一字をとって併《あわ》せたものであるが、勅定の理由については明らかでない。

霊元天皇画像　京都市　泉涌寺所蔵

天皇が資性英邁剛毅《しせいえいまいごうき》であったことは、当時の諸記録の伝えるところで、その事蹟《じせき》も少なくない。なかんずく幕府に強く交渉して、久しく廃絶していた大嘗祭《だいじょうさい》・立太子式《りったいししき》のごとき朝儀《ちょうぎ》の大典《たいてん》を再興して、朝廷の復旧に意を用いたことは著名である。反面、院政の強行をはじめとして、朝廷の運営をめぐって関白近衛基熙《かんぱくこのえもとひろ》と相容《あいい》れず、また幕府と対立してその干渉を招く事態も生じた。天皇は文芸の才能豊かで、また有職故実《ゆうそくこじつ》にも明るかったが、特に歌道《かどう》の造詣《ぞうけい》が深く、一代の詠歌《えいか》はおよそ六千首に及ぶといわれ、和歌《わか》に関する撰著《せんちょ》も三十余種を数える。その他朝儀《ちょうぎ》の必須《ひっす》に備えて宮中《きゅうちゅう》の記録類の整備に努め、また晩年頻《ばんねんしき》りに修学院山荘《しゅがくいんさんそう》に出遊《しゅつゆう》し、途次《とじ》近在の社寺などを歴覧《れきらん》したことも顕著な事蹟である。

主要な撰著には、歌集『桃蘂集《とうずいしゅう》』をはじめ『一歩抄《いっぽしょう》』(歌論書)、『作例初学考《さくれいしょがくこう》』、『乙夜随筆《いつやずいひつ》』、『修学院《しゅがくいん》御幸宸記《ごこうしんき》』(板本《はんぽん》は『元陵御記』と題する)などがあり、『法皇八十御賀記《ほうおうはちじゅうのおんがのき》』をはじめ宮中の折々の儀式行事についての記録もある。 ↓月輪陵《つきのわのみささぎ》〈217頁〉

参考文献 帝国学士院編『宸翰英華』、三上参次『尊皇論発達史』、柳原紀光編『続史愚抄』

(武部 敏夫)

【延宝《えんぽう》】 霊元《れいげん》天皇の時の年号(一六七三〜八一)。寛文《かんぶん》十三年九月二十一日改元《かいげん》。即位《そくい》および京都大火、内裏《だいり》炎上、諸国洪水などによる。権中納言菅原為庸《ごんちゅうなごんすがわらのためつね》の勘申《かんじん》。出典は『隋書《ずいしょ》』音楽志《おんがくし》「分二四序一、綴二三光一、延二宝祚一、渺無レ疆」。九年九月二十九日天和《てんな》と改元。

(皆川 完一)

【天和《てんな》】 霊元《れいげん》天皇の時の年号(一六八一〜八四)。辛酉革命《しんゆうかくめい》による。延宝《えんぽう》九年九月二十九日改元《かいげん》。出典は、式部少輔兼侍従文章博士菅原在庸《しきぶのしょうゆうけんじじゅうもんじょうはかせすがわらのありつね》の勘文《かんもん》に「尚書曰、奉答天命、和恒四方民居師、前漢書曰、嘉祥天和伊楽厥福、後漢書曰、天人協和、万国咸寧、後漢書曰、天和於上、地洽於下、荘子曰与人和者謂之人楽、与天和者謂之天楽」とみえる。四年二月二十一日貞享《じょうきょう》と改元。

(山田 英雄)

【貞享《じょうきょう》】 霊元《れいげん》・東山《ひがしやま》両天皇の時の年号(一六八四〜八八)。天和《てんな》四年二月二十一日改元《かいげん》。甲子革令《かっしかくれい》による。出典は前権大納言菅原恒長《さきのごんだいなごんすがわらのつねなが》の勘文《かんもん》に「周易曰、永貞吉、王用享二于帝一吉」とみえる。五年九月三十日元禄《げんろく》と改元。

(山田 英雄)

東《ひがし》山《やま》天皇

一六七五〜一七〇九　在位一六八七〜一七〇九

諱《いみな》は朝仁《あさひと》。幼称五宮《ごのみや》。延宝《えんぽう》三年(一六七五)九月三日霊元《れいげん》天皇の第四皇子として誕生。母は内大臣《ないだいじん》松《まっ》木《き》宗条の女《むすめ》宗子(敬法門院《けいほうもんいん》)。天和《てんな》二年(一六八二)三月儲君《ちょくん》に治定《ちてい》、同年十二月親王宣下《しんのうせんげ》、翌三年二月立《りっ》太子《たいし》、貞享《じょうきょう》四年(一六八七)正月元服《げんぷく》あり、同年三月二十一日父天皇より皇位を受け、ついで四月二十八日即位《そくい》礼《れい》、十一月十六日大嘗会《だいじょうえ》が行われた。立太子《りったいし》の儀ならびに大嘗会はともに久しき中絶の儀を再興したものであり、儲君の制はこの天皇をはじめとする。在位二十二年にわたったが、その間朝幕間の融和《ゆうわ》が進み、幕府《ばくふ》により御料《ごりょう》の増献、山陵《さんりょう》の修補《しゅうほ》などが行われた。宝永《ほうえい》六年(一七〇九)六月二十一日皇太子慶仁《やすひと》親王に譲位《じょうい》。同年十二月十七日三十五歳をもって崩御《ほうぎょ》。東山院《ひがしやまいん》と追号し、京都泉涌寺《せんにゅうじ》山内《さんない》に葬った。陵名は月輪陵《つきのわのみささぎ》と称する。なお追号は陵所泉涌寺の山号《さんごう》に因むという。↓

月輪陵《つきのわのみささぎ》〈217頁〉

参考文献　三上参次『尊皇論発達史』

(武部　敏夫)

東山天皇画像　京都市　泉涌寺所蔵

【元禄《げんろく》】東山《ひがしやま》天皇の時の年号(一六八八〜一七〇四)。貞享《じょうきょう》五年九月三十日改元《かいげん》。代始《だいはじめ》による。出典は文章博士《もんじょうはかせ》菅原長量《すがわらのながかず》の勘文《かんもん》に「宋史志曰、以仁守位、以孝奉先、祈福逮下、侑神昭徳、恵綏黎元、懋建皇極、天禄無疆、霊休允迪、万葉其昌、文選曰、建立元勲、以応顕禄、福之上也」とみえる。十七年三月十三日宝永《ほうえい》と改元。(山田　英雄)

【宝永《ほうえい》】東山《ひがしやま》・中御門《なかみかど》両天皇の時の年号(一七〇四〜一一)。元禄《げんろく》十七年三月十三日改元《かいげん》。関東地震《じしん》による。将軍家《しょうぐんけ》より申し入れるという。出典は、侍従《じじゅう》菅原為範《すがわらのためのり》の勘文《かんもん》に「唐書志(『旧唐書』巻三〇、音楽志)云、宝祚惟永、暉光日新」とみえる。江戸に伝えられ、三十日に諸大名に披露《ひろう》された。八年四月二十五日、正徳《しょうとく》と改元。

参考文献　森本角蔵『日本年号大観』

(石井　正敏)

中御門《なかみかど》天皇

一七〇一〜三七　在位一七〇九〜三五

元禄《げんろく》十四年(一七〇一)十二月十七日東山《ひがしやま》天皇の第五皇子として誕生。母は新崇賢門院《しんすうけんもんいん》(内大臣《ないだいじん》櫛笥《くしげ》隆《たか》賀《よし》の女《むすめ》賀子)。諱《いみな》は慶仁《やすひと》、幼称は長宮《ますのみや》。宝永《ほうえい》四年(一七〇七)三月儲君《ちょくん》に治定《ちてい》、四月親王宣下《しんのうせんげ》、同五年二月立太子《りったいし》、同六年六月二十一日父天皇の譲《ゆず》りを受けて践祚《せんそ》、同七年十一月十一日即位式《そくいしき》を挙行。また翌正徳《しょうとく》元年(一七一一)正月一日元服《げんぷく》の儀が行われたが、天皇元服の儀は近来稀なことであった。享保《きょうほう》

中御門天皇画像　京都市　泉涌寺所蔵

二十年(一七三五)三月二十一日皇太子昭仁《あきひと》親王(桜町《さくらまち》天皇)に譲位《じょうい》。元文《げんぶん》二年(一七三七)四月十一日崩御《ほうぎょ》。三十七歳。中《なか》御門院《みかどいん》と追号《ついごう》、京都泉涌寺山内《せんにゅうじさんない》に葬った。陵は月輪陵《つきのわのみささぎ》と称する。その追号は待賢門の別称によるといわれる。天皇の在位は、江戸幕府の六代将軍徳川家宣《とくがわいえのぶ》から八代将軍吉宗《よしむね》に及ぶ年代に相当するが、閑院宮《かんいんのみや》の創立その他に見られるように朝幕関係はすこぶる良好であった。天皇は修徳のため近衛家熙《このえいえひろ》をして「丹扆箴《たんいのしん》」を書かせて座右《ざゆう》の誡としたと伝えられるが、また朝儀によせる関心も深く『公事部類《くじぶるい》』の撰著がある。なお和歌・笛をよくし、これにかかわる逸事《いつじ》も伝えられる。↓月輪陵《つきのわのみささぎ》〈217頁〉

参考文献　和田英松『皇室御撰之研究』、帝国学士院編『宸翰英華』二

(武部　敏夫)

【正徳《しょうとく》】 中御門《なかみかど》天皇の時の年号(一七一一～一六)。宝永《ほうえい》八年四月二十五日改元《かいげん》。代始《だいはじめ》による。出典は文章博士《もんじょうはかせ》菅原総長《すがわらのふさなが》の勘文《かんもん》に「尚書正義曰、正徳者自正其徳」とみえる。正徳二年冬、将軍《しょうぐん》徳川家宣《とくがわいえのぶ》病没の後に、大学頭《だいがくのかみ》林信篤《はやしのぶあつ》は正徳の正の字を年号に使うのは不祥《ふしょう》のことであるから、改元すべきであるという論を老中《ろうじゅう》に提出した。これに対して新井白石《あらいはくせき》は天下の治乱《ちらん》、人寿《じんじゅ》の長短は年号の字によるものではないとして、日本・中国の古今《ここん》の年号の例を引き、同字を使った年号にも祥《しょう》・不祥が

あり、また年号のない古代にも、さらに年号を使用しない西洋にも天下の治乱、人寿の長短があることを述べ、さらに改元のことは江戸時代以前は幕府側の理由によっていないことをあげて反対した。六年六月二十二日享保《きょうほう》と改元。

参考文献 新井白石『折たく柴の記』(『岩波文庫』)　(山田　英雄)

【享《きょう》保《ほう》】 中御門《なかみかど》・桜町《さくらまち》両天皇の時の年号(一七一六〜三六)。正徳《しょうとく》六年六月二十二日改元《かいげん》。変異《へんい》による。出典は式部権大輔《しきぶのごんのだいふ》菅原長義《すがわらのながよし》の勘文《かんもん》に「後漢書曰、享二茲大命一、保二有万国一」とみえる。二十一年四月二十八日元文《げんぶん》と改元。　(土田　直鎮)

桜《さくら》町《まち》天皇　一七二〇〜五〇　在位一七三五—四七

諱《いみな》は昭仁《てるひと》、幼称は若宮。中御門《なかみかど》天皇の第一皇子として享保《きょうほう》五年(一七二〇)正月元日誕生。母は近衛《このえ》家熙《いえひろ》の女《むすめ》贈皇太后尚子《ぞうこうたいごうしょうし》(新中和門院《しんちゅうわもんいん》)で、天皇を分娩《ぶんべん》後二十日にして病没した。同年十月儲君《ちょくん》に治定《ちてい》、十一月親王宣下《しんのうせんげ》、十三年六月立太子《りったいし》、二十年三月二十一日父天皇の譲位《じょうい》により践祚《せんそ》、同年十一月三日即位礼《そくいれい》を挙げた。その後延享《えんきょう》四年(一七四七)五月二日皇太子遐仁親王《とおひとしんのう》(桃園《ももぞの》天皇)に譲位、ついで寛延《かんえん》三年(一七五〇)四月二十三日、三十一歳をもって崩御《ほうぎょ》、仙洞御所《せんとうごしょ》の宮名桜町殿《さくらまちどの》にちなんで桜町院《さくらまちいん》と追号《ついごう》し、京都泉涌寺山内《せんにゅうじさんない》に斂葬《れんそう》した。陵は月輪陵《つきのわのみささぎ》と称する。

桜町天皇画像　京都市　泉涌寺所蔵

天皇は在位十三年にわたったが、その間朝儀典礼《ちょうぎてんれい》の復興に特に心を用いた。東山《ひがしやま》天皇のときに再興され、中御門《なかみかど》天皇の代に再び中絶した大嘗祭《だいじょうさい》を復興して、さらにその儀制《ぎせい》を整備したのをはじめとして、新嘗祭《にいなめさい》・宇佐宮奉幣《うさぐうほうへい》その他多数の廃典《はいてん》を復興しており、その事蹟《じせき》は朝臣《ちょうしん》の讃歎《さんたん》するところであった。天皇は歌道《かどう》の嗜《たしな》みが深く、御集《ぎょしゅう》には冷泉為村《れいぜいためむら》編集のものその他が伝えられている。また御撰《ぎょせん》には、曾祖父霊元《そうそふれいげん》天皇の御製和歌《ぎょせいわか》を分類編集した『桃蘂類題《とうずいるいだい》』や典侍日野資子《ないしのすけひののすけこ》の死去を追惜《ついせき》した和文の御記《ぎょき》などがある。なお『閑窓自語《かんそうじご》』や『翁草《おきなぐさ》』にその資性《しせい》を伝える逸事《いつじ》の数々が収められている。　↓月輪陵《つきのわのみささぎ》〈217頁〉

参考文献　和田英松『皇室御撰之研究』、帝国学士院編『宸翰英華』二　（武部　敏夫）

【元文《げんぶん》】　桜町《さくらまち》天皇の時の年号（一七三六～四一）。享保《きょうほ》二十一年四月二十八日に改元《かいげん》。代始《だいはじめ》による。出典は文章博士菅原在秀《もんじょうはかせすがわらのありひで》の勘文《かんもん》に「文選曰、武創二元基一、文集二大命一、皆体レ天作レ制、順レ時立レ政、至二于帝皇一、遂重熙而累盛」とみえる。六年二月二十七日寛保《かんぽう》と改元。　（山田　英雄）

【寛保《かんぽう》】　桜町《さくらまち》天皇の時の年号（一七四一～四四）。元文《げんぶん》六年二月二十七日改元《かいげん》。辛酉革命《しんゆうかくめい》による。文章《もんじょう》博士菅原長香《はかせすがわらながか》の勘申《かんじん》。出典は『国語《こくご》』周語《しゅうご》「寛所三以保二本也、注曰、本位也、寛則得レ衆」。

四年二月二十一日延享《えんきょう》と改元。　（尾藤　正英）

【延《えん》　享《きょう》】　桜町《さくらまち》・桃園《ももぞの》両天皇の時の年号（一七四四～四八）。寛保《かんぽう》四年二月二十一日改元《かいげん》。甲子革令《かっしかくれい》による。文章博士《もんじょうはかせ》菅原長香《すがわらのながか》の勘申《かんじん》。出典は『芸文類聚《げいもんるいじゅう》』一「聖主寿延、享レ祚元吉」。五年七月十二日寛延《かんえん》と改元。　（皆川　完一）

桃園《ももぞの》天皇

一七四一～六二　在位一七四七～六二

諱《いみな》は遐仁《とおひと》、幼称ははじめ八穂宮《やほのみや》といい、のちに茶地宮《さちのみや》と改称。桜町《さくらまち》天皇の第一皇子として寛保《かんぽう》元年（一七四一）二月二十九日誕生。母は開明門院《かいめいもんいん》（権大納言姉小路実武《ごんだいなごんあねがこうじ》の女《むすめ》定子《にょう》）。延享《えんきょう》二年（一七四五）十月女御《ご》二条舎子《いえこ》（青綺門院《せいきもんいん》）の養子となり、同三年正月儲君治定《ちょくんちてい》、三月親王宣下《しんのうせんげ》、翌四年三月元服《げんぷく》・立太子《りったいし》の儀を行い、ついで五月二日父天皇の譲位《じょうい》により践祚《せんそ》、九月二十一日即位礼《そくいれい》を挙げた。これより在位十六年にして、宝暦《ほうりゃく》十二年（一七六二）七月十二日崩御《ほうぎょ》。享年《きょうねん》二十二。時に儲君英仁《ひでひと》親王（後桃園《ごももぞの》天皇）が幼少のため、代わって皇姉智子《こうしとしこ》内親王（後桜町《ごさくらまち》天皇）の践祚を治定の上、同月二十一日発喪《はつも》あり、桃園《ももぞの》院《いん》と追号《ついごう》し、京都泉涌寺《せんにゅうじ》山内に葬る。陵名を月輪陵《つきのわのみささぎ》と称する。なお追号の典拠は明らかでない。

宝暦事件は宝暦七年一部廷臣《ていしん》の垂加流神道説進講《すいかりゅうしんとうせつしんこう》に端《たん》を発するが、時に天皇は十七歳、すこぶるこの神道説に傾倒《けいとう》し、関白《かんぱく》などの進講中止の諫奏《かんそう》を聞きいれず、その継続を求めてやまなかった。この

桃園天皇画像　京都市　泉涌寺所蔵

事件は王政復古《おうせいふっこ》の暁鐘《ぎょうしょう》と評せられるが、一面天皇の旺盛《おうせい》な向学心と国体に対する自覚を示すものである。なお柳原紀光《やなぎわらもとみつ》の随筆『閑《かん》窓自語《そうじご》』には、天皇の漢学の造詣《ぞうけい》の深いことは後光明《ごこうみょう》天皇以来のことであるとの儒臣伏原《じゅしんふしはら》宣条の追憶を載せ、また蹴鞠《けまり》の作法《さほう》のすぐれて優美であったことも伝えている。なお天皇の日記は、宝暦八年・九年・十一年・十二年の四ヵ年が伝存し、その宝暦八年七月二十四日条には、宝暦事件の処置に関する記載があり、天皇の憤懣《ふんまん》を窺《うかが》い知ることができる。　→月輪陵《つきのわのみささぎ》〈217頁〉

参考文献　帝国学士院編『宸翰英華』二、徳富猪一郎『近世日本国民史』

（武部　敏夫）

【寛《かん》　延《えん》】　桃園《ももぞの》天皇の時の年号（一七四八～五一）。延享《えんきょう》五年七月十二日改元《かいげん》。即位《そくい》による。式部大輔菅《しきぶのだいふすが》原為範《わらのためのり》の勘申《かんじん》。出典は『文選《もんぜん》』「開二寛裕之路一、以延二天下之英俊一也」。四年十月二十七日宝《ほう》暦《りゃく》と改元。

（尾藤　正英）

【宝《ほう》　暦《りゃく》】　桃園《ももぞの》天皇の時の年号（一七五一～六四）。寛延《かんえん》四年十月二十七日改元《かんげん》。変異《へんい》（前年桜町上皇《さくらまちじょうこう》没、本年前将軍徳川吉宗《とくがわよしむね》没をいうか）による。出典は、式部大輔菅原為範《しきぶのだいふすがわらのためのり》の勘文《かんもん》に「貞観政要《じょうがんせいよう》（巻五、公平）云、及下恭承二宝暦一、寅奉中帝図上、垂拱無為、氛埃靖息」とみえる。江戸では十一月三日に披《ひ》露《ろう》された。十四年六月二日、明和《めいわ》と改元。

参考文献 森本角蔵『日本年号大観』

（石井　正敏）

後桜町《ごさくらまち》天皇

一七四〇〜一八一三　在位一七六二〜七〇

元文《げんぶん》五年（一七四〇）八月三日桜町天皇の第二皇女《おうじょ》として誕生。母は関白《かんぱく》二条吉忠《にじょうよしただ》の女《むすめ》、皇太后舎子《こうたいごういえこ》（青綺門院《せいきもんいん》）である。諱《いみな》は智子《としこ》（初訓は「さとこ」）、幼称は初め以茶宮《いさのみや》、のちに緋宮《あけのみや》という。寛延《かんえん》三年（一七五〇）三月親王宣下《しんのうせんげ》。宝暦《ほうりゃく》十二年（一七六二）七月桃園《ももぞの》天皇の崩御《ほうぎょ》に際し、儲君英仁《ちょくんひでひと》親王（後桃園《ごももぞの》天皇）が幼少なため、その成長まで皇位を継ぐことになり、同月二十七日践祚《せんそ》、翌十三年十一月二十七日即位《そくい》式《しき》を挙げた。ついで明和《めいわ》五年（一七六八）二月英仁親王を皇太子《こうたいし》に立て、同七年十一月二十四日譲位《じょうい》し、文化《ぶんか》十年（一八一三）閏《うるう》十一月二日七十四歳をもって崩御《ほうぎょ》。後桜町院と追号《ついごう》し、京都泉涌寺《せんにゅうじ》山内の月輪《つきのわの》陵《みささぎ》に葬った。天皇は資性円満明哲《しせいえんまんめいてつ》、漢学を好み、歌道《かどう》にも長じた。また幼少の後桃園・光格《こうかく》二天皇が相《あい》ついで践祚したため、院中にあって輔導《ほどう》の任《にん》にあたり、常に懇篤《こんとく》な教訓《きょうくん》を垂れた。宝暦六年より安《あん》永《えい》九年（一七八〇）に至る宸筆《しんぴつ》の日記四十一冊が京都御所東山御文庫《きょうとごしょひがしやまごぶんこ》に伝存する。

↓月輪陵《つきのわのみささぎ》〈217頁〉

参考文献 帝国学士院編『宸翰英華』二

（武部　敏夫）

【明和《めいわ》】 後桜町《ごさくらまち》・後桃園《ごももぞの》両天皇の時の年号（一七六四〜七二）。宝暦《ほうりゃく》十四年六月二日改元《かいげん》。代始《だいはじめ》による。出典は、右大弁菅原在家《うだいべんすがわらのありいえ》の勘文《かんもん》に「尚書曰、九族既睦、平二章百姓一、百姓昭明、協二和万邦一」

とみえる。江戸では六月十三日に公布《こうふ》。九年十一月十六日、安永《あんえい》と改元された。

参考文献 森本角蔵『日本年号大観』、所功『日本の年号』(『カルチャーブックス』一三)、同『年号の歴史』(『雄山閣ブックス』二二)

(石井 正敏)

後桃園《ごももぞの》天皇

一七五八〜七九 在位一七七〇〜七九

宝暦《ほうりゃく》八年(一七五八)七月二日桃園《ももぞの》天皇の第一皇子として誕生。母は関白一条兼香《かんぱくいちじょうかねか》の女《むすめ》、皇太后富子《こうたいごうとみこ》(恭礼門院《きょうらいもんいん》)。諱《いみな》は英仁《ひでひと》。嫡《ちゃく》出《しゅつ》の皇子であるので、誕生の翌年正月十八日早くも儲君《ちょくん》に定められ、同年五月十五日親王宣下《しんのうせんげ》が行われた。しかし同十二年七月父天皇崩御《ほうぎょ》の際にはなお幼少であったので、皇位はしばらく伯母《おば》の智子《としこ》内親王(後桜町《ごさくらまち》天皇)が継承したが、やがて明和《めいわ》五年(一七六八)二月十九日皇太子《こうたいし》に立ち、同七年十一月二十四日受《じゅ》禅《ぜん》、同八年四月二十八日即位礼《そくいれい》を挙げた。蒲柳《ほりゅう》の質《しつ》であったが在位十年にわたり、安永《あんえい》八年(一七七九)十月二十九日崩御《ほうぎょ》。二十二歳。時に当歳《とうさい》の皇女《おうじょ》(のちの光格《こうかく》天皇皇后欣子内親王)一人が

後桃園天皇画像 京都市 泉涌寺所蔵

あるだけだったので、閑院宮典仁親王《かんいんのみやすけひと》の王子祐宮《さちのみや》(光格天皇《こうかく》)を養子として、皇嗣《こうし》に定めた。ついで後《ご》桃園院《ももぞのいん》と追号《ついごう》し、京都泉涌寺山内《せんにゅうじさんない》の月輪陵《つきのわのみささぎ》に葬った。安永四年より同八年に至る在位中の宸筆日記《しんぴつにっき》五冊(安永五年欠)が東山御文庫《ひがしやまごぶんこ》に伝存する。→月輪陵《つきのわのみささぎ》〈217頁〉

参考文献 帝国学士院編『宸翰英華』二、和田英松「後桃園天皇の崩御と光格天皇の登極について」(『国史国文之研究』所収)

(武部 敏夫)

【安《あん》 永《えい》】 後桃園《ごももぞの》・光格《こうかく》両天皇の時の年号(一七七二～八一)。明和《めいわ》九年十一月十六日改元《かいげん》。関東の大火《たいか》大風《たいふう》による。侍従菅原在熙《じじゅうすがわらのありひろ》の勘申《かんじん》。出典は『文選《もんぜん》』東京賦《とうけいふ》「寿安永寧」。十年四月二日天明《てんめい》と改元。

(皆川 完一)

光《こう》格《かく》天皇

一七七一～一八四〇 在位一七七九～一八一七

明和《めいわ》八年(一七七一)八月十五日東山《ひがしやま》天皇の皇孫《こうそん》である閑院宮典仁親王《かんいんのみやすけひとしんのう》の第六王子として誕生。生母は贈従一位《ぞうじゅいちい》岩室磐代である。幼称は祐宮《さち》、諱《いみな》は初め師仁《もろひと》、ついで兼仁《ともひと》と改められた。誕生の翌年聖護《しょうご》院宮《いんのみや》忠誉入道親王の附弟《ふてい》となり、将来出家《しゅっけ》して聖護院門跡を継ぐ予定であったが、安永《あんえい》八年(一七七九)十月後桃園《ごももぞの》天皇の崩御《ほうぎょ》の際、同天皇の養子《ようし》となって皇嗣《こうし》に立てられ、十一月二十五日践祚《せんそ》、翌九年十二月四日即位礼《そくいれい》を挙げる。この後寛政《かんせい》六年(一七九四)欣子《よしこ》内親王(後桃園天皇皇女)を皇后とした。在位

光格天皇画像　京都市　泉涌寺所蔵

三十九年にして、文化《ぶんか》十四年(一八一七)三月二十二日皇太《こうたい》子恵仁《しあやひと》親王(仁孝《にんこう》天皇)に譲位《じょうい》、天保《てんぽう》十一年(一八四〇)十一月十九日七十歳をもって崩御。陵は京都泉涌寺《せんにゅうじ》山内《さんない》にあり、後月輪陵《のちのつきのわのみささぎ》という。時に久しく絶えていた諡号《しごう》再興《さいこう》の議が起り、翌十二年閏《うるう》正月光格天皇と追諡《ついし》せられた。

天皇は資性《しせい》円満《えんまん》、質素《しっそ》を尚《たっと》び修飾《しゅうしょく》を好まず、ことに仁愛《じんあい》を旨《むね》としたので、諸臣はひとしく敬慕《けいぼ》して奉仕《ほうし》したと伝えられる。博学能文《はくがくのうぶん》を称せられ、作詩《さくし》に長《ちょう》じ、音楽の嗜《たしな》みも深かった。また旧儀《きゅうぎ》の復興に意をとどめ、在位の間に石清《いわし》水社《みずしゃ》・賀茂社《かもしゃ》の臨時祭《りんじさい》の再興《さいこう》を見るに至った。なお在位中、朝幕間《ちょうばくかん》の特記すべき事件に尊号事件《そんごうじけん》がある。実父典仁親王に太上天皇《だじょうてんのう》の尊号《そんごう》を宣下《せんげ》しようとした天皇の意向は、江戸幕府の反対によって断念せざるを得なかったが、この事件の影響は長く尾をひき、尊《そん》王思想《のうしそう》を助長《じょちょう》せしめることとなったのである。いま寛政九年正月および七月、同十年七月より九月に至る記事を収めた宸筆御記《しんぴつぎょき》二冊が東山御文庫《ひがしやまごぶんこ》に伝存し、また御製《ぎょせい》集『光格天皇御製』(『列聖全集《れっせいぜんしゅう》』所収)が刊行されている。

参考文献　帝国学士院編『宸翰英華』二、和田英松「後桃園天皇の崩御と光格天皇の登極について」(『国史国文之研究』所収)

(武部　敏夫)

〔後月輪陵《のちのつきのわみささぎ》〕 京都市東山区今熊野泉山町《ひがしやまくいまぐまのせんざんちょう》、泉涌寺《せんにゅうじ》内にある。天保十一年(一八四〇)十一月十九日、光《こう》格《かく》太上天皇が崩御《ほうぎょ》すると、仁孝《にんこう》天皇は諡号《しごう》の制を復活させ、翌月二十七日に泉涌寺内に設けられた父天皇の陵前で諡号の奉告を行なった。記録によると、この時はじめて後月輪山陵《のちのつきのわのさんりょう》と見える。陵名に山陵とあるとはいえ、泉涌寺内に設けられた江戸時代の歴代天皇陵と同じく石製の九重塔である。しかしこれらの九重塔は泉涌寺御塔というのみで、特に陵名は定まっていなかったが、光格天皇陵が後月輪山陵と称され、ついで仁孝《にんこう》天皇が崩御すると、泉涌寺内に設けられた石製の九重塔は在位中の年号に因んで弘化廟《こうかびょう》と定められ、弘化山陵《こうかさんりょう》とも称《しょう》された。しかし明治十二年(一八七九)に、年号を陵名とした例はないとのことから、父天皇陵と同じく後月輪陵と定められた。なお後桃園《ごももぞの》天皇に至る江戸時代の歴代天皇や皇后らも泉涌寺内に葬られたが特に陵号が無く、一方、同じ泉涌寺寺域内に営建されている四条天皇陵《しじょうてんのうりょう》は月輪陵《つきのわのみささぎ》、光格天皇陵は後月輪陵といわれることから、後桃園天皇より以前の江戸時代の天皇および皇后陵は月輪陵と称することとした。→月輪陵《つきのわのみささぎ》〈217頁〉

（米田　雄介）

【天明《てんめい》】 光格《こうかく》天皇の時の年号(一七八一〜八九)。安永《あんえい》十年四月二日改元《かいげん》。出典は、式部大輔菅原為俊《しきぶのだいふすがわらのためとし》の勘文《かんもん》に「尚書曰、顧諟天之明命」とみえる。九年正月二十五日寛政《かんせい》と改元。

（山田　英雄）

【寛政《かんせい》】 光格《こうかく》天皇の時の年号(一七八九〜一八〇一)。天明《てんめい》九年正月二十五日改元《かいげん》。前年正月の京都大火などの災祥《さいしょう》による。菅原胤長《すがわらたねなが》の勘申《かんじん》。出典は『左伝《さでん》』昭公《しょうこう》二十年「施レ之以レ寛、寛以済レ猛、猛以済レ寛、政是以和」。十三年二月五日享和《きょうわ》と改元。

（尾藤　正英）

【享和《きょうわ》】光格《こうかく》天皇の時の年号(一八〇一〜〇四)。寛政《かんせい》十三年二月五日改元《かいげん》。辛酉革命《しんゆうかくめい》による。出典は前参議《さきのさんぎ》菅原在熙《すがわらのありひろ》の勘文《かんもん》に「文選曰、順二平天一而享二其運一、応二乎人一而和二其義一」(巻十一、晋《しん》紀総論《きそうろん》)とみえる。四年二月十一日文化《ぶんか》と改元。

(土田　直鎮)

【文化《ぶんか》】光格《こうかく》・仁孝《にんこう》両天皇の時の年号(一八〇四〜一八)。享和《きょうわ》四年二月十一日改元《かいげん》。甲子革令《かっしかくれい》による。出典は、式部大輔《しきぶのだいふ》菅原為徳《すがわらためのり》の勘文《かんもん》に「周易(賁卦彖伝)曰、観二乎天文一、以察二時変一、観二乎人文一、以化二成天下一、後漢書(巻六二、荀淑伝)曰、宣二文教一以章二其化一、立二武備一以秉二其威一」とみえる。のち、江戸幕府《えどばくふ》に伝えられ、十九日に公布《こうふ》された。十五年四月二十二日、文政《ぶんせい》と改元。

参考文献　森本角蔵『日本年号大観』

(石井　正敏)

典仁親王《すけひとしんのう》

一七三三〜九四

閑院宮《かんいんのみや》第二代。光格《こうかく》天皇の実父。享保《きょうほう》十八年(一七三三)二月二十七日閑院宮初代直仁《なおひと》親王の第二王子として誕生。寛保《かんぽう》三年(一七四三)九月四日親王宣下《しんのうせんげ》、翌延享《えんきょう》元年(一七四四)九月二十六日元服《げんぷく》して大宰帥《だざいのそち》に任ぜられ、安永《あんえい》九年(一七八〇)十二月光格《こうかく》天皇の即位礼《そくいれい》に際して、優待して一品《いっぽん》に叙せられた。寛政《かんせい》六年(一七九四)七月六日死去、享年六十二。自在王院《じざいおういん》と諡《おくりな》し、勅会《ちょくえ》をもって葬儀が行われた。

親王の在世中、光格天皇は後高倉院《ごたかくらいん》・後崇光院《ごすこういん》両太上天皇《だじょうてんのう》の先例によって、親王を太上天皇とすることを望んだが、幕府の強い反対により実現を見るに至らなかった。しかし明治《めいじ》十七年(一八八四)三月十九日、親王の没後九十年の忌辰《きしん》に先立って、太上天皇の尊号と慶光《きょうこう》天皇の諡号《しごう》が追贈せられた。陵は京都上京区北之辺町の盧山寺《ろさんじ》内にあり、盧山寺陵《ろさんじのみささぎ》という。

参考文献　『閑院宮系譜』　(武部　敏夫)

〔盧山寺陵《ろさんじのみささぎ》〕　京都市上京区北之辺《かみぎょうくきたのべ》町の盧山寺境域内にあり、高さ約三メートルの石造の多宝塔《たほうとう》である。盧山寺は閑院宮家《かんいんのみやけ》の菩提寺《ぼだいじ》で、同域には初代直仁《なおひと》親王以下宮家歴代の墓がある。寛政《かんせい》六年(一七九四)七月二十一日夜、勅会《ちょくえ》を以て葬儀を行い盧山寺に埋葬、この年十月十五日石塔《せきとう》が建立《こんりゅう》され開眼供養《かいげんくよう》が行われた。銘には「自在王院尊儀」と法号が刻まれている。明治《めいじ》十七年(一八八四)追尊して慶光《きょうこう》天皇と称され、同二十八年陵号を盧山寺陵と定めた。

参考文献　上野竹次郎『山陵』下　(戸原　純一)

仁孝《にんこう》天皇　一八〇〇～四六　在位一八一七～四六

諱《いみな》は恵仁《あやひと》、幼称は寛宮《ゆたのみや》。寛政《かんせい》十二年(一八〇〇)二月二十一日光格《こうかく》天皇の第六皇子として誕生。母は東京極院《ひがしきょうごくいん》婧子《ただこ》(贈内大臣《ぞうないだいじん》勧修寺《かじゅうじ》経逸の女《むすめ》)。文化《ぶんか》四年(一八〇七)七月皇后欣子《よしこ》内親王の実子となり儲君《ちょくん》に治定《ちてい》、同年九月親王宣下《しんのうせんげ》、同六年三月立太子《りったいし》、同八年三月元服《げんぷく》あり、ついで同十四年三月二十二日父

仁孝天皇画像　京都市　泉涌寺所蔵

天皇より受禅《じゆぜん》、同年九月二十一日即位礼《そくいしき》を行なった。在位三十年にわたり、弘化《こうか》三年(一八四六)正月二十六日四十七歳をもって崩御《ほうぎよ》。仁孝天皇と諡《おくりな》し、泉涌寺山内《せんにゆうじさんない》に葬った。陵名を後月輪陵《のちのつきのわのみささぎ》という。

天皇は古儀《こぎ》の復興に意を用い、父天皇に光格《こうかく》天皇と諡して、久しく中絶していた諡号《しごう》の古制《こせい》を再興した。また学問を好み、特に廷臣の奨学《しようがく》に留意してしばしば和漢《わかん》の史書《ししよ》その他の古典の会読《かいどく》を催したが、さらに堂上子弟《とうしようしてい》の道義振興《どうぎしんこう》のため学習所《がくしゆうじよ》の建設を計画し、弘化二年十一月開明門院《かいめいもんいん》御殿の旧地に講堂《こうどう》の建設を定めた。すなわち学習院《がくしゆういん》の濫觴《らんしよう》であって、講堂は天皇の崩後《ほうご》竣成《しゆんせい》し、同四年三月開講《かいこう》を見るに至った。

↓後月輪陵《のちのつきのわのみささぎ》〈329頁〉

（武部　敏夫）

【文《ぶん》　政《せい》】 仁孝《にんこう》天皇の時の年号(一八一八～三〇)。文化《ぶんか》十五年四月二十二日改元《かいげん》。代始《だいはじめ》による。出典は、式部大輔《しきぶのだいふ》菅原長親《すがわらのながちか》の勘文《かんもん》に「尚書(舜典)孔安国云、舜察二天文一、斉二七政一」とみえる。十三年十二月十日、天保《てんぽう》と改元。

参考文献　森本角蔵『日本年号大観』

（石井　正敏）

【天《てん》　保《ぽう》】 仁孝《にんこう》天皇の時の年号(一八三〇～四四)。文政《ぶんせい》十三年十二月十日改元《かいげん》。地震《じしん》による。出典は、式部大輔《しきぶのだいふ》菅原為顕《すがわらのためあき》の勘文《かんもん》に「尚書曰、欽崇天道、永保天命」とみえる。十五年十二月二日

弘化《こうか》と改元。（山田　英雄）

【弘《こう》化《か》】仁孝《にんこう》・孝明《こうめい》天皇の時の年号（一八四四〜四八）。天保《てんぽう》十五年十二月二日改元《かいげん》。江戸城《えどじょう》の火による。出典は菅原為定《すがわらのためさだ》の勘文《かんもん》に「書曰、弐公弘化、寅亮天地、晋書曰、昌聖徳格于皇天、威霊被于八表、弘化已熙、六合清泰」とみえる。五年二月二十八日嘉永《かえい》と改元。（山田　英雄）

孝明《こうめい》天皇

一八三一〜六六　在位一八四六〜六六在位

天保《てんぽう》二年（一八三一）六月十四日仁孝《にんこう》天皇の第四皇子として誕生。母は贈《ぞう》左《さ》大臣《だいじん》正親町《おおぎまち》実光《さねみつ》の女《むすめ》藤原雅子《なおこ》（新待賢門院《しんたいけんもんいん》）。諱《いみな》は統仁《おさひと》、幼称は熙宮《ひろのみや》という。天保六年六月儲君《ちょくん》治定《ちてい》、同年九月親王宣下《しんのうせんげ》、同十一年三月十四日立太子《りったいし》の儀があり、ついで弘化《こうか》三年（一八四六）二月十三日、父天皇の崩御《ほうぎょ》のあとをうけて践祚《せんそ》の儀をあげ、翌四年九月二十三日即位礼《そくいれい》をあげた。在位二十一年を数え、慶応《けいおう》二年（一八六六）十二月二十五日痘瘡《とうそう》によって崩御《ほうぎょ》。三十六歳。ついで孝明天皇と諡号《しごう》を定め、京都泉涌寺《せんにゅうじ》の後山に葬る。陵は後月輪東山陵《のちのつきのわのひがしのやまのみささぎ》と称する。

その在位の時代は幕末激動期にあたり、従来政治の圏外《けんがい》にあった朝廷が遽《にわ》かに政権の中心に進出し、天皇は多難な国事《こくじ》にあたらなければならなかった。践祚後七年目の嘉永《かえい》六年（一八五三）六月米艦《べいかん》の浦《うら》賀来航《がらいこう》を見るに及び、鎖国体制《さこくたいせい》は破綻《はたん》し、江戸幕府は安政《あんせい》五年（一八五八）正月日米修好通商条約《にちべいしゅうこうつうしょうじょうやく》調印

孝明天皇画像　京都市　泉涌寺所蔵

の勅許《ちょっきょ》を奏請《そうせい》するに至った。天皇は当時の大多数の公家衆《くげしゅう》と同様に開国《かいこく》は神州《しんしゅう》を汚《けが》すものと憂慮《ゆうりょ》したので勅許を見合わせ、調印の可否は諸大名の衆議《しゅうぎ》をもってすべきことを命じた。ところが幕府では、同年六月勅許を待たずに調印したのみならず、さらに蘭《らん》・露《ろ》・英《えい》の諸国とも条約を締結《ていけつ》するという事態《じたい》になったため、天皇は激怒《げきど》して譲位《じょうい》を決意し、また勅諚《ちょくじょう》を幕府および水戸藩《みとはん》に下して、国事《こくじ》を誤ることのないよう再議《さいぎ》を求め、叡旨《えいし》の貫徹《かんてつ》を図った。時に将軍継嗣《けいし》問題《もんだい》をめぐる紛争《ふんそう》もこれにからまって国論《こくろん》が沸騰《ふっとう》したが、幕府は、調印は武備充実《ぶびじゅうじつ》までの一時便宜の措置《そち》であると釈明《めい》に努める一方、反対派の抑圧《よくあつ》を始めたため、天皇は不満ながらその釈明をいれた。

この後万延《まんえん》元年(一八六〇)三月大老《たいろう》井伊直弼《いいなおすけ》が暗殺《あんさつ》されると(桜田門外《さくらだもんがい》の変《へん》)、幕府は低下した勢威を回復するため公武《こうぶ》の融和《ゆうわ》を図ることを策し、公武合体《こうぶがったい》の証《あかし》として、皇妹和宮《こうまいかずのみや》の将軍徳川家茂《とくがわいえもち》への婚嫁《こんか》を奏請《そうせい》した。天皇は和宮の不同意を知って、この請をしりぞけたが、再三の懇請《こんせい》を拒否しがたく、公武一和をもって武備の充実を図り、鎖国《さこく》の旧制に復するとの幕府の誓約《せいやく》をとり、ついにこれを勅許した。この婚嫁を契機として朝廷は幕府に対して優位に立ち、公武合体の施策《しさく》を進めるため薩長《さっちょう》二藩等に国事周旋《こくじしゅうせん》を命じたが、その間朝廷内外の攘夷派《じょういは》の勢力は長州藩《ちょうしゅうはん》の支援をうけてすこぶる強大となった。そして文久《ぶんきゅう》三年(一八六三)に至り、天皇は攘夷の成功を祈願《きがん》するため、三月賀茂社《かもしゃ》に、四月石清水社《いわしみずしゃ》に行幸《ぎょうこう》あり、また幕府は攘夷実行期日を五月十日と定め、同日長州藩によって下関海峡通航《しものせきかいきょうつうこう》の外船《がいせん》の砲撃《ほうげき》が決行された。かくて勢いにのった攘夷派の廷臣《ていしん》・志士《しし》は攘夷親征を企図《きと》して大和行幸《やまとぎょうこう》の廟議《びょうぎ》を定めるに至ったが、天皇は攘夷即行を無謀《むぼう》の挙《きょ》とするとともに、討幕へと突き進む情勢を深く憂《うれ》い、密かに中川宮尊融親王《なかがわのみやそんゆうしんのう》(朝彦《あさひこ》親王)をしてその阻止《そし》を謀《はか》らしめた。その結果、八月十八日朝廷は大和行幸を中止し、薩摩《さつま》・会津《あいづ》等の藩兵《はんぺい》をもって宮門《きゅうもん》を固《かた》めた上、激派《げきは》廷臣の参朝停止《さんちょうていし》と長州藩の宮門警固罷免《ひめん》を令した。この政変(八月十八日の政変)を発端《ほったん》として、政局は禁門《きんもん》の変《へん》・長州征討と目まぐるしく推移《すいい》し、天皇は依然公武合体・鎖国攘夷の基本方針を堅持《けんじ》した。しかし内外の情勢は次第に天皇の素志《そし》と反対の方向に進み、慶応元年十月には英・米・仏・蘭四国公使《こうし》共同の要求によって、ついに条約の勅許を見、また翌二年正月には討幕を目的として薩長両藩の盟約《めいやく》が成り、ついで八月第二次長州征討が失敗すると、政局は討幕に向けて一路進展《いちろしんてん》する様相を示し始めたのである。この時にあたって天皇はたまたま痘瘡《とうそう》に罹《かか》って癒《い》えず、国事《こくじ》に心労《しんろう》を重ねた一生を終えた。

天皇は和歌《わか》を能《よ》くし、近衛邸《このえてい》の花宴《かえん》の感興《かんきょう》を詠《よ》んだ懐紙《かいし》(「糸桜《いとざくら》の宸翰《しんかん》」と称する)や、内裏《だいり》炎上の際に移徙道中《いしどうちゅう》の情景《じょうけい》を詠んだ御幸記《ごこうき》は、ことに著名である。また雅号《がごう》に因《ちな》んで『此花詠集《このはなえいしゅう》』と題する宸《しん》筆御製集《ぴつぎょせいしゅう》十三冊が京都御所東山御文庫《きょうとごしょひがしやまごぶんこ》に伝存する。なお日記は、弘化二・四、安政五、万延元、文久元年の記事若干が伝えられる。

参考文献　宮内省編『孝明天皇紀』、帝国学士院編『宸翰英華』二、吉田常吉「孝明天皇崩御をめぐっての

疑惑」(『日本歴史』一一六)　(武部　敏夫)

〔後月輪東山陵《のちのつきのわのひがしのやまのみささぎ》〕　京都市東山区《ひがしやまく》今熊野《いまぐまの》泉山《せんざん》町にあり、径約四五㍍の三段に築かれた円丘《えんきゅう》で、墳頂《ふんちょう》に巨石を据《す》え、北側に隣接する孝明天皇女御《にょうご》夙子《あさこ》(英照皇太后《えいしょうこうたいごう》)の後月輪東北陵と兆域《ちょういき》を同じくする。江戸時代の陵制《りょうせい》は承応《じょうおう》三年(一六五四)後光明《ごこうみょう》天皇の葬送《そうそう》の際に従来の火葬を改めて土葬に復したが、葬儀はその後もなお火葬の儀を用いて泉涌寺《せんにゅうじ》内の一隅に埋葬、九重《くじゅう》の石塔《せきとう》を以て山陵《さんりょう》に擬《ぎ》することが慣例とされていた。孝明天皇崩御《ほうぎょ》するや山陵奉行戸田忠至《とだただゆき》は、火葬の儀を廃して高塚式《たかつかしき》の古制に復すことを建言《けんげん》した。朝議《ちょうぎ》はこれを採用して慶応《けいおう》三年(一八六七)正月三日その旨を布達《ふたつ》、ついで後月輪陵の東にあたる泉涌寺後山の山腹に陵所を点定《てんてい》、陵号を後月輪東山陵と定め、同月二十七日夜泉涌寺において葬儀を行い、翌日未明に至り埋葬を終えた。山陵の造営は戸田忠至が担当し、同年十月二十九日竣工《しゅんこう》した。

参考文献　上野竹次郎『山陵』下　(戸原　純一)

【嘉永《かえい》】　孝明《こうめい》天皇の時の年号(一八四八～五四)。弘化《こうか》五年二月二十八日改元《かいげん》。前年九月二十三日に即《そく》位《い》の礼が行われており、記録の表題にも『御代始改元記』とあるので、即位によると考えられる。式部権大輔《しきぶのごんのだいふ》兼大学頭《だいがくのかみ》菅原以長《すがわらのもちなが》の勘申《かんじん》。出典は『宋書《そうじょ》』楽志《らくし》「思皇享㆓多祐㆒、嘉楽永無㆑央」。七年十一月二十七日安政《あんせい》と改元。

参考文献　『孝明天皇紀』一　(尾藤　正英)

【安《あん》政《せい》】　孝明《こうめい》天皇の時の年号(一八五四〜六〇)。嘉永《かえい》七年十一月二十七日改元《かいげん》。内裏《だいり》炎上、近畿地震《じしん》、異国船渡来《いこくせんとらい》等の変異《へんい》による。前権大納言菅原聡長《さきのごんだいなごんすがわらのとしなが》の勘申《かんじん》。出典は『群書治要《ぐんしょちよう》』三八「庶人安レ政、然後君子安レ位矣」。七年三月十八日万延《まんえん》と改元。
(皆川　完一)

【万《まん》延《えん》】　孝明《こうめい》天皇の時の年号(一八六〇〜六一)。安政《あんせい》七年三月十八日改元《かいげん》。事由不詳《じゆうふしょう》。三月三日大老《たいろう》井伊直弼暗殺《いいなおすけあんさつ》などの災異《さいい》によるか。出典は、前権中納言菅原為定《さきのごんちゅうなごんすがわらのためさだ》の勘文《かんもん》に「後漢書(巻九〇上)馬融伝曰、豊二千億之子孫一、歴二万載一而永延」とみえる。のち、江戸幕府に伝えられ、閏《うるう》三月一日に公布《こうふ》。二年二月十九日、文久《ぶんきゅう》と改元された。

参考文献　宮内省編『孝明天皇紀』三、森本角蔵『日本年号大観』、所功『日本の年号』(『カルチャーブックス』一三)、同『年号の歴史』(『雄山閣ブックス』二二)
(石井　正敏)

【文《ぶん》久《きゅう》】　孝明《こうめい》天皇の時の年号(一八六一〜六四)。万延《まんえん》二年二月十九日改元《かいげん》。辛酉革命《しんゆうかくめい》による。出典は、前権中納言菅原為定《さきのごんちゅうなごんすがわらのためさだ》の勘文《かんもん》に「後漢書(巻一〇九下、謝該伝)曰、文武並用、成二長久之計一」とみえる。江戸幕府《えどばくふ》では、二十八日に公布《こうふ》された。四年二月二十日、元治《げんじ》と改元。

参考文献　宮内省編『孝明天皇紀』三、森本角蔵『日本年号大観』
(石井　正敏)

【元《げん》治《じ》】　孝明《こうめい》天皇の時の年号(一八六四〜六五)。文久《ぶんきゅう》四年二月二十日に改元《かいげん》。甲子革令《かっしかくれい》による。出典は文章博士《もんじょうはかせ》菅原為栄《すがわらのためしげ》の勘文《かんもん》に「周易曰、乾元用九、天下治也、三国志曰、天地以四時成功、元首以輔弼興治」とみえる。二年四月七日慶応《けいおう》と改元。

参考文献　宮内省編『孝明天皇紀』五
(山田　英雄)

【慶《けい》応《おう》】孝明《こうめい》・明治《めいじ》両天皇の時の年号（一八六五〜六八）。元治《げんじ》二年四月七日に改元《かいげん》。前年の京都《きょうと》騒擾《そうじょう》、京都火、内外国難《ないがいこくなん》のため。出典は式部大輔《しきぶのだいふ》菅原在光《すがわらのありみつ》の勘文《かんもん》に「文選、陸士衡、漢高祖功臣頌、慶雲応輝」とみえる。四年九月八日明治《めいじ》と改元。

参考文献 宮内省編『孝明天皇紀』五

（山田　英雄）

V 近現代の天皇

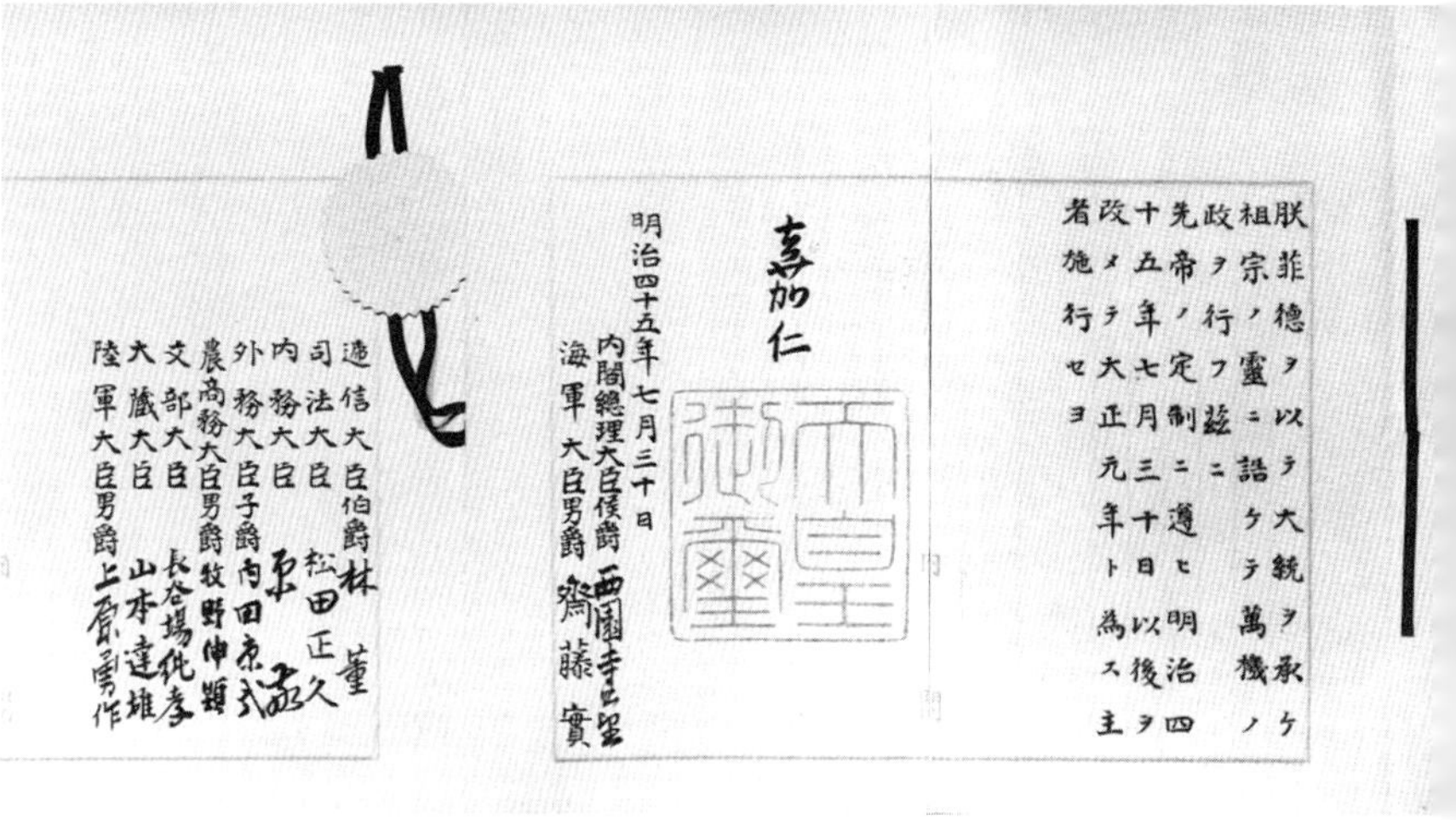

朕菲徳ヲ以テ大統ヲ承ケ
祖宗ノ靈ニ誥ケテ萬機ノ
政ヲ行フ茲ニ
先帝ノ定制ニ遵ヒ明治四
十五年七月三十日以後ヲ
改メテ大正元年ト為ス主
者施行セヨ

嘉仁

天皇御璽

明治四十五年七月三十日
内閣總理大臣侯爵 西園寺公望
海軍大臣男爵 斎藤實

遞信大臣伯爵 林董
司法大臣 松田正久
内務大臣 原敬
外務大臣子爵 内田康哉
農商務大臣男爵 牧野伸顕
文部大臣 長谷場純孝
大藏大臣 山本達雄
陸軍大臣男爵 上原勇作

大正改元の詔書（明治 45 年 7 月 30 日） 独立行政法人国立公文書館所蔵

明《めい》治《じ》天皇

一八五二～一九一二　在位一八六七～一九一二

嘉永《かえい》五年（一八五二）九月二十二日、孝明《こうめい》天皇の第二皇子として京都石薬師門内の権大納言《ごんだいな》中山忠能《なかやまただやす》の邸《てい》に生まれる。生母は忠能の娘典侍《ないしのすけ》中山慶子。幼称は祐宮《さちのみや》。幼少時は中山邸で起居《ききょ》したが、安政《あんせい》三年（一八五六）九月から内裏《だいり》に移った。万延《まんえん》元年（一八六〇）七月十日儲君《ちょくん》となり准后《じゅごう》（のちの英照皇太后《えいしょうこうたいごう》）の実子とされ、九月二十八日親王宣下《しんのうせんげ》、睦仁《むつひと》の名を賜《たま》わった。

この間、嘉永六年～安政元年の黒船来航《くろふねらいこう》・開国《かいこく》をきっかけに国内政局は激動し、幕政改革の試みや尊王攘夷《そんのうじょうい》運動の高まりにより、それまでほとんど政務にかかわらなかった朝廷はにわかに政局の中心となった。朝廷では一時尊攘派《そんじょうは》が勢力をもったが、文久《ぶんきゅう》三年（一八六三）八月十八日の政変で尊攘派は勢力を失った。元治《げんじ》元年（一八六四）七月、武力入京《にゅうきょう》をはかった急進的尊攘派の長州藩兵《ちょうしゅうはんぺい》と宮門警固《きゅうもんけいご》にあたる幕兵《ばくへい》や会津《あいづ》・桑名《くわな》・薩摩《さつま》藩兵らとが御所の周辺で激しく交戦し（禁門《きんもん》の変《へん》）、砲銃弾が打ち込まれたり、深夜正体不明の人々が入り込んだりするなど御所内は大騒動《おおそうどう》となり、睦仁親王は一時気を失って倒れたという。その後、同盟を結んだ薩長両藩《さっちょうりょうはん》を中心とする倒幕運動《とうばくうんどう》が高まる中で、慶応《けいおう》二年（一八六六）十二月二十五日孝明天皇が急死し、翌三年正月九日十六歳の睦仁親王が践祚《せんそ》して天皇となった。同年十月十四日薩長両藩に討幕の密勅《みっちょく》が下されたが、同日十五代将軍徳川慶喜《とくがわよしのぶ》から大政奉還《たいせいほうかん》が上表《じょうひょう》され、翌日勅許《ちょっきょ》された。

慶応三年十二月九日には天皇が御学問所《ごがくもんじょ》で親王・諸臣を引見《いんけん》し、勅諭《ちょくゆ》を下して王政復古《おうせいふっこ》の大号令《だいごうれい》を発した。それにより摂政《せっしょう》・関白《かんぱく》・将軍《しょうぐん》などは廃止され天皇のもとに新政府が成立した。そして同年十二月九日夜〜十日早朝、天皇親臨のもとに小御所会議《こごしょかいぎ》が開かれ、徳川慶喜に対する辞官《じかん》・納地《のうち》要求を決定した。慶応四年正月三日旧幕府勢力と新政府との間に鳥羽《とば》・伏見《ふしみ》の戦《たたかい》がおこり（戊辰戦争《ぼしんせんそう》の発端）、これに勝利をおさめた新政府は、同年正月十五日列国公使《れっこくこうし》に王政復古と開国和親《かいこくわしん》の方針を通達《つうたつ》した。この日、御所では天皇の元服《げんぷく》の式典が開かれた。同年三月十四日、天皇は、宮中の紫宸殿《ししんでん》において、公卿《くぎょう》・諸侯《しょこう》・百官《ひゃっかん》有司を従え、天神地祇《てんじんちぎ》を拝し、「広ク会議ヲ興シ万機公論ニ決スヘシ」など、五箇条《ごかじょう》の国是《こくぜ》（五箇条の誓文《せいもん》）を誓約した。前年以来のびのびとなっていた即位《そくい》の礼《れい》は、戊辰戦争における新政府の勝利が決定的となった慶応四年八月二十七日、紫宸殿において行われた。

明治天皇画像（キオソーネ筆）　御物　宮内庁所蔵

同年九月八日、改元《かいげん》が実施され年号は明治と定められ、一世一元《いっせいいちげん》の制が採用された。ついで天皇は京都から東京（同年七月江戸を改名）に移り、十月十三日江戸城《えどじょう》（東京城《とうきょうじょう》と改称、のち皇城《こうじょう》、ついで宮城《きゅうじょう》）に入り、ここを皇居《こうきょ》とした。同年十二月いったん京都に帰り、十二月二十八日女御《にょうご》一条美子《いちじょうはるこ》が入内《じゅだい》して皇后《こうごう》に冊立《さくりつ》された（のちの昭憲皇太后《しょうけんこうたいごう》）。明治二年（一八六九）三月再び東幸《とうこう》、政府諸機関をも東京に移した。同年六月全国を王土王民《おうどおうみん》とする観念から版籍奉還《はんせきほうかん》が実現し、同四年七月には廃藩置県《はいはんちけん》の詔《みことのり》が発せられた。このように明治維新《めいじいしん》(当時の表現では御一新《ごいっしん》)以来、「天皇親政《てんのうしんせい》」「万機親裁《ばんきしんさい》」の理念が大いに喧伝《けんでん》され、天皇を中心とする中央集権体制の確立が進められたが、それとともに宮中改革《きゅうちゅうかいかく》も実施され、天皇が政務をとるための表御座所《おもてござしょ》の設置などにより、それまで公家《くげ》と女官《にょかん》に取り囲まれていた天皇の生活環境は大きく変化した。学問所《がくもんじょ》では元田永孚《もとだながざね》・加藤弘之《かとうひろゆき》らが侍講《じこう》として漢学《かんがく》・洋学《ようがく》を講じ、また山岡鉄太郎《やまおかてつたろう》(鉄舟《てっしゅう》)・村田新八《むらたしんぱち》らが侍従《じじゅう》として剣道《けんどう》・乗馬《じょうば》など武術《ぶじゅつ》の訓練にあたり、いささかひ弱く女性的だった少年天皇は次第に文武両道《ぶんぶりょうどう》に長じた勇武《ゆうぶ》の青年君主に成長していった。また明治初年以来、全国各地に行幸《ぎょうこう》して国内民衆に対して新しい日本の君主としての存在を印象づけた。外国の使臣《ししん》や賓客《ひんきゃく》ともしばしば会見したが、特に明治十二年来日した前アメリカ大統領グラントとの会談で、近代国家建設途上の日本に対するさまざまな助言・忠告を受けたことが、天皇にとって国際的視野の拡大の良い機会になったといわれる。

立憲政治《りっけんせいじ》の実現については、明治八年四月に立憲政体漸次樹立《りっけんせいたいぜんじじゅりつ》の詔を発してその方向を明らかにし、同十四年十月十二日には明治二十三年を期して国会《こっかい》を開設するという勅諭《ちょくゆ》を発布した。また十五年一月四日にはいわゆる軍人勅諭《ぐんじんちょくゆ》を下《くだ》して、天皇が大元帥《だいげんすい》として軍隊の統率にあたるという理念を示した。ヨーロッパでの憲法調査を終えて帰国した伊藤博文《いとうひろぶみ》は、明治十七年三月参議《さんぎ》のまま宮内卿《くないきょう》(のち宮内大《くないだい》臣《じん》)を兼任し、宮中の制度・慣習の近代的改革や女官の風俗の洋装化《ようそうか》を進めるとともに、熱心に天皇に対する政治教育にあたった。憲法制定を前にして、天皇自身がヨーロッパ的近代立憲君主《りっけんくんしゅ》たるにふさわしい政治的素養を身につけるように厳しく訓練したのである。天皇はもともと武術や学問ほどには政務への関心を示さず、不例《ふれい》や悪天候を理由に公式行事にも欠席することが多く、国務をとる時間も短かったといわれるが、これに強い不満を抱いた伊藤は、明治十九年九月、「機務六箇条《きむろっかじょう》」を制定し、重要国務大臣が主管事務《しゅかんじむ》について拝謁《はいえつ》を求めた時は、たとえ御内儀《ごないぎ》(私室)にてもこれに応ずること、国務の審議にあたっては、政府の要請により内閣に臨御《りんぎょ》することなどを定めた。このような帝王教育の過程で、伊藤らと、天皇自身、あるいは天皇側近の保守派との間には、時として、対立・軋轢《あつれき》を生ずることもあったが、その結果、天皇も次第に政務に熱意を示すようになり、第一次伊藤・黒田《くろだ》・第一次山県《やまがた》などの諸内閣ではしばしば内閣に臨御した。また、明治二十一年五月〜二十二年二月の枢密《すうみつ》院《いん》における憲法・皇室典範《こうしつてんぱん》および憲法付属諸法令の草案審議では、合計百回近い会議にほとんど毎回出席して、顧問官《こもんかん》や閣僚《かくりょう》たちの論議を黙聴《もくちょう》し、会議が終ってからも、しばしば伊藤らを呼んで説明を求めるという精励《せいれい》ぶりであったという。

明治二十二年二月十一日、大日本帝国憲法《だいにほんていこくけんぽう》(いわゆる明治憲法《めいじけんぽう》)が欽定憲法《きんていけんぽう》として発布《はっぷ》された。この憲法においては、天皇は統治権《とうちけん》の総攬者《そうらんしゃ》と位置づけられ、法律の裁可《さいか》・公布《こうふ》・執行《しっこう》、帝国議会《ていこくぎかい》の召集・停会・衆議院《しゅうぎいん》の解散、緊急勅令《きんきゅうちょくれい》・命令の発布、文武官《ぶんぶかん》の任免《にんめん》、陸海軍の統帥《とうすい》・編制と常備兵額《じょうびへいがく》の決定、宣戦《せんせん》・講和《こうわ》・条約の締結《ていけつ》、戒厳《かいげん》の宣告《せんこく》、大赦《たいしゃ》・特赦《とくしゃ》・減刑《げんけい》など広汎《こうはん》な大権《たいけん》をもつものとされた。しかし同時にそれが、憲法の条規《じょうき》に従って、国務大臣の輔弼《ほひつ》や議会の協賛のもとに行使されるという立憲君主制としての原則も明文化《めいぶんか》された。憲法発布の上諭の中で、天皇は、国家統治の大権を「憲法ノ条章ニ循《したが》ヒ」行使することを約束している。また、ヨーロッパの立憲君主国の憲法におおむね明記されているように、天皇の「神聖不可侵《しんせいふかしん》」規定(君主無答責の原則)も取り入れられた。

明治憲法のもとで、天皇がみずからの意志と判断で大権を積極的に行使し、政治的リーダーシップを取ることは行われず、あくまで国家諸機関や元老《げんろう》の「輔弼と協賛《きょうさん》」(助言と同意)により、大権を行使《こうし》するという憲法運用上の慣行が次第に成立していった。明治二十四、五年ごろから、特に第二次伊藤内閣以降は、天皇の内閣への親臨はほとんどなくなり、特に重要国務の諮問《しもん》を除いては、枢密院《すうみついん》の会議に出席することも少なくなった。閣僚人事などについては、森有礼《もりありのり》や陸奥宗光《むつむねみつ》の入閣《にゅうかく》の場合のように政府首脳と意見を異にし、難色を示すことも時としてみられたが、天皇が輔弼の人々の意に逆ってあえてみずからの意思を押し通すことはほとんどなかった。

明治二十七年八月、清国《しんこく》に対する宣戦布告《せんせんふこく》に際しては、閣僚らの意見でやむなく宣戦したが本意でないとして、伊勢神宮《いせじんぐう》・孝明天皇陵への奉告《ほうこく》の勅使派遣《ちょくしはけん》を一時拒否し、また、宮中三殿《きゅうちゅうさんでん》での奉告祭《ほうこくさい》にも出席しないという出来事《できごと》もあったが、日清戦争《にっしんせんそう》中は、広島に大本営《だいほんえい》を設置し、二十七年九月~二十八年四月ここに起居《ききょ》して、政務・軍務をとっている。明治三十七~三十八年の日露戦争《にちろせんそう》の勝利により、日本の国際社会における影響力は増大し、世界の列強に伍することとなった。近代国家形成に果たした天皇個人の役割を正確に判定することは至難である。天皇が単なる政府首脳の操《あやつ》り人形《にんぎょう》でなかったことは間違いないが、ヨーロッパ流の絶対君主でなかったことも明白である。帝王教育を通じ期待に応えて国事《こくじ》に深く通暁《つうぎょう》した立憲君主に成長したことはいうまでもないが、「裁可者《さいかしゃ》」として以上に、みずから積極的に政治指導にあたったとはいえないであろう。しかし、日本の急速な近代化を反映して、国民にとって天皇は「明治日本の栄光」を一身に具現《ぐげん》する聖天子とイメージづけられ、政府の政策と相《あい》まって、天皇が半ば神格化されたカリスマ的存在となったことは否定できない。

日露戦争後、長年の激務《げきむ》の影響か、天皇は糖尿病《とうにょうびょう》と慢性腎炎《まんせいじんえん》を併発《へいはつ》し、その健康は徐々にむしばまれた。四十五年七月十五日枢密院会議に出席したが、会議中坐睡《ざすい》するなど、健康の不調なことが明らかであった。七月十九日、四〇度五分の高熱を発し、昏睡状態《こんすいじょうたい》となり、尿毒症《にょうどくしょう》と診断された。いったんは小康《しょうこう》を保つかにみえたが、七月二十九日には危篤《きとく》状態となり、同夜半死去した。六十一歳。天皇の正確な死去の日時は判然としない。宮内省《くないしょう》の公式発表では七月三十日午前零時四十三分崩御とされているが、当時、宮中に詰めていた内務大臣原敬《ないむだいじんはらたかし》は七月二十九日の日記の中で、「午後十時四十分天皇陛下崩御あらせらる」と記し、また、同じく海軍次官財部彪《かいぐんじかんたからべたけし》は「実際ノ崩御ハ十時四十三分」と同日の日記に記している。いずれにしても、天皇の死去が宮内省の公式発表とは異なり、実際には七月二十九日の夜半であることは確かのようである。ほぼ二時間その時間を遅らせ七月三十日としたのは、践祚《せんそ》・朝見《ちょうけん》・改元《かいげん》などの儀式の時間的余裕がなかったためとみられる(『原敬日記《はらたかしにっき》』『財部彪日記《たからべたけしにっき》』による)。七月三十日大正《たいしょう》と改元《かいげん》され、大正元年(一九一二)八月二十七日、明治天皇と追号《ついごう》された。大葬《たいそう》は青山《あおやま》練兵場《れんぺいじょう》内葬場殿《そうじょうでん》で同年九月十三日行われ、遺体は列車で京都に運ばれ、九月十五日伏見桃山陵《ふしみのももやまのみささぎ》に葬られた。

参考文献 宮内省編『明治天皇紀』、飛鳥井雅道『明治大帝』(『ちくまライブラリー』二〇)、鳥海靖『「明治」

をつくった男たち』、木村毅『明治天皇』(『日本歴史新書』)、ドナルド＝キーン『明治天皇』(角地幸男訳)、鶴見俊輔編『天皇』(『(週刊)朝日百科日本の歴史』一〇九)　(鳥海　靖)

【伏見桃山陵《ふしみのももやまのみささぎ》】 京都市伏見区《ふしみく》桃山町《ももやまちょう》古城山《こじょうさん》にあり、伏見城旧本丸《きゅうほんまる》のやや南に位置している。崩御《ほうぎょ》の日直《ただ》ちに宮中《きゅうちゅう》に大喪使《たいそうし》を置いて大喪に関することを掌理《しょうり》せしめ、大正《たいしょう》元年(一九一二)八月六日陵所を撰《せん》定《てい》、十九日に地鎮祭が行われた。伏見桃山の地に陵所を定めたのは、遺詔《いしょう》によるといわれている。九月十三日夜東京の青山《あおやま》に設けられた葬場殿《そうじょうでん》において大喪の祭儀を行い、ひきつづき柩《ひつぎ》を列車にて陵所に遷《うつ》し、十五日未明に至って埋葬を終え、この日陵号を伏見桃山陵と定めた。陵の形状は上円下方《じょうえんかほう》で各三段に築かれ南面し、すべて礫石《れきせき》で覆《おお》われていて、天智天皇陵を範としながら、後ろが高く前の開けた斜面に立地しているため、舒明《じょめい》天皇陵と似通った形状となっている。

参考文献　宮内省編『明治天皇紀』一二、上野竹次郎『山陵』下、日本歴史地理学会編『皇陵』(『歴史地理』大正二年秋季増刊)　(戸原　純一)

【明《めい》治《じ》】 明治天皇の時の年号(一八六八～一九一二)。慶応《けいおう》四年九月八日改元《かいげん》。代始《だいはじめ》による。出典は、『周易《しゅうえき》』説卦伝に「聖人南面而聴二天下一、嚮レ明而治」、『孔子家語《こうしけご》』巻五、帝徳に「長聡明、治二五気一、設二五量一、撫二万民一、度二四方一」などとあるによる。従来の陣儀《じんのぎ》・公卿難陳《くぎょうなんちん》などは省略され、二、三の年号候補を選び、天皇が籤《くじ》を引いて決定した。改元詔書《かいげんしょうしょ》に、「今より以後、旧制を革易し、一世一元、もつて永式と為す」(原漢文)と、いわゆる一世一元《いっせいいちげん》の制《せい》の採用が記されている。四十五年七月三十日、大正《たいしょう》と改元された。

参考文献　森本角蔵『日本年号大観』、所功『日本の年号』(『カルチャーブックス』一三)、同『年号の歴史』(『雄山閣ブックス』二二)

(石井　正敏)

大正《たいしょう》天皇

一八七九〜一九二六　在位一九一二〜二六

明治《めいじ》十二年(一八七九)八月三十一日午前八時十二分、東京青山御所《あおやまごしょ》内御産所《ごさんじょ》にて生誕。明治《めいじ》天皇第三皇子、生母権典侍《ごんのないしのすけ》柳原愛子《やなぎわらなるこ》。九月六日、嘉仁《よしひと》と命名、明宮《はるのみや》と称した。同月、正親町実徳《おおぎまちさねのり》が御養育御用掛となる。七歳まで中山忠能《なかやまただやす》邸ですごし、その後は青山御所に移る。二十年八月三十一日、九歳に達したので儲君《ちょくん》に治定《ちてい》し皇后《こうごう》(昭憲皇太后《しょうけんこうたいごう》)の実子と定め、二十二年十一月三日、立太子《りったいし》の儀を行なって皇太子《こうたいし》となる。この日また陸軍《りくぐん》歩兵《ほへい》少尉《しょうい》に任官。幼少のころは脳膜炎《のうまくえん》などを病んで病弱であった。佐佐木高行《ささきたかゆき》・曾我祐準《そがすけのり》らが教養主任《きょうようしゅにん》となる。九歳で学習院《がくしゅういん》に入学、二十二年、赤坂離宮花御殿《あかさかりきゅうはなごてん》を東宮御所《とうぐうごしょ》としここに移る。二十七年、学習院が震災で破損したので離宮内に御学問所《ごがくもんじょ》を設け川田《かわだ》

大　正　天　皇

(『御大礼記念写真帖』1より)

剛《たけし》・三島毅《みしまつよし》・本居豊穎《もとおりとよかい》・仏国人サラザンらから漢書・国書・フランス語を学ぶ。三十年、満十八歳で貴族院《きぞくいん》に議席を持つ。三十三年五月十日、二十二歳で旧摂家《きゅうせつけ》九条道孝《くじょうみちたか》の四女節子《さだこ》をいれて妃とした(貞明《ていめい》皇后)。翌年四月、第一皇孫迪宮裕仁《だいいちこうそんみちのみやひろひと》親王誕生。日露戦争《にちろせんそう》が勃発すると陸海軍大佐《たいさ》で大本営付《だいほんえいづけ》となり、その功で功三級をうけ陸海軍少将《しょうしょう》に昇進した。四十年十月、韓国統監伊藤博文《かんこくとうかんいとうひろぶみ》の要請により有《あり》栖川宮威仁《すがわのみやたけひと》親王・伊藤統監・桂太郎《かつらたろう》らを従えて渡韓《とかん》し、同国皇帝《こうてい》以下の顕官《けんかん》と会見して数日滞在《たいざい》した。その後、四十三年八月、韓国併合《かんこくへいごう》が行われた。四十五年七月三十日、明治天皇崩御《ほうぎょ》、直ちに践祚《せんそ》して皇位《こうい》につく。同日、大正《たいしょう》と改元《かいげん》。

大正四年(一九一五)十一月十日、京都御所紫宸殿《きょうとごしょししんでん》において即位《そくい》の典を行う。三年には第一次世界大戦が勃発し世界情勢が激変、政界では政党政治《せいとうせいじ》が確立し時勢が変わった。即位後は健康がすぐれず、九年三月、病状が容易でないことが宮内省《くないしょう》から発表され、十年十一月、皇族会議《こうぞくかいぎ》で摂政設置《せっしょうせっち》が決定され、同二十五日皇太子裕仁親王が摂政に任命され、以後、天皇はもっぱら療養生活《りょうようせいかつ》に入った。十五年十二月二十五日午前一時過ぎ、葉山御用邸《はやまごようてい》において崩御。年四十八。翌昭和《しょうわ》二年(一九二七)一月追号《ついごう》を大正天皇と定め、二月七日、大葬《たいそう》挙行。著作、『大正天皇御記《たいしょうてんのうぎょき》』(明治三十三年十月四日～三十日、西巡《せいじゅん》日記抜萃《にっきばっすい》、『中央史壇《ちゅうおうしだん》』一三ノ二)、『大正天皇御製歌集《たいしょうてんのうぎょせいかしゅう》』(二冊、昭和二十年、宮内省)。

参考文献　宮内省編『明治天皇紀』、高木八太郎・小島徳弥『大正天皇御治世史』、『太陽』大正二年二月号、「大正天皇御年譜」(『中央史壇』一三ノ二)、中島利一郎「漢詩人としての大正天皇」(同)、布施秀治「日光御用邸に於ける先帝陛下の御生活」(同)、「大正天皇御大葬儀」(同一三ノ三)、徳川義親「大正天皇の成績表」

（『文芸春秋』三九ノ八）、入沢達吉「大正天皇御臨終記」（同三一ノ一）　（大久保利謙）

〔多摩陵《たまのみささぎ》〕東京都八王子市《はちおうじし》長房町《ながぶさまち》の武蔵陵墓地《むさしりょうぼち》内にある。天皇崩御《ほうぎょ》ののち霊柩《れいきゅう》を葉山御用邸《はやまごようてい》から宮城《きゅうじょう》に遷《うつ》し、昭和《しょうわ》二年（一九二七）一月三日陵所《りょうしょ》を点定《てんてい》。二月七日夜新宿御苑《しんじゅくぎょえん》内に設けられた葬場殿《そうじょうでん》において大喪儀《たいそうのぎ》を行い、翌日未明埋葬《まいそう》、陵号を多摩陵と定められた。当陵は大正十五年（一九二六）十月二十一日に公布された皇室陵墓令《こうしつりょうぼれい》の規定に従って営建されたもので、陵形は上円下方《じょうえんかほう》で各三段に築かれ南面し、兆域《ちょういき》は二五〇〇平方ﾒｰﾄﾙである。昭和二年五月工を起し、同年十二月に竣成《しゅんせい》した。

参考文献　上野竹次郎『山陵』下　（戸原　純一）

【大正《たいしょう》】大正天皇の時の年号（一九一二〜二六）。明治《めいじ》四十五年七月三十日以後を大正元年とした。この時から新年号を適用する月日を指定することになった。践祚《せんそ》による。出典についての勘《かん》文《もん》およびその奏進者《そうしんしゃ》名は公表されていない。十五年十二月二十五日以後を昭和《しょうわ》と改元。

参考文献　国立公文書館編『内閣制度創始九十周年記念国政資料展示目録』　（山田　英雄）

昭和《しょうわ》天皇

一九〇一〜八九　在位一九二六〜八九

明治《めいじ》三十四年（一九〇一）四月二十九日午後十時十分、東宮御所《とうぐうごしょ》に生誕。皇太子明宮嘉仁親王《こうたいしはるのみやよしひとしんのう》（のちの大正天皇《たいしょう》）と皇太子妃節子《さだこ》（のちの貞明皇后《ていめいこうごう》）の第一皇子。五月五日明治天皇より裕仁《ひろひと》と命名され、迪宮《みちのみや》

昭和天皇

の称号を賜わった。七月七日川村《かわむら》純義《すみよし》(枢密顧問官《すうみつこもんかん》・伯爵《はくしゃく》)が養育を命ぜられ、三十七年八月川村の没したのち十一月に至って東宮御所に戻るまで、川村邸で過ごした。四十一年学習院初等科《がくしゅういんしょとうか》に入学、乃木《のぎ》希典《まれすけ》院長の薫陶《くんとう》を受ける。大正《たいしょう》三年(一九一四)学習院初等科を卒業。高輪《たかなわ》の東宮御所内に東宮御学問所《ごがくもんじょ》が設立され(総裁東郷《とうごう》平八郎《へいはちろう》、評議員《ひょうぎいん》東京帝国大学総長山川《やまかわ》健次郎《けんじろう》ら)、そこで選ばれた学友五名とともに歴史を東京帝国大学教授白鳥《しらとり》庫吉《くらきち》、博物学を服部《はっとり》広太郎《こうたろう》、倫理学を杉浦《すぎうら》重剛《じゅうごう》ら当代の一流の学者を教師として、以後十年までここで教育を受けた。この間大正五年十一月三日に立太子《りったいし》の礼《れい》が行われ、六年一月皇太子妃に久邇宮《くにのみや》良子《ながこ》女王が内定《ないてい》された(八年六月公表)。さらに八年には成年に達し、五月七日成年式《せいねんしき》が行われた。この前後から欧米歴訪や、また大正天皇の病状の憂慮《ゆうりょ》すべき状態による摂政《せっしょう》設置が宮中周辺で問題になり始めた。十年三月に軍艦香取《かとり》で出発し、イギリスを訪問、英国皇室との親しい関係を作り、七月ナポリを出航するまでヨーロッパ諸国を巡遊《じゅんゆう》、見聞《けんぶん》を広めた。これは日本の皇太子の最初の外遊であった。

この間、結婚に関して問題が生じていた。良子女王に色盲《しきもう》の系統があるというので、変更を求める動きが元老《げんろう》山県有朋《やまがたありとも》らから出てきて、それに対してまた反対する運動が生じたからである(宮中某重大《きゅうちゅうぼうじゅうだい》事件《じけん》)。しかし結局、洋行出発直前の十年二月に決定通りという発表がなされて問題は決着した。帰国と同時に摂政就任問題の具体化が進み、同年十一月、皇族会議《こうぞくかいぎ》の議を経て裕仁親王は摂政に任ぜられた。十二年台湾《たいわん》を訪問。年末にアナキスト難波大助《なんばだいすけ》による狙撃事件《そげきじけん》(虎ノ門事件《とらもんじけん》)などもあったが、十三年一月婚儀《こんぎ》が挙行された。この前後摂政の周辺は元老西園寺《さいおんじ》公望《きんもち》、宮内大臣《くないだいじん》牧野伸顕《まきののぶあき》(のち内大臣《ないだいじん》、後任は一木喜徳郎《いちききとくろう》)などリベラルなグループによって固められていた。

十五年十二月二十五日大正天皇が崩御《ほうぎょ》し、直ちに裕仁親王の践祚《せんそ》の儀式が行われ元号《げんごう》が昭和と改められた。なおこの時に天皇は一夫一婦制《いっぷいっぷせい》を守ることを表明した。翌昭和二年(一九二七)大正天皇の大《たい》葬《そう》、三年には京都で即位の御大典が挙行された。即位前後に天皇が心痛していたのは、軍部の行動であり、張作霖爆殺事件《ちょうさくりんばくさつじけん》をめぐっての四年の田中義一《たなかぎいち》首相への厳しい叱責《しっせき》もそうしたことの現れであった。以後も陸軍に対する天皇の疑念は大きく、翌年のロンドン海軍軍縮条約問題《かいぐんぐんしゅくじょうやくもんだい》(統帥権干犯問題《とうすいけんかんぱんもんだい》)、さらに六年の満洲事変《まんしゅうじへん》の際の天皇の行動も、その延長線上にあった。そのため「現状打破《げんじょうだは》」を叫ぶ「革新」派は天皇の側近を「君側《くんそく》の奸《かん》」として以後攻撃の対象とした。十一年の二《に》・二六《にろく》事件《じけん》はそうした動きの最大のものであり、激怒《げきど》した天皇はその鎮圧《ちんあつ》を強く希望した。しかしその前後から天皇の側近は少しずつ交替した。十二年七月に始まる日中戦争《にっちゅうせんそう》について天皇は拡大方針に躊躇《ちゅうちょ》を示し、その後もそのような意見を表明したが、最終的には内閣の決定に従った。十六年の日米開戦《にちべいかいせん》にも強い躊躇の態度を示したが、この場合も結局同様であった。二十年八月ポツダム宣言受諾《せんげんじゅだく》か否《いな》かという内閣や軍部内の対立の中で天皇は御前会議《ごぜんかいぎ》で、受諾の意思を表明し、それが最終決定に決定的な役割を果たした。

八月十五日の玉音放送《ぎょくおんほうそう》は天皇の声を国民が聞いた最初となった。

占領下《せんりょうか》で天皇大権は連合国軍総司令官《れんごうこくぐんそうしれいかん》のもとに置かれ、同年九月二十七日天皇はマッカーサー司令《しれい》官《かん》を訪問した。その際撮影《さつえい》された、大柄《おおがら》で胸を張ったマッカーサーの脇《わき》に並んだ小柄《こがら》な天皇の写真は国民に大きなショックを与えたが、この時にマッカーサーは天皇の態度に感銘《かんめい》を受けたといわれる。翌二十一年一月一日天皇はいわゆる「人間宣言《にんげんせんげん》」を発し（天皇人間宣言）、天皇制廃止を主張する運動勢力の台頭《たいとう》する中、背広・ソフト帽姿で全国各地を巡幸《じゅんこう》して祖国再建のために働く国民を激励し、また各地で熱烈な歓迎を受けた。翌二十二年施行《しこう》された日本国憲法《にほんこくけんぽう》で「国民統合《こくみんとうごう》の象徴《しょうちょう》」と位置付けられた。天皇自身退位の意思を表明したこともあったが、周囲の意見で思いとどまった。その後は象徴としての役割を忠実に果たし、多くの国賓《こくひん》を迎え、昭和四十六年にはヨーロッパ、五十年にはアメリカを、天皇としてははじめて皇后とともに外国を訪問、皇室外交《こうしつがいこう》を展開した。六十二年に慢性《まんせい》すい炎《えん》で入院、一時退院したが、翌年倒れて再度入院、六十四年一月七日十二指腸乳頭周囲腫瘍《じゅうにしちょうにゅうとうしゅういしゅよう》（腺《せん》がん）で崩御。八十七歳。同月三十一日追号《ついごう》を昭和天皇と定められ、二月二十四日大喪《たいそう》の礼《れい》が挙行された。相撲《すもう》を好み、しばしば観戦《かんせん》に国技館《こくぎかん》に行幸《ぎょうこう》し、また若い時代から生物学を学び、『相模湾産《さがみわんさん》ヒドロ虫類《ちゅうるい》』など八冊の著書がある。

参考文献　宮内省編『明治天皇紀』、大竹秀一『天皇の学校』、『原敬日記』、『牧野伸顕日記』、原田熊雄『西園寺公と政局』、本庄繁『本庄日記』、『入江相政日記』、寺崎英成・マリコ＝テラサキ＝ミラー編『昭和天皇独白録—寺崎英成・御用掛日記—』、木下道雄『側近日誌』、坂本孝治郎『象徴天皇がやって来る』、同『象徴天皇制へのパフォーマンス』、児島襄『天皇』、同『天皇と戦争責任』、高橋紘『陛下、お尋ね申し上げます』、藤田尚徳『侍従長の回想』、加藤恭子『田島道治』、渡辺克夫「宮中某重大事件」（『日本学園研究紀要』六）、松尾尊兊「考証昭和天皇・マッカーサー元帥第一回会見」（『京都大学文学部紀要』二九）

（伊藤　隆）

〔武蔵野陵《むさしののみささぎ》〕　東京都八王子市《はちおうじし》長房町《ながぶさ》の武蔵陵墓地《むさしりょうぼち》内にある。平成《へいせい》元年（一九八九）一月十一日陵所《りょうしょ》を大《たい》正天皇《しょうてんのう》多摩陵《たまのみささぎ》の東側の地に点定《てんてい》。二月二十四日新宿御苑《しんじゅくぎょえん》内に設けられた葬場殿《そうじょうでん》において大喪《たいそう》の礼《れい》を執り行なった。霊柩《れいきゅう》はつづいて陵所に遷《うつ》され即日埋葬、陵号《りょうごう》を武蔵野陵と定められた。陵型は上円下方《じょうえんかほう》で南面し、兆域《ちょういき》は二五〇〇平方メートルで、大正天皇陵と規模を同じくしている。平成二年一月六日に竣成《しゅんせい》した。

（戸原　純一）

【昭和《しょうわ》】　昭和天皇の時の年号（一九二六～八九）。大正《たいしょう》十五年十二月二十五日改元《かいげん》。この日以後を昭和とする。践祚《せんそ》による。出典は『書経《しょきょう》』堯典《ぎょうてん》「百姓昭明、協和万邦」。六十四年一月八日平成《へいせい》と改元。

参考文献　石渡隆之「公的記録上の「昭和」」（『北の丸』七）

（山田　英雄）

上皇《じょうこう》(平成《へいせい》の天皇)

一九三三〜　　在位一九八九〜二〇一九

昭和《しょうわ》八年(一九三三)十二月二十三日、宮城《きゅうじょう》(現在の皇居《こうきょ》)内の産殿に、昭和天皇と香淳皇后《こうじゅんこうごう》の第五子として誕生したが、皇男子としては第一皇子で、生まれながらの皇太子《こうたいし》である。父天皇は同月二十九日に、明治《めいじ》天皇の即位《そくい》に際して発せられた「大教宣布《たいきょうせんぷ》」から、継と明の文字を選び、継宮明仁親王《つぐのみやあきひとしんのう》と命名。昭和十二年三月親王は皇室の伝統に従い、両親の元を離れ、赤坂離宮《あかさかりきゅう》内に新築の東宮仮御所《ごしょ》に移った。昭和十五年四月学習院《がくしゅういん》初等科に入学。昭和十九年戦火が激しくなると、栃木県日光《にっこう》の田母沢《たもざわ》御用邸《ごようてい》、さらに奥日光の南間《なんま》ホテルに疎開《そかい》、昭和二十年八月父天皇の終戦の玉音放送《ぎょくおんほうそう》を聴き、間もなく帰京。学習院中等科に進学するが、赤坂離宮内の東宮仮御所は空襲のために焼失し、学習院が東京小金井《こがねい》に疎開していたことから、隣接の施設に入り、同所より通学。その後、常盤松《ときわまつ》御用邸を東宮《とうぐう》仮御所とし、学習院高等科を経て同大学政経学部に入学、昭和二十七年十一月十日、皇居表の北の間(現在の宮内庁《くないちょう》庁舎三階会議室)で、立太子《りったいし》の礼と成年式《せいねんしき》を同日に挙行、時に十八歳。翌二十八年、皇太子は天皇の名代として英国エリザベス女王の戴冠式《たいかんしき》に参列、往還の途次、欧州、米国、カナダの諸国を歴訪し、見聞を広げた。当時、海外旅行は船旅のため日数を要したことから、学習院大在学中の皇太子は授業への出席日数が不足し退学したが、聴講生として学業を続けた。昭和三十四年四月十日、正《しょう》田《だ》英三郎《ひでさぶろう》の長女美智子《みちこ》と結婚、翌年二月二十三日第一皇子徳仁《なるひと》親王(現在の一二六代天皇)を降誕《こうたん》、その後も昭和四十年第二皇子文仁《ふみひと》親王(現在の皇嗣《こうし》、秋篠宮《あきしののみや》)、昭和四十四年四月十八日に第一皇女清子《さやこ》内親王《ないしんのう》(現在降嫁して黒田慶樹《くろだよしき》夫人)が誕生。

昭和天皇が昭和四十六年に欧州を、また同五十年に米国を訪問。その間、皇太子として天皇に代わって国事行為《こくじこうい》の臨時代行を務め、昭和六十三年九月、昭和天皇が病床《びょうしょう》に臥せると、昭和六十四年一月七日に崩御《ほうぎょ》するまで、国事行為の代行を務めた。昭和天皇が崩御すると、同日皇太子は即位《そくい》し、一二五代天皇となり、剣璽《けんじ》等承継《とうしょうけい》の儀を行って皇室伝来の三種の神器を承継し、九日には即位後朝見《ちょうけん》の儀を行い、即位に当たって、憲法を守り、国民統合《こくみんとうごう》の象徴《しょうちょう》として天皇の役割を果たし、国民に寄り添い、国民と共に歩むことを国民に向けて誓ったが、天皇が弱年の頃から小泉信三《こいずみしんぞう》らの薫陶《くんとう》を受け、憲法にいう象徴とは何かを模索する中から得られた言葉であろう。また即位の翌八日、昭和の元号《げんごう》を改めて平成《へいせい》と改元《かいげん》。平成二年(一九九〇)十一月十二日即位《そくい》礼正殿《れいせいでん》の儀を挙行、引き続き十一月二十二・二十三日に大嘗祭《だいじょうさい》を催行《さいこう》。

上皇(平成の天皇)　朝日新聞社提供

天皇は沖縄に都合十一回訪問した。発端は、昭和五十年、天皇が皇太子時代に昭和天皇が果たせなかった沖縄訪問を、父天皇に代わって行い、戦没者の慰霊《いれい》を行ったことであった。このとき皇太子・同妃の訪沖に反対する勢力の妨害に遭うが、動じることなく慰霊の行事を進め、即位後も、折に触れて訪沖し、戦火に見舞われて亡くなった人々を慰霊し、あわせて沖縄の文化を吸収して沖縄の人々と喜怒哀楽を共通のものとした。天皇が沖縄独自の短歌という琉歌《りゅうか》を詠み、皇后がそれに曲を付した「歌声の響」のことはよく知られている。また各地で発生した災害に際しても、平成三年の長崎雲仙普賢岳《うんぜんふげんだけ》の火砕流、同五年の北海道南西沖地震、同七年の阪《はん》神《しん》・淡路《あわじ》大震災や十六年の新潟県中越《ちゅうえつ》地震、二十三年の東日本大震災、三十年の北海道の胆振《いぶり》東部地震など相次ぐ災害の被災者を皇后《こうごう》と共に慰問、直接、膝を突きあわせて人々の悩みを聴き、激励した。国外でも、平成六年六月にアメリカのアーリントン墓地で戦没者の慰霊を行い、その後は同十七年六月サイパン、二十七年四月にはパラオなどでも、戦闘時の敵・味方の区別なく、皇后とともに戦没者の慰霊を行い、その姿勢に国の内外から称賛と感謝の声が寄せられた。

天皇は、即位して間もない平成三年に東南アジア諸国を歴訪、翌年中国訪問、その後は、アメリカ、フランス、スペイン、さらにイギリス、デンマーク、オランダなどの欧米諸国や、ブラジル、アルゼンチンの南米の国などを訪問、その後も毎年のように世界の国々を訪問した。訪問に反対の国民もいた中で、自ら民衆の中に入って人々と直接触れあい、たくまずして国際親善に尽くし、皇室外交の在り方を示した。

天皇は毎年行われる全国戦没者追悼式《ぜんこくせんぼつしゃついとうしき》に出席し、また秋の国民体育大会、日本学士院《にほんがくしいん》授賞式、日本《にほん》芸術院《げいじゅついん》授賞式には、スポーツ振興や学術・芸術の奨励・発展のために、全国植樹祭《ぜんこくしょくじゅさい》や全国豊かな海づくり大会なども国土や漁業の発展のために欠かさず出席した。

また、科学者としてもよく知られている。魚類、中でもハゼの研究では、数々の新種を発見するとともに、ハゼの分類方法を開発し、世界基準として評価されている。皇太子時代の昭和五十五年に英国ロンドンのリンネ協会は五十名限定の外国会員に皇太子を選出、同六十一年には同協会の名誉会員となった。また平成十年には英国王立協会から、科学の進歩に著しく貢献した外国元首を顕彰するチャールズ二世メダルを贈られ、その業績を称えられた。さらに平成十九年五月にリンネ協会で「リンネと日本の分類学」と題する講演を英語で行っている。研究は魚類のほか、皇居に生息する狸《たぬき》の生態研究にも成果をあげている。

平成二十八年七月、天皇が退位の意向と報ぜられ、翌月天皇自身がビデオメッセージで退位の意向を直接国民に示した。実現すれば、二百年振りの退位であるから、政府は憲法との整合性を検討し、今回限りの特例として、平成二十九年六月に天皇の退位等に関する皇室典範特例法を公布して平成三十一年四月三十日に退位と定め、この日に皇居正殿の松の間において退位礼正殿の儀が行われた。平成の元号はこの日をもって最後とし、一ヵ月前に制定した令和《れいわ》の元号を五月一日の新帝の即位と同日に施行《しこう》した。なお退位した天皇は上皇《じょうこう》、皇后は上皇后《じょうこうごう》と称することになり、当分は従来の住まいの吹《ふき》上御所《あげごしょ》を吹上仙洞御所《せんとうごしょ》とし、やがて赤坂の元東宮御所を仙洞御所として住まうことになるが、その前の一時期、高輪《たかなわ》の皇族邸《こうぞくてい》に仮住まいし、仙洞仮御所と称している。

参考文献　宮内庁編『昭和天皇実録』、清水一郎ほか監修『平成の皇室事典』、皇室事典編集委員会編『皇室事典』制度と歴史・文化と生活(角川ソフィア文庫)、『平成皇室の三十年』

（米田　雄介）

【平《へい》成《せい》】 平成の天皇の時の年号（一九八九〜二〇一九）、昭和六十四年一月八日改元。この日以降を平成とする。出典は漢書『史記《しき》』の「内平にして外成る」、『書経《しょきょう》』の「地平にして天成る」などによる。三十一年五月一日令和《れいわ》と改元。

（米田　雄介）

今《きん》上《じょう》天皇

一九六〇〜　在位二〇一九〜

昭和《しょうわ》三十五年（一九六〇）二月二十三日、旧宮内庁病院《くないちょうびょういん》で誕生、皇太子明仁親王《こうたいしあきひとしんのう》（のちの明仁上皇《じょうこう》）と皇《こう》太子妃美智子《たいしひみちこ》（のちの美智子上皇后《じょうこうごう》）の第一皇子、同二月二十九日に昭和天皇より、徳仁《なるひと》と命名され、浩宮《ひろのみや》の称号を賜った。四書五経《ししょごきょう》のうちの『中庸《ちゅうよう》』の「聡明聖知《そうめいせいち》にして天徳《てんとく》に達する者」「浩々《こうこう》たる天」に由来という。昭和三十九年四月に学習院《がくしゅういん》幼稚園に入園、同年十一月一日に着袴《ちゃっこ》の儀。四十一年四月同院初等科に入学、爾後、中等科・高等科を経て、五十三年四月学習院大学文学部史学科に入学。五十五年二十歳になった誕生日に皇居正殿《せいでん》松の間で成年式《せいねんしき》を挙げ、二年後に大学を卒業。引き続き同大学大学院文学研究科前期課程に進学、翌年、英国オックスフォード大マートンカレッジに留学、二年間の在英期間に、卒業論文以来の交通史・流通史の研究を踏まえ、テムズ川の水運を調査、帰国後に修士論文を提出。昭和六十四年一月七日、祖父昭和天皇の崩御《ほうぎょ》により、父明仁親王が即位《そくい》すると、同時に皇太子となり、皇太子であることを国の内外に宣示《せんし》する立太子《りったいし》の礼は平成《へいせい》三年（一九九一）二月二十三日に挙行。同年九月英国オックスフォード大学から名誉法学博士号を授与される。平成五年六月九日に小和田恒《おわだひさし》の長女雅子《まさこ》と結婚、同十三年十二月一日に第一子敬宮愛子内親王《としのみやあいこないしんのう》が誕生。平成三十一年四月三十日、父天皇が退位すると、翌五月一日、皇位を継承し、一二六代の天皇となり、元号が平成から令和《れいわ》に改められ、剣璽等承継《けんじとうしょうけい》の儀、即位後朝見《ちょうけん》の儀を皇居正殿松の間で行い、新天皇として国民に向けてお言葉が述べられた。ついで十月二十二日即位礼正殿《そくいれいせいでん》の儀、翌十一月十四日に大嘗祭《だいじょうさい》を挙行。

かつて祖父昭和天皇が病床《びょうしょう》に臥した時、皇太子明仁親王(前天皇)が国事行為《こくじこうい》の代行を務め、昭和六十二年代行中の皇太子が外国を訪問した十月三日から十日までは、当時、皇孫《こうそん》として国事行為の代行を務め、平成の時代も、父天皇の海外訪問や手術による入院の時には、皇太子として国事行為の代行を行った。また自らも外国を訪問、時には皇太子妃とともに皇室外交に努めた。

皇太子時代に、全国高等学校総合体育大会、国民文化祭、全国育樹祭《ぜんこくいくじゅさい》、障害者スポーツ大会などの大会に列席し、お言葉を賜い、参加者を励ましている。一方、登山に親しみ、これまで百名山のうち、四十山を踏破し、また音楽に造詣が深く、学習院のOB楽団のメンバーとしてビオラを演奏。さらに皇太子

今上天皇　朝日新聞社提供

時代に、水運の研究から、水と人との関わりをテーマとする講演を国の内外で催行《さいこう》。特に、平成十九年十一月に国連の「水と衛生に関する諮問委員会」で日本の皇族《こうぞく》としてはじめて国際機関の名誉総裁《めいよそうさい》に就任、また平成二十五年三月にアメリカ・ニューヨークの国連本部で「水と災害に関する特別会合」の依頼で、人と水、災害との関わりをテーマとした基調講演を英語で行い、世界中から高評価された。なお英国留学時代の思い出を記した『テムズとともに　英国の二年間』(学習院総務部広報課、一九九三年刊)がある。本書は元駐日英国大使が英訳して英国で二〇〇六年に出版されている。また水上交通史や水問題についての講演をもとに一書を編んでいる(『水運史から世界の水へ』平成三十一年四月、日本放送協会刊)。

参考文献　宮内庁編『昭和天皇実録』、清水一郎ほか監修『平成の皇室事典』、皇室事典編集委員会編『皇室事典』制度と歴史・文化と生活(角川ソフィア文庫)

(米田　雄介)

【令《れい》和《わ》】　今上《きんじょう》天皇の時の年号(二〇一九〜)。政府は平成三十一年四月一日に、五月一日以降は平成の年号を改めて令和とすると定め、今上天皇の即位に当たる五月一日に平成を改元《かいげん》した。典拠は『万葉集《まんようしゅう》』巻五に収める大宰帥大伴旅人《だざいのそつおおとものたびと》主催の梅花の宴の序文中に見える令と和を合成したもの。はじめて国書から選ばれた。

(米田　雄介)

付表

歴代天皇一覧

神武天皇（狭野、神日本磐余彦天皇、始馭天下之天皇）〈本文22頁〉

父＝鸕鶿草葺不合尊　母＝妃玉依姫命
誕　生　庚午年正月一日
立太子　甲申年
即　位　神武天皇元年正月一日
崩　御　神武天皇七十六年三月十一日

綏靖天皇（神渟名川耳尊）〈本文27頁〉

父＝神武天皇　母＝皇后媛蹈韛五十鈴媛命
誕　生　神武天皇二十九年
立太子　神武天皇四十二年正月三日
即　位　綏靖天皇元年正月八日
崩　御　綏靖天皇三十三年五月十日

安寧天皇（磯城津彦玉手看尊）〈本文28頁〉

父＝綏靖天皇　母＝皇后五十鈴依媛命
誕　生　綏靖天皇五年
立太子　綏靖天皇二十五年正月七日
即　位　綏靖天皇三十三年七月三日
崩　御　安寧天皇三十八年十二月六日

懿徳天皇（大日本彦耜友尊）〈本文29頁〉

父＝安寧天皇　母＝皇后渟名底仲媛命
誕　生　綏靖天皇二十九年
立太子　安寧天皇十一年正月一日
即　位　懿徳天皇元年二月四日
崩　御　懿徳天皇三十四年九月八日

孝昭天皇（観松彦香殖稲尊）〈本文30頁〉

父＝懿徳天皇　母＝皇后天豊津媛命
誕　生　懿徳天皇五年
立太子　懿徳天皇二十二年二月十二日
即　位　孝昭天皇元年正月九日
崩　御　孝昭天皇八十三年八月五日

孝安天皇（日本足彦国押人尊）〈本文31頁〉

父＝孝昭天皇　母＝皇后世襲足媛
誕　生　孝昭天皇四十九年
立太子　孝昭天皇六十八年正月十四日

即　位　孝安天皇元年正月七日
崩　御　孝安天皇百二年正月九日

孝霊天皇（大日本根子彦太瓊尊）〈本文32頁〉

父＝孝安天皇　母＝皇后押媛命
誕　生　孝安天皇五十一年
立太子　孝安天皇七十六年正月五日
即　位　孝霊天皇元年正月十二日
崩　御　孝霊天皇七十六年二月八日

孝元天皇（大日本根子彦国牽尊）〈本文32頁〉

父＝孝霊天皇　母＝皇后細媛命
誕　生　孝霊天皇十八年
立太子　孝霊天皇三十六年正月一日
即　位　孝元天皇元年正月十四日
崩　御　孝元天皇五十七年九月二日

開化天皇（稚日本根子彦大日日尊）〈本文33頁〉

父＝孝元天皇　母＝皇后欝色謎命
誕　生　孝元天皇七年
立太子　孝元天皇二十二年正月十四日

即　位　孝元天皇五十七年十一月十二日
崩　御　開化天皇六十年四月九日

崇神天皇（御間城入彦五十瓊殖尊、御肇国天皇）〈本文34頁〉

父＝開化天皇　母＝皇后伊香色謎命
誕　生　開化天皇十年
立太子　開化天皇二十八年正月五日
即　位　崇神天皇元年正月十三日
崩　御　崇神天皇六十八年十二月五日

垂仁天皇（活目尊、活目入彦五十狭茅尊、巻向珠城宮御宇天皇）〈本文37頁〉

父＝崇神天皇　母＝皇后御間城姫
誕　生　崇神天皇二十九年正月一日
立太子　崇神天皇四十八年四月十九日
即　位　垂仁天皇元年正月二日
崩　御　垂仁天皇九十九年七月十四日

景行天皇（大足彦忍代別尊）〈本文38頁〉

父＝垂仁天皇　母＝皇后日葉酢媛命
誕　生　垂仁天皇十七年
立太子　垂仁天皇三十七年正月一日

即　位　景行天皇元年七月十一日
崩　御　景行天皇六十年十一月七日

成務天皇（稚足彦尊）〈本文40頁〉
父＝景行天皇　母＝皇后八坂入姫命
誕　生　景行天皇十四年
立太子　景行天皇五十一年八月四日
即　位　成務天皇元年正月五日
崩　御　成務天皇六十年六月十一日

仲哀天皇（足仲彦尊）〈本文42頁〉
父＝日本武尊　母＝皇太后両道入姫命
誕　生
立太子　成務天皇四十八年三月一日
即　位　仲哀天皇元年正月十一日
崩　御　仲哀天皇九年二月六日

応神天皇（誉田別尊、誉田天皇、胎中天皇）〈本文44頁〉
父＝仲哀天皇　母＝神功皇后
誕　生　仲哀天皇九年十二月十四日
立太子　神功皇后摂政三年正月三日

即　位　応神天皇元年正月一日
崩　御　応神天皇四十一年二月十五日

仁徳天皇（大鷦鷯尊、難波天皇）〈本文46頁〉
父＝応神天皇　母＝皇后仲姫命
誕　生　神后皇后摂政五十七年
即　位　仁徳天皇元年正月三日
崩　御　仁徳天皇八十七年正月十六日

履中天皇（大兄去来穂別尊）〈本文49頁〉
父＝仁徳天皇　母＝皇后磐之媛命
誕　生
立太子　仁徳天皇三十一年正月十五日
即　位　履中天皇元年二月一日
崩　御　履中天皇六年三月十五日

反正天皇（多遅比瑞歯別尊）〈本文51頁〉
父＝仁徳天皇　母＝皇后磐之媛命
誕　生
立太子　履中天皇二年正月四日
即　位　反正天皇元年正月二日

崩　御　反正天皇五年正月二十三日

允恭天皇（雄朝津間稚子宿禰天皇）〈本文52頁〉

父＝仁徳天皇　母＝皇后磐之媛命

誕　生

即　位　允恭天皇元年十二月

崩　御　允恭天皇四十二年正月十四日

安康天皇（穴穂尊）〈本文53頁〉

父＝允恭天皇　母＝皇后忍坂大中姫命

誕　生　履中天皇二年

即　位　允恭天皇四十二年十二月十四日

崩　御　安康天皇三年八月九日

雄略天皇（大長谷命、大泊瀬幼武尊）〈本文54頁〉

父＝允恭天皇　母＝皇后忍坂大中姫命

誕　生　允恭天皇七年十二月

即　位　安康天皇三年十一月十三日

崩　御　雄略天皇二十三年八月七日

清寧天皇（白髪、白髪武広国押稚日本根子尊）〈本文56頁〉

父＝雄略天皇　母＝葛城韓媛

誕　生　允恭天皇三十三年

立太子　雄略天皇二十二年正月一日

即　位　清寧天皇元年正月十五日

崩　御　清寧天皇五年正月十六日

顕宗天皇（弘計、来目稚子尊、弘計天皇）〈本文57頁〉

父＝磐坂市辺押磐皇子　母＝荑媛

誕　生　允恭天皇三十九年

即　位　顕宗天皇元年正月一日

崩　御　顕宗天皇三年四月二十五日

仁賢天皇（億計・大脚、億計天皇）〈本文59頁〉

父＝磐坂市辺押磐皇子　母＝荑媛

誕　生　允恭天皇三十八年

立太子　清寧天皇三年四月七日

即　位　仁賢天皇元年正月五日

崩　御　仁賢天皇十一年八月八日

武烈天皇（小泊瀬稚鷦鷯尊）〈本文60頁〉

父＝仁賢天皇　母＝皇后春日大娘皇女

誕　生　仁賢天皇二年
立太子　仁賢天皇七年正月三日
即　位　仁賢天皇十一年十二月
崩　御　武烈天皇八年十二月八日

継体天皇（彦太尊、男大迹）〈本文62頁〉
父＝彦主人王　母＝振媛命
誕　生　允恭天皇三十九年
即　位　継体天皇元年二月四日
崩　御　継体天皇二十五年二月七日

安閑天皇（勾大兄、広国押武金日尊）〈本文64頁〉
父＝継体天皇　母＝妃尾張目子媛
誕　生　雄略天皇十年
立太子　継体天皇七年十二月八日
即　位　継体天皇二十五年二月七日
崩　御　安閑天皇二年十二月十七日

宣化天皇（檜前高田・武小広国押盾尊、檜前天皇）〈本文66頁〉
父＝継体天皇　母＝妃尾張目子媛
誕　生　雄略天皇十一年
即　位　安閑天皇二年十二月
崩　御　宣化天皇四年二月十日

欽明天皇（天国排開広庭尊、磯城島天皇）〈本文67頁〉
父＝継体天皇　母＝皇后手白香皇女
誕　生　継体天皇三年
即　位　宣化天皇四年十二月五日
崩　御　欽明天皇三十二年四月十五日

敏達天皇（他田、訳語田渟中倉太珠敷尊、他田天皇）〈本文70頁〉
父＝欽明天皇　母＝皇后石姫皇女
誕　生　宣化天皇三年
立太子　欽明天皇十五年正月七日
即　位　敏達天皇元年四月三日
崩　御　敏達天皇十四年八月十五日

用明天皇（橘豊日天皇、池辺天皇）〈本文71頁〉
父＝欽明天皇　母＝皇太夫人蘇我堅塩媛
誕　生　欽明天皇元年
即　位　敏達天皇十四年九月五日
崩　御　用明天皇二年四月九日

崇峻天皇（泊瀬部、長谷部若雀命、倉橋天皇）〈本文73頁〉
父＝欽明天皇　母＝妃蘇我小姉君
誕　生
即　位　用明天皇二年八月二日
崩　御　崇峻天皇五年十一月三日

推古天皇（額田部、豊御食炊屋姫命、少治田天皇）〈本文76頁〉
父＝欽明天皇　母＝皇太夫人蘇我堅塩媛
誕　生　欽明天皇十五年
立皇后　敏達天皇五年三月十日
即　位　崇峻天皇五年十二月八日
崩　御　推古天皇三十六年三月七日

舒明天皇（田村、息長足日広額天皇、高市天皇、岡本天皇）〈本文78頁〉
父＝押坂彦人大兄皇子　母＝糠手姫皇女
誕　生　推古天皇元年
即　位　舒明天皇元年正月四日
崩　御　舒明天皇十三年十月九日

皇極天皇（宝、天豊財重日足姫天皇、飛鳥天皇、後岡本天皇）〈本文80頁〉
父＝茅渟王　母＝吉備姫王
誕　生　推古天皇二年
立皇后　舒明天皇二年正月十二日
即　位　皇極天皇元年正月十五日
譲　位　皇極天皇四年六月十四日
備　考　（斉明天皇を見よ）

孝徳天皇（軽、天万豊日天皇）〈本文81頁〉
父＝茅渟王　母＝吉備姫王
誕　生　推古天皇四年
即　位　皇極天皇四年六月十四日
崩　御　白雉五年十月十日

斉明天皇（→皇極天皇）（後岡本天皇）
重　祚　斉明天皇元年正月三日
崩　御　斉明天皇七年七月二十四日

天智天皇（葛城、中大兄、天命開別天皇、近江天皇）〈本文84頁〉
父＝舒明天皇　母＝斉明天皇
誕　生　推古天皇三十四年
立太子　皇極天皇四年六月十四日
称　制　斉明天皇七年七月二十四日

即　位　天智天皇七年正月三日
崩　御　天智天皇十年十二月三日

弘文天皇（大友、伊賀）〈本文90頁〉

父＝天智天皇　母＝采女宅子娘
誕　生　大化四年
立太子　天智天皇十年十月
即　位　天智天皇十年十二月五日
崩　御　天武天皇元年七月二十三日

天武天皇（大海人、天渟中原瀛真人天皇、浄御原天皇）〈本文92頁〉

父＝舒明天皇　母＝斉明天皇
誕　生
立太子　天智天皇七年二月二十三日
即　位　天武天皇二年二月二十七日
大嘗祭　天武天皇二年十一月「十六日カ」
崩　御　朱鳥元年九月九日

持統天皇（鸕野讃良、大倭根子天之広野日女尊、高天原広野姫、藤原宮御宇天皇）〈本文96頁〉

父＝天智天皇　母＝嬪蘇我遠智娘
誕　生　大化元年
立皇后　天武天皇二年二月二十七日
称　制　朱鳥元年九月九日
即　位　持統天皇四年正月一日
大嘗祭　持統天皇五年十一月二十四日
譲　位　持統天皇十一年八月一日
太上天皇
崩　御　大宝二年十二月二十二日

文武天皇（珂瑠、倭根子豊祖父天皇、後藤原宮御宇天皇）〈本文98頁〉

父＝草壁皇子　母＝元明天皇
誕　生　天武天皇十二年
立太子　持統天皇十一年二月十六日
即　位　文武天皇元年八月一日
大嘗祭　文武天皇二年十一月二十三日
崩　御　慶雲四年六月十五日

元明天皇（阿閇、日本根子天津御代豊国成姫天皇、阿倍天皇）〈本文100頁〉

父＝天智天皇　母＝嬪蘇我姪娘
誕　生　斉明天皇七年
即　位　慶雲四年七月十七日
大嘗祭　和銅元年十一月二十一日

譲　　位　和銅八年九月二日
太上天皇
崩　　御　養老五年十二月七日

元正天皇（氷高・新家、日本根子高瑞浄足姫天皇）〈本文103頁〉
父＝草壁皇子　母＝元明天皇
誕　　生　天武天皇九年
即　　位　霊亀元年九月二日
大 嘗 祭　霊亀二年十一月十九日
譲　　位　養老八年二月四日
太上天皇
崩　　御　天平二十年四月二十一日

聖武天皇（首、天璽国押開豊桜彦尊、勝宝感神聖武皇帝）〈本文105頁〉
父＝文武天皇　母＝太皇太后藤原宮子
誕　　生　大宝元年
立 太 子　和銅七年六月二十五日
元　　服　和銅七年六月二十五日
即　　位　神亀元年二月四日
大 嘗 祭　神亀元年十一月二十三日
譲　　位　天平感宝元年七月二日

太上天皇
出　　家　譲位後
崩　　御　天平勝宝八歳五月二日

孝謙天皇（阿倍、高野天皇、宝字称徳孝謙皇帝、法基尼）〈本文108頁〉
父＝聖武天皇　母＝光明皇后
誕　　生　養老二年
立 太 子　天平十年正月十三日
即　　位　天平勝宝元年七月二日
大 嘗 祭　天平勝宝元年十一月二十五日
譲　　位　天平宝字二年八月一日
太上天皇
出　　家　天平宝字六年六月
備　　考　（称徳天皇を見よ）

淳仁天皇（大炊、淡路廃帝、大炊天皇）〈本文111頁〉
父＝舎人親王　母＝大夫人当麻山背
誕　　生　天平五年
立 太 子　天平勝宝九歳四月四日
即　　位　天平宝字二年八月一日
大 嘗 祭　天平宝字二年十一月二十三日

譲　　位　天平宝字八年十月九日（廃帝）
崩　　御　天平神護元年十月二十三日

称徳天皇（↓孝謙天皇）

重　　祚　天平宝字八年十月九日
大嘗祭　天平神護元年十一月二十二日
崩　　御　神護景雲四年八月四日

光仁天皇（白壁、天宗高紹天皇、後田原天皇）〈本文115頁〉

父＝施基親王　母＝贈皇太后紀橡姫
誕　　生　和銅二年十月十三日
立太子　神護景雲四年八月四日
即　　位　宝亀元年十月一日
大嘗祭　宝亀二年十一月二十一日
譲　　位　天応元年四月三日
太上天皇
崩　　御　天応元年十二月二十三日

桓武天皇（山部、日本根子皇統弥照尊、山部天皇、柏原天皇、延暦帝）〈本文118頁〉

父＝光仁天皇　母＝贈太皇太后高野新笠
誕　　生　天平九年

親王宣下　宝亀元年十一月六日
立太子　宝亀四年正月二日
践　　祚　天応元年四月三日
即　　位　天応元年四月十五日
大嘗祭　天応元年十一月十三日
崩　　御　延暦二十五年三月十七日

平城天皇（小殿・安殿、日本根子天推国高彦尊、奈良天皇）〈本文123頁〉

父＝桓武天皇　母＝皇后藤原乙牟漏
誕　　生　宝亀五年八月十五日
親　　王
立太子　延暦四年十一月二十五日
元　　服　延暦七年正月十五日
践　　祚　延暦二十五年三月十七日
即　　位　大同元年五月十八日
大嘗祭　大同三年十一月十四日
譲　　位　大同四年四月一日
太上天皇
出　　家　大同五年九月十二日
崩　　御　天長元年七月七日

嵯峨天皇（神野、弘仁帝皇）〈本文125頁〉

父＝桓武天皇　母＝皇后藤原乙牟漏
誕　　生　延暦五年九月七日
親　　王
元　　服　延暦十八年二月七日
立 太 子　大同元年五月十九日
践　　祚　大同四年四月一日
即　　位　大同四年四月十三日
大 嘗 祭　弘仁元年十一月十九日
譲　　位　弘仁十四年四月十六日
太上天皇　弘仁十四年四月二十三日（尊号宣下）
崩　　御　承和九年七月十五日

淳和天皇（大伴、日本根子天高譲弥遠尊、天長聖主、西院帝）〈本文128頁〉

父＝桓武天皇　母＝贈皇太后藤原旅子
誕　　生　延暦五年
元　　服　延暦十七年四月十七日
立 太 子　大同五年九月十三日
践　　祚　弘仁十四年四月十六日
即　　位　弘仁十四年四月二十七日
大 嘗 祭　弘仁十四年十一月十七日
譲　　位　天長十年二月二十八日
太上天皇　天長十年三月二日（尊号宣下）
崩　　御　承和七年五月八日

仁明天皇（正良、日本根子天璽豊聡慧尊、承和聖帝、深草天皇）〈本文130頁〉

父＝嵯峨天皇　母＝皇后橘嘉智子
誕　　生　弘仁元年
立 太 子　弘仁十四年四月十八日
元　　服　弘仁十四年八月二日
践　　祚　天長十年二月二十八日
即　　位　天長十年三月六日
大 嘗 祭　天長十年十一月十五日
出　　家　嘉祥三年三月十九日
崩　　御　嘉祥三年三月二十一日

文徳天皇（道康、天安皇帝、田邑天皇）〈本文131頁〉

父＝仁明天皇　母＝太皇太后藤原順子
誕　　生　天長四年八月
元　　服　承和九年二月十六日
立 太 子　承和九年八月四日
践　　祚　嘉祥三年三月二十一日

即　位　嘉祥三年四月十七日
大嘗祭　仁寿元年十一月二十三日
崩　御　天安二年八月二十七日

清和天皇（惟仁、水尾天皇、貞観皇帝、素真）〈本文133頁〉
父＝文徳天皇　母＝太皇太后藤原明子
誕　生　嘉祥三年三月二十五日
立太子　嘉祥三年十一月二十五日
践　祚　天安二年八月二十七日
即　位　天安二年十一月七日
大嘗祭　貞観元年十一月十六日
元　服　貞観六年正月一日
譲　位　貞観十八年十一月二十九日
太上天皇　貞観十八年十二月八日（尊号宣下）
出　家　元慶三年五月八日
崩　御　元慶四年十二月四日

陽成天皇（貞明）〈本文135頁〉
父＝清和天皇　母＝皇太后藤原高子
誕　生　貞観十年十二月十六日
立太子　貞観十一年二月一日
践　祚　貞観十八年十一月二十九日
即　位　貞観十九年正月三日
大嘗祭　元慶元年十一月十八日
元　服　元慶六年正月二日
譲　位　元慶八年二月四日
太上天皇　元慶八年二月四日（尊号宣下）
出　家　天暦三年九年二十日
崩　御　天暦三年九年二十九日

光孝天皇（時康、小松天皇）〈本文136頁〉
父＝仁明天皇　母＝贈皇太后藤原沢子
誕　生　天長七年
元　服　承和十二年二月十六日
践　祚　元慶八年二月四日
即　位　元慶八年二月二十三日
大嘗祭　元慶八年十一月二十二日
崩　御　仁和三年八月二十六日

宇多天皇（定省、亭子院、六条院、寛平法王、朱雀太上天皇、空理、金剛覚）〈本文138頁〉
父＝光孝天皇　母＝皇太后班子女王
誕　生　貞観九年五月五日

元　服　元慶年中
親王宣下　仁和三年八月二十五日
立太子　仁和三年八月二十六日
践　祚　仁和三年八月二十六日
即　位　仁和三年十一月十七日
大嘗祭　仁和四年十一月二十二日
譲　位　寛平九年七月三日
太上天皇　寛平九年七月十日（尊号宣下）
出　家　昌泰二年十月二十四日
崩　御　承平元年七月十九日

醍醐天皇（敦仁・維城、延喜聖主、小野天皇、後山階太上天皇、金剛宝）〈本文140頁〉

父＝宇多天皇　母＝贈皇太后藤原胤子
誕　生　元慶九年正月十八日
親王宣下　寛平元年十二月二十八日
立太子　寛平五年四月二日
元　服　寛平九年七月三日
践　祚　寛平九年七月三日
即　位　寛平九年七月十三日
大嘗祭　寛平九年十一月二十日
譲　位　延長八年九月二十二日
太上天皇
出　家　延長八年九月二十九日
崩　御　延長八年九月二十九日

朱雀天皇（寛明、仏陀寿）〈本文144頁〉

父＝醍醐天皇　母＝皇后藤原穏子
誕　生　延長元年七月二十四日
親王宣下　延長元年十一月十七日
立太子　延長三年十月二十一日
践　祚　延長八年九月二十二日
即　位　延長八年十一月二十一日
大嘗祭　承平二年十一月十三日
元　服　承平七年正月四日
譲　位　天慶九年四月二十日
太上天皇　天慶九年四月二十六日（尊号宣下）
出　家　天暦六年三月十四日
崩　御　天暦六年八月十五日

村上天皇（成明、天暦天皇、覚貞）〈本文146頁〉

父＝醍醐天皇　母＝皇后藤原穏子
誕　生　延長四年六月二日

親王宣下　延長四年十一月二十一日
元　服　天慶三年二月十五日
立太子　天慶七年四月二十二日
践　祚　天慶九年四月二十日
即　位　天慶九年四月二十八日
大嘗祭　天慶九年十一月十六日
落　飾　康保四年五月二十五日
崩　御　康保四年五月二十五日

冷泉天皇（憲平）〈本文148頁〉

父＝村上天皇　母＝皇后藤原安子
誕　生　天暦四年五月二十四日
親王宣下　天暦四年七月十五日
立太子　天暦四年七月二十三日
元　服　応和三年二月二十八日
践　祚　康保四年五月二十五日
即　位　康保四年十月十一日
大嘗祭　安和元年十一月二十四日
譲　位　安和二年八月十三日
太上天皇　安和二年八月二十五日（尊号宣下）
崩　御　寛弘八年十月二十四日

円融天皇（守平、天禄帝、覚如、金剛法）〈本文149頁〉

父＝村上天皇　母＝皇后藤原安子
誕　生　天徳三年三月二日
親王宣下　天徳三年十月二十五日
立太子　康保四年九月一日
践　祚　安和二年八月十三日
即　位　安和二年九月二十三日
大嘗祭　天禄元年十一月十七日
元　服　天禄三年正月三日
譲　位　永観二年八月二十七日
太上天皇　永観二年九月九日（尊号宣下）
出　家　寛和元年八月二十九日
崩　御　正暦二年二月十二日

花山天皇（師貞、入覚）〈本文151頁〉

父＝冷泉天皇　母＝贈皇太后藤原懐子
誕　生　安和元年十月二十六日
親王宣下　安和元年十二月二十二日
立太子　安和二年八月十三日
元　服　天元五年二月十九日
践　祚　永観二年八月二十七日

即　位　永観二年十月十日
大嘗祭　寛和元年十一月二十一日
譲　位　寛和二年六月二十三日
出　家　寛和二年六月二十三日
太上天皇　寛和二年六月二十八日（尊号宣下）
崩　御　寛弘五年二月八日

一条天皇（懐仁、精進覚、妙覚）〈本文153頁〉

父＝円融天皇　母＝皇太后藤原詮子
誕　生　天元三年六月一日
親王宣下　天元三年八月一日
立太子　永観二年八月二十七日
践　祚　寛和二年六月二十三日
即　位　寛和二年七月二十二日
大嘗祭　寛和二年十一月十五日
元　服　永祚二年正月五日
譲　位　寛弘八年六月十三日
太上天皇
出　家　寛弘八年六月十九日
崩　御　寛弘八年六月二十二日

三条天皇（居貞、長和天皇、金剛浄）〈本文156頁〉

父＝冷泉天皇　母＝贈皇太后藤原超子
誕　生　天延四年正月三日
親王宣下　貞元三年十一月二十日
立太子　寛和二年七月十六日
元　服　寛和二年七月十六日
践　祚　寛弘八年六月十三日
即　位　寛弘八年十月十六日
大嘗祭　寛弘九年十一月二十二日
譲　位　長和五年正月二十九日
太上天皇　長和五年二月十三日（尊号宣下）
出　家　寛仁元年四月二十九日
崩　御　寛仁元年五月九日

後一条天皇（敦成）〈本文158頁〉

父＝一条天皇　母＝皇后藤原彰子
誕　生　寛弘五年九月十一日
親王宣下　寛弘五年十月十六日
立太子　寛弘八年六月十三日
践　祚　長和五年正月二十九日
即　位　長和五年二月七日

大嘗祭　長和五年十一月十五日
元　服　寛仁二年正月三日
譲　位　長元九年四月十七日
崩　御　長元九年四月十七日

後朱雀天皇（敦良、精進行）〈本文160頁〉
父＝一条天皇　母＝皇后藤原彰子
誕　生　寛弘六年十一月二十五日
親王宣下　寛弘七年正月十六日
立太子　寛仁元年八月九日
元　服　寛仁三年八月二十八日
践　祚　長元九年四月十七日
即　位　長元九年七月十日
大嘗祭　長元九年十一月十七日
譲　位　寛徳二年正月十六日
太上天皇　寛徳二年正月十六日（尊号宣下）
出　家　寛徳二年正月十八日
崩　御　寛徳二年正月十八日

後冷泉天皇（親仁）〈本文162頁〉
父＝後朱雀天皇　母＝贈皇太后藤原嬉子
誕　生　万寿二年八月三日
親王宣下　長元九年十二月二十二日
元　服　長暦元年七月二日
立太子　長暦元年八月十七日
践　祚　寛徳二年正月十六日
即　位　寛徳二年四月八日
大嘗祭　永承元年十一月十五日
崩　御　治暦四年四月十九日

後三条天皇（尊仁、延久聖主、金剛行）〈本文164頁〉
父＝後朱雀天皇　母＝皇后禎子内親王
誕　生　長元七年七月十八日
親王宣下　長元九年十二月二十二日
立太子　寛徳二年正月十六日
元　服　永承元年十二月十九日
践　祚　治暦四年四月十九日
即　位　治暦四年七月二十一日
大嘗祭　治暦四年十一月二十二日
譲　位　延久四年十二月八日
太上天皇　延久四年十二月十二日（尊号宣下）
出　家　延久五年四月二十一日

崩　　御　延久五年五月七日

白河天皇（貞仁、六条帝、融観）〈本文166頁〉

父＝後三条天皇　母＝贈皇太后藤原茂子

誕　　生　天喜元年六月十九日

元　　服　治暦元年十二月九日

親王宣下　治暦四年八月十四日

立 太 子　延久元年四月二十八日

践　　祚　延久四年十二月八日

即　　位　延久四年十二月二十九日

大 嘗 祭　承保元年十一月二十一日

譲　　位　応徳三年十一月二十六日

太上天皇　応徳三年十二月二日（尊号宣下）

院　　政　応徳三年十一月二十六日～大治四年七月七日（堀河・鳥羽・崇徳天皇）

出　　家　嘉保三年八月九日

崩　　御　大治四年七月七日

堀河天皇（善仁）〈本文170頁〉

父＝白河天皇　母＝皇后藤原賢子

誕　　生　承暦三年七月九日

親王宣下　承暦三年十一月三日

立 太 子　応徳三年十一月二十六日

践　　祚　応徳三年十一月二十六日

即　　位　応徳三年十二月十九日

大 嘗 祭　寛治元年十一月十九日

元　　服　寛治三年正月五日

崩　　御　嘉承二年七月十九日

鳥羽天皇（宗仁、空覚）〈本文173頁〉

父＝堀河天皇　母＝贈皇太后藤原苡子

誕　　生　康和五年正月十六日

親王宣下　康和五年六月九日

立 太 子　康和五年八月十七日

践　　祚　嘉承二年七月十九日

即　　位　嘉承二年十二月一日

大 嘗 祭　天仁元年十一月二十一日

元　　服　天永四年正月一日

譲　　位　保安四年正月二十八日

太上天皇　保安四年二月二日（尊号宣下）

院　　政　大治四年七月七日～保元元年七月二日（崇徳・近衛・後白河天皇）

出　家　保延七年三月十日
崩　御　保元元年七月二日

崇徳天皇（顕仁、讃岐院）〈本文176頁〉

父＝鳥羽天皇　母＝皇后藤原璋子
誕　生　元永二年五月二十八日
親王宣下　元永二年六月十九日
立太子　保安四年正月二十八日
践　祚　保安四年正月二十八日
即　位　保安四年二月十九日
大嘗祭　保安四年十一月十八日
元　服　太治四年正月一日
譲　位　永治元年十二月七日
太上天皇　永治元年十二月九日（尊号宣下）
出　家　保元元年七月十二日
崩　御　長寛二年八月二十六日

近衛天皇（体仁）〈本文179頁〉

父＝鳥羽天皇　母＝皇后藤原得子
誕　生　保延五年五月十八日
親王宣下　保延五年七月十六日
立太子　保延五年八月十七日
践　祚　永治元年十二月七日
即　位　永治元年十二月二十七日
大嘗祭　康治元年十一月十五日
元　服　久安六年正月四日
崩　御　久寿二年七月二十三日

後白河天皇（雅仁、行真）〈本文182頁〉

父＝鳥羽天皇　母＝皇后藤原璋子
誕　生　大治二年九月十一日
親王宣下　大治二年十一月十四日
元　服　保延五年十二月二十七日
践　祚　久寿二年七月二十四日
即　位　久寿二年十月二十六日
大嘗祭　久寿二年十一月二十三日
譲　位　保元三年八月十一日
太上天皇　保元三年八月十七日（尊号宣下）
院　政　保元三年八月十一日～治承三年十一月二十日（二条・六条・高倉天皇）
治承五年正月十七日～建久三年三月十三日（安徳・後鳥羽天皇）

出　家　嘉応元年六月十七日
崩　御　建久三年三月十三日

二条天皇（守仁）〈本文186頁〉

父＝後白河天皇　母＝贈皇太后藤原懿子
誕　生　康治二年六月十八日
親王宣下　久寿二年九月二十三日
立太子　久寿二年九月二十三日
元　服　久寿二年十二月九日
践　祚　保元三年八月十一日
即　位　保元三年十二月二十日
大嘗祭　平治元年十一月二十三日
譲　位　永万元年六月二十五日
太上天皇　永万元年六月二十九日（尊号宣下）
崩　御　永万元年七月二十八日

六条天皇（順仁）〈本文189頁〉

父＝二条天皇　母＝伊岐氏
誕　生　長寛二年十一月十四日
親王宣下　永万元年六月二十五日
践　祚　永万元年六月二十五日
即　位　永万元年七月二十七日
大嘗祭　仁安元年十一月十五日
譲　位　仁安三年二月十九日
太上天皇　仁安三年二月二十八日（尊号宣下）
崩　御　安元二年七月十七日

高倉天皇（憲仁）〈本文190頁〉

父＝後白河天皇　母＝皇太后平滋子
誕　生　永暦二年九月三日
親王宣下　永万元年十二月二十五日
立太子　仁安元年十月十日
践　祚　仁安三年二月十九日
即　位　仁安三年三月二十日
大嘗祭　仁安三年十一月二十二日
元　服　嘉応三年正月三日
譲　位　治承四年二月二十一日
太上天皇　治承四年二月二十七日（尊号宣下）
院　政　治承四年二月二十一日～治承五年正月十四日（安徳天皇）
崩　御　治承五年正月十四日

安徳天皇（言仁）〈本文193頁〉
父＝高倉天皇　母＝皇后平徳子
誕　　生　治承二年十一月十二日
親王宣下　治承二年十二月八日
立 太 子　治承二年十二月十五日
践　　祚　治承四年二月二十一日
即　　位　治承四年四月二十二日
大 嘗 祭　寿永元年十一月二十四日
崩　　御　寿永四年＝元暦二年三月二十四日

後鳥羽天皇（尊成、顕徳院・隠岐院、良然）〈本文198頁〉
父＝高倉天皇　母＝藤原殖子
誕　　生　治承四年七月十四日
立 太 子　寿永二年八月二十日
践　　祚　寿永二年八月二十日
即　　位　寿永三年＝元暦元年七月二十八日
大 嘗 祭　寿永三年＝元暦元年十一月十八日
元　　服　文治六年正月三日
譲　　位　建久九年正月十一日
太上天皇　建久九年正月二十日（尊号宣下）
院　　政　建久九年正月十一日～承久三年七月九日
出　　家　承久三年七月八日
崩　　御　延応元年二月二十二日

（土御門・順徳・仲恭天皇）

土御門天皇（為仁、土佐院・阿波院、行源）〈本文203頁〉
父＝後鳥羽天皇　母＝源在子
誕　　生　建久六年十二月二日
践　　祚　建久九年正月十一日
即　　位　建久九年三月三日
大 嘗 祭　建久九年十一月二十二日
元　　服　元久二年正月三日
譲　　位　承元四年十一月二十五日
太上天皇　承元四年十二月五日（尊号宣下）
出　　家　寛喜三年十月六日
崩　　御　寛喜三年十月十一日

順徳天皇（守成、佐渡院）〈本文206頁〉
父＝後鳥羽天皇　母＝藤原重子
誕　　生　建久八年九月十日
親王宣下　正治元年十二月十六日
立 太 子　正治二年四月十五日

元　服　承元二年十二月二十五日
践　祚　承元四年十一月二十五日
即　位　承元四年十二月二十八日
大嘗祭　建暦二年十一月十三日
譲　位　承久三年四月二十日
太上天皇　承久三年四月二十三日（尊号宣下）
崩　御　仁治三年九月十二日

仲恭天皇（懐成、半帝、九条廃帝）〈本文210頁〉

父＝順徳天皇　母＝皇后九条立子
誕　生　建保六年十月十日
親王宣下　建保六年十一月二十一日
立太子　建保六年十一月二十六日
践　祚　承久三年四月二十日
譲　位　承久三年七月九日（廃帝）
崩　御　天福二年五月二十日

後堀河天皇（茂仁）〈本文211頁〉

父＝後高倉太上天皇　母＝持明院陳子
誕　生　建暦二年二月十八日
践　祚　建暦四年＝承久三年七月九日
即　位　建暦四年＝承久三年十二月一日
元　服　建暦五年＝承久四年正月三日
大嘗祭　貞応元年十一月二十三日
譲　位　貞永元年十月四日
太上天皇　貞永元年十月七日（尊号宣下）
院　政　貞永元年十月四日～天福二年八月六日（四条天皇）
崩　御　天福二年八月六日

四条天皇（秀仁）〈本文216頁〉

父＝後堀河天皇　母＝皇后九条竴子
誕　生　寛喜三年二月十二日
親王宣下　寛喜三年四月十一日
立太子　寛喜三年十月二十八日
践　祚　貞永元年十月四日
即　位　貞永元年十二月五日
大嘗祭　嘉禎元年十一月二十日
元　服　仁治二年正月五日
崩　御　仁治三年正月九日

後嵯峨天皇（邦仁、寛元帝、素覚）〈本文221頁〉

父＝土御門天皇　母＝贈皇太后土御門通子
誕　生　承久二年二月二十六日
元　服　仁治三年正月二十日
践　祚　仁治三年正月二十日
即　位　仁治三年三月十八日
大嘗祭　仁治三年十一月十三日
譲　位　寛元四年正月二十九日
太上天皇　寛元四年二月十三日（尊号宣下）
院　政　寛元四年正月二十九日～文永九年二月十七
　　日（後深草・亀山天皇）
出　家　文永五年十月五日
崩　御　文永九年二月十七日

後深草天皇（久仁、常磐井殿・富小路殿、素実）〈本文226頁〉

父＝後嵯峨天皇　母＝皇后西園寺姞子
誕　生　寛元元年六月十日
親王宣下　寛元元年六月二十八日
立太子　寛元元年八月十日
践　祚　寛元四年正月二十九日
即　位　寛元四年三月十一日
大嘗祭　寛元四年十一月二十四日

元　服　建長五年正月三日
譲　位　正元元年十一月二十六日
太上天皇　正元元年十二月二日（尊号宣下）
院　政　弘安十年十月二十一日～正応三年二月十一
　　日（伏見天皇）
出　家　正応三年二月十一日
崩　御　嘉元二年七月十六日

亀山天皇（恒仁、禅林寺殿・万里小路殿、文応皇帝、金剛源）〈本文233頁〉

父＝後嵯峨天皇　母＝皇后西園寺姞子
誕　生　建長元年五月二十七日
親王宣下　建長元年八月十四日
立太子　正嘉二年八月七日
元　服　正元元年八月二十八日
践　祚　正元元年十一月二十六日
即　位　正元元年十二月二十八日
大嘗祭　文応元年十一月十六日
譲　位　文永十一年正月二十六日
太上天皇　文永十一年二月二日（尊号宣下）
院　政　文永十一年正月二十六日～弘安十年十月二
　　十一日（後宇多天皇）

出　家　正応二年九月七日
崩　御　嘉元三年九月十五日

後宇多天皇（世仁、大覚寺殿・万里小路殿、建治帝、金剛性）〈本文237頁〉

父＝亀山天皇　母＝皇后洞院佶子
誕　生　文永四年十二月一日
親王宣下　文永五年六月二十五日
立太子　文永五年八月二十五日
践　祚　文永十一年正月二十六日
即　位　文永十一年三月二十六日
大嘗祭　文永十一年十一月十九日
元　服　建治三年正月三日
譲　位　弘安十年十月二十一日
太上天皇　弘安十年十一月十五日（尊号宣下）
院　政　正安三年正月二十一日～徳治三年八月二十五日（後二条天皇）
文保二年二月二十六日～元亨元年十二月九日（後醍醐天皇）
出　家　徳治二年七月二十六日
崩　御　元亨四年六月二十五日

伏見天皇（熙仁、持明院殿、素融）〈本文240頁〉

父＝後深草天皇　母＝洞院愔子
誕　生　文永二年四月二十三日
親王宣下　建治元年十月十四日
立太子　建治元年十一月五日
元　服　建治三年十二月十九日
践　祚　弘安十年十月二十一日
即　位　弘安十一年三月十五日
大嘗祭　正応元年十一月二十二日
譲　位　永仁六年七月二十二日
太上天皇　永仁六年八月三日（尊号宣下）
院　政　永仁六年七月二十二日～正安三年正月二十一日（後伏見天皇）
徳治三年八月二十六日～正和二年十月十四日（花園天皇）
出　家　正和二年十月十七日
崩　御　文保元年九月三日

後伏見天皇（胤仁、持明院殿、行覚・理覚）〈本文242頁〉

父＝伏見天皇　母＝五辻経子
誕　生　弘安十一年三月三日

親王宣下　正応元年八月十日
立太子　正応二年四月二十五日
践祚　永仁六年七月二十二日
即位　永仁六年十月十三日
大嘗祭　永仁六年十一月二十日
元服　正安二年正月三日
譲位　正安三年正月二十一日
太上天皇　正安三年正月二十九日（尊号宣下）
院政　正和二年十月十四日〜文保二年二月二十六日（花園天皇）
元弘元年＝元徳三年九月二十日〜元弘三年＝正慶二年五月二十五日（光厳天皇）
出家　元弘三年六月二十六日
崩御　延元元年＝建武三年四月六日

後二条天皇（邦治）〈本文244頁〉

父＝後宇多天皇　母＝堀河基子
誕生　弘安八年二月二日
親王宣下　弘安九年十月二十五日
元服　永仁六年六月二十七日
立太子　永仁六年八月十日
践祚　正安三年正月二十一日
即位　正安三年三月二十四日
大嘗祭　正安三年十一月二十日
崩御　徳治三年八月二十五日

花園天皇（富仁、萩原殿、遍行）〈本文247頁〉

父＝伏見天皇　母＝洞院季子
誕生　永仁五年七月二十五日
親王宣下　正安三年八月十五日
立太子　正安三年八月二十四日
践祚　徳治三年八月二十六日
即位　延慶元年十一月十六日
大嘗祭　延慶二年十一月二十四日
元服　延慶四年正月三日
譲位　文保二年二月二十六日
太上天皇　文保二年三月十日（尊号宣下）
出家　建武二年十一月二十二日
崩御　正平三年＝貞和四年十一月十一日

後醍醐天皇（尊治、吉野院）〈本文249頁〉

父＝後宇多天皇　母＝五辻忠子

誕　　生　正応元年十一月二日
親王宣下　正安四年六月十六日
元　　服　嘉元元年十二月二十日
立 太 子　徳治三年九月十九日
践　　祚　文保二年二月二十六日
即　　位　文保二年三月二十九日
大 嘗 祭　文保二年十一月二十二日
譲　　位　延元四年＝暦応二年八月十五日
崩　　御　延元四年＝暦応二年八月十六日

後村上天皇（義良・憲良、吉野殿・賀名生殿・住吉殿）〈本文263頁〉

父＝後醍醐天皇　母＝皇太后阿野廉子
誕　　生　嘉暦三年
親王宣下　建武元年五月二十三日
元　　服　延元元年＝建武三年三月十日
立 太 子　延元四年＝暦応二年三月
践　　祚　延元四年＝暦応二年八月十五日
崩　　御　正平二十三年＝応安元年三月十一日

長慶天皇（寛成、吉野帝・崎山殿・慶寿院、金剛理）〈本文271頁〉

父＝後村上天皇　母＝藤原氏
誕　　生　興国四年＝康永二年
親王宣下
立 太 子
元　　服
践　　祚　正平二十三年＝応安元年三月
譲　　位　弘和三年＝永徳三年
太上天皇　弘和三年＝永徳三年
出　　家
崩　　御　応永元年八月一日

後亀山天皇（熙成、大覚寺殿、嵯峨法皇、金剛心）〈本文277頁〉

父＝後村上天皇　母＝藤原氏
誕　　生
親王宣下
元　　服
立 太 子　正平二十三年＝応安元年
践　　祚　弘和三年＝永徳三年
譲　　位　元中九年＝明徳三年閏十月五日
太上天皇　明徳五年二月二十三日（尊号宣下）
出　　家
崩　　御　応永三十一年四月十二日

(北朝)光厳天皇(量仁、持明院殿・天野殿・小倉殿、勝光智・無範)〈本文257頁〉
父＝後伏見天皇　母＝女御西園寺寧子
誕　生　正和二年七月九日
親王宣下　正和二年八月十七日
立太子　嘉暦元年七月二十四日
元　服　元徳元年十二月二十八日
践　祚　元弘元年＝元徳三年九月二十日
即　位　元弘二年＝元徳四年三月二十二日
大嘗祭　元弘二年＝正慶元年十一月十三日
譲　位　元弘三年＝正慶二年五月二十五日
太上天皇　元弘三年十二月十日(尊号宣下)
院　政　延元元年＝建武三年八月十五日～正平六年＝観応二年十一月七日(光明・崇光天皇)
出　家　正平七年＝観応三年八月八日
崩　御　正平十九年＝貞治三年七月七日

(北朝)光明天皇(豊仁、持明院殿・宇治殿、真常恵)〈本文260頁〉
父＝後伏見天皇　母＝女御西園寺寧子
誕　生　元亨元年十二月二十三日
親王宣下　元亨二年二月十三日
元　服　延元元年＝建武三年八月十五日
践　祚　延元元年＝建武三年八月十五日
即　位　延元二年＝建武四年十二月二十八日
大嘗祭　延元四年＝暦応元年十一月十九日
譲　位　正平三年＝貞和四年十月二十七日
太上天皇　正平三年＝貞和四年十一月二十五日(尊号宣下)
出　家　正平六年＝観応二年十二月二十八日
(先の太上天皇尊号宣下を否認し改めて尊号宣下あり)
崩　御　天授六年＝康暦二年六月二十四日

(北朝)崇光天皇(興仁・益仁、伏見殿、勝円心)〈本文267頁〉
父＝光厳天皇　母＝三条秀子
誕　生　建武元年四月二十二日
親王宣下　延元三年＝建武五年八月八日
立太子　延元三年＝建武五年八月十三日
元　服　正平三年＝貞和四年十月二十七日
践　祚　正平三年＝貞和四年十月二十七日
即　位　正平四年＝貞和五年十二月二十六日
譲　位　正平六年＝観応二年十一月七日
太上天皇　正平六年＝観応二年十二月二十八日(尊号宣下)

出家　明徳三年十一月三十日
崩御　応永五年正月十三日

(北朝)後光厳天皇（弥仁、光融）〈本文268頁〉

父＝光厳天皇　母＝三条秀子
誕生　延元三年＝建武五年三月二日
元服　正平七年＝観応三年八月十七日
践祚　正平七年＝観応三年八月十七日
即位　正平八年＝文和二年十二月二十七日
大嘗祭　正平九年＝文和三年十一月十六日
譲位　建徳二年＝応安四年三月二十三日
太上天皇　建徳二年＝応安四年閏三月六日（尊号宣下）
院政　建徳二年＝応安四年三月二十三日〜文中三年＝応安七年正月二十九日（後円融天皇）
出家　文中三年＝応安七年正月二十九日
崩御　文中三年＝応安七年正月二十九日

(北朝)後円融天皇（緒仁、光浄）〈本文275頁〉

父＝後光厳天皇　母＝紀仲子
誕生　正平十三年＝延文三年十二月十二日
親王宣下　建徳二年＝応安四年三月二十一日
元服　建徳二年＝応安四年三月二十三日
践祚　建徳二年＝応安四年三月二十三日
即位　文中三年＝応安七年十二月二十八日
大嘗祭　天授元年＝永和元年十一月二十三日
譲位　弘和二年＝永徳二年四月十一日
太上天皇　弘和二年＝永徳二年四月二十五日（尊号宣下）
院政　弘和二年＝永徳二年四月十一日〜明徳四年四月二十六日（後小松天皇）
出家　明徳四年四月二十六日
崩御　明徳四年四月二十六日

後小松天皇（幹仁、素行智）〈本文280頁〉

父＝後円融天皇　母＝三条厳子
誕生　天授三年＝永和三年六月二十七日
践祚　弘和二年＝永徳二年四月十一日
即位　弘和二年＝永徳二年十二月二十八日
大嘗祭　弘和三年＝永徳三年十一月十六日
元服　元中四年＝至徳四年正月三日
譲位　応永十九年八月二十九日
太上天皇　応永十九年九月五日（尊号宣下）
院政　応永十九年八月二十九日〜永享五年十月二

十日（称光・後花園天皇）
出　家　永享三年三月二十四日
崩　御　永享五年十月二十日

称光天皇（実仁・躬仁、大宝寿）〈本文282頁〉
父＝後小松天皇　母＝日野西資子
誕　生　応永八年三月二十九日
親王宣下　応永十八年十一月二十五日
元　服　応永十八年十一月二十八日
践　祚　応永十九年八月二十九日
即　位　応永二十一年十二月十九日
大嘗祭　応永二十二年十一月二十一日
崩　御　正長元年七月二十日

後花園天皇（彦仁、後文徳院、円満智）〈本文284頁〉
父＝後崇光院太上天皇　母＝庭田幸子
誕　生　応永二十六年六月十八日
践　祚　正長元年七月二十八日
即　位　永享元年十二月二十七日
大嘗祭　永享二年十一月十八日
元　服　永享五年正月三日

譲　位　寛正五年七月十九日
太上天皇　寛正五年八月九日（尊号宣下）
院　政　寛正五年七月十九日〜文明二年十二月二十
七日（後土御門天皇）
出　家　応仁元年九月二十日
崩　御　文明二年十二月二十七日

後土御門天皇（成仁、正等観）〈本文292頁〉
父＝後花園天皇　母＝藤原信子
誕　生　嘉吉二年五月二十五日
親王宣下　長禄元年十二月十九日
元　服　長禄二年四月十七日
践　祚　寛正五年七月十九日
即　位　寛正六年十二月二十七日
大嘗祭　文正元年十二月十八日
崩　御　明応九年九月二十八日

後柏原天皇（勝仁）〈本文295頁〉
父＝後土御門天皇　母＝贈皇太后庭田朝子
誕　生　寛正五年十月二十日
親王宣下　文明十二年十二月十三日

元　服　文明十二年十二月二十日
践　祚　明応九年十月二十五日
即　位　永正十八年三月二十二日
崩　御　大永六年四月七日

後奈良天皇（知仁）〈本文297頁〉

父＝後柏原天皇　母＝勧修寺藤子
誕　生　明応五年十二月二十三日
親王宣下　永正九年四月八日
元　服　永正九年四月二十六日
践　祚　大永六年四月二十九日
即　位　天文五年二月二十六日
崩　御　弘治三年九月五日

正親町天皇（方仁）〈本文299頁〉

父＝後奈良天皇　母＝贈皇太后万里小路栄子
誕　生　永正十四年五月二十九日
親王宣下　天文二年十二月九日
元　服　天文二年十二月二十二日
践　祚　弘治三年十月二十七日
即　位　永禄三年正月二十七日

譲　位　天正十四年十一月七日
太上天皇　天正十四年十一月（尊号宣下）
崩　御　文禄二年正月五日

後陽成天皇（周仁・和仁）〈本文304頁〉

父＝陽光院太上天皇　母＝勧修寺晴子
誕　生　元亀二年十二月十五日
親王宣下　天正十四年九月十七日
元　服　天正十四年九月二十日
践　祚　天正十四年十一月七日
即　位　天正十四年十一月二十五日
譲　位　慶長十六年三月二十七日
太上天皇　慶長十六年四月七日（尊号宣下）
院　政　慶長十六年三月二十七日～元和三年八月二十六日（後水尾天皇）
崩　御　元和三年八月二十六日

後水尾天皇（政仁、円浄）〈本文307頁〉

父＝後陽成天皇　母＝女御近衛前子
誕　生　文禄五年六月四日
親王宣下　慶長五年十二月二十一日

元服　慶長十五年十二月二十三日
践祚　慶長十六年三月二十七日
即位　慶長十六年四月十二日
譲位　寛永六年十一月八日
太上天皇　寛永六年十一月八日（尊号宣下）
院政　寛永六年十一月八日～慶安元年～二年（明正・後光明天皇）
寛文三年正月二十六日～寛文九年（霊元天皇）
出家　慶安四年五月六日
崩御　延宝八年八月十九日

明正天皇（興子）〈本文310頁〉
父＝後水尾天皇　母＝皇后徳川和子
誕生　元和九年十一月十九日
内親王宣下　寛永六年十月二十九日
践祚　寛永六年十一月八日
即位　寛永七年九月十二日
髪曾木　寛永十五年六月十六日
譲位　寛永二十年十月三日
太上天皇　寛永二十年十月十二日（尊号宣下）
崩御　元禄九年十一月十日

後光明天皇（紹仁、素鵝宮）〈本文310頁〉
父＝後水尾天皇　母＝園光子
誕生　寛永十年三月十二日
親王宣下　寛永十九年十二月十五日
元服　寛永二十年九月二十七日
践祚　寛永二十年十月三日
即位　寛永二十年十月二十一日
崩御　承応三年九月二十日

後西天皇（良仁、秀宮、高松宮・桃園宮・花町宮）〈本文313頁〉
父＝後水尾天皇　母＝櫛笥隆子
誕生　寛永十四年十一月十六日
親王宣下　慶安元年七月十九日
元服　慶安四年十一月二十五日
践祚　承応三年十一月二十八日
即位　明暦二年正月二十三日
譲位　寛文三年正月二十六日
太上天皇　寛文三年二月三日（尊号宣下）
崩御　貞享二年二月二十二日

霊元天皇（識仁、高貴宮、寛文帝、素浄）〈本文315頁〉

父＝後水尾天皇　母＝園国子
誕　　生　承応三年五月二十五日
親王宣下　明暦四年正月二十八日
元　　服　寛文二年十二月十一日
践　　祚　寛文三年正月二十六日
即　　位　寛文三年四月二十七日
譲　　位　貞享四年三月二十一日
太上天皇　貞享四年三月二十五日（尊号宣下）
院　　政　貞享四年三月二十一日～元禄六年十一月二十六日（東山天皇）
　　　　　宝永六年十二月十七日～享保二年（中御門天皇）
出　　家　正徳三年八月十六日
崩　　御　享保十七年八月六日

東山天皇（朝仁、五宮）〈本文318頁〉

父＝霊元天皇　母＝松木宗子
誕　　生　延宝三年九月三日
儲君治定　天和二年三月二十五日
親王宣下　天和二年十二月二日
立 太 子　天和三年二月九日
元　　服　貞享四年正月二十三日
践　　祚　貞享四年三月二十一日
即　　位　貞享四年四月二十八日
大 嘗 祭　貞享四年十一月十六日
譲　　位　宝永六年六月二十一日
太上天皇　宝永六年六月二十四日（尊号宣下）
院　　政　宝永六年六月二十一日～宝永六年十二月十七日（中御門天皇）
崩　　御　宝永六年十二月十七日

中御門天皇（慶仁、長宮）〈本文319頁〉

父＝東山天皇　母＝櫛笥賀子
誕　　生　元禄十四年十二月十七日
儲君治定　宝永四年三月二十二日
親王宣下　宝永四年四月二十九日
立 太 子　宝永五年二月十六日
践　　祚　宝永六年六月二十一日
即　　位　宝永七年十一月十一日
元　　服　宝永八年正月一日
譲　　位　享保二十年三月二十一日
太上天皇　享保二十年三月二十三日（尊号宣下）

院政　享保二十年三月二十一日〜元文二年四月十一日（桜町天皇）
崩御　元文二年四月十一日

桜町天皇（昭仁）〈本文321頁〉

父＝中御門天皇　母＝贈皇太后近衛尚子
誕生　享保五年正月一日
儲君治定　享保五年十月十六日
親王宣下　享保五年十一月四日
立太子　享保十三年六月十一日
元服　享保十八年二月一日
践祚　享保二十年三月二十一日
即位　享保二十年十一月三日
大嘗祭　元文三年十一月十九日
譲位　延享四年五月二日
太上天皇　延享四年五月七日（尊号宣下）
院政　延享四年五月二日〜寛延三年四月二十三日（桃園天皇）
崩御　寛延三年四月二十三日

桃園天皇（遐仁、八穂宮・茶地宮）〈本文323頁〉

父＝桜町天皇　母＝姉小路定子
誕生　寛保元年二月二十九日
儲君治定　延享三年正月二十一日
親王宣下　延享三年三月十六日
元服　延享四年三月十五日
立太子　延享四年三月十六日
践祚　延享四年五月二日
即位　延享四年九月二十一日
大嘗祭　寛延元年十一月十七日
崩御　宝暦十二年七月十二日

後桜町天皇（智子、以茶宮・緋宮）〈本文325頁〉

父＝桜町天皇　母＝皇太后二条舎子
誕生　元文五年八月三日
内親王宣下　寛延三年三月二十八日
践祚　宝暦十二年七月二十七日
即位　宝暦十三年十一月二十七日
大嘗祭　明和元年十一月八日
譲位　明和七年十一月二十四日
太上天皇　明和七年十一月二十五日（尊号宣下）
崩御　文化十年閏十一月二日

後桃園天皇（英仁）〈本文326頁〉

父＝桃園天皇　母＝皇太后一条富子
誕　　生　宝暦八年七月二日
儲君治定　宝暦九年正月十八日
親王宣下　宝暦九年五月十五日
立 太 子　明和五年二月十九日
元　　服　明和五年八月九日
践　　祚　明和七年十一月二十四日
即　　位　明和八年四月二十八日
大 嘗 祭　明和八年十一月十九日
崩　　御　安永八年十月二十九日

光格天皇（兼仁・師仁、祐宮）〈本文327頁〉

父＝慶光天皇　母＝岩室磐代
誕　　生　明和八年八月十五日
儲君治定　安永八年十一月八日
践　　祚　安永八年十一月二十五日
即　　位　安永九年十二月四日
元　　服　安永十年正月一日
大 嘗 祭　天明七年十一月二十七日
譲　　位　文化十四年三月二十二日
太上天皇　文化十四年三月二十四日（尊号宣下）
院　　政　文化十四年三月二十二日～天保十一年十一月十九日（仁孝天皇）
崩　　御　天保十一年十一月十九日

仁孝天皇（恵仁、寛宮、弘化帝）〈本文331頁〉

父＝光格天皇　母＝勧修寺婧子
誕　　生　寛政十二年二月二十一日
儲君治定　文化四年七月十八日
親王宣下　文化四年九月二十二日
立 太 子　文化六年三月二十四日
元　　服　文化八年三月十六日
践　　祚　文化十四年三月二十二日
即　　位　文化十四年九月二十一日
大 嘗 祭　文政元年十一月二十一日
崩　　御　弘化三年正月二十六日

孝明天皇（統仁、熙宮）〈本文333頁〉

父＝仁孝天皇　母＝正親町雅子
誕　　生　天保二年六月十四日
儲君治定　天保六年六月二十一日

親王宣下　天保六年九月十八日
立太子　天保十一年三月十四日
元服　天保十五年三月二十七日
践祚　弘化三年二月十三日
即位　弘化四年九月二十三日
大嘗祭　嘉永元年十一月二十一日
崩御　慶応二年十二月二十五日

明治天皇（睦仁、祐宮）〈本文340頁〉

父＝孝明天皇　母＝中山慶子
誕生　嘉永五年九月二十二日
儲君治定　万延元年七月十日
親王宣下　万延元年九月二十八日
践祚　慶応三年正月九日
元服　慶応四年正月十五日
即位　慶応四年八月二十七日
大嘗祭　明治四年十一月十七日
崩御　明治四十五年七月三十日

大正天皇（嘉仁、明宮）〈本文347頁〉

父＝明治天皇　母＝柳原愛子
誕生　明治十二年八月三十一日
親王　明治十二年八月三十一日
儲君治定　明治二十年八月三十一日
立太子礼　明治二十二年十一月三日
践祚　大正元年七月三十日
即位　大正四年十一月十日
大嘗祭　大正四年十一月十四日
崩御　大正十五年十二月二十五日

昭和天皇（裕仁、迪宮）〈本文349頁〉

父＝大正天皇　母＝貞明皇后
誕生　明治三十四年四月二十九日
親王　明治三十四年四月二十九日
皇太子　大正元年七月三十日
立太子礼　大正五年十一月三日
成年式　大正八年五月七日
践祚　昭和元年十二月二十五日
即位　昭和三年十一月十日
大嘗祭　昭和三年十一月十四日
崩御　昭和六十四年一月七日

上皇（明仁、継宮、平成の天皇）〈本文354頁〉
父＝昭和天皇　母＝香淳皇后
誕　　生　昭和八年十二月二十三日
親　　王　昭和八年十二月二十三日
皇 太 子　昭和八年十二月二十三日
立太子礼　昭和二十七年十一月十日
成 年 式　昭和二十七年十一月十日
即　　位　昭和六十四年一月七日
即位の礼　平成二年十一月十二日
大 嘗 祭　平成二年十一月二十二日
退　　位　平成三十一年四月三十日
上　　皇　令和元年五月一日

今上天皇（徳仁、浩宮）〈本文358頁〉
父＝上皇（明仁、継宮、平成の天皇）　母＝上皇后（正田美智子、平成の皇后）
誕　　生　昭和三十五年二月二十三日
親　　王　昭和三十五年二月二十三日
成 年 式　昭和五十五年二月二十三日
皇 太 子　昭和六十四年一月七日
立太子礼　平成三年二月二十三日

即　　位　令和元年五月一日
即位の礼　令和元年十月二十二日
大 嘗 祭　令和元年十一月十四日

〔追尊天皇〕

岡宮天皇（草壁皇子、日並知皇子、長岡天皇）〈本文113頁〉
父＝天武天皇　母＝持統天皇
誕　　生　天智天皇元年
皇 太 子　天武天皇十年二月二十五日
追　　尊　天平宝字二年八月九日
追尊理由　文武・元正天皇の父
薨　　去　持統天皇三年四月十三日

崇道尽敬皇帝（舎人親王）〈本文114頁〉
父＝天武天皇　母＝新田部皇女
誕　　生　天武天皇五年
追　　尊　天平宝字三年六月十六日
追尊理由　淳仁天皇の父
薨　　去　天平七年十一月十四日

春日宮天皇（施基親王、田原天皇）〈本文117頁〉
父＝天智天皇　母＝越道伊羅都売
誕　生　年月日未詳
追　尊　宝亀元年十一月六日
追尊理由　光仁天皇の父
薨　去　霊亀二年八月十一日

崇道天皇（早良親王）〈本文122頁〉
父＝光仁天皇　母＝高野新笠
誕　生　天平勝宝二年
皇太子　天応元年四月四日
（延暦四年九月二十八日廃太子）
薨　去　延暦四年十月
追　尊　延暦十九年七月二十三日
追尊理由　桓武天皇皇太子

〔不即位・追尊太上天皇〕

後高倉院（守貞親王、持明院宮・広瀬宮、行助）〈本文215頁〉
父＝高倉天皇　母＝藤原殖子
誕　生　治承三年二月二十八日
太上天皇宣下　承久三年八月十六日
宣下理由　後堀河天皇の父
薨　去　貞応二年五月十四日

後崇光院（貞成親王、道欽）〈本文288頁〉
父＝栄仁親王　母＝阿野実治女
誕　生　応安五年三月二十五日
太上天皇宣下　文安四年十一月二十七日
宣下理由　後花園天皇の父
薨　去　康正二年八月二十九日

陽光院（誠仁親王）〈本文306頁〉
父＝正親町天皇　母＝万里小路房子
誕　生　天文二十一年四月二十三日
太上天皇追贈　天正十四年十一月以降
追贈理由　後陽成天皇の父
薨　去　天正十四年七月二十四日

慶光天皇（典仁親王）〈本文330頁〉
父＝直仁親王　母＝伊藤氏
誕　生

太上天皇追贈　明治十七年三月十九日（この日、慶光天皇の諡号と太上天皇の尊号を贈られる）
追贈理由　光格天皇の父
薨　去　寛政六年七月六日

・本表は、歴代天皇、追尊天皇、不即位・追尊太上天皇の略年譜を表したものである。
・年譜に掲げた項目は、おおむね、誕生、親王宣下、立太子、元服、践祚、即位、大嘗祭、譲位、太上天皇、院政、出家、崩御であるが、必要に応じて項目を付加した。
・項目を掲げているが、年月日の記載のないものは、項目に該当の事実はあるが年月日の確認できないものである。
・親王宣下については、その開始時期は特定できないが、宇多天皇が親王宣下を蒙って以降、宣旨を下されるのを例としている。ただし大宝令で親王の制が制定されて以降、宇多天皇に至る天皇のうち二三の例外はあるが、ほとんどは生まれながらに親王になっていたと考えられる。
・太上天皇については、持統天皇以降、平城天皇までは尊号宣下の制の成立以前であることから、年月日を特定できないが、譲位とともに太上天皇になったのであろう。
・立太子、大嘗祭など事実の確認できないものは立項しない。
・院政の項の院政期間の後の括弧内には、その間、在位している天皇名を記した。
・改元年の年号表記は改元の日以降は新年号とした。
・南北朝期の年号表記は南朝年号を上段に、北朝年号を下段に記した。

皇室系譜

- 神武天皇—綏靖天皇—安寧天皇—懿徳天皇—孝昭天皇—孝安天皇—孝霊天皇
  - 孝元天皇—開化天皇
    - 崇神天皇
      - 垂仁天皇
        - 景行天皇
          - 日本武尊—仲哀天皇
            - 麛坂王
            - 忍熊王
            - 応神天皇
              - 仁徳天皇
                - 履中天皇—市辺押磐皇子
                  - 飯豊青皇女
                  - 仁賢天皇
                    - 手白香皇女（継体天皇皇后　欽明天皇母）
                    - 武烈天皇
                  - 顕宗天皇
                - 反正天皇
                - 允恭天皇
                  - 木梨軽皇子（允恭天皇皇太子）
                  - 安康天皇
                  - 雄略天皇
                    - 清寧天皇
                    - 春日大娘皇女（仁賢天皇皇后　武烈天皇母）
              - 菟道稚郎子皇子（応神天皇皇太子）
          - 成務天皇
        - 倭姫
        - 両道入姫（日本武尊妃　仲哀天皇母）
      - 豊鍬入姫
    - 彦坐王—山代之大筒木真若王—迦邇米雷王—気長宿禰王
      - 神功皇后（仲哀天皇皇后　応神天皇母）
  - 倭迹迹日百襲姫

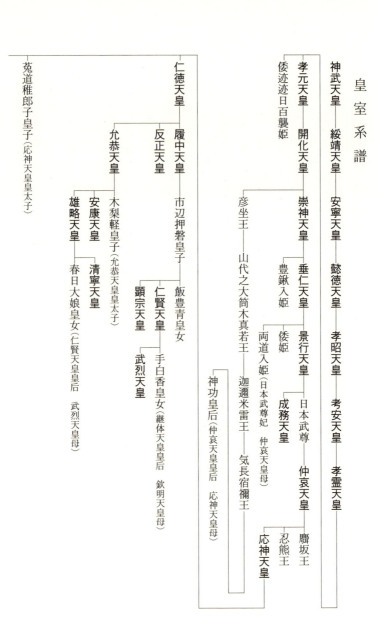

稚野毛二派王
- 意富富杼王 ― 乎非王 ― 彦主人王 ― 継体天皇
  - 安閑天皇
  - 宣化天皇 ― 石姫皇女（欽明天皇皇后 敏達天皇母）
  - 欽明天皇
    - 敏達天皇
      - 押坂彦人大兄皇子
        - 舒明天皇
        - 茅渟王
          - 皇極天皇・斉明天皇（舒明天皇皇后 天智・天武天皇母）
          - 孝徳天皇 ― 有間皇子
      - 糠手姫皇女（押坂彦人大兄皇子妃 舒明天皇母）
    - 用明天皇 ― 厩戸皇子（推古天皇皇太子 聖徳太子）― 山背大兄王
    - 推古天皇（敏達天皇皇后）
    - 桜井王 ― 吉備姫王（茅渟王妃 皇極・孝徳天皇母）
    - 穴穂部間人皇女（用明天皇皇后 厩戸皇子母）
    - 崇峻天皇
- 忍坂大中姫（允恭天皇皇后 安康・雄略天皇母）
- 衣通郎姫

天智天皇
- 大田皇女（天武天皇妃 大津皇子母）
- 持統天皇（天武天皇皇后 草壁皇子母）
- 弘文天皇（大友皇子）
- 元明天皇（草壁皇子妃 文武・元正天皇母）

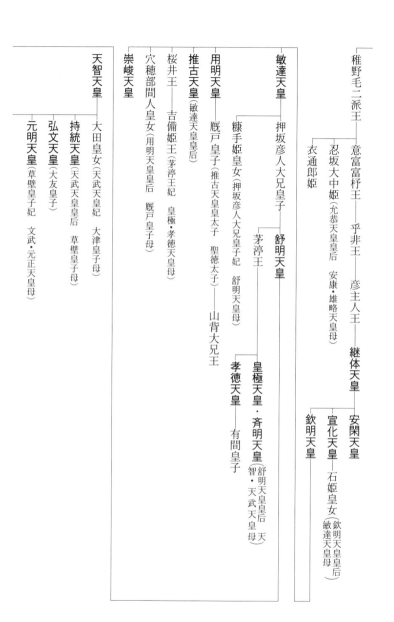

- **天武天皇**
  - 高市皇子
    - 長屋王
  - 草壁皇子（天武・持統天皇皇太子　岡宮天皇）
    - **元正天皇**
    - **文武天皇**
      - **聖武天皇**
        - **孝謙天皇・称徳天皇**
        - 皇子某（聖武天皇皇太子）
        - 井上内親王（光仁天皇皇后　他戸親王母）
        - 不破内親王（塩焼王妃）
  - 大津皇子
  - 舎人親王（崇道尽敬皇帝）
    - **淳仁天皇**
  - 新田部親王
    - 塩焼王
    - 道祖王（孝謙天皇皇太子）
- 新田部皇女（天武天皇妃　舎人親王母）
- 施基親王（春日宮天皇）
  - **光仁天皇**
    - **桓武天皇**
      - **平城天皇**
        - 阿保親王
          - 在原行平
          - 在原業平
        - 高丘親王（嵯峨天皇皇太子　真如）
      - 伊予親王
      - 葛原親王
        - 平高棟
        - 高見王
          - 平高望
    - 他戸親王（光仁天皇皇太子）
    - 早良親王（桓武天皇皇太子　崇道天皇）

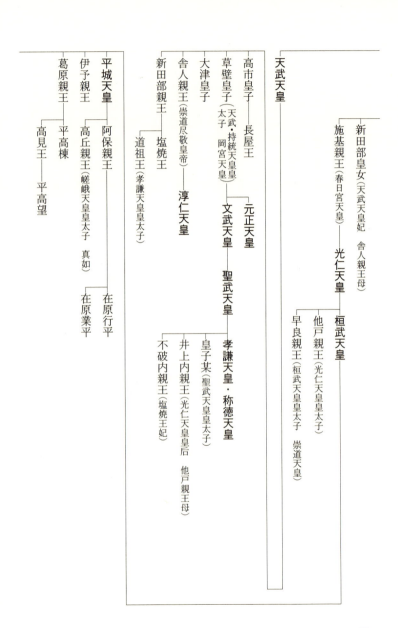

- 嵯峨天皇
  - 有智子内親王
  - 仁明天皇
    - 文徳天皇
      - 源能有
      - 清和天皇
        - 陽成天皇
        - 貞純親王
          - 源経基
    - 光孝天皇
      - 宇多天皇
        - 醍醐天皇
          - 保明親王（醍醐天皇皇太子）
            - 慶頼王（同）
          - 源高明
          - 朱雀天皇
          - 村上天皇
            - 冷泉天皇
              - 花山天皇
                - 清仁親王
                  - 延信王
                    - 康資王（白川伯家祖）
              - 三条天皇
                - 敦明親王（後一条天皇皇太子　小一条院）
                - 禎子内親王（後朱雀天皇皇后　後三条天皇母）
            - 円融天皇
              - 一条天皇
                - 後一条天皇
                - 後朱雀天皇
                  - 後冷泉天皇
                  - 後三条天皇
                    - 白河天皇
                      - 堀河天皇
                    - 実仁親王（白河天皇皇太子）
                    - 輔仁親王
                      - 源有仁
            - 選子内親王
            - 具平親王
              - 源師房
        - 敦実親王
          - 源雅信
          - 源重信
    - 源多
    - 源光
  - 源信
  - 源常
  - 源融
- 淳和天皇
  - 恒貞親王（仁明天皇皇太子）

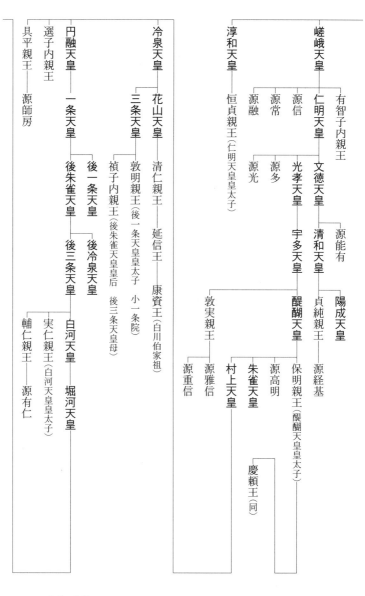

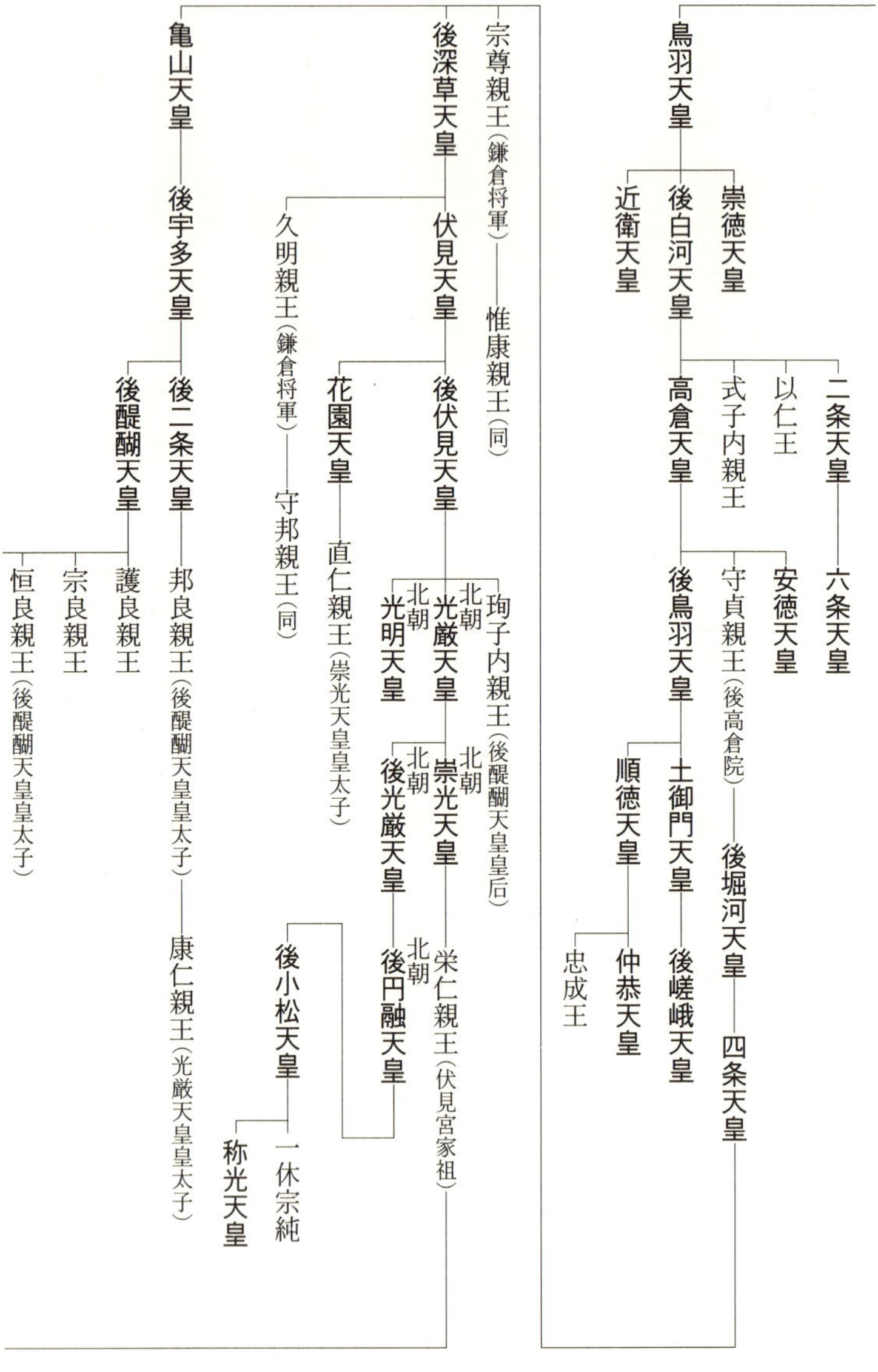
鳥羽天皇
崇徳天皇
後白河天皇
近衛天皇
二条天皇
以仁王
式子内親王
高倉天皇
六条天皇
安徳天皇
守貞親王（後高倉院）
後鳥羽天皇
後堀河天皇
四条天皇
土御門天皇
順徳天皇
後嵯峨天皇
仲恭天皇
忠成王
宗尊親王（鎌倉将軍）
惟康親王（同）
後深草天皇
伏見天皇
久明親王（鎌倉将軍）
守邦親王（同）
後伏見天皇
花園天皇
直仁親王（崇光天皇皇太子）
珣子内親王（後醍醐天皇皇后）
北朝 光厳天皇
北朝 光明天皇
北朝 崇光天皇
北朝 後光厳天皇
栄仁親王（伏見宮家祖）
北朝 後円融天皇
後小松天皇
一休宗純
称光天皇
亀山天皇
後宇多天皇
後二条天皇
後醍醐天皇
邦良親王（後醍醐天皇皇太子）
康仁親王（光厳天皇皇太子）
護良親王
宗良親王
恒良親王（後醍醐天皇皇太子）

成良親王（光明天皇皇太子）
懐良親王
後村上天皇
長慶天皇
後亀山天皇
泰成親王（後亀山天皇皇太子）

貞成親王（後崇光院）—後花園天皇—後土御門天皇—後柏原天皇—後奈良天皇—正親町天皇

誠仁親王（陽光院）—後陽成天皇—後水尾天皇
智仁親王（八条宮　桂宮家祖）
好仁親王（高松宮　有栖川宮家祖）

明正天皇
後光明天皇
後西天皇—幸仁親王（高松宮を継承　有栖川宮と改称）
霊元天皇—東山天皇—中御門天皇—桜町天皇—桃園天皇—後桃園天皇—欣子内親王（光格天皇皇后）
後桜町天皇
直仁親王（閑院宮家祖）—典仁親王（慶光天皇）—光格天皇
文仁親王（八条宮を継承　京極宮と改称）

仁孝天皇—孝明天皇—明治天皇—大正天皇
親子内親王（和宮　静寛院宮　徳川家茂室）
盛仁親王（京極宮を継承　桂宮と改称）

- 昭和天皇
  - 上皇（明仁、平成の天皇）
    - 今上天皇
    - 文仁親王（秋篠宮）
      - 悠仁親王
  - 正仁親王（常陸宮）
- 雍仁親王（秩父宮）
- 宣仁親王（高松宮）
- 崇仁親王（三笠宮）
  - 寛仁親王
  - 宜仁親王（桂宮）
  - 憲仁親王（高円宮）

関連法令

＊日本国憲法、皇室典範、天皇の退位等に関する皇室典範特例法をそれぞれ抄録した。
＊原文の旧字体は新字体に改めた。

日本国憲法（昭和二十一年十一月三日公布、昭和二十二年五月三日施行）　抄

第一章　天皇

第一条　天皇は、日本国の象徴であり日本国民統合の象徴であつて、この地位は、主権の存する日本国民の総意に基く。
第二条　皇位は、世襲のものであつて、国会の議決した皇室典範の定めるところにより、これを継承する。
第三条　天皇の国事に関するすべての行為には、内閣の助言と承認を必要とし、内閣が、その責任を負ふ。
第四条　天皇は、この憲法の定める国事に関する行為のみを行ひ、国政に関する権能を有しない。
　天皇は、法律の定めるところにより、その国事に関する行為を委任することができる。
第五条　皇室典範の定めるところにより摂政を置くときは、摂政は、天皇の名でその国事に関する行為を行ふ。この場合には、前条第一項の規定を準用する。
第六条　天皇は、国会の指名に基いて、内閣総理大臣を任命する。
　天皇は、内閣の指名に基いて、最高裁判所の長たる裁判官を任命する。
第七条　天皇は、内閣の助言と承認により、国民のために、左の国事に関する行為を行ふ。
一　憲法改正、法律、政令及び条約を公布すること。
二　国会を召集すること。
三　衆議院を解散すること。
四　国会議員の総選挙の施行を公示すること。

五　国務大臣及び法律の定めるその他の官吏の任免並びに全権委任状及び大使及び公使の信任状を認証すること。
六　大赦、特赦、減刑、刑の執行の免除及び復権を認証すること。
七　栄典を授与すること。
八　批准書及び法律の定めるその他の外交文書を認証すること。
九　外国の大使及び公使を接受すること。
十　儀式を行ふこと。
第八条　皇室に財産を譲り渡し、又は皇室が、財産を譲り受け、若しくは賜与することは、国会の議決に基かなければならない。

皇室典範　抄

皇室典範（昭和二十二年一月十六日公布法律第三号）抄	皇室典範（明治二十二年二月十一日）抄
第一章　皇位継承 第一条　皇位は、皇統に属する男系の男子が、これを継承する。 第二条　皇位は、左の順序により、皇族に、これを伝える。 一　皇長子 二　皇長孫 三　その他の皇長子の子孫 四　皇次子及びその子孫 五　その他の皇子孫	第一章　皇位継承 第一条　大日本国皇位ハ祖宗ノ皇統ニシテ男系ノ男子之ヲ継承ス 第二条　皇位ハ皇長子ニ伝フ 第三条　皇長子在ラサルトキハ皇長孫ニ伝フ皇長子及其ノ子孫皆在ラサルトキハ皇次子及其ノ子孫ニ伝フ以下皆之ニ例ス 第四条　皇子孫ノ皇位ヲ継承スルハ嫡出ヲ先ニス皇庶子孫ノ皇位ヲ継承スルハ皇嫡子孫皆在ラサルトキニ限ル

六　皇兄弟及びその子孫
七　皇伯叔父及びその子孫
前項各号の皇族がないときは、皇位は、それ以上で、最近親の系統の皇族に、これを伝える。
前二項の場合においては、長系を先にし、同等内では、長を先にする。

第三条　皇嗣に、精神若しくは身体の不治の重患があり、又は重大な事故があるときは、皇室会議の議により、前条に定める順序に従つて、皇位継承の順序を変えることができる。

第四条　天皇が崩じたときは、皇嗣が、直ちに即位する。

第二章　皇族

第五条　皇后、太皇太后、皇太后、親王、親王妃、内親王、王、王妃及び女王を皇族とする。

第六条　嫡出の皇子及び嫡男系嫡出の皇孫は、男を親王、女を内親王とし、三世以下の嫡男系嫡出の子孫は、男を王、女を女王とする。

第七条　王が皇位を継承したときは、その兄弟姉妹たる王及び女王は、特にこれを親王及び内親王とする。

第五条　皇子孫皆在ラサルトキハ皇兄弟及其ノ子孫ニ伝フ

第六条　皇兄弟及其ノ子孫皆在ラサルトキハ皇伯叔父及其ノ子孫ニ伝フ

第七条　皇伯叔父及其ノ子孫皆在ラサルトキハ其ノ以上ニ於テ最近親ノ皇族ニ伝フ

第八条　皇兄弟以上ハ同等内ニ於テ嫡ヲ先ニシ庶ヲ後ニシ長ヲ先ニシ幼ヲ後ニス

第九条　皇嗣精神若ハ身体ノ不治ノ重患アリ又ハ重大ノ事故アルトキハ皇族会議及枢密顧問ニ諮詢シ前数条ニ依リ継承ノ順序ヲ換フルコトヲ得

第二章　践祚即位

第十条　天皇崩スルトキハ皇嗣即チ践祚シ祖宗ノ神器ヲ承ク

第七章　皇族

第三十条　皇族ト称フルハ太皇太后皇太后皇后皇太子皇太子妃皇太孫皇太孫妃親王親王妃内親王王王妃女王ヲ謂フ

第三十一条　皇子ヨリ皇玄孫ニ至ルマテハ男ヲ親王女ヲ内親王トシ五世以下ハ男ヲ王女ヲ女王トス

第三十二条　天皇支系ヨリ入テ大統ヲ承クルトキハ皇兄弟姉妹ノ王女王タル者ニ特ニ親王内親王ノ号ヲ宣賜ス

第三十三条　皇族ノ誕生命名婚嫁薨去ハ宮内大臣之ヲ公告ス

第三十四条　皇統譜及前条ニ関ル記録ハ図書寮ニ於テ尚蔵ス

第八条　皇嗣たる皇子を皇太子という。皇太子のないときは、皇嗣たる皇孫を皇太孫という。
第九条　天皇及び皇族は、養子をすることができない。
第十条　立后及び皇族男子の婚姻は、皇室会議の議を経ることを要する。
第十一条　年齢十五年以上の内親王、王及び女王は、その意思に基き、皇室会議の議により、皇族の身分を離れる。
親王（皇太子及び皇太孫を除く。）、内親王、王及び女王は、前項の場合の外、やむを得ない特別の事由があるときは、皇室会議の議により、皇族の身分を離れる。
第十二条　皇族女子は、天皇及び皇族以外の者と婚姻したときは、皇族の身分を離れる。

第三十五条　皇族ハ天皇之ヲ監督ス
第三十六条　摂政在任ノ時ハ前条ノ事ヲ摂行ス
第三十七条　皇族男女幼年ニシテ父ナキ者ハ宮内ノ官僚ニ命シ保育ヲ掌ラシム事宜ニ依リ天皇ハ其ノ父母ノ選挙セル後見人ヲ認可シ又ハ之ヲ勅選スヘシ
第三章　成年立后立太子
第十五条　儲嗣タル皇子ヲ皇太子トス皇太子在ラサルトキハ儲嗣タル皇孫ヲ皇太孫トス
第十六条　皇后皇太子皇太孫ヲ立ツルトキハ詔書ヲ以テ之ヲ公布ス
第七章　皇族
第四十二条　皇族ハ養子ヲ為スコトヲ得ス
第四十四条　皇族女子ノ臣籍ニ嫁シタル者ハ皇族ノ列ニ在ラス但シ特旨ニ依リ仍内親王女王ノ称ヲ有セシムルコトアルヘシ

第十三条　皇族の身分を離れる親王又は王の妃並びに直系卑属及びその妃は、他の皇族と婚姻した女子及びその直系卑属を除き、同時に皇族の身分を離れる。但し、直系卑属及びその妃については、皇室会議の議により、皇族の身分を離れないものとすることができる。

第十四条　皇族以外の女子で親王妃又は王妃となつた者が、その夫を失つたときは、その意思により、皇族の身分を離れることができる。

前項の者が、その夫を失つたときは、同項による場合の外、やむを得ない特別の事由があるときは、皇室会議の議により、皇族の身分を離れる。

第一項の者は、離婚したときは、皇族の身分を離れる。

第一項及び前項の規定は、前条の他の皇族と婚姻した女子に、これを準用する。

第十五条　皇族以外の者及びその子孫は、女子が皇后となる場合及び皇族男子と婚姻する場合を除いては、皇族となることがない。

第三章　摂政

第十六条　天皇が成年に達しないときは、摂政を置く。

天皇が、精神若しくは身体の重患又は重大な事故により、国事に関する行為をみずからすることができないときは、皇室会議の議により、摂政を置く。

第三十九条　皇族ノ婚嫁ハ同族又ハ勅旨ニ由リ特ニ認許セラレタル華族ニ限ル

第四十条　皇族ノ婚嫁ハ勅許ニ由ル

第四十一条　皇族ノ婚嫁ヲ許可スルノ勅書ハ宮内大臣之ニ副署ス

第五章　摂政

第十九条　天皇未タ成年ニ達セサルトキハ摂政ヲ置ク

天皇久キニ亘ルノ故障ニ依リ大政ヲ親ラスルコト能ハサルトキハ皇族会議及枢密顧問ノ議ヲ経テ摂政ヲ置ク

第十七条　摂政は、左の順序により、成年に達した皇族が、これに就任する。
一　皇太子又は皇太孫
二　親王及び王
三　皇后
四　皇太后
五　太皇太后
六　内親王及び女王
前項第二号の場合においては、皇位継承の順序に従い、同項第六号の場合においては、皇位継承の順序に準ずる。

第十八条　摂政又は摂政となる順位にあたる者に、精神若しくは身体の重患があり、又は重大な事故があるときは、皇室会議の議により、前条に定める順序に従つて、摂政又は摂政となる順序を変えることができる。

第十九条　摂政となる順位にあたる者が、成年に達しないため、又は前条の故障があるために、他の皇族が、摂政となつたときは、先順位にあたつていた皇族が、成年に達し、又は故障がなくなつたときでも、皇太子又は皇太孫に対する場合を除いては、摂政の任を譲ることがない。

第二十条　第十六条第二項の故障がなくなつたときは、皇

第二十条　摂政ハ成年ニ達シタル皇太子又ハ皇太孫之ニ任ス

第二十一条　皇太子皇太孫在ラサルカ又ハ未タ成年ニ達セサルトキハ左ノ順序ニ依リ摂政ニ任ス
第一　親王及王
第二　皇后
第三　皇太后
第四　太皇太后
第五　内親王及女王

第二十二条　皇族男子ノ摂政ニ任スルハ皇位継承ノ順序ニ従フ其ノ女子ニ於ケルモ亦之ニ準ス

第二十三条　皇族女子ノ摂政ニ任スルハ其ノ配偶アラサル者ニ限ル

第二十五条　摂政又ハ摂政タルヘキ者精神若ハ身体ノ重患アリ又ハ重大ノ事故アルトキハ皇族会議及枢密顧問ノ議ヲ経テ其ノ順序ヲ換フルコトヲ得

第二十四条　最近親ノ皇族未タ成年ニ達セサルカ又ハ其ノ他ノ事故ニ由リ他ノ皇族摂政ニ任シタルトキハ後来最近親ノ皇族成年ニ達シ又ハ其ノ事故既ニ除クト雖皇太子及皇太孫ニ対スルノ外其ノ任ヲ譲ルコトナシ

室会議の議により、摂政を廃する。
第二十一条　摂政は、その在任中、訴追されない。但し、これがため、訴追の権利は、害されない。

第四章　成年、敬称、即位の礼、大喪の礼、皇統譜及び陵墓

第二十二条　天皇、皇太子及び皇太孫の成年は、十八年とする。
第二十三条　天皇、皇后、太皇太后及び皇太后の敬称は、陛下とする。
前項の皇族以外の皇族の敬称は、殿下とする。
第二十四条　皇位の継承があつたときは、即位の礼を行う。
第二十五条　天皇が崩じたときは、大喪の礼を行う。
第二十六条　天皇及び皇族の身分に関する事項は、これを皇統譜に登録する。
第二十七条　天皇、皇后、太皇太后及び皇太后を葬る所を陵、その他の皇族を葬る所を墓とし、陵及び墓に関する事項は、これを陵籍及び墓籍に登録する。

第三章　成年立后立太子

第十三条　天皇及皇太子皇太孫ハ満十八年ヲ以テ成年トス
第十四条　前条ノ外ノ皇族ハ満二十年ヲ以テ成年トス

第四章　敬称

第十七条　天皇太皇太后皇太后皇后ノ敬称ハ陛下トス
第十八条　皇太子皇太子妃皇太孫皇太孫妃親王親王妃内親王王王妃女王ノ敬称ハ殿下トス

第二章　践祚即位

第十一条　即位ノ礼及大嘗祭ハ京都ニ於テ之ヲ行フ
第十二条　践祚ノ後元号ヲ建テ一世ノ間ニ再ヒ改メサルコト明治元年ノ定制ニ従フ

第五章　皇室会議

第二十八条　皇室会議は、議員十人でこれを組織する。

議員は、皇族二人、衆議院及び参議院の議長及び副議長、内閣総理大臣、宮内庁の長並びに最高裁判所の長たる裁判官及びその他の裁判官一人を以て、これに充てる。

議員となる皇族及び最高裁判所の長たる裁判官以外の裁判官は、各々成年に達した皇族又は最高裁判所の長たる裁判官以外の裁判官の互選による。

第二十九条　内閣総理大臣たる議員は、皇室会議の議長となる。

（以下略）

第十一章　皇族会議

第五十五条　皇族会議ハ成年以上ノ皇族男子ヲ以テ組織シ内大臣枢密院議長宮内大臣司法大臣大審院長ヲ以テ参列セシム

第五十六条　天皇ハ皇族会議ニ親臨シ又ハ皇族中ノ一員ニ命シテ議長タラシム

皇室典範増補（明治四十年二月十一日）

第一条　王ハ勅旨又ハ情願ニ依リ家名ヲ賜ヒ華族ニ列セシムルコトアルヘシ

第二条　王ハ勅許ニ依リ華族ノ家督相続人トナリ又ハ家督相続ノ目的ヲ以テ華族ノ養子トナルコトヲ得

第三条　前二条ニ依リ臣籍ニ入リタル者ノ妻直系卑属及其ノ妻ハ其ノ家ニ入ル但シ他ノ皇族ニ嫁シタル女子及其ノ直系卑属ハ此ノ限ニ在ラス

第四条　特権ヲ剥奪セラレタル皇族ハ勅旨ニ由リ臣籍ニ降スコトアルヘシ

前項ニ依リ臣籍ニ降サレタル者ノ妻ハ其ノ家ニ入ル

第五条　第一条第二条第四条ノ場合ニ於テハ皇族会議及枢密顧問ノ諮詢ヲ経ヘシ
第六条　皇族ノ臣籍ニ入リタル者ハ皇族ニ復スルコトヲ得ス
第七条　皇族ノ身位其ノ他ノ権義ニ関スル規程ハ此ノ典範ニ定メタルモノノ外別ニ之ヲ定ム
皇族ト人民トニ渉ル事項ニシテ各々適用スヘキ法規ヲ異ニスルトキハ前項ノ規程ニ依ル
第八条　法律命令中皇族ニ適用スヘキモノトシタル規定ハ此ノ典範又ハ之ニ基ツキ発スル規則ニ別段ノ条規ナキトキニ限リ之ヲ適用ス

皇室典範増補（大正七年十一月二十八日）

皇族女子ハ王族又ハ公族ニ嫁スルコトヲ得

皇室典範増補改正（昭和二十一年十二月二十七日）

第一条　内親王王女王ハ勅旨又ハ情願ニ依リ臣籍ニ入ラシムルコトアルヘシ

天皇の退位等に関する皇室典範特例法（平成二十九年六月十六日公布法律第六十三号）　抄

（趣旨）

第一条　この法律は、天皇陛下が、昭和六十四年一月七日の御即位以来二十八年を超える長期にわたり、国事行為のほか、全国各地への御訪問、被災地のお見舞いをはじめとする象徴としての公的な御活動に精励してこられた中、八十三歳と御高齢になられ、今後これらの御活動を天皇として自ら続けられることが困難となることを深く案じておられること、これに対し、国民は、御高齢に至るまでこれらの御活動に精励されている天皇陛下を深く敬愛し、この天皇陛下のお気持ちを理解し、これに共感していること、さらに、皇嗣である皇太子殿下は、五十七歳となられ、これまで国事行為の臨時代行等の御公務に長期にわたり精勤されておられることという現下の状況に鑑み、皇室典範（昭和二十二年法律第三号）第四条の規定の特例として、天皇陛下の退位及び皇嗣の即位を実現するとともに、天皇陛下の退位後の地位その他の退位に伴い必要となる事項を定めるものとする。

（天皇の退位及び皇嗣の即位）

第二条　天皇は、この法律の施行の日限り、退位し、皇嗣が、直ちに即位する。

（上皇）

第三条　前条の規定により退位した天皇は、上皇とする。

2　上皇の敬称は、陛下とする。

3　上皇の身分に関する事項の登録、喪儀及び陵墓については、天皇の例による。

4　上皇に関しては、前二項に規定する事項を除き、皇室典範（第二条、第二十八条第二項及び第三項並びに第三十条第二項を除く。）に定める事項については、皇族の例による。

（上皇后）

第四条　上皇の后は、上皇后とする。

2　上皇后に関しては、皇室典範に定める事項については、皇太后の例による。

（皇位継承後の皇嗣）

第五条　第二条の規定による皇位の継承に伴い皇嗣となった皇族に関しては、皇室典範に定める事項については、皇太子の例による。

	年　号	読　み	ページ
し	正嘉	しょうか	233
	正慶	しょうきょう	260
	正元	しょうげん	233
	正治	しょうじ	205
	正中	しょうちゅう	255
	正長	しょうちょう	283
	正徳	しょうとく	320
	正平	しょうへい	266
	正保	しょうほう	312
	正暦	しょうりゃく	155
	正和	しょうわ	249
	昌泰	しょうたい	143
	承安	じょうあん	193
	承応	じょうおう	312
	承久	じょうきゅう	210
	承元	じょうげん	206
	承徳	じょうとく	172
	承平	じょうへい	145
	承保	じょうほ	169
	承暦	じょうりゃく	169
	承和	じょうわ	131
	昭和	しょうわ	353
	貞永	じょうえい	214
	貞応	じょうおう	213
	貞観	じょうがん	134
	貞享	じょうきょう	317
	貞元	じょうげん	150
	貞治	じょうじ	271
	貞和	じょうわ	263
	神亀	じんき	108
	神護景雲	じんごけいうん	111
た	大永	だいえい	297
	大化	たいか	82
	大治	だいじ	178
	大正	たいしょう	349
	大同	だいどう	125
	大宝	たいほう	100
ち	治安	ちあん	159
	治承	ちしょう	193
	治暦	ちりゃく	164
	長寛	ちょうかん	189
	長久	ちょうきゅう	162
ち	長享	ちょうきょう	294
	長元	ちょうげん	160
	長治	ちょうじ	172
	長承	ちょうしょう	179
	長徳	ちょうとく	155
	長保	ちょうほ	156
	長暦	ちょうりゃく	161
	長禄	ちょうろく	288
	長和	ちょうわ	157
て	天安	てんあん	133
	天永	てんえい	175
	天延	てんえん	150
	天応	てんおう	117
	天喜	てんき	163
	天慶	てんぎょう	145
	天元	てんげん	151
	天治	てんじ	178
	天授	てんじゅ	274
	天承	てんしょう	178
	天正	てんしょう	301
	天長	てんちょう	129
	天徳	てんとく	147
	天和	てんな	317
	天仁	てんにん	175
	天平	てんぴょう	108
	天平感宝	てんぴょうかんぽう	108
	天平勝宝	てんぴょうしょうほう	110
	天平神護	てんぴょうじんご	110
	天平宝字	てんぴょうほうじ	110
	天福	てんぷく	220
	天文	てんぶん	299
	天保	てんぽう	332
	天明	てんめい	329
	天養	てんよう	181
	天暦	てんりゃく	147
	天禄	てんろく	150
と	徳治	とくじ	246
に	仁安	にんあん	190
	仁治	にんじ	221
	仁寿	にんじゅ	132
	仁和	にんな	137
	仁平	にんぺい	181
は	白雉	はくち	83
ふ	文安	ぶんあん	287
	文永	ぶんえい	236
	文応	ぶんおう	236
	文化	ぶんか	330
	文亀	ぶんき	296
	文久	ぶんきゅう	337
	文治	ぶんじ	202
	文正	ぶんしょう	293
	文政	ぶんせい	332
	文中	ぶんちゅう	274
	文和	ぶんな	270
	文保	ぶんぽう	249
	文明	ぶんめい	293
	文暦	ぶんりゃく	220
	文禄	ぶんろく	305
へ	平治	へいじ	188
	平成	へいせい	358
ほ	保安	ほあん	176
	保延	ほえん	179
	保元	ほげん	186
	宝永	ほうえい	319
	宝亀	ほうき	117
	宝治	ほうじ	232
	宝徳	ほうとく	287
	宝暦	ほうりゃく	324
ま	万延	まんえん	337
	万治	まんじ	315
	万寿	まんじゅ	160
め	明応	めいおう	294
	明治	めいじ	346
	明徳	めいとく	282
	明暦	めいれき	314
	明和	めいわ	325
よ	養老	ようろう	104
	養和	ようわ	195
り	暦応	りゃくおう	262
	暦仁	りゃくにん	220
れ	霊亀	れいき	104
	令和	れいわ	360
わ	和銅	わどう	102

編者略歴

一九三六年　兵庫県に生まれる
一九六四年　大阪大学大学院文学研究科博士課程単位取得退学
宮内庁書陵部編修課長、正倉院事務所長等を歴任
現在、県立広島女子大学名誉教授、神戸女子大学名誉教授、文学博士

〔主要著書〕
『郡司の研究』（法政大学出版局、一九七六年）
『歴代天皇の記録』（続群書類従完成会、一九九二年）
『正倉院宝物の歴史と保存』（吉川弘文館、一九九八年）
『摂関制の成立と展開』（吉川弘文館、二〇〇六年）
『正倉院宝物と東大寺献物帳』（吉川弘文館、二〇一八年）

令和新修　歴代天皇・年号事典

二〇一九年（令和元）八月二十日　第一刷発行

編　者　米《よね》田《だ》雄《ゆう》介《すけ》
発行者　吉川道郎
発行所　株式会社　吉川弘文館
郵便番号一一三―〇〇三三
東京都文京区本郷七丁目二番八号
電話〇三―三八一三―九一五一（代表）
振替口座〇〇一〇〇―五―二四四番
http://www.yoshikawa-k.co.jp/
印刷＝株式会社 東京印書館
製本＝誠製本株式会社
装幀＝渡邉雄哉

ISBN978-4-642-08357-7

索　　引

＊この索引は，本文の主要な語句をその内容により〈人名〉〈事項〉〈年号〉に分けて採録した．
＊配列は，読みの五十音順とした．ただし，〈年号〉については，検索の便を図り一字目が同一のものは一括した．
＊ページの後には，〔　〕内に見出し項目を示した．

〈人　　名〉

あ　行

か　行

さ　行

た　行

な　行

は　行

ま　行

や　行

ら　行

わ　行

〈事　　項〉

あ　行

か　行

さ　行

た　行

な　行

は　行

ま　行

や　行

ら　行

わ　行

〈年　　号〉

あ　行

安永(1772-1781)　**327**〔後桃園天皇〕
安元(1175-1177)　**193**〔高倉天皇〕
安政(1854-1860)　**337**〔孝明天皇〕
安貞(1227-1229)　**214**〔後堀河天皇〕
安和(968- 970)　**149**〔冷泉天皇〕
永延(987- 989)　**155**〔一条天皇〕
永観(983- 985)　**151**〔円融天皇〕
永久(1113-1118)　**175**〔鳥羽天皇〕
永享(1429-1441)　**287**〔後花園天皇〕
永治(1141-1142)　**179**〔崇徳天皇〕
永承(1046-1053)　**163**〔後冷泉天皇〕
永正(1504-1521)　**297**〔後柏原天皇〕
永祚(989- 990)　**155**〔一条天皇〕
永長(1096-1097)　**172**〔堀河天皇〕
永徳(1381-1384)　**277**〔後円融天皇〕
永仁(1293-1299)　**242**〔伏見天皇〕
永保(1081-1084)　**169**〔白河天皇〕
永万(1165-1166)　**189**〔二条天皇〕
永暦(1160-1161)　**188**〔二条天皇〕
永禄(1558-1570)　**301**〔正親町天皇〕
永和(1375-1379)　**277**〔後円融天皇〕
延応(1239-1240)　**221**〔四条天皇〕
延喜(901- 923)　**143**〔醍醐天皇〕
延久(1069-1074)　**166**〔後三条天皇〕
延慶(1308-1311)　**248**〔花園天皇〕
延享(1744-1748)　**323**〔桜町天皇〕
延元(1336-1340)　**256**〔後醍醐天皇〕
延長(923- 931)　**144**〔醍醐天皇〕
延徳(1489-1492)　**294**〔後土御門天皇〕
延文(1356-1361)　**270**〔後光厳天皇〕
延宝(1673-1681)　**317**〔霊元天皇〕
延暦(782- 806)　**121**〔桓武天皇〕
応安(1368-1375)　**271**〔後光厳天皇〕
応永(1394-1428)　**282**〔後小松天皇〕
応長(1311-1312)　**249**〔花園天皇〕
応徳(1084-1087)　**169**〔白河天皇〕
応仁(1467-1469)　**293**〔後土御門天皇〕
応保(1161-1163)　**188**〔二条天皇〕
応和(961- 964)　**147**〔村上天皇〕

か　行

嘉永(1848-1854)　**336**〔孝明天皇〕
嘉応(1169-1171)　**192**〔高倉天皇〕
嘉吉(1441-1444)　**287**〔後花園天皇〕
嘉慶(1387-1389)　**281**〔後小松天皇〕
嘉元(1303-1306)　**246**〔後二条天皇〕
嘉祥(848- 851)　**131**〔仁明天皇〕
嘉承(1106-1108)　**173**〔堀河天皇〕
嘉禎(1235-1238)　**220**〔四条天皇〕
嘉保(1094-1096)　**171**〔堀河天皇〕
嘉暦(1326-1329)　**255**〔後醍醐天皇〕
嘉禄(1225-1227)　**214**〔後堀河天皇〕
寛永(1624-1644)　**309**〔後水尾天皇〕
寛延(1748-1751)　**324**〔桃園天皇〕
寛喜(1229-1232)　**214**〔後堀河天皇〕
寛元(1243-1247)　**225**〔後嵯峨天皇〕
寛弘(1004-1012)　**156**〔一条天皇〕
寛治(1087-1094)　**171**〔堀河天皇〕
寛正(1460-1466)　**288**〔後花園天皇〕
寛政(1789-1801)　**329**〔光格天皇〕
寛徳(1044-1046)　**162**〔後朱雀天皇〕
寛和(985- 987)　**153**〔花山天皇〕
寛仁(1017-1021)　**159**〔後一条天皇〕
寛平(889- 898)　**140**〔宇多天皇〕
寛文(1661-1673)　**315**〔後西天皇〕
寛保(1741-1744)　**322**〔桜町天皇〕
観応(1350-1352)　**268**〔崇光天皇〕
元慶(877- 885)　**136**〔陽成天皇〕
元(がん)　→げん
久安(1145-1151)　**181**〔近衛天皇〕
久寿(1154-1156)　**182**〔近衛天皇〕
享徳(1452-1455)　**287**〔後花園天皇〕
享保(1716-1736)　**321**〔中御門天皇〕
享禄(1528-1532)　**299**〔後奈良天皇〕
享和(1801-1804)　**330**〔光格天皇〕
慶安(1648-1652)　**312**〔後光明天皇〕

慶雲(704- 708) 100〔文武天皇〕
慶応(1865-1868) 338〔孝明天皇〕
慶長(1596-1615) 305〔後陽成天皇〕
建永(1206-1207) 206〔土御門天皇〕
建久(1190-1199) 203〔後鳥羽天皇〕
建治(1275-1278) 240〔後宇多天皇〕
建長(1249-1256) 233〔後深草天皇〕
建徳(1370-1372) 274〔長慶天皇〕
建仁(1201-1204) 205〔土御門天皇〕
建保(1213-1219) 209〔順徳天皇〕
建武(1334-1336) 256〔後醍醐天皇〕
建暦(1211-1213) 209〔順徳天皇〕
乾元(1302-1303) 246〔後二条天皇〕
元永(1118-1120) 176〔鳥羽天皇〕
元応(1319-1321) 255〔後醍醐天皇〕
元亀(1570-1573) 301〔正親町天皇〕
元久(1204-1206) 205〔土御門天皇〕
元亨(1321-1324) 255〔後醍醐天皇〕
元弘(1331-1334) 256〔後醍醐天皇〕
元治(1864-1865) 337〔孝明天皇〕
元中(1384-1392) 279〔後亀山天皇〕
元徳(1329-1331) 255〔後醍醐天皇〕
元和(1615-1624) 309〔後水尾天皇〕
元仁(1224-1225) 213〔後堀河天皇〕
元文(1736-1741) 322〔桜町天皇〕
元暦(1184-1185) 202〔後鳥羽天皇〕
元禄(1688-1704) 319〔東山天皇〕
弘安(1278-1288) 240〔後宇多天皇〕
弘化(1844-1848) 333〔仁孝天皇〕
弘治(1555-1558) 299〔後奈良天皇〕
弘長(1261-1264) 236〔亀山天皇〕
弘仁(810- 824) 128〔嵯峨天皇〕
弘和(1381-1384) 275〔長慶天皇〕
康安(1361-1362) 270〔後光厳天皇〕
康永(1342-1345) 263〔光明天皇〕
康応(1389-1390) 282〔後小松天皇〕
康元(1256-1257) 233〔後深草天皇〕
康治(1142-1144) 181〔近衛天皇〕
康正(1455-1457) 288〔後花園天皇〕
康平(1058-1065) 163〔後冷泉天皇〕
康保(964- 968) 147〔村上天皇〕
康暦(1379-1381) 277〔後円融天皇〕
康和(1099-1104) 172〔堀河天皇〕
興国(1340-1346) 266〔後村上天皇〕

さ 行

斉衡(854- 857) 133〔文徳天皇〕
至徳(1384-1387) 281〔後小松天皇〕
治(じ) →ち
朱鳥(686) 96〔天武天皇〕
寿永(1182-1184) 195〔安徳天皇〕
正安(1299-1302) 244〔後伏見天皇〕
正応(1288-1293) 242〔伏見天皇〕
正嘉(1257-1259) 233〔後深草天皇〕
正慶(1332-1333) 260〔光厳天皇〕
正元(1259-1260) 233〔後深草天皇〕
正治(1199-1201) 205〔土御門天皇〕
正中(1324-1326) 255〔後醍醐天皇〕
正長(1428-1429) 283〔称光天皇〕
正徳(1711-1716) 320〔中御門天皇〕
正平(1346-1370) 266〔後村上天皇〕
正保(1644-1648) 312〔後光明天皇〕
正暦(990- 995) 155〔一条天皇〕
正和(1312-1317) 249〔花園天皇〕
昌泰(898- 901) 143〔醍醐天皇〕
承安(1171-1175) 193〔高倉天皇〕
承応(1652-1655) 312〔後光明天皇〕
承久(1219-1222) 210〔順徳天皇〕
承元(1207-1211) 206〔土御門天皇〕
承徳(1097-1099) 172〔堀河天皇〕
承平(931- 938) 145〔朱雀天皇〕
承保(1074-1077) 169〔白河天皇〕
承暦(1077-1081) 169〔白河天皇〕
承和(834- 848) 131〔仁明天皇〕
昭和(1926-1989) 353〔昭和天皇〕
貞永(1232-1233) 214〔後堀河天皇〕
貞応(1222-1224) 213〔後堀河天皇〕
貞観(859- 877) 134〔清和天皇〕
貞享(1684-1688) 317〔霊元天皇〕
貞元(976- 978) 150〔円融天皇〕
貞治(1362-1368) 271〔後光厳天皇〕
貞和(1345-1350) 263〔光明天皇〕
神亀(724- 729) 108〔聖武天皇〕
神護景雲(767-770) 111〔孝謙(称徳)天

皇〕
斉(せい)　→さい

た　行

大永(1521-1528)　**297**〔後柏原天皇〕
大化(645- 650)　**82**〔孝徳天皇〕
大治(1126-1131)　**178**〔崇徳天皇〕
大正(1912-1926)　**349**〔大正天皇〕
大同(806- 810)　**125**〔平城天皇〕
大宝(701- 704)　**100**〔文武天皇〕
治安(1021-1024)　**159**〔後一条天皇〕
治承(1177-1181)　**193**〔高倉天皇〕
治暦(1065-1069)　**164**〔後冷泉天皇〕
長寛(1163-1165)　**189**〔二条天皇〕
長久(1040-1044)　**162**〔後朱雀天皇〕
長享(1487-1489)　**294**〔後土御門天皇〕
長元(1028-1037)　**160**〔後一条天皇〕
長治(1104-1106)　**172**〔堀河天皇〕
長承(1132-1135)　**179**〔崇徳天皇〕
長徳(995- 999)　**155**〔一条天皇〕
長保(999-1004)　**156**〔一条天皇〕
長暦(1037-1040)　**161**〔後朱雀天皇〕
長禄(1457-1460)　**288**〔後花園天皇〕
長和(1012-1017)　**157**〔三条天皇〕
貞(てい)　→じょう
天安(857- 859)　**133**〔文徳天皇〕
天永(1110-1113)　**175**〔鳥羽天皇〕
天延(973- 976)　**150**〔円融天皇〕
天応(781- 782)　**117**〔光仁天皇〕
天喜(1053-1058)　**163**〔後冷泉天皇〕
天慶(938- 947)　**145**〔朱雀天皇〕
天元(978- 983)　**151**〔円融天皇〕
天治(1124-1126)　**178**〔崇徳天皇〕
天授(1375-1381)　**274**〔長慶天皇〕
天承(1131-1132)　**178**〔崇徳天皇〕
天正(1573-1592)　**301**〔正親町天皇〕
天長(824- 834)　**129**〔淳和天皇〕
天徳(957- 961)　**147**〔村上天皇〕
天和(1681-1684)　**317**〔霊元天皇〕
天仁(1108-1110)　**175**〔鳥羽天皇〕
天平(729- 749)　**108**〔聖武天皇〕
天平感宝(749)　**108**〔聖武天皇〕
天平勝宝(749-757)　**110**〔孝謙(称徳)天皇〕
天平神護(765-767)　**110**〔孝謙(称徳)天皇〕
天平宝字(757-765)　**110**〔孝謙(称徳)天皇〕
天福(1233-1234)　**220**〔四条天皇〕
天文(1532-1555)　**299**〔後奈良天皇〕
天保(1830-1844)　**332**〔仁孝天皇〕
天明(1781-1789)　**329**〔光格天皇〕
天養(1144-1145)　**181**〔近衛天皇〕
天暦(947- 957)　**147**〔村上天皇〕
天禄(970- 973)　**150**〔円融天皇〕
徳治(1306-1308)　**246**〔後二条天皇〕

な　行

仁安(1166-1169)　**190**〔六条天皇〕
仁治(1240-1243)　**221**〔四条天皇〕
仁寿(851- 854)　**132**〔文徳天皇〕
仁和(885- 889)　**137**〔光孝天皇〕
仁平(1151-1154)　**181**〔近衛天皇〕

は　行

白雉(650- 654)　**83**〔孝徳天皇〕
白鳳　83〔孝徳天皇〕
文安(1444-1449)　**287**〔後花園天皇〕
文永(1264-1275)　**236**〔亀山天皇〕
文応(1260-1261)　**236**〔亀山天皇〕
文化(1804-1818)　**330**〔光格天皇〕
文亀(1501-1504)　**296**〔後柏原天皇〕
文久(1861-1864)　**337**〔孝明天皇〕
文治(1185-1190)　**202**〔後鳥羽天皇〕
文正(1466-1467)　**293**〔後土御門天皇〕
文政(1818-1830)　**332**〔仁孝天皇〕
文中(1372-1375)　**274**〔長慶天皇〕
文和(1352-1356)　**270**〔後光厳天皇〕
文保(1317-1319)　**249**〔花園天皇〕
文明(1469-1487)　**293**〔後土御門天皇〕
文暦(1234-1235)　**220**〔四条天皇〕
文禄(1592-1596)　**305**〔後陽成天皇〕
平治(1159-1160)　**188**〔二条天皇〕
平成(1989-2019)　**358**〔上皇(平成の天

皇)〕,17
保安(1120-1124)　**176**〔鳥羽天皇〕
保延(1135-1141)　**179**〔崇徳天皇〕
保元(1156-1159)　**186**〔後白河天皇〕
宝永(1704-1711)　**319**〔東山天皇〕
宝亀(770- 781)　**117**〔光仁天皇〕
宝治(1247-1249)　**232**〔後深草天皇〕
宝徳(1449-1452)　**287**〔後花園天皇〕
宝暦(1751-1764)　**324**〔桃園天皇〕

ま　行

万延(1860-1861)　**337**〔孝明天皇〕
万治(1658-1661)　**315**〔後西天皇〕
万寿(1024-1028)　**160**〔後一条天皇〕
明応(1492-1501)　**294**〔後土御門天皇〕
明治(1868-1912)　**346**〔明治天皇〕
明徳(1390-1394)　**282**〔後小松天皇〕
明暦(1655-1658)　**314**〔後西天皇〕
明和(1764-1772)　**325**〔後桜町天皇〕
文(もん)　→ぶん

や　行

養老(717- 724)　**104**〔元正天皇〕
養和(1181-1182)　**195**〔安徳天皇〕

ら　行

暦応(1338-1342)　**262**〔光明天皇〕
暦仁(1238-1239)　**220**〔四条天皇〕
令和(2019-　)　**360**〔今上天皇〕,17
霊亀(715- 717)　**104**〔元正天皇〕

わ　行

和銅(708- 715)　**102**〔元明天皇〕

西暦・和暦対照表

＊年号のない時代は,『日本書紀』『続日本紀』により天皇の治世をもって示した.
＊南北朝時代は，南朝の年号・天皇を上段に，北朝の年号・天皇を下段に示した.
＊天皇欄に〈　〉で括ったのは称制を示す.

西暦	和暦	干支	天皇
592	(崇峻)5	壬子	推　古
593	(推古)1	癸丑	
594	2	甲寅	
595	3	乙卯	
596	4	丙辰	
597	5	丁巳	
598	6	戊午	
599	7	己未	
600	8	庚申	
601	9	辛酉	
602	10	壬戌	
603	11	癸亥	
604	12	甲子	
605	13	乙丑	
606	14	丙寅	
607	15	丁卯	
608	16	戊辰	
609	17	己巳	
610	18	庚午	
611	19	辛未	
612	20	壬申	
613	21	癸酉	
614	22	甲戌	
615	23	乙亥	
616	24	丙子	
617	25	丁丑	
618	26	戊寅	
619	27	己卯	
620	28	庚辰	
621	29	辛巳	
622	30	壬午	
623	31	癸未	
624	32	甲申	
625	33	乙酉	
626	34	丙戌	
627	35	丁亥	
628	36	戊子	
629	(舒明)1	己丑	舒　明
630	2	庚寅	
631	3	辛卯	
632	4	壬辰	
633	5	癸巳	
634	6	甲午	
635	7	乙未	
636	8	丙申	
637	9	丁酉	
638	10	戊戌	
639	11	己亥	
640	12	庚子	
641	13	辛丑	
642	(皇極)1	壬寅	皇　極
643	2	癸卯	
644	3	甲辰	
645	大化 1	乙巳	孝　徳
646	2	丙午	
647	3	丁未	
648	4	戊申	
649	5	己酉	
650	白雉 1	庚戌	
651	2	辛亥	
652	3	壬子	
653	4	癸丑	
654	5	甲寅	
655	(斉明)1	乙卯	斉　明
656	2	丙辰	
657	3	丁巳	
658	4	戊午	
659	5	己未	
660	6	庚申	
661	7	辛酉	〈天　智〉
662	(天智)1	壬戌	
663	2	癸亥	
664	3	甲子	
665	4	乙丑	
666	5	丙寅	
667	6	丁卯	
668	7	戊辰	天　智
669	8	己巳	
670	9	庚午	
671	10	辛未	
672	(天武)1	壬申	
673	2	癸酉	天　武
674	3	甲戌	
675	4	乙亥	
676	5	丙子	
677	6	丁丑	
678	7	戊寅	
679	8	己卯	
680	9	庚辰	
681	10	辛巳	
682	11	壬午	
683	12	癸未	
684	13	甲申	
685	14	乙酉	
686	朱鳥 1	丙戌	〈持　統〉
687	(持統)1	丁亥	
688	2	戊子	
689	3	己丑	
690	4	庚寅	持　統

西暦	和暦		干支	天皇
691		5	辛卯	
692		6	壬辰	
693		7	癸巳	
694		8	甲午	
695		9	乙未	
696		10	丙申	
697	(文武)	1	丁酉	文武
698		2	戊戌	
699		3	己亥	
700		4	庚子	
701	大宝	1	辛丑	
702		2	壬寅	
703		3	癸卯	
704	慶雲	1	甲辰	
705		2	乙巳	
706		3	丙午	
707		4	丁未	元明
708	和銅	1	戊申	
709		2	己酉	
710		3	庚戌	
711		4	辛亥	
712		5	壬子	
713		6	癸丑	
714		7	甲寅	
715	霊亀	1	乙卯	元正
716		2	丙辰	
717	養老	1	丁巳	
718		2	戊午	
719		3	己未	
720		4	庚申	
721		5	辛酉	
722		6	壬戌	
723		7	癸亥	
724	神亀	1	甲子	聖武
725		2	乙丑	
726		3	丙寅	
727		4	丁卯	
728		5	戊辰	
729	天平	1	己巳	
730		2	庚午	
731		3	辛未	
732		4	壬申	
733		5	癸酉	
734		6	甲戌	
735		7	乙亥	
736		8	丙子	
737		9	丁丑	
738		10	戊寅	
739		11	己卯	
740		12	庚辰	
741		13	辛巳	
742		14	壬午	
743		15	癸未	
744		16	甲申	
745		17	乙酉	
746		18	丙戌	
747		19	丁亥	
748		20	戊子	
749	天平感宝	1	己丑	孝謙
	天平勝宝	1		
750		2	庚寅	
751		3	辛卯	
752		4	壬辰	
753		5	癸巳	
754		6	甲午	
755		7	乙未	
756		8	丙申	
757	天平宝字	1	丁酉	
758		2	戊戌	淳仁
759		3	己亥	
760		4	庚子	
761		5	辛丑	
762		6	壬寅	
763		7	癸卯	
764		8	甲辰	称徳
765	天平神護	1	乙巳	
766		2	丙午	
767	神護景雲	1	丁未	
768		2	戊申	
769		3	己酉	
770	宝亀	1	庚戌	光仁
771		2	辛亥	
772		3	壬子	
773		4	癸丑	
774		5	甲寅	
775		6	乙卯	
776		7	丙辰	
777		8	丁巳	
778		9	戊午	
779		10	己未	
780		11	庚申	
781	天応	1	辛酉	桓武
782	延暦	1	壬戌	
783		2	癸亥	
784		3	甲子	
785		4	乙丑	
786		5	丙寅	
787		6	丁卯	
788		7	戊辰	
789		8	己巳	
790		9	庚午	
791		10	辛未	
792		11	壬申	
793		12	癸酉	
794		13	甲戌	
795		14	乙亥	
796		15	丙子	
797		16	丁丑	
798		17	戊寅	
799		18	己卯	
800		19	庚辰	
801		20	辛巳	
802		21	壬午	
803		22	癸未	
804		23	甲申	
805		24	乙酉	
806	大同	1	丙戌	平城
807		2	丁亥	
808		3	戊子	

西暦	和暦		干支	天皇
809		4	己丑	嵯　峨
810	弘仁	1	庚寅	
811		2	辛卯	
812		3	壬辰	
813		4	癸巳	
814		5	甲午	
815		6	乙未	
816		7	丙申	
817		8	丁酉	
818		9	戊戌	
819		10	己亥	
820		11	庚子	
821		12	辛丑	
822		13	壬寅	
823		14	癸卯	淳　和
824	天長	1	甲辰	
825		2	乙巳	
826		3	丙午	
827		4	丁未	
828		5	戊申	
829		6	己酉	
830		7	庚戌	
831		8	辛亥	
832		9	壬子	
833		10	癸丑	仁　明
834	承和	1	甲寅	
835		2	乙卯	
836		3	丙辰	
837		4	丁巳	
838		5	戊午	
839		6	己未	
840		7	庚申	
841		8	辛酉	
842		9	壬戌	
843		10	癸亥	
844		11	甲子	
845		12	乙丑	
846		13	丙寅	
847		14	丁卯	
848	嘉祥	1	戊辰	
849		2	己巳	
850		3	庚午	文　徳
851	仁寿	1	辛未	
852		2	壬申	
853		3	癸酉	
854	斉衡	1	甲戌	
855		2	乙亥	
856		3	丙子	
857	天安	1	丁丑	
858		2	戊寅	清　和
859	貞観	1	己卯	
860		2	庚辰	
861		3	辛巳	
862		4	壬午	
863		5	癸未	
864		6	甲申	
865		7	乙酉	
866		8	丙戌	
867		9	丁亥	
868		10	戊子	
869		11	己丑	
870		12	庚寅	
871		13	辛卯	
872		14	壬辰	
873		15	癸巳	
874		16	甲午	
875		17	乙未	
876		18	丙申	陽　成
877	元慶	1	丁酉	
878		2	戊戌	
879		3	己亥	
880		4	庚子	
881		5	辛丑	
882		6	壬寅	
883		7	癸卯	
884		8	甲辰	光　孝
885	仁和	1	乙巳	
886		2	丙午	
887		3	丁未	宇　多
888		4	戊申	
889	寛平	1	己酉	
890		2	庚戌	
891		3	辛亥	
892		4	壬子	
893		5	癸丑	
894		6	甲寅	
895		7	乙卯	
896		8	丙辰	
897		9	丁巳	醍　醐
898	昌泰	1	戊午	
899		2	己未	
900		3	庚申	
901	延喜	1	辛酉	
902		2	壬戌	
903		3	癸亥	
904		4	甲子	
905		5	乙丑	
906		6	丙寅	
907		7	丁卯	
908		8	戊辰	
909		9	己巳	
910		10	庚午	
911		11	辛未	
912		12	壬申	
913		13	癸酉	
914		14	甲戌	
915		15	乙亥	
916		16	丙子	
917		17	丁丑	
918		18	戊寅	
919		19	己卯	
920		20	庚辰	
921		21	辛巳	
922		22	壬午	
923	延長	1	癸未	
924		2	甲申	
925		3	乙酉	
926		4	丙戌	
927		5	丁亥	
928		6	戊子	
929		7	己丑	
930		8	庚寅	朱　雀
931	承平	1	辛卯	

西暦	和暦	干支	天皇
932	2	壬辰	
933	3	癸巳	
934	4	甲午	
935	5	乙未	
936	6	丙申	
937	7	丁酉	
938	天慶 1	戊戌	
939	2	己亥	
940	3	庚子	
941	4	辛丑	
942	5	壬寅	
943	6	癸卯	
944	7	甲辰	
945	8	乙巳	
946	9	丙午	村　上
947	天暦 1	丁未	
948	2	戊申	
949	3	己酉	
950	4	庚戌	
951	5	辛亥	
952	6	壬子	
953	7	癸丑	
954	8	甲寅	
955	9	乙卯	
956	10	丙辰	
957	天徳 1	丁巳	
958	2	戊午	
959	3	己未	
960	4	庚申	
961	応和 1	辛酉	
962	2	壬戌	
963	3	癸亥	
964	康保 1	甲子	
965	2	乙丑	
966	3	丙寅	
967	4	丁卯	冷　泉
968	安和 1	戊辰	
969	2	己巳	円　融
970	天禄 1	庚午	
971	2	辛未	
972	3	壬申	
973	天延 1	癸酉	
974	2	甲戌	
975	3	乙亥	
976	貞元 1	丙子	
977	2	丁丑	
978	天元 1	戊寅	
979	2	己卯	
980	3	庚辰	
981	4	辛巳	
982	5	壬午	
983	永観 1	癸未	
984	2	甲申	花　山
985	寛和 1	乙酉	
986	2	丙戌	一　条
987	永延 1	丁亥	
988	2	戊子	
989	永祚 1	己丑	
990	正暦 1	庚寅	
991	2	辛卯	
992	3	壬辰	
993	4	癸巳	
994	5	甲午	
995	長徳 1	乙未	
996	2	丙申	
997	3	丁酉	
998	4	戊戌	
999	長保 1	己亥	
1000	2	庚子	
1001	3	辛丑	
1002	4	壬寅	
1003	5	癸卯	
1004	寛弘 1	甲辰	
1005	2	乙巳	
1006	3	丙午	
1007	4	丁未	
1008	5	戊申	
1009	6	己酉	
1010	7	庚戌	
1011	8	辛亥	三　条
1012	長和 1	壬子	
1013	2	癸丑	
1014	3	甲寅	
1015	4	乙卯	
1016	5	丙辰	後一条
1017	寛仁 1	丁巳	
1018	2	戊午	
1019	3	己未	
1020	4	庚申	
1021	治安 1	辛酉	
1022	2	壬戌	
1023	3	癸亥	
1024	万寿 1	甲子	
1025	2	乙丑	
1026	3	丙寅	
1027	4	丁卯	
1028	長元 1	戊辰	
1029	2	己巳	
1030	3	庚午	
1031	4	辛未	
1032	5	壬申	
1033	6	癸酉	
1034	7	甲戌	
1035	8	乙亥	
1036	9	丙子	後朱雀
1037	長暦 1	丁丑	
1038	2	戊寅	
1039	3	己卯	
1040	長久 1	庚辰	
1041	2	辛巳	
1042	3	壬午	
1043	4	癸未	
1044	寛徳 1	甲申	
1045	2	乙酉	後冷泉
1046	永承 1	丙戌	
1047	2	丁亥	
1048	3	戊子	
1049	4	己丑	
1050	5	庚寅	
1051	6	辛卯	
1052	7	壬辰	
1053	天喜 1	癸巳	
1054	2	甲午	

西暦	和暦	干支	天皇
1055	3	乙未	
1056	4	丙申	
1057	5	丁酉	
1058	康平 1	戊戌	
1059	2	己亥	
1060	3	庚子	
1061	4	辛丑	
1062	5	壬寅	
1063	6	癸卯	
1064	7	甲辰	
1065	治暦 1	乙巳	
1066	2	丙午	
1067	3	丁未	
1068	4	戊申	後三条
1069	延久 1	己酉	
1070	2	庚戌	
1071	3	辛亥	
1072	4	壬子	白　河
1073	5	癸丑	
1074	承保 1	甲寅	
1075	2	乙卯	
1076	3	丙辰	
1077	承暦 1	丁巳	
1078	2	戊午	
1079	3	己未	
1080	4	庚申	
1081	永保 1	辛酉	
1082	2	壬戌	
1083	3	癸亥	
1084	応徳 1	甲子	
1085	2	乙丑	
1086	3	丙寅	堀　河
1087	寛治 1	丁卯	
1088	2	戊辰	
1089	3	己巳	
1090	4	庚午	
1091	5	辛未	
1092	6	壬申	
1093	7	癸酉	
1094	嘉保 1	甲戌	
1095	2	乙亥	
1096	永長 1	丙子	
1097	承徳 1	丁丑	
1098	2	戊寅	
1099	康和 1	己卯	
1100	2	庚辰	
1101	3	辛巳	
1102	4	壬午	
1103	5	癸未	
1104	長治 1	甲申	
1105	2	乙酉	
1106	嘉承 1	丙戌	
1107	2	丁亥	鳥　羽
1108	天仁 1	戊子	
1109	2	己丑	
1110	天永 1	庚寅	
1111	2	辛卯	
1112	3	壬辰	
1113	永久 1	癸巳	
1114	2	甲午	
1115	3	乙未	
1116	4	丙申	
1117	5	丁酉	
1118	元永 1	戊戌	
1119	2	己亥	
1120	保安 1	庚子	
1121	2	辛丑	
1122	3	壬寅	
1123	4	癸卯	崇　徳
1124	天治 1	甲辰	
1125	2	乙巳	
1126	大治 1	丙午	
1127	2	丁未	
1128	3	戊申	
1129	4	己酉	
1130	5	庚戌	
1131	天承 1	辛亥	
1132	長承 1	壬子	
1133	2	癸丑	
1134	3	甲寅	
1135	保延 1	乙卯	
1136	2	丙辰	
1137	3	丁巳	
1138	4	戊午	
1139	5	己未	
1140	6	庚申	
1141	永治 1	辛酉	近　衛
1142	康治 1	壬戌	
1143	2	癸亥	
1144	天養 1	甲子	
1145	久安 1	乙丑	
1146	2	丙寅	
1147	3	丁卯	
1148	4	戊辰	
1149	5	己巳	
1150	6	庚午	
1151	仁平 1	辛未	
1152	2	壬申	
1153	3	癸酉	
1154	久寿 1	甲戌	
1155	2	乙亥	後白河
1156	保元 1	丙子	
1157	2	丁丑	
1158	3	戊寅	二　条
1159	平治 1	己卯	
1160	永暦 1	庚辰	
1161	応保 1	辛巳	
1162	2	壬午	
1163	長寛 1	癸未	
1164	2	甲申	
1165	永万 1	乙酉	六　条
1166	仁安 1	丙戌	
1167	2	丁亥	
1168	3	戊子	高　倉
1169	嘉応 1	己丑	
1170	2	庚寅	
1171	承安 1	辛卯	
1172	2	壬辰	
1173	3	癸巳	
1174	4	甲午	
1175	安元 1	乙未	
1176	2	丙申	
1177	治承 1	丁酉	

西暦	和暦	干支	天皇
1178	2	戊戌	
1179	3	己亥	
1180	4	庚子	安徳
1181	養和 1	辛丑	
1182	寿永 1	壬寅	
1183	2	癸卯	後鳥羽
1184	元暦 1	甲辰	
1185	文治 1	乙巳	
1186	2	丙午	
1187	3	丁未	
1188	4	戊申	
1189	5	己酉	
1190	建久 1	庚戌	
1191	2	辛亥	
1192	3	壬子	
1193	4	癸丑	
1194	5	甲寅	
1195	6	乙卯	
1196	7	丙辰	
1197	8	丁巳	
1198	9	戊午	土御門
1199	正治 1	己未	
1200	2	庚申	
1201	建仁 1	辛酉	
1202	2	壬戌	
1203	3	癸亥	
1204	元久 1	甲子	
1205	2	乙丑	
1206	建永 1	丙寅	
1207	承元 1	丁卯	
1208	2	戊辰	
1209	3	己巳	
1210	4	庚午	順徳
1211	建暦 1	辛未	
1212	2	壬申	
1213	建保 1	癸酉	
1214	2	甲戌	
1215	3	乙亥	
1216	4	丙子	
1217	5	丁丑	
1218	6	戊寅	

西暦	和暦	干支	天皇
1219	承久 1	己卯	
1220	2	庚辰	
1221	3	辛巳	仲恭
			後堀河
1222	貞応 1	壬午	
1223	2	癸未	
1224	元仁 1	甲申	
1225	嘉禄 1	乙酉	
1226	2	丙戌	
1227	安貞 1	丁亥	
1228	2	戊子	
1229	寛喜 1	己丑	
1230	2	庚寅	
1231	3	辛卯	
1232	貞永 1	壬辰	四条
1233	天福 1	癸巳	
1234	文暦 1	甲午	
1235	嘉禎 1	乙未	
1236	2	丙申	
1237	3	丁酉	
1238	暦仁 1	戊戌	
1239	延応 1	己亥	
1240	仁治 1	庚子	
1241	2	辛丑	
1242	3	壬寅	後嵯峨
1243	寛元 1	癸卯	
1244	2	甲辰	
1245	3	乙巳	
1246	4	丙午	後深草
1247	宝治 1	丁未	
1248	2	戊申	
1249	建長 1	己酉	
1250	2	庚戌	
1251	3	辛亥	
1252	4	壬子	
1253	5	癸丑	
1254	6	甲寅	
1255	7	乙卯	
1256	康元 1	丙辰	
1257	正嘉 1	丁巳	
1258	2	戊午	

西暦	和暦	干支	天皇
1259	正元 1	己未	亀山
1260	文応 1	庚申	
1261	弘長 1	辛酉	
1262	2	壬戌	
1263	3	癸亥	
1264	文永 1	甲子	
1265	2	乙丑	
1266	3	丙寅	
1267	4	丁卯	
1268	5	戊辰	
1269	6	己巳	
1270	7	庚午	
1271	8	辛未	
1272	9	壬申	
1273	10	癸酉	
1274	11	甲戌	後宇多
1275	建治 1	乙亥	
1276	2	丙子	
1277	3	丁丑	
1278	弘安 1	戊寅	
1279	2	己卯	
1280	3	庚辰	
1281	4	辛巳	
1282	5	壬午	
1283	6	癸未	
1284	7	甲申	
1285	8	乙酉	
1286	9	丙戌	
1287	10	丁亥	伏見
1288	正応 1	戊子	
1289	2	己丑	
1290	3	庚寅	
1291	4	辛卯	
1292	5	壬辰	
1293	永仁 1	癸巳	
1294	2	甲午	
1295	3	乙未	
1296	4	丙申	
1297	5	丁酉	
1298	6	戊戌	後伏見
1299	正安 1	己亥	

西暦	和暦	干支	天皇
1300	2	庚子	
1301	3	辛丑	後二条
1302	乾元 1	壬寅	
1303	嘉元 1	癸卯	
1304	2	甲辰	
1305	3	乙巳	
1306	徳治 1	丙午	
1307	2	丁未	
1308	延慶 1	戊申	花　園
1309	2	己酉	
1310	3	庚戌	
1311	応長 1	辛亥	
1312	正和 1	壬子	
1313	2	癸丑	
1314	3	甲寅	
1315	4	乙卯	
1316	5	丙辰	
1317	文保 1	丁巳	
1318	2	戊午	後醍醐
1319	元応 1	己未	
1320	2	庚申	
1321	元亨 1	辛酉	
1322	2	壬戌	
1323	3	癸亥	
1324	正中 1	甲子	
1325	2	乙丑	
1326	嘉暦 1	丙寅	
1327	2	丁卯	
1328	3	戊辰	
1329	元徳 1	己巳	
1330	2	庚午	
1331	元弘 1	辛未	(後醍醐)
	元徳 3		光　厳
1332	元弘 2	壬申	
	正慶 1		
1333	元弘 3	癸酉	
	正慶 2		
1334	建武 1	甲戌	(後醍醐)
1335	建武 2	乙亥	
1336	延元 1	丙子	(後醍醐)
	建武 3		光　明

西暦	和暦	干支	天皇
1337	延元 2	丁丑	
	建武 4		
1338	延元 3	戊寅	
	暦応 1		
1339	延元 4	己卯	後村上
	暦応 2		(光　明)
1340	興国 1	庚辰	
	暦応 3		
1341	興国 2	辛巳	
	暦応 4		
1342	興国 3	壬午	
	康永 1		
1343	興国 4	癸未	
	康永 2		
1344	興国 5	甲申	
	康永 3		
1345	興国 6	乙酉	
	貞和 1		
1346	正平 1	丙戌	
	貞和 2		
1347	正平 2	丁亥	
	貞和 3		
1348	正平 3	戊子	(後村上)
	貞和 4		崇　光
1349	正平 4	己丑	
	貞和 5		
1350	正平 5	庚寅	
	観応 1		
1351	正平 6	辛卯	
	観応 2		
1352	正平 7	壬辰	(後村上)
	文和 1		後光厳
1353	正平 8	癸巳	
	文和 2		
1354	正平 9	甲午	
	文和 3		
1355	正平10	乙未	
	文和 4		
1356	正平11	丙申	
	延文 1		
1357	正平12	丁酉	

西暦	和暦	干支	天皇
	延文 2		
1358	正平13	戊戌	
	延文 3		
1359	正平14	己亥	
	延文 4		
1360	正平15	庚子	
	延文 5		
1361	正平16	辛丑	
	康安 1		
1362	正平17	壬寅	
	貞治 1		
1363	正平18	癸卯	
	貞治 2		
1364	正平19	甲辰	
	貞治 3		
1365	正平20	乙巳	
	貞治 4		
1366	正平21	丙午	
	貞治 5		
1367	正平22	丁未	
	貞治 6		
1368	正平23	戊申	長　慶
	応安 1		(後光厳)
1369	正平24	己酉	
	応安 2		
1370	建徳 1	庚戌	
	応安 3		
1371	建徳 2	辛亥	(長　慶)
	応安 4		後円融
1372	文中 1	壬子	
	応安 5		
1373	文中 2	癸丑	
	応安 6		
1374	文中 3	甲寅	
	応安 7		
1375	天授 1	乙卯	
	永和 1		
1376	天授 2	丙辰	
	永和 2		
1377	天授 3	丁巳	
	永和 3		

西暦	和暦		干支	天皇
1378	天授	4	戊午	
	永和	4		
1379	天授	5	己未	
	康暦	1		
1380	天授	6	庚申	
	康暦	2		
1381	弘和	1	辛酉	
	永徳	1		
1382	弘和	2	壬戌	(長　慶)
	永徳	2		後小松
1383	弘和	3	癸亥	後亀山
	永徳	3		(後小松)
1384	元中	1	甲子	
	至徳	1		
1385	元中	2	乙丑	
	至徳	2		
1386	元中	3	丙寅	
	至徳	3		
1387	元中	4	丁卯	
	嘉慶	1		
1388	元中	5	戊辰	
	嘉慶	2		
1389	元中	6	己巳	
	康応	1		
1390	元中	7	庚午	
	明徳	1		
1391	元中	8	辛未	
	明徳	2		
1392		3	壬申	
1393		4	癸酉	(後小松)
1394	応永	1	甲戌	
1395		2	乙亥	
1396		3	丙子	
1397		4	丁丑	
1398		5	戊寅	
1399		6	己卯	
1400		7	庚辰	
1401		8	辛巳	
1402		9	壬午	
1403		10	癸未	
1404		11	甲申	

西暦	和暦		干支	天皇
1405		12	乙酉	
1406		13	丙戌	
1407		14	丁亥	
1408		15	戊子	
1409		16	己丑	
1410		17	庚寅	
1411		18	辛卯	
1412		19	壬辰	称　光
1413		20	癸巳	
1414		21	甲午	
1415		22	乙未	
1416		23	丙申	
1417		24	丁酉	
1418		25	戊戌	
1419		26	己亥	
1420		27	庚子	
1421		28	辛丑	
1422		29	壬寅	
1423		30	癸卯	
1424		31	甲辰	
1425		32	乙巳	
1426		33	丙午	
1427		34	丁未	
1428	正長	1	戊申	後花園
1429	永享	1	己酉	
1430		2	庚戌	
1431		3	辛亥	
1432		4	壬子	
1433		5	癸丑	
1434		6	甲寅	
1435		7	乙卯	
1436		8	丙辰	
1437		9	丁巳	
1438		10	戊午	
1439		11	己未	
1440		12	庚申	
1441	嘉吉	1	辛酉	
1442		2	壬戌	
1443		3	癸亥	
1444	文安	1	甲子	
1445		2	乙丑	

西暦	和暦		干支	天皇
1446		3	丙寅	
1447		4	丁卯	
1448		5	戊辰	
1449	宝徳	1	己巳	
1450		2	庚午	
1451		3	辛未	
1452	享徳	1	壬申	
1453		2	癸酉	
1454		3	甲戌	
1455	康正	1	乙亥	
1456		2	丙子	
1457	長禄	1	丁丑	
1458		2	戊寅	
1459		3	己卯	
1460	寛正	1	庚辰	
1461		2	辛巳	
1462		3	壬午	
1463		4	癸未	
1464		5	甲申	後土御門
1465		6	乙酉	
1466	文正	1	丙戌	
1467	応仁	1	丁亥	
1468		2	戊子	
1469	文明	1	己丑	
1470		2	庚寅	
1471		3	辛卯	
1472		4	壬辰	
1473		5	癸巳	
1474		6	甲午	
1475		7	乙未	
1476		8	丙申	
1477		9	丁酉	
1478		10	戊戌	
1479		11	己亥	
1480		12	庚子	
1481		13	辛丑	
1482		14	壬寅	
1483		15	癸卯	
1484		16	甲辰	
1485		17	乙巳	
1486		18	丙午	

西暦	和暦	干支	天皇
1487	長享 1	丁未	
1488	2	戊申	
1489	延徳 1	己酉	
1490	2	庚戌	
1491	3	辛亥	
1492	明応 1	壬子	
1493	2	癸丑	
1494	3	甲寅	
1495	4	乙卯	
1496	5	丙辰	
1497	6	丁巳	
1498	7	戊午	
1499	8	己未	
1500	9	庚申	後柏原
1501	文亀 1	辛酉	
1502	2	壬戌	
1503	3	癸亥	
1504	永正 1	甲子	
1505	2	乙丑	
1506	3	丙寅	
1507	4	丁卯	
1508	5	戊辰	
1509	6	己巳	
1510	7	庚午	
1511	8	辛未	
1512	9	壬申	
1513	10	癸酉	
1514	11	甲戌	
1515	12	乙亥	
1516	13	丙子	
1517	14	丁丑	
1518	15	戊寅	
1519	16	己卯	
1520	17	庚辰	
1521	大永 1	辛巳	
1522	2	壬午	
1523	3	癸未	
1524	4	甲申	
1525	5	乙酉	
1526	6	丙戌	後奈良
1527	7	丁亥	
1528	享禄 1	戊子	
1529	2	己丑	
1530	3	庚寅	
1531	4	辛卯	
1532	天文 1	壬辰	
1533	2	癸巳	
1534	3	甲午	
1535	4	乙未	
1536	5	丙申	
1537	6	丁酉	
1538	7	戊戌	
1539	8	己亥	
1540	9	庚子	
1541	10	辛丑	
1542	11	壬寅	
1543	12	癸卯	
1544	13	甲辰	
1545	14	乙巳	
1546	15	丙午	
1547	16	丁未	
1548	17	戊申	
1549	18	己酉	
1550	19	庚戌	
1551	20	辛亥	
1552	21	壬子	
1553	22	癸丑	
1554	23	甲寅	
1555	弘治 1	乙卯	
1556	2	丙辰	
1557	3	丁巳	正親町
1558	永禄 1	戊午	
1559	2	己未	
1560	3	庚申	
1561	4	辛酉	
1562	5	壬戌	
1563	6	癸亥	
1564	7	甲子	
1565	8	乙丑	
1566	9	丙寅	
1567	10	丁卯	
1568	11	戊辰	
1569	12	己巳	
1570	元亀 1	庚午	
1571	2	辛未	
1572	3	壬申	
1573	天正 1	癸酉	
1574	2	甲戌	
1575	3	乙亥	
1576	4	丙子	
1577	5	丁丑	
1578	6	戊寅	
1579	7	己卯	
1580	8	庚辰	
1581	9	辛巳	
1582	10	壬午	
1583	11	癸未	
1584	12	甲申	
1585	13	乙酉	
1586	14	丙戌	後陽成
1587	15	丁亥	
1588	16	戊子	
1589	17	己丑	
1590	18	庚寅	
1591	19	辛卯	
1592	文禄 1	壬辰	
1593	2	癸巳	
1594	3	甲午	
1595	4	乙未	
1596	慶長 1	丙申	
1597	2	丁酉	
1598	3	戊戌	
1599	4	己亥	
1600	5	庚子	
1601	6	辛丑	
1602	7	壬寅	
1603	8	癸卯	
1604	9	甲辰	
1605	10	乙巳	
1606	11	丙午	
1607	12	丁未	
1608	13	戊申	
1609	14	己酉	

西暦	和暦		干支	天皇	西暦	和暦		干支	天皇	西暦	和暦		干支	天皇
1610		15	庚戌		1651		4	辛卯		1692		5	壬申	
1611		16	辛亥	後水尾	1652	承応	1	壬辰		1693		6	癸酉	
1612		17	壬子		1653		2	癸巳		1694		7	甲戌	
1613		18	癸丑		1654		3	甲午	後西	1695		8	乙亥	
1614		19	甲寅		1655	明暦	1	乙未		1696		9	丙子	
1615	元和	1	乙卯		1656		2	丙申		1697		10	丁丑	
1616		2	丙辰		1657		3	丁酉		1698		11	戊寅	
1617		3	丁巳		1658	万治	1	戊戌		1699		12	己卯	
1618		4	戊午		1659		2	己亥		1700		13	庚辰	
1619		5	己未		1660		3	庚子		1701		14	辛巳	
1620		6	庚申		1661	寛文	1	辛丑		1702		15	壬午	
1621		7	辛酉		1662		2	壬寅		1703		16	癸未	
1622		8	壬戌		1663		3	癸卯	霊元	1704	宝永	1	甲申	
1623		9	癸亥		1664		4	甲辰		1705		2	乙酉	
1624	寛永	1	甲子		1665		5	乙巳		1706		3	丙戌	
1625		2	乙丑		1666		6	丙午		1707		4	丁亥	
1626		3	丙寅		1667		7	丁未		1708		5	戊子	
1627		4	丁卯		1668		8	戊申		1709		6	己丑	中御門
1628		5	戊辰		1669		9	己酉		1710		7	庚寅	
1629		6	己巳	明正	1670		10	庚戌		1711	正徳	1	辛卯	
1630		7	庚午		1671		11	辛亥		1712		2	壬辰	
1631		8	辛未		1672		12	壬子		1713		3	癸巳	
1632		9	壬申		1673	延宝	1	癸丑		1714		4	甲午	
1633		10	癸酉		1674		2	甲寅		1715		5	乙未	
1634		11	甲戌		1675		3	乙卯		1716	享保	1	丙申	
1635		12	乙亥		1676		4	丙辰		1717		2	丁酉	
1636		13	丙子		1677		5	丁巳		1718		3	戊戌	
1637		14	丁丑		1678		6	戊午		1719		4	己亥	
1638		15	戊寅		1679		7	己未		1720		5	庚子	
1639		16	己卯		1680		8	庚申		1721		6	辛丑	
1640		17	庚辰		1681	天和	1	辛酉		1722		7	壬寅	
1641		18	辛巳		1682		2	壬戌		1723		8	癸卯	
1642		19	壬午		1683		3	癸亥		1724		9	甲辰	
1643		20	癸未	後光明	1684	貞享	1	甲子		1725		10	乙巳	
1644	正保	1	甲申		1685		2	乙丑		1726		11	丙午	
1645		2	乙酉		1686		3	丙寅		1727		12	丁未	
1646		3	丙戌		1687		4	丁卯	東山	1728		13	戊申	
1647		4	丁亥		1688	元禄	1	戊辰		1729		14	己酉	
1648	慶安	1	戊子		1689		2	己巳		1730		15	庚戌	
1649		2	己丑		1690		3	庚午		1731		16	辛亥	
1650		3	庚寅		1691		4	辛未		1732		17	壬子	

西暦	和暦	干支	天皇
1733	18	癸丑	
1734	19	甲寅	
1735	20	乙卯	桜　町
1736	元文 1	丙辰	
1737	2	丁巳	
1738	3	戊午	
1739	4	己未	
1740	5	庚申	
1741	寛保 1	辛酉	
1742	2	壬戌	
1743	3	癸亥	
1744	延享 1	甲子	
1745	2	乙丑	
1746	3	丙寅	
1747	4	丁卯	桃　園
1748	寛延 1	戊辰	
1749	2	己巳	
1750	3	庚午	
1751	宝暦 1	辛未	
1752	2	壬申	
1753	3	癸酉	
1754	4	甲戌	
1755	5	乙亥	
1756	6	丙子	
1757	7	丁丑	
1758	8	戊寅	
1759	9	己卯	
1760	10	庚辰	
1761	11	辛巳	
1762	12	壬午	後桜町
1763	13	癸未	
1764	明和 1	甲申	
1765	2	乙酉	
1766	3	丙戌	
1767	4	丁亥	
1768	5	戊子	
1769	6	己丑	
1770	7	庚寅	後桃園
1771	8	辛卯	
1772	安永 1	壬辰	
1773	2	癸巳	
1774	3	甲午	
1775	4	乙未	
1776	5	丙申	
1777	6	丁酉	
1778	7	戊戌	
1779	8	己亥	光　格
1780	9	庚子	
1781	天明 1	辛丑	
1782	2	壬寅	
1783	3	癸卯	
1784	4	甲辰	
1785	5	乙巳	
1786	6	丙午	
1787	7	丁未	
1788	8	戊申	
1789	寛政 1	己酉	
1790	2	庚戌	
1791	3	辛亥	
1792	4	壬子	
1793	5	癸丑	
1794	6	甲寅	
1795	7	乙卯	
1796	8	丙辰	
1797	9	丁巳	
1798	10	戊午	
1799	11	己未	
1800	12	庚申	
1801	享和 1	辛酉	
1802	2	壬戌	
1803	3	癸亥	
1804	文化 1	甲子	
1805	2	乙丑	
1806	3	丙寅	
1807	4	丁卯	
1808	5	戊辰	
1809	6	己巳	
1810	7	庚午	
1811	8	辛未	
1812	9	壬申	
1813	10	癸酉	
1814	11	甲戌	
1815	12	乙亥	
1816	13	丙子	
1817	14	丁丑	仁　孝
1818	文政 1	戊寅	
1819	2	己卯	
1820	3	庚辰	
1821	4	辛巳	
1822	5	壬午	
1823	6	癸未	
1824	7	甲申	
1825	8	乙酉	
1826	9	丙戌	
1827	10	丁亥	
1828	11	戊子	
1829	12	己丑	
1830	天保 1	庚寅	
1831	2	辛卯	
1832	3	壬辰	
1833	4	癸巳	
1834	5	甲午	
1835	6	乙未	
1836	7	丙申	
1837	8	丁酉	
1838	9	戊戌	
1839	10	己亥	
1840	11	庚子	
1841	12	辛丑	
1842	13	壬寅	
1843	14	癸卯	
1844	弘化 1	甲辰	
1845	2	乙巳	
1846	3	丙午	孝　明
1847	4	丁未	
1848	嘉永 1	戊申	
1849	2	己酉	
1850	3	庚戌	
1851	4	辛亥	
1852	5	壬子	
1853	6	癸丑	
1854	安政 1	甲寅	
1855	2	乙卯	

西暦	和暦	干支	天皇
1856	3	丙辰	
1857	4	丁巳	
1858	5	戊午	
1859	6	己未	
1860	万延 1	庚申	
1861	文久 1	辛酉	
1862	2	壬戌	
1863	3	癸亥	
1864	元治 1	甲子	
1865	慶応 1	乙丑	
1866	2	丙寅	
1867	3	丁卯	明治
1868	明治 1	戊辰	
1869	2	己巳	
1870	3	庚午	
1871	4	辛未	
1872	5	壬申	
1873	6	癸酉	
1874	7	甲戌	
1875	8	乙亥	
1876	9	丙子	
1877	10	丁丑	
1878	11	戊寅	
1879	12	己卯	
1880	13	庚辰	
1881	14	辛巳	
1882	15	壬午	
1883	16	癸未	
1884	17	甲申	
1885	18	乙酉	
1886	19	丙戌	
1887	20	丁亥	
1888	21	戊子	
1889	22	己丑	
1890	23	庚寅	
1891	24	辛卯	
1892	25	壬辰	
1893	26	癸巳	
1894	27	甲午	
1895	28	乙未	
1896	29	丙申	
1897	30	丁酉	
1898	31	戊戌	
1899	32	己亥	
1900	33	庚子	
1901	34	辛丑	
1902	35	壬寅	
1903	36	癸卯	
1904	37	甲辰	
1905	38	乙巳	
1906	39	丙午	
1907	40	丁未	
1908	41	戊申	
1909	42	己酉	
1910	43	庚戌	
1911	44	辛亥	
1912	大正 1	壬子	大正
1913	2	癸丑	
1914	3	甲寅	
1915	4	乙卯	
1916	5	丙辰	
1917	6	丁巳	
1918	7	戊午	
1919	8	己未	
1920	9	庚申	
1921	10	辛酉	
1922	11	壬戌	
1923	12	癸亥	
1924	13	甲子	
1925	14	乙丑	
1926	昭和 1	丙寅	昭和
1927	2	丁卯	
1928	3	戊辰	
1929	4	己巳	
1930	5	庚午	
1931	6	辛未	
1932	7	壬申	
1933	8	癸酉	
1934	9	甲戌	
1935	10	乙亥	
1936	11	丙子	
1937	12	丁丑	
1938	13	戊寅	
1939	14	己卯	
1940	15	庚辰	
1941	16	辛巳	
1942	17	壬午	
1943	18	癸未	
1944	19	甲申	
1945	20	乙酉	
1946	21	丙戌	
1947	22	丁亥	
1948	23	戊子	
1949	24	己丑	
1950	25	庚寅	
1951	26	辛卯	
1952	27	壬辰	
1953	28	癸巳	
1954	29	甲午	
1955	30	乙未	
1956	31	丙申	
1957	32	丁酉	
1958	33	戊戌	
1959	34	己亥	
1960	35	庚子	
1961	36	辛丑	
1962	37	壬寅	
1963	38	癸卯	
1964	39	甲辰	
1965	40	乙巳	
1966	41	丙午	
1967	42	丁未	
1968	43	戊申	
1969	44	己酉	
1970	45	庚戌	
1971	46	辛亥	
1972	47	壬子	
1973	48	癸丑	
1974	49	甲寅	
1975	50	乙卯	
1976	51	丙辰	
1977	52	丁巳	
1978	53	戊午	

西暦	和暦	干支	天皇
1979	54	己未	
1980	55	庚申	
1981	56	辛酉	
1982	57	壬戌	
1983	58	癸亥	
1984	59	甲子	
1985	60	乙丑	
1986	61	丙寅	
1987	62	丁卯	
1988	63	戊辰	
1989	平成 1	己巳	上　皇（平成の天皇）
1990	2	庚午	
1991	3	辛未	

西暦	和暦	干支	天皇
1992	4	壬申	
1993	5	癸酉	
1994	6	甲戌	
1995	7	乙亥	
1996	8	丙子	
1997	9	丁丑	
1998	10	戊寅	
1999	11	己卯	
2000	12	庚辰	
2001	13	辛巳	
2002	14	壬午	
2003	15	癸未	
2004	16	甲申	
2005	17	乙酉	

西暦	和暦	干支	天皇
2006	18	丙戌	
2007	19	丁亥	
2008	20	戊子	
2009	21	己丑	
2010	22	庚寅	
2011	23	辛卯	
2012	24	壬辰	
2013	25	癸巳	
2014	26	甲午	
2015	27	乙未	
2016	28	丙申	
2017	29	丁酉	
2018	30	戊戌	
2019	令和 1	己亥	今　上